북한경제의 시장화

양태·성격·메커니즘·함의

양문수 지음

한울
아카데미

이 도서의 국립중앙도서관 출판시도서목록(CIP)은 e-CIP홈페이지(http://www.nl.go.kr/ecip)에서 이용하실 수 있습니다.(CIP제어번호: CIP2010001532)

"당신은 왜 대학원에서 북한을 공부하려 하지요? 북한이 곧 망할지도 모르는데요."

지금으로부터 14년 전인 1996년 겨울, 일본 도쿄대(東京大) 대학원 박사과정 진학을 위한 구술고사장에서 어느 일본인 교수가 필자에게 던진 질문이다. 평소에 친분이 있던 터라 그분은 나름대로 애정을 가지고 필자를 걱정해주는 차원에서 건넨 말이다. 엄밀히 따지면 질문도 아니었다.

"북한이 쉽게 망할 것 같지는 않습니다. 설령 일찍 망한다고 해도 당분간은 학자들이 해야 할 일이 많다고 봅니다. 초기에는 급박하게 돌아가는 현실과 씨름을 하고, 시간이 지나 상황이 안정되면 북한의 역사를 차분하게 재정리하는 일을 하면 되겠지요."

이제는 기억도 가물가물하지만 아마 그런 식으로 대답한 것 같다.

그로부터 적지 않은 시간이 지났건만 북한은 아직도 망하지 않고 있다. 물론 최근에 들어 김정일 위원장의 건강 문제가 불거져 나오면서 우리 사회 일각에서 또다시 북한 급변사태, 북한 붕괴론이 고개를 들고 있지만 북한이 그렇게 쉽게 급변사태나 붕괴를 맞이할 가능성이 있는지는 차분히 따져보아야 한다.

북한의 변화라는 것이 최종적으로는 정치의 영역이겠지만 그 출발점은 경제의 영역이 되지 않을 수 없다. 다른 사회주의 국가들의 경험이 그러했고, 북한 또한 예외가 아니다. 따라서 북한경제 연구를 필생의 업으로 삼고 있는 필자로서는 북한경제의 '변화' 움직임을 계속 추적하지 않을 수 없었고, 그래서 자연스럽게 '시장화(marketizaton)' 혹은 '경제개혁(economic re-form)'에 연구의 초점을 맞추어왔다.

그런데 북한경제도 그렇지만 시장화와 같은 주제는 연구가 결코 쉽지 않다. 관련 정보, 자료가 턱없이 부족하기 때문이다. 그러다 보니 무엇보다도 탈북자 인터뷰에 의존할 수밖에 없다. 물론 탈북자 인터뷰는 언제나 논란의 대상이다. 대표성, 신뢰성 등의 문제로 인해 자료로서의 가치 여부가 도마 위에 오른다. 하지만 자료가 절대적으로 부족하고 특히 공식문헌만으로는 도저히 그 실상을 파악하기 어렵기 때문에 불가피한 측면이 있다. 다만 인터뷰 대상자 숫자를 늘리면 사정은 조금 나아진다. 또 인터뷰에서 한 걸음 더 나아가 설문조사를 실시하면 자료로서의 가치는 일정 정도 확보할 수 있다. 여기에다 북한의 공식문헌과 비교 검토하면 일부 검증도 가능하고 내용적으로 보완되는 효과도 있다. 필자 개인의 경험으로는 북한의 경제 전문 잡지인 ≪경제연구≫가 다소 도움이 된다고 본다. 결국 한계성을 전제로 한 상태에서, 가급적 다수의 인원을 대상으로 탈북자 인터뷰 및 설문조사를 진행하고 공식문헌을 보충적으로 활용하여 오류를 줄이면서 신뢰성을 제고하는 노력을 병행하는 것이, 최선은 아니겠지만 차선의 방안은 될 수 있다고 본다. 이 책의 절반 이상은 기본적으로 그런 방식으로 진행된 연구성과를 정리한 것이다.

이 책은 필자가 기존에 발표했던 글들을 모태로 한다. 그런데 일부는 글을 쓸 당시의 상황과 많이 달라졌다. 글을 쓸 당시에는 파악하지 못했던 북한의 실태를 사후적으로 인지하게 되었다. 시간이 지나면서, 또한 시야가 조금 더 넓어지면서 생각을 새롭게 하게 된 것도 있다. 이런저런 사정으로 수정이 불가피했다. 게다가 원래 각각의 글들이 독립적으로 발표된 글이다 보니 한 권의 책으로 묶으려고 할 때 내용이 중복된다든지 약간 충돌하는 부분도 눈에 띄었다. 그래서 어떤 글은 단순 수정·보완에 그치지 않고 아예 재구성하는 수준까지 갔다. 반면 어떤 글은 집필 당시의 문제의식을 유지하기 위해 분석 대상 시기를 고정시키면서 최소한의 수정·보완에 그치기도 했다. 결국 독자의 입장에서 보면 다소 불편한 느낌이 있을 수 있다. 하나의 책으로서의 체계성, 완결성의 부족은 인정하지 않을 수 없다.

전체 10개 장 가운데 7개 장(4~10장)은 2007년 이전에 발표한 글들이다. 시장에 대한 북한정부의 정책이 장려·촉진에서 단속·통제로 전환되기 이전의 시기, 즉 시장화의 확산 시기를 대상으로 한 글이다. 나머지 3개 장(1~3장)은 2007년 이후에 발표한 글들을 토대로 하지만 제2장을 제외하고는 북한정부의 정책 변화를 충분히 반영하지 못했다. 물론 북한의 시장화에서 정부 정책이라는 게 결정적인 영향을 미치지는 못하지만 무시하지 못할 변수임에는 틀림없다. 북한경제 연구의 특성이기도 하겠지만 북한의 실태를 파악하는 데는 다소간의 시차(time lag)가 발생하고, 그나마도 정보 자료의 부족으로 언제나 장님 코끼리 만지기에서 벗어나지 못한다는 점은 연구자로서는 곤혹스러운 상황이다.

이 책은 북한에 관한 기초 연구의 범주에 속한다. 사실 한국의 현실은 대부분의 연구자 및 연구기관들이 기초 연구보다는 응용·정책연구에 치중할 것을 강요해왔다. 하지만 사회과학에서 기초적 연구의 중요성은 두말할 필요도 없다. 더욱이 북한과 같이 정보·자료가 절대적으로 부족한 연구대상의 경우에는 아무리 강조해도 지나치지 않다. 오늘날의 북한 연구가 양적인 풍요성과 질적인 빈약성을 동시에 안고 있는 이유가 무엇인지 곰곰이 생각해볼 필요가 있다.

필자는 이 책에서 북한을 실증적으로 연구한 글들을 모았다. 북한에 대한 규범적 연구가 실증적 연구를 압도하고 있는 상황에서 북한 연구의 진전과 문제의 해결은 요원하다. 이 연구는 연구사적으로 볼 때 아직 정리가 덜 된 부분을 실증적 접근에 의해 보강한다는 의의와 함께, 관련된 규범적 연구의 토대를 제공한다는 의미도 부여할 수 있다.

한편, 독자들에게 시장, 시장화에 대해 협소한 관점을 가지지 말 것을 당부하고 싶다. 우리는 대개 시장이라고 하면 장소, 공간으로서의 시장을 떠올리는데, 이는 시장의 극히 일부에 불과하다. 시장은 장소로서의 측면도 있지만 오히려 시스템이라는 측면이 더 중요하다. 우리가 흔히 시장이라고 하는 것은 엄밀히 따지면 시장 메커니즘이라고 해야 한다.

시장화에 대해서는 다양한 정의가 가능하지만 계획경제와의 관계를 염두에 두었을 때, 시장화는 시장 메커니즘의 도입 및 확산으로 규정할 수 있다. 이 경우 시장 메커니즘은 수요와 공급의 상호작용에 의해 가격이 결정되고 이 가격이 발신하는 정보의 시그널에 의해 가계, 기업 등 상이한 의사결정 단위의 경제적 행동, 나아가 거시경제 전체의 자원 배분이 조정되는 것으로 파악할 수 있다. 그렇다면 시장과 시장화는 매우 광범위하고 포괄적인 개념·범주의 것이라는 인식에 자연스럽게 도달하게 된다.

시장화와 관련된 핵심 질문은 다음과 같은 것들이다. 북한에서의 시장화 진전은 구조적인 것인가 일시적인 것인가, 북한의 시장화는 여타 사회주의 국가처럼 북한을 체제전환으로 이끌 것인가 아니면 북한은 이른바 제3의 길을 갈 것인가, 시장화는 거스를 수 없는 '대세', 하나의 뚜렷한 시대적 흐름으로 자리 잡았는가, 시장화는 확산되고 있는가 정체되고 있는가 후퇴하고 있는가, 시장화의 내부구조는 어떻게 변화하고 있는가, 7·1 경제관리개선 조치 이후 계획경제와 시장경제의 공존이 공식화되었는데 계획경제와 시장경제는 어떤 관계를 가지고 있는가, 북한의 이중경제구조는 어떤 특성을 가지고 있는가, 이중경제구조의 미래상은 어떠한가, 시장화에 대한 국가의 입장은 어떠한가, 국가는 시장화를 관리할 수 있을 것인가 하는 것 등이다.

이러한 질문들에 답하기 위해 이 책에서는 북한의 시장화를 다섯 가지 측면에서 접근한다. 그것은 경제 전반, 대외경제관계, 국가와 시장의 관계, 국가와 기업·노동의 관계, 중앙과 지방의 관계이다. 하지만 이들 질문에 대해 충분히 답했다고 생각하지는 않는다. 당초에 개별 글들을 집필할 때 이러한 핵심 질문보다는 각 글들의 주제에 초점을 맞춘 것이 상당수이기 때문에 답은 부분적으로, 또 간접적으로 제시된 상태이다. 게다가 자료와 정보의 절대적 부족에, 필자의 능력 부족까지 겹쳐 여전히 적지 않은 질문에 대한 답은 추후의 과제로 미루어진 상태이다. 따라서 이 책 하나로 북한경제의 시장화에 관한 모든 것을 다 해명했다고 주장하는 것은 어불성설이다. 그럴 생각은 추호도 없다. 학교 수업시간에 학생들에게 항상 강조하는 바이지만 필자가 제시하는 북한경제의 모습에는 아직도 숨은 그림이, 블랙박스가 너무 많다.

그럼에도 하나의 책으로 묶어 펴내는 것이 좀 뻔뻔스러운 게 아니냐는 느낌도 있다. 하지만 필자가 발견한 새로운 조각그림이나 다듬어본 몇 가지 생각의 단편들을 한데 모아 공론의 장에 내놓고 싶은 유혹을 뿌리치기 어려웠다. 검증을 받든, 비판을 받든, 학계에서 토론할 만한 '꺼리'는 되지 않겠느냐는 착각을 떨쳐버리기 힘들었다. 매 학기 수업시간에 여러 논문을 모아 복사·제본한 볼품없는 자료집을 학생들에게 배포하는 것보다는 번듯한 책으로 나누어주는 것이 모양이 좋다는 주위의 부추김도 있었다.

한편, 연구의 진행에서 여러 기관, 선후배, 동료들의 도움을 많이 받았다. 필자가 몸담고 있는 북한대학원대학교 및 경남대학교 극동문제연구소의 여러분, 그리고 탈북자 인터뷰 및 설문조사에 지원과 배려를 아끼지 않으셨던 통일부 및 관계 기관의 여러분, 기존에 발표한 글들을 이 책에 다시 실을 수 있도록 허락해주신 KDI, KIEP의 여러분, 그리고 북한경제의 오늘과 내일에 대해 고민하는 시간을 함께했던 여러 동료, 선후배 학자 분들께 깊이 감사

드린다.

끝으로 필자의 글이 한 권의 책으로 새롭게 태어나기까지 관심과 배려를 아끼지 않으신 도서출판 한울의 여러 분들께도 감사의 마음을 전하고 싶다.

2010년 3월

양 문 수

C · O · N · T · E · N · T · S

제2부 대외경제관계

제3부 국가와 시장의 관계

제4부 국가와 기업·노동의 관계

제5부 중앙과 지방의 관계

이 책은 필자가 기존에 발표했던 글들을 모태로 한 것이다. 다만 제1부의 보론인 「북한의 화폐개혁에 대한 평가와 전망」은 새롭게 썼다. 각 장은 다음의 과정을 거쳐 서술했다.

1장은 「경제위기와 정책체계의 재편」, 양문수 외, 『북한의 거시경제 운용체계 연구』, 통일부 연구용역보고서(2008)와 「2000년대 북한경제의 구조적 변화」, ≪KDI 북한경제리뷰≫, 2007년 5월호를 결합, 각각의 서술 내용을 취사선택 및 수정 · 보완하고 새로운 내용을 추가해 재구성했다.

2장은 「북한의 경제체제 전망」, 김연철 외, 『북한, 어디로 가는가?』(서울: 플래닛미디어, 2009)와 「7 · 1 경제관리개선조치 7주년의 평가와 전망」(미발표 원고)을 결합, 각각의 서술 내용을 취사선택 및 수정 · 보완하고 새로운 내용을 추가해 재구성했다.

3장은 「북한 무역의 제도와 실태」, 연구자료 2008-01(서울: 한국개발연구원, 2008)을 대폭 수정 · 보완했다.

4장은 「북한 내부에서 본 대중 경제적 의존 실태」, 조명철 외, 『북한경제의 대중국 의존도 심화와 한국의 대응방안』(서울: 대외경제정책연구원, 2005)을 약간 수정 · 보완했다.

5장은 「북한에서의 시장의 형성과 발전: 생산물 시장을 중심으로」, ≪비교경제연구≫, 제12권 제2호(2005)를 대폭 수정 · 보완했다.

6장은 「북한의 시장화 수준에 관한 연구」, ≪현대북한연구≫, 9권 3호(2006)를 약간 수정 · 보완했다.

7장은 「북한 기업 관리 · 운영 현황 및 발전방안」, ≪수은북한경제≫, 2004년 겨울호와 「북한 기존 기업관리제도와 인센티브 구조」, 전병유 외, 『북한의 시장 · 기업 개혁과 노동 인센티브제도 설계에 관한 연구』(서울: 한국노동연구원, 2003)을 결합, 각각의 서술 내용을 취사선택 및 수정 · 보완해 재구성했다.

8장은 「1990년대 이후 북한의 기업지배구조 변화: 제도경제학적 접근」, ≪통일정책연구≫, 제15권 1호(2006)을 수정 · 보완했다.

9장은 「북한의 자립적 지방경제의 형성과 발전: 1950~1980년대」, ≪북한연구학회보≫, 제7권 제2호(2003)를 수정 · 보완했다.

10장은 「지방경제를 통해 본 북한의 변화: 1990년대를 중심으로」, ≪비교경제연구≫, 제11권 제2호(2004)를 수정 · 보완했다.

제1부

경제 전반

2007년부터 지속되고 있는 시장에 대한 대대적인 단속은 성과와 한계를 동시에 보여주고 있다. 북한정부의 의지가 있다고 해서 시장화의 흐름을 뒤집을 수 있는 것이 아니다. 북한정부가 과거의 계획경제로 회귀하고 싶어도 이는 불가능에 가깝다. 왜냐하면 계획경제를 유지할 수 있는 수단, 북한정부가 공장·농장 등 생산주체에게 내리는 명령을 실행할 수 있는 수단, 즉 자원과 자본을 보유하지 못했기 때문이다.

1장
북한의 거시경제 운용체계

오늘날의 북한경제는 종전과 상당히 달라진 모습이다. 이른바 고전적 사회주의 경제의 운용과는 판이한 양상을 보이고 있다. 특히 1990년대 경제위기를 거치면서 많은 구조적 변화를 겪었다.

오늘날의 북한경제는 한마디로 잘라 말하기 매우 어려운 모습을 가졌다. 국가를 단위로 하는 경제는 실종된 지 오래이며, 국민경제의 순환구조는 파괴된 상태에서 경제가 분절화·파편화되었다. 형태와 성격이 상이한 여러 가지 범주의 경제가 공존하는 상태이다.

경제 재건을 위한 북한정부의 노력에도 의문의 여지가 있다. 경제를 회복하기 위한 의지와 능력이 있는지 의심스럽다. 이른바 그럭저럭 버티기(muddling through) 수준에 머물러 있는 것은 아닌가 하는 의구심을 떨쳐버릴 수가 없다.

한편, 최근의 북한경제 연구는 개혁개방, 특히 경제개혁에 초점이 맞추어져 있다. 현대의 북한경제 연구에서 경제개혁이 최대의 관심사이기 때문에 이는 매우 자연스러운 현상이다. 동시에 북한경제에 대한 연구는 거시적 접근보다는 미시적 접근이 다소 많은 경향을 보이고 있다. 이는 북한경제 연구의 최대 걸림돌인, 자료·정보의 부족현상에 대한 대처 방안이라는 면에서 거시적 접근보다는 미시적 접근이 상대적으로 우위에 있기 때문이다. 무엇보다도 미시적 접근은 탈북자 인터뷰를 통한 자료·정보의 창출이 어느 정도 가능하다.

자료·정보의 절대적인 부족이라는 제약요인이 있지만 거시적 접근의 중요성은 새삼 강조할 필요가 없을 것이다. 그래서 이 장에서는 북한경제에 대한 거시적 접근을 감히 시도하고자 한다. 즉, 북한의 거시경제 운용체계를 정리해보는 것이다. 특히 북한이 공식적인 수사를 통해 내세우는 경제운용 제도가 아니라 현실의 세계에서 실제로 움직이는 경제운용체계를 고찰한다.

시기적으로는 현재의 거시운용체계를 분석대상으로 한다. 그러기 위해서는 기본적으로 경제위기가 발생한 1990년 시점까지 거슬러 올라가야 한다. 현재의 경제운용체계는 역시 경제위기에 대한 북한정부의 대응이라는 측면을 핵심적 요소로 하고 있다.

1. 경제위기로 인한 정책여건의 변화

1) 계획경제의 와해 및 암시장의 창궐

(1) 경제위기의 도래

사회주의권 붕괴의 여파로 북한의 제3차 7개년 계획(1987~1993)은 실패로 끝났다. 북한정부는 이후 2~3년을 완충기로 설정하고 농업, 경공업, 무역 등 3대 제일주의를 중심으로 한 혁명적 경제전략을 내세웠으나 이 전략 또한 가시적인 성과를 거두지 못했다. 1994~1997년은 대규모 아사(餓死)와 '고난의 행군'으로 대변되듯 북한경제가 나락으로 떨어졌던 시기로 기록되었다.

<표 1-1> 1990년대 북한의 주요 경제지표

구분	1990	1991	1992	1993	1994	1995	1996	1997	1998	1999	2000
명목GNI (억 달러)	231	229	211	205	212	223	214	177	126	158	168
1인당 GNI (달러)	1,142	1,115	1,013	969	992	1,034	989	811	573	714	757
실질경제성장률 (%)	−3.7	−3.5	−6.0	−4.2	−2.1	−4.1	−3.6	−6.3	−1.1	6.2	1.3
대외무역 규모 (억 달러)	41.7	25.8	25.6	26.5	21.0	20.5	19.8	21.8	14.4	14.8	19.7
예산 규모 (억 달러)	166.0	171.7	184.5	187.2	191.9	n.a.	n.a.	91.3	91.0	92.2	95.7

주: 대외무역 규모는 남북교역 불포함 수치.
자료: 한국은행.

한국은행의 추정에 따르면 북한은 1990년부터 1998년까지 충격적인 9년 연속 마이너스 성장(실질성장률 기준)을 나타냈다. 이 기간에 북한의 GDP는 무려 30.0%나 감소했다(〈표 1-1〉 참조).

북한경제의 4대난은 북한경제의 어려운 상태를 단적으로 나타내는 표현의 하나로서 식량난, 에너지난, 원자재난, 외화난을 가리킨다.

식량난은 북한 경제위기의 핵심적 요소이다. 북한에서 식량난은 만성화되었다고 해도 과언이 아니다. 특히 식량난이 절정에 이르렀던 1990년대 중반 이후 북한정부는 국제사회를 향해 식량지원을 호소한 바 있다. 〈표 1-2〉에도 나타나 있듯이 북한은 1992년 이후 매년 식량이 부족하여 외부에서 곡물을 들여오지 않을 수 없었다. 하지만 수입과 외부지원으로도 필요한 수요를 충당하지 못해 매년 수십만 톤의 식량부족사태가 빚어졌고, 식량부족은 배급의 지연, 배급량의 감소로 이어졌다. 특히 1990년대 중반 이후 국가의 식량배급체계가 사실상 붕괴됨으로써 주민들은 엄청난 고통을 겪었다.

특히 1994~1997년의 고난의 행군 기간에 아사자가 속출했다. 물론 정확한 실태는 알려지지 않고 있다. 이와 관련하여 한국의 국가정보원은 1995~

<표 1-2> 1990년대 북한의 식량수급실태: 통일부의 추정

(단위: 만 톤)

연도	1992	1993	1994	1995	1996	1997	1998	1999
총 수 요(A)	576	569	576	580	578	583	541	551
생 산 량(B)	443	427	388	413	345	369	349	389
부 족 량(C)	133	142	188	167	233	214	192	162
도 입 량(D)	83	109	49	96	105	163	104	71
수 입(E)	83	109	49	64	75	79	29	14
외 부 지 원(F)	0	0	0	32	30	84	75	57
절대부족량(G)	50	33	139	71	128	51	88	91

주: G = (A−B)−(E+F) = C−D, 생산량은 전년도 수치.
자료: 통일부.

1998년의 4년간, 300만 명의 아사자가 발생했다고 발표한 적이 있다. 아울러 지난 2001년 5월에는 북한정부가 1995~1998년에 22만 명이 사망했다고 밝힌 바 있다.[1]

에너지난은 북한의 심각한 경제난을 초래한 가장 큰 원인의 하나이며 동시에 북한경제 회복의 가장 큰 걸림돌이다. 에너지의 절대적인 부족은 제조업 부문의 공장가동률 하락과 산업생산의 부진을 초래하기 때문이다. 사실 북한정부 입장에서는 에너지난이 식량난보다도 더 심각하고 절실한 문제라고 할 수 있다.

북한 에너지난의 원인은 북한 최대의 에너지 공급원인 석탄의 생산 감소에서 기인하는 바가 크다. 석탄 생산은 이미 1980년대 중반부터 정체되어 있었고 사회주의권이 붕괴한 1990년 이후 지속적으로 감소했다. 원유 수입의 감소세는 석탄 생산의 감소세보다 훨씬 심각하다. 북한의 원유도입량은 1990년에 252만 톤이었으나 1991년 이후 매년 큰 폭으로 감소했다. 이는 구소련으로부터의 도입이 대폭 감소한 데다 외화난이 심각해지면서 수입 능

---

1) 최수헌 북한 외무성 부상(차관)이 2001년 5월 15일 중국 베이징에서 열린 유엔 아동기금(유니세프) 회의에서 발표한 내용. ≪중앙일보≫, 2001년 5월 16일자.

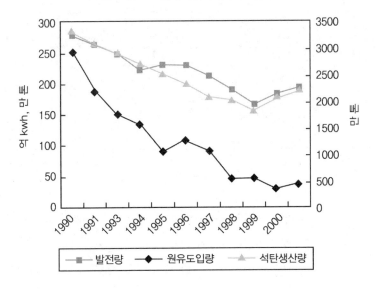

〈그림 1-1〉 1990년대 북한의 에너지 공급 추이

발전량 ——■—— 원유도입량 ——◆—— 석탄생산량 ——▲——

력이 크게 줄었기 때문이다. 전력 생산도 1990년대 들어 지속적으로 감소하는 추세이다(〈그림 1-1〉 참조).

원자재난도 북한경제 회복의 큰 걸림돌로 작용하고 있다. 에너지난 등으로 공장가동률이 급락하면서 원자재난도 가중되고 있다(〈표 1-3〉 참조).

외화난도 북한의 경제적 어려움을 가중시키고 있다. 북한은 현재 외화가 바닥났을 뿐 아니라 외채상환 불능상태에 있다. 기존에 있는 빚도 제대로 갚지 못한 상태이니 새롭게 돈을 꾸어오는 것도 어려운 실정이다. 북한은 1970년대 중반에 대외채무 불이행사태가 발생한 이후 외채 규모가 지속적으로 늘어났다. 2000년도의 외채 규모는 124.6억 달러로 북한의 명목 GNI (Gross National Income)의 74.2%에 달하는 수준이었다.

(2) 계획경제시스템의 와해

경제위기로 인한 제도적 변화 가운데 대표적인 것이 계획경제시스템의

<표 1-3> 1990년대 북한 주요 산업의 가동률

(단위: 만 톤, %)

구분	강 철			시 멘 트			비 료		
	생산량	생산능력	가동률	생산량	생산능력	가동률	생산량	생산능력	가동률
1992년	179.3	598.0	30.0	474.7	1,202.0	39.5	104.3	351.4	29.7
1994년	172.8	598.0	28.9	433.0	1,202.0	36.0	99.3	351.4	28.3
1996년	120.8	598.0	20.2	379.0	1,202.0	31.5	72.1	351.4	20.5
1998년	94.5	598.0	15.8	315.0	1,202.0	26.2	52.7	351.4	15.0
2000년	108.6	598.0	18.2	460.0	1,202.0	38.3	53.9	351.4	15.3

주: 가동률 = 생산량/생산능력×100. 생산능력은 1992년 이후 사실상 변하지 않았다고 가정.
자료: 통일부, 한국은행.

와해이다. 무엇보다도 식량을 비롯해 소비품에 대한 중앙공급체계(배급제)의 기능이 사실상 마비되었다. 1990년대 초부터 식량배급체계는 흔들리기 시작했는데 먼저 배급 지연현상이 나타났고 곧이어 배급량이 줄어들기 시작했다. 결국 1994~1995년부터는 배급이 사실상 중단되기에 이르렀는데 '고난의 행군' 시기를 북한주민들은 '미공급기'라고 칭하기 시작했다. 식량이 이 정도였으니 일반 소비품의 공급은 말할 것도 없다. 국영상점에서 물품의 공급이 차질을 빚기 시작했고 결국에는 상점들이 텅텅 비게 되었다.

이러한 상황에서 국가는 식량문제 해결에 대해 지방, 기업에게 책임을 떠넘기기 시작했다. 종전에는 식량문제만은 중앙이 책임지고 해결해주었으나 이제는 사정이 바뀌었다. 1992~1993년경부터는 시·군이 자체적으로 식량문제를 해결하도록 지시가 내려왔고, 미공급기인 1995~1996년경부터는 공장·기업소가 자체적으로 식량문제를 해결하도록 지시가 내려왔다.

특히 주목할 만한 것은 북한의 계획경제시스템의 핵심요소인 '대안의 사업체계'와 '계획의 일원화·세부화'의 현저한 약화현상이다. 대안의 사업체계는 기업관리에서 행정적 지도보다 당적 지도를 우선시한다는 것이 핵심이다. 즉, 종전의 지배인(최고경영자) 유일관리제 대신에 공장 당위원회에 의한 집단적 지도체제를 기업관리운영의 중심에 둔다는 것이다. 아울러 중앙집권적 계획편성·집행과정을 물리적으로 보장하는 중앙집중적 자재공급체계, 즉 모든 자재를 상부(성, 관리국 등)가 책임을 지고 하부(공장·기업소 등)에 현물로 공급하는 체계이다.[2]

계획의 일원화·세부화는 "경제 분야에서 중앙집권적 규율을 강화하는 가장 올바른 길"로 규정되어 있다(김일성, 1970: 552). 계획의 일원화란 전국에 뻗어 있는 국가계획기관과 계획세포가 하나의 계획화 체계를 형성하여 국가계획위원회의 통일적인 지도하에 계획화의 유일성을 철저히 보장하도록 하는 것을 의미한다. 계획의 세부화는 국가계획기관이 직접 전반적인 경제발전과 기업의 경영활동을 밀접하게 연결시키는 것이다. 즉, 중앙으로부터 지방과 기업을 포함하는 국민경제의 부문 간, 기업 간 및 지역 간 그리고 그것들 내부 상호간의 모든 경제활동을 세부에 이르기까지 계획에 구체적으로 맞물리게 함과 동시에, 세부화된 계획과제의 수행을 법적 의무로 규정하는 방법이다.[3]

그런데 심각한 경제위기는 계획경제시스템의 작동불능 상태를 초래했다. 경제난에 따른 원자재의 부족 심화 및 자재공급의 불안정성 심화가 가장 큰 원인이다. 중앙집권적 자재공급체계는 중앙집권적 계획경제를 물리적으로 뒷받침하는 역할을 수행하는데 원자재 공급체계가 파괴됨에 따라 계획경제 체계 전반이 흔들리게 된 것이다.

---

2) 대안의 사업체계의 구성요소는 첫째, 당위원회의 집체적 지도, 둘째, 위에서 아래로 내려다주는 자재공급체계, 셋째, 통일적이며 집중적인 생산지도체계, 넷째, 새로운 후방공급체계인데, 핵심적인 것은 첫째와 둘째이다.

3) 이와 함께 기관 및 기업의 운영에 필요한 자금을 국가가 책임을 지고 유일적으로 공급하는 '유일적 자금공급체계'가 구축되어 있다. 즉, 국가계획 수행에 필요한 모든 자금을 국가가 재정계획에 의거하여 유일하게 보장하는 것이다. 사실 북한에서는 경제 운용에 필요한 자금공급이 주로 국가재정을 통해 이루어지며 금융은 재정을 보완하는 형태로 이루어지고 있다.

무엇보다도 초보적인 수준에서 시장화·분권화가 진전되었다. 기업은 계획 작성, 자재 조달, 생산, 판매 등 일련의 기업활동 과정에서 실질적인 자율성이 상당 정도 커졌으며,[4] 특히 시장경제적 요소를 상당 정도 받아들이게 되었다. 계획목표 달성을 위해 기업 간에 자재를 물물교환하게 되었으며, 특히 시장 판매를 목적으로 하는 계획 작성 및 생산을 수행하게 되었다. 물론 이러한 초보적인 시장화·분권화는 기본적으로 중앙의 계획경제영역 밖에서, 즉 비공식적인 영역에서 이루어지는 것이다. 공식적인 영역은 중앙집권적 계획경제가 지배하고 있었다.

그리고 이러한 비공식적인 시장화 및 분권화의 진전은 북한의 (공업)기업 관리체계의 양대 기둥인 대안의 사업체계와 계획의 일원화·세부화가 약화되고 있음을 의미한다. 대안의 사업체계의 핵심요소의 하나인 중앙집권적 자재공급체계는 계획의 일원화·세부화 방침과 마찬가지로 이미 1990년대 이전부터 흔들리기 시작했다. 그러던 것이 1990년대 경제위기 속에서 더욱 약화되면서 사실상 와해상태가 되었다. 사실 중앙이 기업에 대해 자재공급 문제를 제대로 해결해주지 못한다는 것은 계획의 실행수단을 보장해주지 못한다는 의미이다. 그러면서도 중앙이 기업에 대해 계획달성을 요구한다면 계획의 실행을 위한 실질적인 권한은 기업에게 상당 정도 넘어가지 않을 수 없다. 즉, 기업활동에 대한 중앙의 장악력·통제력은 현저히 약화되고 이에 따라 '경제 분야에서 중앙집권적 규율을 강화하는 가장 올바른 길'인 계획의 일원화·세부화는 공허한 슬로건으로 전락하고 만다.

(3) 암시장의 창궐

기존에 합법적으로 존재하던 북한의 농민시장[5]은 1990년대 경제위기 속

---

4) 달리 보면 계획당국에 대한 기업의 교섭력이 눈에 띄게 강화된 것이다.
5) 농민시장 자체는 합법적이다. 북한에서는 농민들이 '텃밭' 등지에서 개인 부업으로

에서 거대한 암시장6)으로 탈바꿈했다. 국영 상업망의 기능이 약화되고 소비품 공급부족사태가 빚어지면서, 특히 식량배급이 사실상 중단되는 등 식량난이 심각해지면서 농민시장은 암시장으로 바뀌기 시작했다.

먼저 거래 품목에 대한 통제가 무의미하게 되었는데 식량은 말할 것도 없고 일상생활용품, 고가의 내구소비재, 더욱이 일부 생산재까지 거래되었다. 공간적으로도 국가가 허가한 농민시장 내부뿐만 아니라 주민들의 왕래가 빈번한 도로변이나 주택가 부근 등 다른 지역에서도 거래가 이루어지게 되었다. 시장의 개설시기도 바뀌었는데 10일 단위로 열려야 할 시장이 매일 열리게 되었다. 또 이용객이 급속도로 증가했고 도매상 · 거간꾼 등 전문적인 장사꾼까지 등장했다.

이러한 암시장의 창궐에 대해 북한정부가 취한 태도는 크게 보아 통제와 묵인의 반복이었다. 한편으로는 중국 상인의 북한 내 출입 통제, 외화상점에 대한 축소 · 폐지조치, 불법적인 사적 경작지에 대한 금지조치, 비사회주의 (타파) 그루빠 조직 · 운영 등 각종 통제조치를 실시하곤 했다. 하지만 큰 흐름으로 보아서는 묵인에 가까웠는데 북한정부는 암시장을, 국영상점을 통한 생필품 배급기능 약화를 보완할 수 있는 '불가피한 선택'으로 인식한 나머지 암시장의 확산을 대체로 묵인해왔던 것이다.

북한의 암시장은 2000년에 북한 전역에 300~400개 정도 존재하는 것으로 추정되었다. 즉, 일반 시 · 군에는 1~2개, 대도시에는 그 이상의 암시장이 거의 매일 상설 운영되었던 것으로 전해진다. 북한의 암시장은 국영상업망의 단순한 보완수단이 아니라 대체수단으로서의 위치를 차지하기에 이르렀다.

생산한 농산물과 축산물의 일부를 주민들 간에 직접 매매할 수 있도록 농촌과 도시에 농민시장이라 하여 10일에 한 번씩 장을 개설하도록 허용하고 있다. 다만 농민시장에서는 쌀 · 옥수수 등의 식량과 공산품은 거래가 금지되어 있다.
6) 북한주민들은 이 암시장을 장마당이라고 부르고 있다.

한편, 암시장의 확산은 여러 가지 사회적 폐해를 몰고 왔다.

첫째, 주민의식의 변화이다. 주민의식 변화는 사회적 병리현상이 아니라 구조적인 사회변화의 선행지표이다. 주민들은 자본주의적 생계방식을 터득하게 되었고, 주민들의 집단주의적 가치관은 개인주의적 가치관으로 변화했다. 주민의식의 변화는 북한경제체제의 개혁에 대한 강력한 압력으로 작용하게 되었다.

둘째, 사회 일탈행위의 확산 및 기존 질서의 동요이다. 우선 임금이 의미를 상실하면서 주민들의 직장이탈이 보편화되었다. 주민들은 생존 자체를 위해 직장에서의 일보다는 부업이나 개인 장사에 더 큰 관심을 두게 되었다. 공공물자의 횡령은 빈번히 발생했으며, 관료들의 부정부패가 만연해졌다. 북한의 암시장은 공직사회의 부패구조와 상호 연계되어 공생관계를 유지하게 되었다. 또한 소득격차가 크게 벌어지면서 평등주의 사상이 사실상 무너졌다. 국가가 주민의 생존에 필수적인 식량조차 책임져주지 못하는 사태가 장기화되면서 '어버이 수령', '어머니 당'이라는 이데올로기가 크게 흔들리게 되었다.

2) 국민경제 순환구조의 파괴

1990년대 경제위기로 인해 국민경제 순환구조가 파괴되면서 국가를 단위로 한 경제운용에 큰 차질이 발생했다. 〈그림 1-2〉는 매우 단순화된 국민경제 순환구조를 보여주고 있다. 국민경제는 국가(기업)와 가계(개인)만으로 구성된다고 가정하자. 이 경우 국가(기업)는 가계(개인)로부터 노동력을 제공받고 가계(개인)에 대해 임금을 지급한다. 또한 국가(기업)는 가계(개인)에 대해 재화를 공급하고 가계(개인)로부터 구매대금을 수취한다. 그림에서 보듯이 실물의 흐름(실선)과 화폐의 흐름(점선)은 정확히 반대방향으로 움직이고, 특히 화폐는 국가(기업)와 가계(개인) 사이를 순환함으로써 국민경제의

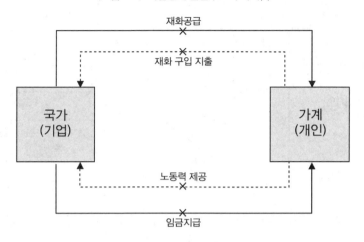

〈그림 1-2〉 국민경제 순환구조의 파괴(1)

재화공급

재화 구입 지출

국가
(기업)

가계
(개인)

노동력 제공

임금지급

순환구조를 형성한다.

그런데 북한은 경제위기를 거치면서 이러한 순환구조가 파괴되었다. 출발점은 국가(기업)가 가계(개인)에 대해 재화공급을 제대로 해주지 못하게 된 것, 즉 식량을 비롯해 소비품 공급(배급)체계가 제대로 작동하지 않게 된 것이다. 이는 동시에 가계(개인)가 국가(기업)에 대해 재화구매 지출을 하지 않게 됨을 의미한다. 즉, 상점에 물건이 없으니 주민들은 국가(기업)에 대해 돈을 지불하지 않게 된다. 한편, 식량을 비롯한 소비품 공급(배급)체계가 마비됨에 따라 주민들은 식량 등을 구하기 위해 장사(상행위)도 하고 여기저기 돌아다니게 된다. 직장이탈이 빈번해지면서 가계(개인)는 국가(기업)에 대해 노동력을 제공하지 않게 된다. 가계(개인)가 국가(기업)에 대해 노동력을 제대로 제공하지 않게 된 데다 국가(기업)가 가지고 있는 돈이 바닥나면서 국가(기업)는 가계(개인)에 대해 임금을 지급하지 못하게 된다.

결국 〈그림 1-2〉에서 보듯이 국민경제 순환구조를 구성하는 각 환절들이 끊어지면서 국민경제 순환구조가 파괴되었다. 물론 〈그림 1-2〉는 북한경제의 상황을 지나치게 단순화한 감이 있다. 재화공급이 완전히 끊긴 것도 아

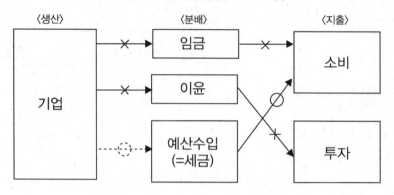

니고, 노동력 공급이 전혀 없는 것도 아니다. 그럼에도 상황을 단순화한 이런 그림이 북한의 경제위기 상황을 이해하는 데 도움을 줄 수 있다.

이번에는 국가와 기업을 분리시켜, 특히 국민소득의 생산, 분배, 지출이라는 세 측면의 흐름을 중심으로 국민경제 순환구조의 파괴현상을 살펴보기로 한다. 〈그림 1-3〉 또한 국민경제의 순환구조를 매우 단순화시킨 그림이다. 특히 현실에서의 분배과정은 1차 분배 등 시초분배, 2차 분배 등 최종분배로 나뉨에도 이를 통합해 처리했다.

파괴 이전의 순환구조는 다음과 같다. 기업 등이 생산한 소득이 몇 차례 분배과정을 거쳐 가계의 임금, 기업의 이윤, 국가 예산수입(=세금) 등으로 분배되고, 이는 최종적으로 소비와 투자의 형태로 지출된다(저축은 무시한다).

그런데 북한은 경제위기를 거치면서 이 순환구조가 파괴되었다. 기업 생산이 크게 위축되면서 임금, 이윤으로 분배되는 몫은 거의 없어지고, 극히 일부가 국가에 대해 예산수입으로 넘겨지게 된다. 임금이 별로 없으니 가계의 소비는 크게 위축된다. 이윤도 없으니 투자는 꿈도 꾸지 못하는 상황이다. 국가는 예산수입으로 확보한 소득에 대해 투자로 지출하지 못하고 소비(정부지출)로 돌리기에 급급한 실정이다. 결국 기업 → 예산수입 → 소비로 이어지는 환절만 어느 정도 작동하고 있을 뿐, 나머지 환절들은 모두 다 기능부전 상태에 놓이게 되었다.

3) 제조업의 붕괴 등 산업구조의 후퇴

북한의 산업구조는 1990년대 경제위기를 거치면서 큰 변화를 겪게 된다. 2차 산업이 일정 수준 발달되어 있는 중진국적 산업구조에서 1차 산업 위주의 전형적인 개도국형 산업구조로 뒷걸음질한 것이다. 이는 제조업 기반이 붕괴됨에 따라 공업, 특히 중화학공업의 비중이 대폭 축소된 데 따른 것이다.

명목기준 산업구조를 통해 1990년과 2000년을 비교해보자(〈표 1-4〉 참조). 농업의 비중은 27.4%에서 30.4%로 오히려 상승했고, 광업의 비중은 9.0%에서 7.7%로 큰 변화가 없다. 하지만 제조업의 비중은 31.8%에서 17.7%로 대폭 감소했다. 이 가운데 경공업은 6.2%에서 6.5%로 별다른 변화가 없다. 중화학공업이 25.6%에서 11.2%로 크게 감소한 것이 눈에 띈다.

산업별 실질국내총생산의 추이를 보면(〈표 1-5〉 참조), 2000년에 농림어업은 위기 이전(1990년)의 수준을 다소 회복했지만 제조업은 전혀 그렇지 못하다. 제조업 전체적으로는 위기 직전의 1990년에 비해 절반 가까이 감소했고, 특히 경공업보다 중공업의 감소세가 두드러진다.

제조업 위축(〈표 1-3〉 참조)의 원인 가운데 가장 큰 것은 에너지난(〈그림 1-1〉 참조) 및 이로 인한 산업연관의 파괴(부족의 확대재생산)이다. 아울러 1990년대 중반 고난의 행군 등으로 제조업의 물적 토대가 붕괴된 것도 중요한 요인이다. 제조업의 물적 토대 붕괴는 공장설비의 절취·유용 및 노후화로 압축된다. 고난의 행군 기간에 개인 및 공장의 차원에서 각종 기계설비를 절취·유용해 중국에 판매하고 식량을 수입한 것이다. 동시에 그 기간에 인력들이 대거 직장을 이탈, 기계설비를 유지·보수하지 않고 그대로 방치해 결국 기계설비들이 고철덩어리로 전락한 것이다.[7] 또한 기술인력들이 대거 공장을 이탈해 시장경제활동에 종사함에 따라 공장이 기술인력 부족

〈표 1-4〉 1990년대 북한의 산업구조

(단위: %)

구분	1990	1992	1994	1996	1998	2000
농림어업	27.4	28.5	29.5	29.0	29.6	30.4
광업	9.0	9.2	7.8	7.1	6.6	7.7
제조업	31.8	24.6	23.6	20.9	19.0	17.7
경공업	6.2	6.3	7.0	6.9	6.4	6.5
중화학공업	25.6	18.3	16.6	14.0	12.6	11.2
서비스업	18.0	23.5	27.9	32.3	35.6	32.5

주: 명목기준.
자료: 한국은행.

〈표 1-5〉 1990년대 북한의 산업별 실질국내총생산

(단위: 10억 원)

구분	1990	1992	1994	1996	1998	2000
농림어업	6,289	6,269	5,956	5,361	5,368	5,750
광업	2,241	1,962	1,723	1,499	1,211	1,463
제조업	6,578	4,668	4,408	3,800	3,060	3,351
경공업	1,582	1,404	1,447	1,290	1,126	1,232
중화학공업	4,996	3,264	2,961	2,510	1,934	2,119
서비스업	5,556	5,774	5,995	6,155	6,199	6,150

자료: 한국은행.

사태에 직면하게 된 것도 무시 못 할 요인이다.

산업구조의 변화는 경제성장의 동력 문제와 직결된다. 플러스 성장 기조
는 유지될 수 있어도 이른바 지속가능한 성장은 담보하지 못하는 상황이다.
요컨대 성장의 동력을 확보하지 못한 상태에서 빈곤의 늪, 저성장의 함정에
빠져 있는 것이다.

---

7) 북한이 고난의 행군 기간 종료 후 이른바 기술개건이라 하여 대대적인 기계설비 보
수에 나섰던 것이 바로 이 때문이다.

4) 거시경제 불안정성의 문제 대두

북한은 1990년대 경제위기를 거치면서 새로운 경제적 과제를 안게 되었는데 대표적인 것이 거시경제의 불안정성 문제이다. 거시경제에서 안정성 문제는 크게 보아 재정, 물가, 국제수지, 실업 등으로 나뉜다. 이 가운데 국제수지 문제는 이미 1970년대 중반부터 표면화되었는데, 이른바 외채 문제의 발생이 바로 그것이다. 하지만 1990년대 이전에는 재정과 물가 분야에서는 별다른 문제가 발생하지 않았다.

그런데 1990년대 경제위기 속에서 재정난과 인플레이션 문제가 발생했다. 사실 북한정부 입장에서 가장 큰 문제는 재정난[8]이고 그다음이 인플레이션이다. 인플레이션에는 국내 물가뿐 아니라 환율까지 포함되어 있다.

(1) 재정위기

북한의 재정위기는 1990년대 중반부터 본격화되었다. 전술한 〈표 1-1〉에도 나타나 있듯이 재정수입은 1994년 191.9억 달러에서 1997년엔 절반 가까운 91.3억 달러로 급락했다. 불과 3년 만에 재정이 절반 수준으로 격감한 것이다.

북한의 재정위기는 경제위기의 산물이지만 북한 세입구조의 취약성에도 기인한다. 특히 북한 재정수입의 최대 원천인 거래수입금은 공식 경제부문의 붕괴, 특히 제조업 생산 및 유통의 괴멸로 큰 타격을 받았다. 따라서 전체 경제총량의 감소폭보다 재정수입의 감소폭이 더 클 수도 있다.[9]

그런데 북한과 같은 사회주의 국가는 예산 감소의 충격이 자본주의 국가

---

8) 재정 문제는 북한의 경우 안정성 이상의 의미를 가지고 있다. 특히 국제수지 문제와도 맞물리면서 북한 지도부는 사활적 이해관계를 가지게 되었다.

9) 북한이 2002년에 거래수입금제도를 폐지한 것은 바로 이런 이유 때문이다.

보다 훨씬 더 클 수밖에 없는 특성을 지니고 있다.[10] 북한경제는 중앙집권적 계획경제인 만큼 재정의 기능 및 그 포괄범위는 자본주의의 재정보다 훨씬 넓고 큰 것이 특징이다. 북한경제는 집단적 소유를 기초로 하여 운용되고 있으므로, 국가뿐 아니라 국가적 소유 또는 협동적 소유로 된 경제조직(대표적인 것이 국영기업)까지도 모두 포함하여 거의 모든 경제활동이 재정에 의존하고 있다.

따라서 재정수입의 격감은 국가 살림살이뿐 아니라 국영기업 전반을 운영함에서 직접적인 장애요인으로 작용한다. 이에 따라 북한 지도부로서는 국가 자체의 운영은 물론 군수산업, 중공업 등 국가 기간산업의 운영을 위해 재정수입 증대 및 재정지출 감축에 사활적인 이해관계를 가지게 되었다.[11]

(2) 인플레이션

1990년대 인플레이션은 경제위기 속에서 나타났다. 북한에서 인플레이션은 공식 경제의 붕괴 및 암시장 발달의 산물이다. 그리고 암시장에서의 물가는 거시경제 지표상의 공식부문 실물경제 움직임과 정확하게 반대방향으로 움직이고 있다. 실제로 지표상으로 경제상황이 가장 좋지 않았던 1998년에 암시장가격은 최고 수준에 도달했다. 당시 쌀값은 국정가격의 천 배 수준에 달했다.

인플레이션은 실질소득의 감소를 의미하므로 정치 · 사회 불안요인으로

---

10) 북한은 재정의 개념을 "국가 및 기관, 기업소들이 화폐자금을 형성 · 분배 · 이용하는 데서 나타나는 경제관계의 총체"로 정의하고 있다. 즉, 북한에서는 재정을 국가기관은 물론 사회주의적 소유로 된 모든 경제조직(대표적인 것이 국영기업)이 주체가 되어 자금을 조달 · 분배 · 이용하는 경제관계까지도 포함하는 넓은 의미의 개념으로 사용하고 있다.

11) 후술하겠지만 7 · 1 조치 이후 우선순위체계에 입각한 재정지출을 전면화하고, 각종 기관, 기업소, 나아가 개인들에 대해 자력갱생을 호소하는 것도 바로 이 때문이다.

<표 1-6> 북한 암시장가격 추이

(단위: 북한원)

구분	품목	단위	국정가격	1992년 암시장가격	1998년 암시장가격	1999년 암시장가격
곡물류	쌀	kg	0.08	20	77	64
	강냉이알	kg	0.03		40	33
	밀가루	kg	0.06		61	45
육류	돼지고기	kg	9	60	181	160
	계란	개	0.22	3	16	13
채소·과일	배추	포기	0.05		9	20
	사과	개	0.1		23	33
조미료	고추가루	kg	1.5		199	290
	소금	kg	0.13		36	32
기호품	맥주	병	0.5		78	68
공산품	세탁비누	개	0.4		30~100	
	TV	대	350		6,000~12,000	

자료: 통일부.

작용한다. 물론 인플레이션은 기본적으로 계획경제부문이 아니라 시장경제
부문의 현상이다. 하지만 이제 정도의 차이가 있을지언정 거의 모든 주민이
시장에 의존하게 되었다. 인플레이션은 특히 정권의 핵심기반인 고정급여
생활자에게 타격을 준다는 점에서 북한 지도부로서는 골칫거리다.

이러한 인플레이션은 왜 발생하는가? 현상적으로는 유통화폐량이 필요
화폐량보다 많은 것, 즉 통화과잉(monetary overhang) 현상이다. 그리고 통
화과잉은 화폐량과 상품량 사이의 불일치, 주민의 화폐수입과 화폐지불 사
이의 불일치, 국가의 화폐방출과 화폐회수 간의 불일치에 기인한다. 이 통
화과잉현상은 주민 수중의 현금 침전을 수반한다. 국가공급체계가 붕괴되
면서 주민들은 국영상점망이 아니라 암시장(종합시장)을 통해 생필품을 구
매하게 되고, 이에 따라 국가에 화폐가 환류(회수)되지 않은 채 주민들 사이
에 쌓임으로써 개인이 보유한 화폐가 늘어나는 것이다.[12] 이처럼 통화과잉
현상은 다소 복합적인 요인의 상호작용에 의한 것으로 보이지만 가장 핵심

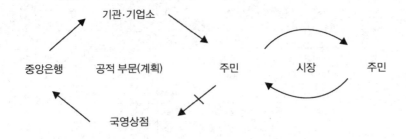

〈그림 1-4〉 경제위기 이후 북한의 화폐 유통과정

기관·기업소

중앙은행   공적 부문(계획)   주민   시장   주민

국영상점

적인 요인은 주민들에 대한 상품공급 부족이다.

아울러 통화과잉은 국가의 원자재 공급체계가 흔들리면서 기업소 간에 비공식적인 원자재 거래를 위한 현금거래, 현금보유가 늘어나는 데도 원인이 있다. 또한 기관·기업소들이 국가 통제를 벗어나 국내에서 외화를 유통시키거나 기관·기업소들 사이에 외화를 거래하는 사례가 늘어나는 데 따른 것이기도 하다. 이와 함께 국가가 재정적자를 메우기 위해 화폐를 신규 발행함으로써 통화팽창을 부추긴 것도 무시 못 할 요인이다.

북한의 경제 전문 잡지인 ≪경제연구≫[13]에 나오는 아래의 문장들은 이

---

12) 특히 공식부문의 생산재·소비재 공급능력이 제한되어 있는 상태에서 기관·기업소, 주민들의 화폐축장(현금보유) 성향 때문에 화폐과잉의 해소는 기대하기 힘들다. 그리고 이는 국가예산의 격감과 맞물리면서 국가는 돈이 모자라고 민간은 돈이 넘쳐나는 어처구니없는 사태를 초래했다. 실제로 북한정부는 7·1 조치 실시 직전에 제작·배포한 조선노동당 내부문건에서 "솔직히 말해 지금 국가에는 돈이 없지만 주민들 사이에는 국가예산의 2년분이 넘는 돈이 깔려 있다"라며 고충을 토로한 바 있다.

13) 북한의 경제분야 전문 학술잡지인 ≪경제연구≫는 북한 내에서는 '과학원 경제연구소 과학이론 잡지'로 알려져 있다. 이 잡지는 "우리 당의 현명한 경제정책과 그의 정당성을 과학적으로 이론화한 논문들"과 "우리나라 사회주의 건설의 매 단계에서 제기되는 실천적인 경제문제들에 대한 연구성과들"을 게재한다고 밝히고 있다. ≪경

러한 메커니즘 및 〈그림 1-4〉14)에 대해 북한정부도 이해하고 있음을 시사한다. 문제의 원인을 제대로 파악하고 있다는 사실이 놀랍기조차 하다.

현금류통 조직사업을 잘하지 못하게 되면 현금운동의 정체와 현금운동과 상품운동의 배리, 주민 수중에서의 현금의 침전과 현금의 지역적 편차와 같은 현상이 생길 수 있다(최경희, 1993: 37~40).

현실적인 화폐 류통과정을 들여다보면 일부 현금들이 개인 수중이나 기관, 기업소의 금고들에 머물러 있게 된다(리원경, 1986).

주민 수중에서 늘어나는 현금량이 행정단위로 조직되어 있는 지역시장15)에 흘러갈 수 있기 때문이다. …… 지역시장 동태가 나라의 통화조절 상태에 적지 않은 영향을 미치고 있는 현실 ……(리원경, 2006: 37).

(3) 달러화 현상 및 환율 상승

북한에서는 경제위기 이후 이른바 달러화(dollarization), 위안화(yuaniza-

제연구≫는 계간지로서, 국내에서 확인한 바로는 1950년대 초중반에 창간되어 1967년까지 발간되다가 19년간 휴간되었다. 그러다가 1986년에 복간되어 오늘에 이르고 있다.

14) ≪경제연구≫에 있는 다음의 구절은 북한정부가 〈그림 1-4〉에서 왼쪽에 있는 정상적인 화폐순환과정을 강하게 의식하고 있음을 시사한다. "사회주의사회에서 은행권의 류통은 '은행-기관·기업소-주민-상업봉사기관-은행'의 류통환절을 순조롭게 단순히 거치면서 은행을 중심으로 하는 작은 원운동을 하는 것으로 특징지워진다"(양선희, 1995: 32). "사회주의사회에서 은행권의 운동은 '은행-근로자들의 화폐수입-상업망에서의 화폐수입의 실현-은행'의 과정을 밟게 되며……"(오선희, 2004: 24).

15) 2003년부터 합법화된 암시장을 한국에서는 종합시장이라고 부르고 있는데, 북한에서는 이를 지역시장이라 칭하고 있다.

tion) 현상이 발생했고, 이는 시간이 지날수록 확대 · 심화되어왔다. 경제주체들에게서 북한원화를 기피하고 달러화, 위안화를 선호하는 현상이 나타난 것이다. 이에 따라 비공식 외환시장에서는 환율의 급격한 상승(북한원화의 급격한 평가절하)이 진행되었다. 7 · 1 경제관리개선조치가 실시되기 직전인 2002년 6월 시점에 북한의 공식 환율은 1달러=2.16원이었지만 암시장에서의 환율은 1달러=150~230원 선이었다. 암시장 환율은 공식 환율의 60배내지 100배까지 올랐던 것이다.

경제위기 초기에는 북한주민들이 외화를 지급수단으로 사용하기보다 가치를 보존하기 위한 금융자산으로 보유하려는 성향을 가지고 있었던 것으로 보인다. 무엇보다도 계획경제의 붕괴에 따른 국내 공급부족의 심화 등으로 인플레이션이 진행되면서 북한원화의 가치가 계속 떨어졌고, 화폐개혁으로 인한 화폐 탈취의 위험성이 상존하면서 북한주민들은 원화 보유를 기피하고 외화 보유를 선호하는 경향을 나타내기 시작했다.

그런데 경제위기로 인해 국내 자원이 고갈되고 시장화가 진전되면서, 특히 2000년대 들어 중국과의 교역이 크게 늘어나는 등 북한의 실물경제에서 대외의존도가 크게 높아지면서 이제 외화는 가치 저장 수단뿐 아니라 교환수단으로까지 그 효용을 확대하기에 이르렀다. 이에 따라 주민들의 원화 기피, 외화 선호 경향은 더욱 뚜렷해지면서 달러화, 위안화 현상은 더욱 진전되었다.[16]

---

16) 칼보(G. A. Calvo)에 따르면, 경제의 달러화(dollarization)는 외화가 '계산단위, 교환수단, 특히 가치저장의 수단'으로 사용되지만 국내화폐가 여전히 거래에 사용되고 있는 경우를 말하는데, 이는 외화가 국내화폐를 대체하여 '교환수단'으로만 사용되는 화폐대체(currency substitution)와 구분되는 개념이다(Calvo, 1996: 153~154). 이러한 칼보의 설명을 적용하면, 외화가 가치저장의 수단은 물론 일부에서는 교환수단으로까지 사용되고 있다는 점에서 북한경제에서는 달러화의 과정과 함께 부분적인 화폐대체 과정이 진행되고 있다고 볼 수 있다.

어느 연구결과에 따르면 1995~2001년 기간에 북한주민의 가구당 평균 외화보유액은 북한 화폐로 3만 7,632원이며, 이를 시장 환율(1달러당 200원)을 적용해 계산하면 186달러 수준이다(박석삼, 2002). 아울러 이 연구는 북한의 민간 보유 외화 총액은 북한 화폐 기준으로 총 1,928.2억 원으로 추정되며, 이를 시장 환율을 적용하여 달러로 환산해보면 9.6억 달러에 해당된다고 주장했다. 이러한 북한의 민간 보유 외화 총액은 역시 이 연구에서 추정한 북한의 유통 현금 총액 729.3억 원의 2.6배에 달하는 수준이다.

2. 거시경제 운용체계의 재편

1) 생존형 거시경제 운용체계 구축

(1) 경제정책 목표의 하향 조정

북한정부의 공식적인 경제정책목표는 이른바 경제강국 건설이다. 국가 차원의 목표는 강성대국 건설인데 사상 및 정치의 강국, 군사의 강국은 이미 달성했으니 결국 강성대국의 건설을 위해 남은 것은 경제분야뿐이라는 주장이다. 즉, 현 시점에서 강성대국 건설에 핵심적인 것은 경제강국의 건설이다.

실제로 북한은 고난의 행군 종료 이후 지난 10여 년 동안 경제강국 건설을 소리 높여 외쳐왔다. 하지만 이는 슬로건에 지나지 않는다. 국가 전체적으로 보아 경제분야에 역량을 집중하고 있다고 보기 어렵다. 경제강국 건설이 구체적으로 무엇을 의미하는지도 불분명하다. 특히 통상적인 국민경제의 목표인 경제성장을 의미하는 것이라고 보기도 어렵다.

따라서 북한의 전반적인 경제정책 목표가 그럭저럭 버티기 수준으로 내려앉은 것이 아닌지 하는 의구심을 떨쳐버리기 어렵다. 물론 장기적으로는 대규모 외부자원 유입에 바탕을 둔 도약, 경제재건을 지향하겠지만 현재로 서는 안팎의 조건이 갖추어져 있지 않다.

사실 북한의 현재 경제정책은 일반적인 개도국의 그것과는 다소 거리가 있다. 경제성장을 논하기 이전에 생존을 고민해야 하는 상황이다. "우리에 게 내일은 없다", "살아남는 자가 애국자다"라는 이야기가 나오고 있을 정도 이다. 국민경제 전체적으로 볼 때 소비에 급급하여 투자에는 눈을 돌리지 못하고 있는 실정, 이른바 '빈곤의 악순환' 상황이다.

북한 지도부의 입장에서 볼 때 경제의 목표수준이 무엇이냐 하는 문제가 긴요하다. 경제성장이나 경제회복과 같은 것은 남한의 잣대일 뿐이다. 외부 세계의 평가기준과는 상이할 수 있다.

물론 북한정부가 경제성장을 추구하지 않는 것은 아니다. 7·1 경제관리 개선조치에서 나타나듯 생산의 확대 또는 생산의 정상화에 대한 의지는 엿 보인다. 하지만 적극적으로 경제성장을 추구한다고 보기는 어렵다. 본격적 으로 또 적극적으로 성장을 추구할 수단도 제약되어 있음을 인식하고 있는 것으로 보인다.

현재 북한은 플러스 성장기조는 유지할 수 있어도 이른바 지속가능한 성 장은 담보하지 못하는 상태이다. 제조업 기반의 붕괴라는 현재의 조건을 인 정해야 한다. 더욱이 본격적인 경제성장을 위한 필수요건의 하나인 본격적 인 개혁·개방은 정치적으로 매우 부담스러운 상황이다. 북한정부 스스로 도 대외관계를 획기적으로 개선하여 외부로부터 자원이 대량으로 유입되지 않는 한 경제위기 이전의 상태로 돌아가거나 경제를 재건하는 것은 불가능 함을 알고 있을 것으로 보인다.

(2) 생존의 동력 확보: 국내 제조업 재건보다는 대외경제개방 확대

북한정부는 붕괴된 제조업을 재건하기 위해 나름대로 노력하고 있으나 노력 자체와 그 성과는 매우 제한적이다. 북한정부는 경제강국의 건설을 위한 주요 과제로 광업, 전력, 금속 등 이른바 '선행부문'의 정상화를 설정하고 있는데 이는 경제위기 이전과 사실상 동일한 것이다. 즉, 경제위기 이전과 이후의 산업정책을 보면 뚜렷한 차이를 발견하기 어렵다.

전통적 중공업의 정상화를 위한 투자를 우선시하고 있으나, 투자 내용은 구식 설비의 부분적 교체·보수에 그치는 경우가 많다. 그나마도 설비의 교체·보수는 일부 공장·기업소에 국한되어 있다. 경공업 부문에서도 내수 충족을 위한 일부 설비의 교체·확장 수준에 머무르고 있다. 기존 공장의 설비·보수가 대부분이며 신규 공장의 건설은 그다지 눈에 띄지 않는다. 공식적으로는 IT 분야의 육성을 강조하고 있지만 뚜렷한 성과를 발견하기 어렵다. IT 교육과 소프트웨어 개발 등에서 약간의 성과만 있었을 따름이다.

2000년대에 들어 대외무역이 전반적으로 증가세를 보이는 가운데 자본재 수입도 역시 증가세를 나타냈다. 하지만 북한의 자본재 수입액은 여전히 1970년대, 1980년대 수준에도 훨씬 미치지 못하고 있다. 총수입 가운데 자본재 수입의 비중에는 큰 변화가 없으며, 특히 자본재 중 산업용 자본재의 수입비중은 여전히 낮은 수준에 머물러 있다. 결국 산업을 본격적으로 재건하기 위해 필요한 규모의 자본재 수입은 제한적으로만 이루어지고 있다(김석진, 2007: 74~77). 전반적인 경제정책은 자본재 수입에 최우선순위를 부여하는 것으로 보이지 않는다.

경제적 생존의 동력은 오히려 무역, 투자 등 대외개방 확대를 통해 확보하려는 움직임을 보이고 있다. 국내의 자원이 고갈된 상태에서는 당연한 현상일 수도 있다. 물론 그렇다고 해서 대외개방을 본격적으로 추진하는 것은 아니다. 종전보다 대외개방을 확대하려는 움직임이 있는 것은 분명하지만 여전히 제한적인 범위에서 이루어지고 있다. 2000년대의 대외개방은 주로 중국과 한국이라는 두 나라에 대해 이루어지고 있는 것이 특징이다.

게다가 대외개방에서도, 경제적인 논리에 의한 무역 및 투자활동도 전개하고 있지만 정치외교적 논리에 입각한 대외관계 개선을 통해 외부의 지원을 얻으려는 경향 또한 여전히 남아 있다. 그리고 대외개방을 통해 국내 경제, 특히 국내 제조업을 재건하려는 움직임은 아직 미약한 실정이다. 대외개방은 국내 경제와의 연관성이 매우 낮거나, 때로는 국내 경제와 단절해 추진하고 있다. 경제적 생존을 위해 필요한 소비재를 획득하거나 이를 위한 외화를 획득하는 것이 주된 목적이라고 해도 과언이 아니다.

국내의 산업활동도 대외무역과 관련된 것, 특히 수출 원천을 동원하기 위한 활동이 주종을 이룬다. 농산물, 수산물, 광산 개발 등 1차 산업 위주의 경제활동이 전개되고 있다.

(3) 경제안정화 노력 1: 재정위기 타파

경제안정화 노력은 크게 보아 두 가지를 축으로 하고 있다. 하나는 재정위기 타파이고 또 하나는 인플레이션 억제이다. 북한정부는 재정위기를 극복하기 위해 재정수입과 지출 양 측면에서 대응책을 마련하고 있다.

우선 재정지출 감축 노력을 살펴보자. 북한정부는 7·1 조치를 통해 각종 사회보장조치를 축소·폐지하거나 중앙에서 지방으로 그 부담을 떠넘겼다. 특히 기관·기업소에 대한 각종 보조금을 축소·폐지했다. 식량, 주택, 에너지, 운수 서비스 등과 같이 무상에 가까운 저렴한 가격으로 주민들에게 공급함으로써 대규모 보조금 지급이 불가피했던 다수의 품목에 대해 가격의 현실화가 이루어짐으로써 이들에 대한 가격 보조금이 대폭 감축되었다.

하지만 재정지출 감축만으로 재정난을 타개하기에는 명백한 한계가 있었다. 그래서 북한정부는 재정수입 확대책을 다각도로 강구했다. 재정수입 확대를 위해 새로운 세원 발굴에 적극 나섰고, 예산수입체계의 재편, 징세행정의 실효성과 효율성 제고에 노력했다.

첫째, 기존의 주요 세원의 하나였던 거래수입금을 폐지하고 이를 국가기업이익금에 통합하여 국가기업이득금을 신설했다.[17] 국가기업이득금은 '번수입'을 조세의 부과기준으로 삼았다.

〈표 1-7〉 재정수입제도의 변화

7·1 조치 이전		7·1 조치 당시	7·1 조치 이후
국가기업이익금		국가기업이득금 (통합)	좌동
봉사료 수입금			
거래 수입금	국영기업소 생산품 관련		
	생산협동조합 생산품 관련	협동단체이득금 (통합)	좌동
	협동단체이익금		
고정재산 감가상각금		(폐지)	고정재산 감가상각금 (부활)
사회보험료 수입		좌동	사회보험료 납부대상 확대 (종업원, 협동농장 등에서 국영기업소까지 확대)
국가재산 판매 및 기타 수입		좌동	좌동
–		토지사용료(신설)	부동산사용료 신설 (토지사용료를 확대 개편)

자료: 문성민(2004: 14)의 〈표 1〉을 약간 수정.

둘째, 새로운 세원으로서 2003년에 종합시장의 시장사용료, 국가납부금을 신설했다. 아울러 또 다른 신규 세원으로 2002년에 토지사용료를 도입했고, 2006년에 이를 부동산사용료로 확대 개편했다.[18]

셋째, 징세행정의 실효성과 효율성을 제고하기 위한 제반 조치를 취했다. 2003년 9월에 재정성 산하와 각 성에 집금소(集金所, 징세기관)를 신규 설치했다. 이어 같은 해 11월에는 재정기관의 역할을 강화해 포괄적 재정 금융 협의체인 '국가재정 은행위원회'를 '국가재정 금융위원회'로 개편함으로써

---

17) 이에 따라 국가기업이득금은 북한의 예산수입 항목 가운데 가장 큰 비중을 차지하게 되었다. 2002년 3월 북한의 최고인민회의는 올해 예산수입 가운데 국가기업이득금이 77.6%로서 가장 큰 비중을 차지하고 있다고 밝혔다.
18) 북한정부가 부동산사용료 제도를 도입한 배경, 목적, 의미 등에 대해서는 김래은 (2007) 참조.

재정정책과 금융정책 간의 보완성을 강화할 것임을 시사했다.

그런데 주목해야 할 점은 새로운 세원으로 신설된 예산수입 항목들은 시장에서 창출된 수입, 즉 시장경제활동에서 발생한 잉여를 국가가 흡수할 목적을 가지고 있다는 것이다.

우선 국가기업이득금, 협동단체이득금은 기업의 '번 수입'을 조세의 부과 기준으로 삼았다. 그런데 이 '번 수입'은 기업의 계획 외 생산·유통을 포괄한다. 즉, 사실상 시장경제활동을 통해 벌어들인 수입까지 포함시킨 금액을 대상으로 세금을 매긴다. '번 수입' 지표 대신에 사회순소득 지표를 사용해도 상황은 마찬가지다. 2003년 종합시장 등장 이후 기업의 시장경제활동은 상당 정도 합법화되었기 때문이다. 북한의 ≪경제연구≫는 국가기업이득금과 번 수입의 관계에 대해 다음과 같이 설명하고 있다.

국가기업리득금은 번 수입의 분배체계에 따라 계산되고 납부된다는 데 주요 특징이 있다. ······ 국가기업리득금 부과대상은 인민경제계획과 재정계획에 따라 경영활동을 진행하는 과정에 이루어지는 판매수입은 물론 계획외 경영활동과정에 이루어지는 판매수입도 포함시키는 것이 합리적 ······(김영수, 2004: 24~25).

그리고 국가기업이득금, 협동단체이득금에는 7·1 조치 이후 확대된 국가기관이 직접 운영하거나 개인에게 운영을 위탁하는 수매상점, 식당, 당구장, 가라오케 등 서비스업체가 국가에 바치는 이른바 국가납부금도 포함되어 있을 것으로 보인다. 이러한 수매상점, 식당, 당구장, 가라오케 등 서비스업체들의 활동은 시장경제의 영역에 속한다. ≪경제연구≫도 이러한 점을 시사하고 있다.

국가기업리득금은 거래수입금에 비하여 그 포괄범위가 매우 넓다. 국가기업리득금은 근로자들이 국가와 사회를 위한 노동에 의하여 조성된 순소득뿐만 아니라 상업, 유통, 봉사를 비롯한 여러 가지 경영활동과정에 이루어진 순수입도 다 포함하고 있으므로 그 포괄범위가 대단히 크다(김영수, 2004: 24).

국가기업이득금에 포함되는 종합시장의 시장사용료, 국가납부금도 주목할 만하다. 다음의 ≪조선신보≫ 기사는 북한의 종합시장 운영실태에 관한 매우 중요한 정보를 제공하고 있다.

'고난의 행군' 시기의 시장 운영이 자연발생적인 측면이 있었다면 새로 나온 종합시장은 모든 면에서 '체계화'를 위한 절차를 밟고 있다. 통일거리시장을 비롯한 각지의 시장들도 새로운 방침이 제시된 후 국영기업소로 되었다. 종전에는 구역행정이 관할하는 '관리소'의 위치에 있었다. 기업소인 것만큼 시장은 상품을 파는 국영기업소, 협동단체, 개별적 주민들로부터 '시장사용료'를 징수한다. 또한 시장에서 상품을 파는 단위는 이것과 별도로 자기 소득에 따른 국가납부금을 제때에 바쳐야 한다. 시장의 경제활동을 국가경제의 일부로 거둬들인 것이다〈≪조선신보≫, 2004. 9. 7〉.

우선 개별 종합시장들이 종전에는 행정기관 격인 '관리소'에서 이제는 '국영기업소'로 그 지위가 변했다. 북한정부는 2003년에 종합시장을 합법화함과 동시에 종합시장을 국영기업소로 규정했다. 아울러 시장에서 상품 공급자로 참여하는 기업과 개인, 즉 매대 운영자에 대해 자릿세 개념의 '시장사용료'와 소득세 개념의 '국가납부금'을 국가에 바칠 의무를 부과했다.

토지사용료, 부동산사용료는 부동산을 이용하는 모든 기관, 국영기업소, 협동단체는 물론 개인에 이르기까지 예외 없이 의무적으로 적용된다. 거의 모든 경제주체를 대상으로 하는 것이다. 그리고 북한에서 부동산은 토지뿐아니라 지하자원, 삼림, 강·하천, 도로, 항만, 주택, 공공건물, 공장건물, 공원, 유원지 등을 포괄하는 매우 광범위한 범주이다.

따라서 부동산사용료의 적용을 받는 경제활동은 매우 광범위하다. 토지의 경우, 우선 각종 경작활동을 생각할 수 있다. 협동농장의 토지는 물론 기관·기업소의 부업지, 그리고 개인 경작지 등이 포함된다. 개인 경작지의 경우 협동농장이나 기업소의 땅을 개인에게 나누어주어 경작활동을 하게 하는 경우도 있지만, 이른바 뙈기밭, 소토지 등 개인 차원의 무허가 토지 경작도 포함된다. 또한 편법으로 이루어지는 주택, 아파트의 신축 및 분양, 매매 등 건설분야의 사적 거래도 여기에 포함된다. 또한 지방이나 기업 차원에서 이루어지는 지하자원 탐사·개발도 마찬가지다. 이와 함께 기업소의 각종 경제활동도 부동산사용료의 적용을 받는다. 결국 토지, 주택을 포함한 '국토' 전반을 이용하는 모든 개별 경제주체는 부동산사용료를 납부할 의무를 가지는 것이다.

결국 북한에서 현재 예산수입에서 압도적인 비중을 차지하는 국가기업이득금, 협동단체이득금, 부동산사용료 등 사실상의 각종 조세는 7·1 조치 이후 다양하고 광범위한 시장경제활동을 포괄하게 되었다. 물론 국가기업이득금, 협동단체이득금, 부동산사용료 등에서 어디까지가 계획경제영역에서 발생한 수입이고, 어디까지가 시장경제영역에서 발생한 수입인지 판단할 수 있는 자료는 구할 수 없다. 하지만 7·1 조치 이후, 특히 종합시장 허용 이후 기관·기업소, 그리고 개인의 시장경제활동이 상당 정도 합법화되면서 크게 확대되었다는 점을 새삼 상기할 필요가 있다. 국가예산수입의 원천에서 시장경제활동이 차지하는 비중은 결코 적지 않다고 할 수 있다. 북한정부가 7·1 조치를 도입하고 종합시장을 허용한 주요 목적의 하나가 시장경제활동의 합법화를 통해 시장경제에서 발생한 잉여를 국가가 조세의 형태로 수취하여 재정위기를 타파하고자 한 것임을 어렵지 않게 짐작할 수 있다.

(4) 경제안정화 노력 2: 인플레이션 억제

인플레이션의 원인이 화폐과잉에 있다는 사실은 북한정부도 잘 인식하고 있는 것으로 보인다. 이와 관련하여 ≪경제연구≫에 실린 글들을 종합해보면 북한정부 스스로 인식하고 있는 대책은 다음의 다섯 가지로 집약된다. 그리고 이러한 처방은 대체로 보아 적절한 것으로 평가할 수 있다. 다만 이러한 해결방안을 제대로 실천·실행하고 있는지 의문시되고 있다.

첫째, 상품공급의 확대(공급의 정상화)이다. 이것은 여러 가지 대책 중에서도 핵심이라 할 수 있다. 또한 2000년대 들어, 특히 7·1 조치 이후 제대로 운영되지 않고 있는 국영상점을 무역회사 등이 인수하게 해 수입상품을 상점에 넣고 주민들에게 판매[19]하게 하는 등 이른바 국영상점망의 시장화를 무릅쓰고서라도 국가상업망을 통한 상품공급 확대를 꾀하는 이유를 짐작할 수 있게 해준다. 국가상점에서의 수입상품 판매라는 고육지책을 통해서라도 국가상점에 물품을 채워 이를 주민들에게 판매함으로써 결국 주민들로부터 화폐를 환수, 인플레이션 압력을 줄임과 동시에 국가재정수입을 늘리고자 하는 의도인 것이다.

> 화폐류통의 공고화를 위한 기본방도는 …… **상품량을 끊임없이 늘이고 그 공급 사업을 개선하는 것**이다. …… (또한) 현금류통 조직사업을 잘 짜고드는 것이다. …… **현금방출과 현금회수 사이의 균형을 확고히 보장하는 것** …… (최경희, 1993: 37~40).

---

19) ≪경제연구≫에서는 "상업부문에서는 …… 수입상품들을 상업망에 넣기 위한 실무적 조치를 취하여야 한다"라고 밝히고 있다(주현, 2005: 8). 이에 앞서 내각결정 제24호(2003. 5. 5)는 현재 운영을 제대로 하지 못하고 있는 국영상점들을 무역회사들에 넘겨주어 운영하며, 특히 수입상품을 국영상점에서 판매하도록 지시했다.

류통계에서 류통되는 상품량이 늘어나지 않고서는 원의 구매력을 해당 수준에서 유지할 수 없다. …… 우리 당은 상품공급사업을 개선하고 상품보장사업을 강화하는 것을 높아진 **화폐의 구매력** 수준을 유지하기 위한 매우 중요한 조건으로 삼고 있다(강경희, 2008: 50).

상품류통은 화폐류통을 동반한다. …… 상업망들에 상품을 집중시키면 국가 상업망을 통한 화폐류통량이 증대되고 그에 따라 **상업부가금수입**이 늘어나게 되며 더 많은 자금이 국가 수중에 들어가게 된다. …… 상업망을 통한 국가예산 **수입**을 적극적으로 늘어나갈 수 있다(선우련희, 2008: 26~31).

둘째, 은행 등을 이용해 주민들의 유휴자금을 흡수하는 것이다. 특히 이를 위해서는 주민들에게 이자율을 인센티브로 제공해야 하고, 또한 은행이 신용을 지켜야 한다고 북한 학자들은 보고 있다. 초보적이기는 하지만 금융 개혁을 연상시키는 면이 있다. 하지만 금융개혁이 초래할 체제위협적 요소의 증가라는 부담으로 인해 금융개혁은 아직까지 실시하지 않고 있다.

재정금융기관들은 개인 수중에 있는 유휴화폐를 국가 수중에로 최대한 동원하기 위하여 저금, 보험공간들의 역할을 결정적으로 높이도록 하는 한편 …… (리원경, 2006: 37).

저금 및 예금사업을 개선하는 데서 중요한 것은 우선 **예금이자율**을 합리적으로 설정하는 것이다. …… 저금 또는 예금자들이 이 사업에 관심을 가지도록 하여야 한다. …… 저금 또는 예금사업에서 **신용을 지키는 것**은 저금 또는 예금수입을 늘이기 위한 중요한 방도이다. 저금 또는 예금한 돈을 아무때나 찾을 수 있게 하는 것은 신용의 본질로부터 제기되는 요구이다(홍영의, 2006: 28).

셋째, 기관·기업소의 화폐거래를 은행에 집중시키는 것이다. 이를 위해 기관·기업소의 현금보유한도를 정해주고 그 한도를 넘어서는 현금은 은행에 예금시키도록 해야 한다.

오늘 화폐류통을 원활히 하도록 하는 데서 제기되는 중요한 문제의 하나는 모든 기관·기업소들이 자기의 **화폐자금을 은행에 집중시키고 은행을 통하여서만 화폐거래를 진행하는 것이다.** …… 화폐자금을 은행에 집중시키기 위해서는 기관·기업소들의 현금보유한도를 과학적으로 규정하여 적당한 화폐량을 가지고 있도록 하는 것과 함께 불가피하게 보유한도를 초과하여 가지고 있는 현금을 빨리 은행에 입금시키도록 대책을 세우는 것이 중요하다. …… 중요한 것은 또한 …… 기관·기업소들 사이의 화폐거래를 주로 무현금결제로 하도록 하는 것이다(홍영의, 2006: 26~27).

넷째, 외화를 국가가 통일적으로 관리하는 것이다. 즉, 외화를 다루는 모든 기관·기업소들이 국가의 통일적인 계획과 지도, 통제하에 수입 및 지출 거래를 수행한다는 것이다.

인민경제 모든 부문의 기관·기업소들이 번 외화를 무역은행에 집중시키고 국가의 승인 밑에서만 쓰도록 하며 국가의 통제 밖에서 외화거래를 하거나 외화를 쓰는 일이 없도록 하며 특히 국내에서 외화를 류통시키거나 기관·기업소들 사이에 외화를 거래하는 일이 없도록 통제하는 것 …… (고재환, 1991: 45).

다섯째, 국가예산 적자를 통화팽창에 의해 메우려는 유혹을 뿌리쳐야 한다는 것이다.

국가예산지출이 류통화폐량의 증대로 이어지는 길을 최대한으로 막는 것은 통화조절을 원만히 진행하기 위한 중요한 조건으로 된다(리원경, 2006: 37).

발권 규모를 과학적으로 규정하지 않고서는 …… 통화팽창의 결과를 초래할 수 있다(양선희, 1995: 31).

2) 국민경제의 이중구조화 전략

(1) 이중구조화 전략의 공식화[20]

경제위기 이후의 경제정책에서 핵심요소의 하나는 국민경제에 대한 일종의 이중구조화 전략이다. 기본은 계획경제와 시장경제의 이중구조이고, 한편으로는 특수경제(당경제, 군경제)와 일반경제(내각경제, 주민경제)의 이중구조이며, 또 한편으로는 군수공업을 포함한 중공업과 경공업의 이중구조이다. 다만 이중경제구조는 개념적 차원임을 분명히 할 필요가 있다. 지나친 단순화의 위험이 존재함은 분명하다. 이중경제구조라 해도 두 부문이 독립적으로 존재하는 것이 아니고 서로 영향을 주고받으며, 더욱이 양자의 경계가 모호한 부분도 상당 정도 존재한다. 특히 계획경제와 시장경제가 그러하다.

이중구조화 전략은 경제위기에 대한 북한정부의 대응양식이다. 북한정부는 우선순위체계에 입각해서 자원배분을 재조정하되, 국민경제 전체, 경제의 모든 부문을 스스로 책임지고 운용하기를 사실상 포기했다. 국가재정이 절반으로 축소된 위기적 상황에서 북한정부가 선택한 생존전략인 셈이다.

7·1 조치는 이러한 이중구조화 전략의 공식화라는 성격을 가진다. 7·1 조치 이전에도 계획경제시스템의 약화 및 암시장의 창궐 등으로 이러한 이중구조는 형성되었으나 이는 시장이 비공식의 영역으로 남아 있었기 때문에 이중구조화 전략이 공식화된 것은 아니었다.

---

20) 국민경제의 이중구조화 전략에 대해서는 2장에서 더 자세히 살펴볼 것이다.

(2) 자원배분 우선순위체계의 재편21)

자원배분 우선순위체계의 재편에서 우선적으로 지적해야 할 것은 국방공업 우선의 자원배분체계로의 재편이다. 북한정부는 2002년부터 선군시대 경제건설노선의 핵심 명제로서 국방공업 우선 발전, 경공업·농업 동시 발전을 제창한 것으로 파악되고 있다.

국방공업을 우선적으로 발전시키면서 경공업과 농업을 동시에 발전시킨다는 것은 국방공업을 중시하고 거기에 선차적 힘을 넣으면서 경공업과 농업의 발전을 동시적으로 보장한다는 것을 의미한다(박명혁, 2003: 9). 국방공업의 우선적 발전을 보장한다는 것은 국가투자에서 국방공업의 몫을 충분히 조성하고, 여기에 설비, 자재, 전력, 노력 등을 최우선적으로 원만히 보장하며 다른 부문에 비해 앞세운다는 것을 말한다(서재영 외, 2005: 21). 국방공업과 중공업의 관계에 대해서도 정리했는데, 중공업은 국방공업의 기초이며 중공업의 발전을 떠나서는 국방공업의 발전을 생각할 수 없다며 중공업이 국방공업의 우선적 발전을 보장할 수 있는 근본밑천으로 규정되었다(리기성, 2003: 7).

이러한 선군시대 경제건설노선은 종전의 사회주의 경제건설 기본노선의 계승이라는 지위를 부여받았다. 중공업을 우선적으로 발전시키면서 경공업과 농업을 동시에 발전시킨다는 것이 종전의 사회주의 경제건설 기본노선이었다. 따라서 국방공업을 우선적으로 발전시키면서 경공업과 농업을 동시에 발전시킨다는 선군시대 경제건설노선은 종전의 사회주의 경제건설 기본노선과 구별되는 별개의 노선이 아니며 그것을 배제한 것도 아니라고 한다(박명혁, 2003: 9).

북한정부는 국방공업 중심의 경제건설노선을 주창하게 된 배경으로 외부

---

21) 물론 우선순위체계는 사회주의 사회(및 개도국)의 보편적인 현상이다. 다만 북한은 그 정도가 다소 심했고, 특히 경제위기 이후에는 극에 달했다고 할 수 있다.

환경의 악화를 내세우고 있다. 국방공업 발전에 큰 비중을 두어야 하는 것은 미 제국주의자들의 침략책동이 날로 심각해지고 있는 조건이 결정적으로 작용하고 있다는 것이다(서재영 외, 2005: 27).

한편, 7·1 조치를 도입한 북한정부의 의도가 어디에 있으며 그것을 통해 달성하고자 하는 목표, 목적이 무엇인가에 대해 생각해볼 필요가 있다. 무엇보다도 재정위기를 타개하고자 하는 것이 가장 크다고 볼 수 있다. 재정위기 타개의 목적은 여러 가지가 있을 수 있으나 핵심적인 것의 하나는 국방공업부문에 투입할 재원의 확보일 것으로 보인다. 계획이냐 시장이냐 하는 문제도 중요하기는 하지만 이는 부차적이다. 그런 측면에서 본다면 말 그대로 실리주의요, 또한 실용주의라고 할 수 있다.

이를 위해 국가는 주민들의 생활에 대한 (재정적) 책임을 방기했다. 북한의 내부 문건은 다음과 같이 서술하고 있다.

위대한 장군님께서는 숨죽은 공장, 꺼져버린 수도의 불빛, 멈춰선 열차들을 뒤에 두시고 선군의 길을 끊임없이 이어가시며 자위적 국방력을 강화하기 위해 온갖 심혈을 다 바치었다.

언젠가 막대한 자금을 국방력 강화에 돌리는 문제가 제기되었을 때 '나는 인민생활이 어려웠지만 군수공업에 언제나 큰 힘을 넣어왔다. 이에 대해 앞으로 우리 인민이 반드시 이해해줄 것……'(김정일 위원장).22)

한편, 자원배분의 우선순위체계에서 식량분배의 우선순위체계는 매우 중

---

22) "우리나라에서의 핵시험 성공은 반만년 민족사와 세계 정치사에 특기할 력사적 사변이다"라는 제목을 붙인, 조선 노동당 작성 '간부 및 군중 강연자료', ≪동아일보≫, 2006년 12월 6일자.

요한 요소이다. 사실 북한의 식량수급 사정 악화의 영향은 모든 주민들에 대해 동일한 것이 아님을, 즉 계층별로 상이함에 주목할 필요가 있다. 앞에서 언급했듯이 북한은 특히 경제위기 이후 우선순위체계가 고도화되었다. 물론 식량분배의 우선순위체계에 대한 정확한 정보를 얻기는 매우 어렵다. 이하 서술할 내용은 하나의 예시 차원에서 소개한다.

식량 분배[23]에서 1순위는 당 중앙기관, 각급 당위원회 소속 구성원과 평양 중심구역 거주 주민으로 약 100만 명 정도로 추산되고 있다. 2순위는 군대를 포함한 기타 군사인원, 인민무력부, 인민보안성, 국가안전보위부, 작전부, 호위사령부 등이다. 1, 2순위에 해당하는 인구층은 250만 명으로 이들은 배급시스템에서 핵심인구층을 형성하고, 전체 인구의 약 12%에 해당된다. 물론 이들에게 모두 배급이 정상 지급되는 것은 아니고, 당해연도의 식량사정에 의존한다.

3순위는 군수공장 종사자 및 그 가족(약 250만 명), 특급기업소 종사자 및 그 가족(150만 명)이다. 다만 이 경우에도 기업의 가동상황 등에 따라 배급량의 차이가 발생할 수 있다. 4순위는 일반 노동자, 교사, 의사, 서비스직 종사자 600만 명이다. 이 범주에 속하는 인구층은 실제 배급이 거의 이루어지지 않고, 주로 시장을 통해 식량을 조달하고 있다. 한편, 농민층은 현금분배와 현물분배를 받기 때문에 국가 배급대상에 속하지 않는데 농민 인구는 800만 명 정도로 추산되고 있다.

(3) 특수경제의 상대적 확대와 일반경제의 축소

국가 자원배분의 우선순위체계와 관련해 빼놓을 수 없는 것이 당경제, 군

---

23) 이하 식량 배급 우선순위체계에 대한 서술은 법륜스님, "북한 식량 상황과 인도적 위기", 좋은벗들 주최 전문가 토론회, "북한의 대량아사, 다시 오는가?"(2006. 12. 26)에 주로 의존.

경제 등 특수경제의 상대적 확대이다. 1970년대 중반부터 북한에서는 인민경제(내각경제)와 특수경제의 분리가 시작되었다. 특수경제가 내각으로부터 독립하여 수령 직할의 독자적인 경제영역으로 활동하기 시작했다. 특수경제는 당경제와 군경제로 성립되고, 이 가운데 군경제는 순수 군경제와 군수경제로 구분 가능하다. 특수경제는 독립적으로 농장, 공장, 기업소, 광산, 그리고 무역회사, 심지어는 은행까지 보유하고 있다. 북한의 외화난이 심각해지면서 무역회사의 역할은 확대되었는데 고수익을 보장하는 수출 원천은 대부분 특수기관 소속 무역회사에게 흡수되었다.

당경제의 경우, 1974년에 대성총국(대성무역총회사), 당 39호실이 출현했고 1978년에는 대성은행이 설립되었다(김광진, 2007). 39호실이라는 당 지도부서와 대성총국이라는 생산 및 무역기관, 대성은행이라는 대외결제은행의 결합으로 경제연합체가 탄생한 것이다. 이들은 내각의 통제를 받지 않고 오로지 당의 직접적인 통제와 관리를 받는다. 이후 38호실 등 당 경제부서들이 신설되면서 당경제는 외연을 확대해갔다.

또한 1990년대 경제위기 속에서 당경제 소속 무역회사들이 잇따라 설립되었다. 예컨대 대성총국의 경우 총국 차원의 무역회사에서 한 걸음 더 나아가 산하 국(局) 차원에서도 무역회사를 설립·운영하게 되었다. 내각의 기관과 마찬가지로 당의 기관들도 국가재정위기 속에서 일정 정도 자력갱생을 요구받았기 때문이다. 당경제 운용에서 외화벌이는 핵심적인 기능을 수행한다. 이들은 기존의 내각 소속 광산, 공장, 농장 가운데 수익성이 높은 것들을 자신의 산하로 흡수(찬탈)하면서 몸집을 불려나갔다.

군경제의 경우 1970년대 중반 제2경제위원회가 설립되어 내각으로부터 독립 운용되었다(김광진, 2007). 그동안 정무원(내각)의 여러 부서에 분산되어 있던 군수품 생산 관련 부서를 하나의 위원회로 통합한 것이다. 이로써 자체적으로 군수품을 계획, 생산, 관리, 공급하는 체계를 구축했는데 현재는 무기수출입까지 총괄하고 있다. 이는 내각의 통제에서 벗어나 당 중앙위

군수공업부의 통제와 관리를 받는다.

또한 1990년대 경제위기 속에서 군경제 소속 무역회사들도 잇따라 설립되었다. 예컨대 인민무력부의 경우 총참모부 차원의 무역회사에서 한 걸음 더 나아가 산하 각 군단 차원에서도 무역회사를 설립·운영하게 되었다. 내각의 기관과 마찬가지로 군의 기관들도 국가 재정위기 속에서 일정 정도 자력갱생을 요구받았기 때문이다. 군경제 운용에서도 외화벌이는 핵심적인 기능을 수행한다. 이들도 기존의 내각 소속 광산, 공장, 농장 등을 자신의 산하로 흡수(찬탈)하면서 몸집을 불려나갔다. 특히 고난의 행군 기간에는 무역회사의 난립 등으로 대외무역이 매우 무질서해졌다. 그러한 과정에서 무역회사의 권한이 확대되는 사실상 무역의 분권화가 진전되었다.

한편, 경제위기 이후 상기의 과정을 거치면서 특수경제와 일반경제가 국민경제 내에서 차지하는 위상과 비중에 큰 변화가 발생했다. 국내의 한 연구에 의하면, 1989년과 1999년의 10년 동안에 전체 계획경제의 규모는 500억 달러에서 223억 달러로 무려 55%나 감소한 것으로 추정되었다(성채기 외, 2003). 그런데 일반경제의 규모는 이 기간에 64%나 감소한 반면 특수경제의 규모는 26% 감소에 그쳤는데, 이에 따라 국민경제 전체에서 차지하는 비중은 일반경제가 77%에서 62%로 감소한 반면 특수경제는 23%에서 38%로 크게 증가한 것으로 추정되었다.

2000년대에 들어서도 특수경제의 상대적 확대와 일반경제의 상대적 축소 추세는 지속되고 있는 것으로 보인다. 우선, 앞에서 보았듯이 2002년경부터 국방공업 우선의 자원배분체계가 등장했기 때문이다. 또한 이 책의 3장에서 보듯이 2000년대에 특수경제 소속, 특히 군경제 소속 무역회사의 활동이 일반경제 소속 무역회사의 활동보다 활발하게 전개되었을 가능성이 크기 때문이다. 국내의 자원이 고갈된 상태에서 무역회사의 활동은 결정적인 중요성을 가진다.

<표 1-8> 경제위기 이후 특수 · 일반경제의 비중 변화

구분	1989년(A)	1999년(B)	B / A
전체 계획경제	500억 달러 (100%)	223억 달러 (100%)	0.45
특수경제 (당경제 + 군경제)	115억 달러 (23%)	85억 달러 (38%)	0.74
일반경제 (암시장 등 지하경제 제외)	385억 달러 (77%)	138억 달러 (62%)	0.36

자료: 성채기 외(2003: 29)를 약간 수정.

3) 제도적 변경

(1) 7 · 1 조치: 새로운 경제제도의 집대성[24]

7 · 1 조치는 경제위기에 대한 국가 차원 대응책, 특히 제도적 차원의 대응책의 집대성이라고 할 수 있다. 1998년 김정일 위원장의 공식 취임 이후 취해졌던 일련의 체제정비작업의 일단락이라고도 평가할 수 있다.

북한은 7 · 1 조치를 도입하면서 다음과 같은 세 가지 중간 목표를 설정했다. 국가재정위기[25]의 타파, 인플레이션의 억제, 생산의 확대(생산의 정상화)이다. 상기의 세 가지 목적을 달성하기 위해 북한정부는 크게 보아 두 가지 차원의 정책을 전개했는데, 하나는 기존의 계획경제시스템 내에서의 정책적 개선이고, 또 하나는 시장경제메커니즘의 부분적 도입이다.

한편, 이러한 두 가지 차원의 정책과 병행해서 국가의 조세기능을 대폭 강화했다. 앞에서 보았듯이 새로운 세원을 발굴하고 조세행정체계의 정

---

24) 7 · 1 조치의 배경, 주요 내용, 전개과정 등에 대해서는 이 책의 2장에서 자세히 기술할 것이기 때문에 여기서는 간단히 언급하는 선에서 그친다.
25) 물론 여기에서의 재정수입이란 내각의 재정수입, 즉 북한정부가 발표하는 예산수입만을 가리키는 것은 아니라 당경제, 군경제 등 특수경제의 재정수입까지 포괄한다.

〈그림 1-5〉 7 · 1 조치를 통한 새로운 경제운용전략의 모색

1단계: 생산의 차원

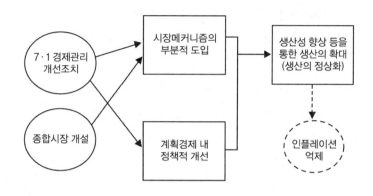

2단계: 분배의 차원

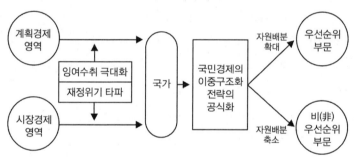

비 · 강화를 통해 재정수입을 확대하려고 노력했다.

요컨대 거시경제적으로 보면 북한정부는 7 · 1 조치를 통해 생산 차원과 분배 차원을 아우르는 제도적 변경을 통해 새로운 경제운용전략을 모색한 것으로 파악된다(〈그림 1-5 참조〉).

첫째, 생산 차원에서는 이른바 개선과 개혁(시장화)의 동시적 진행을 통해 경제 전체의 생산성을 제고하고 생산을 확대하는 것, 즉 경제 전체의 파이를 키우는 것이다.

둘째, 분배 차원에서는 우선 잉여수취기능을 대폭 강화해 개별 경제주체,

생산 및 유통(무역)단위로부터 국가부문으로의 자원 이전을 대폭 확대하는 것이다. 특히 기존의 계획경제영역뿐 아니라 새롭게 공식적인 경제영역으로 흡수한 시장경제영역으로부터의 잉여수취를 극대화하는 것이다.

셋째, 일종의 재분배차원에서 국가가 확보한 잉여를 국민경제 내에서 각 부문별로 차등 분배하는 것인데 이는 우선순위체계의 고도화와 맥을 같이한다. 특히 국가는 앞에서 보았듯이 이른바 이중구조 전략을 공식화하면서 우선순위 분야에 대해서는 자원배분을 확대하는 한편, 비(非)우선순위 분야에 대해서는 자원배분을 축소하는 길을 선택했다.

(2) 계획경제 내 개선조치

7·1 경제관리개선조치의 골자 가운데 계획경제 내 개선조치의 성격을 띠는 것들은 가격과 임금, 환율의 대폭적인 인상, 기업의 경영 자율권 확대, 독립채산제 본격 실시, 노동 인센티브 확대 등이다. 이를 간단히 살펴보자.

가격개혁의 경우, 거의 모든 재화의 국정가격을 암시장 수준으로 인상했다. 동시에 경제 전반의 상대가격체계를 재편했다. 모든 재화 서비스의 가격이 동일한 비율로 상승한 것이 아니라 각 재화별로 가격상승률에 큰 편차가 존재한다는 사실에 유의할 필요가 있다(〈표 1-9〉 참조).

가격 인상을 구체적으로 보면 쌀 공급가격(판매가격)은 kg당 0.08원에서 44원으로 550배 인상되었고, 공업제품의 가격은 평균 25배, 근로자들의 기본임금은 평균 18배 인상되었다. 가격제정원리도 변경되었다. 수요자 위주의 가격제정방식에서 생산자 위주의 그것으로 전환한 것이다. 석탄, 전력 등 '시초원료가격'을 기준으로 하는 방식에서 쌀(식량)가격을 중심으로 하는 방식으로 변화했다.

기업개혁에서는 계획 및 기업관리의 분권화 조치가 취해졌다.[26] 특히 기

---

26) 기업개혁과 노동 인센티브 개혁에 대해서는 이 책의 7장에서 자세히 기술할 것이다.

〈표 1-9〉 7·1 조치로 인한 가격 및 임금 인상 주요 내용

(단위: 원)

구분	품목/ 계층	단위	인상 전(A)	인상 후(B)	인상폭(B/A, 배)
가격	쌀	kg	0.08	44	550
	옥수수	kg	0.06	20	330
	돼지고기	kg	7	170	24
	세수비누	개	2	20	10
	버스·지하철 요금	회	0.1	2	20
	전기료	kWh	0.035	2.1	60
	주택사용료		한 채당 월 5~10원	평당 월 7~15원	
임금	일반노동자		110	2,000	16
	중노동자		240~300	6,000	20~25

업의 자율성이 확대되었다. 기업의 경영실적에 대한 평가방법이 바뀌어 이른바 '번 수입' 지표가 도입되었다. 번 수입 지표의 도입은 기업에게 '계획 외 생산'과 '계획 외 유통'의 합법적 공간을 제공한다는 큰 의미가 있다. 기업의 독립채산제도 대폭 강화되었다. 예컨대 가격을 수요와 공급을 고려하여 현실화한다는 것, 임금이 현물임금에서 화폐임금으로 바뀐 것 등은 철저한 독립채산제가 실시될 수 있는 기반을 마련한다는 의미가 있다.

노동 인센티브도 강화되었다. 주목해야 할 것의 하나는 주민들에 대한 소비재의 무상급부제도가 사실상 폐지되었다는 사실이다. 무엇보다도 쌀, 옥수수 등 식량의 가격은 수백 배나 오르는 기록적인 인상률을 나타냈다. 따라서 종전에 노동자, 사무원의 실질 생계비에서 식량값이 차지하는 몫은 불과 3.5%도 되지 않았으나 이제는 50% 정도에 육박하게 되었다. 국가는 이제 더 이상 모든 주민의 기본생활을 보장하지 않는다는 의지를 표명한 셈이다. 북한정부가 "앞으로 절대로 공짜는 없다"라고 강조하고 있는 것도 바로 이 때문이다. 노동자는 자신과 가족의 생계를 전적으로 임금에 의존하게 되었다. 노동 인센티브 시스템이 제 기능을 발휘할 수 있는 제도적 기반을 이런 식으로 마련한 것이다.

(3) 시장화의 촉진 및 억제[27)]

7·1 조치[28)]는 계획경제의 정책적 개선과 함께 시장메커니즘의 부분적 도입이라는 측면을 동시에 가지고 있다. 대표적인 것이 2003년 3월의 종합시장 정책이다. 북한은 그때부터 기존의 '농민시장'을 '시장'으로 명칭을 바꾸고 유통물자의 범위도 기존의 농토산물에서 한 걸음 더 나아가 식량 및 공업제품으로까지 확대했다.

하지만 2007년부터 북한정부는 시장에 대한 억제, 통제로 방향을 바꾸었다. 여기에도 시장에 대한 인식의 변화가 반영되어 있다. 다만 이제는 시장에 대한 인식이 부정적인 것으로 바뀌었다.

사실 시장화에 대해 북한정부는 근본적인 딜레마를 안고 있다. 경제의 숨통을 트기 위해서는 시장화를 촉진해야 할 필요성이 있다. 하지만 시장화가 진전되면 정치적 부담이 증가할 우려가 있다.

결국 북한정부가 지향하는 것은 관리 가능한 시장화이다. 일정 수준까지의 시장화는 용인 내지 촉진하되 그 수준을 넘어서는 시장화는 억제하는 것이다. 그 기준은 시장화의 부작용에 대한 북한정부의 정치적 판단이다.

이와 관련하여 북한에서 7·1 조치 이후 시장화의 전개과정은 적어도 두 개의 상이한 시기로 구분 가능하다. 제1기는 2003년 북한정부의 시장화 촉진 정책으로 시장이 확대되는 시기이고, 제2기는 2007년 북한정부의 시장

---

27) 시장화의 촉진 및 억제에 대해서는 이 책의 2장과 5장에서 자세히 기술할 것이다.
28) 7·1 조치의 포괄범위에 대해서는 아직도 학자들 간에 약간의 이견이 존재한다.
7·1 조치에 종합시장 허용조치까지 포함시켜 그 범위를 다소 넓게 설정하는 견해가 있는가 하면 7·1 조치에 종합시장 허용조치를 포함시키지 않아 다소 좁게 설정하는 견해도 있다. 이 글에서는 특별히 명기하지 않는 한, 7·1 조치에 종합시장을 포함시키는 것으로 한다. 한편, 7·1 조치와 종합시장의 관계는 아직도 명확하지 않다. 연속·보완의 측면을 강조하는 입장이 있는가 하면 단절·모순의 측면을 강조하는 입장도 있다.

화 억제정책으로 표면적으로 시장이 다소 위축되는 시기이다.

(4) 대외개방의 확대 시도

북한정부는 7 · 1 조치 직후 대외개방의 확대 차원에서 몇 가지 새로운 경제정책을 내놓았다. 2002년 9월에는 신의주 특별행정구 설치가 발표되었다. 나아가 11월에는 「금강산관광지구법」 및 「개성공업지구법」이 공표되었다. 이들은 종전의 조치와는 차원이 다른 것들이었다.

특히 신의주 관련법은 일반의 상상을 뛰어넘는 파격적인 내용도 담고 있었다. 개성공단은 북한 최초로 남한 기업을 대상으로 한 공단이라는 점에서 주목을 받았던 것인데 몇 년 동안 법 제정이 지연되다가 마침내 성사되었다. 이는 7 · 1 조치와 거의 동시에 추진된 것이었기에 북한의 개혁 · 개방이 본격화되는 것이 아니냐는 기대감을 불러일으킬 정도였다. 하지만 신의주 특별행정구 장관으로 임명된 양빈이 중국정부에 의해 체포되고 북한 핵문제가 불거져 나오면서 분위기는 다시 가라앉는 듯했다.[29]

3. 새로운 거시경제 운용체계에 대한 평가

1) 북한과 중국 · 베트남의 비교

북한은 개혁개방 이후의 중국 · 베트남과는 달리 적극적으로 경제성장을

---

[29] 7 · 1 조치의 성패를 좌우할 핵심요인이 공급능력의 확충이라는 점을 북한정부도 인식하고 있었을 것이다. 특히 대외적인 공급능력의 확충을 위해 신의주 특별행정구와 같은 과감한 대외개방책을 내놓은 것에서도 북한정부의 의중을 읽을 수 있다. 하지만 신의주 특구가 좌절된 순간부터 7 · 1 조치의 시련은 싹트고 있었다.

<표 1-10> 2000년대 북한의 주요 경제지표

구분	1990	2000	2001	2002	2003	2004	2005	2006	2007	2008
명목 GNI (억 달러)	231	168	157	170	184	208	242	256	267	248
1인당 GNI (달러)	1,142	757	706	762	818	914	1,056	1,108	1,152	1,065
실질경제성장률 (%)	-3.7	1.3	3.7	1.2	1.8	2.2	3.8	-1.1	-2.3	3.7
대외무역규모 (억 달러)	41.7 (41.8)	19.7 (24.0)	22.7 (26.7)	22.6 (29.0)	23.9 (31.1)	28.6 (35.6)	30.0 (40.6)	30.0 (43.5)	29.4 (47.4)	38.2 (56.4)
예산 규모 (억 달러)	166.0	95.7	98.1	n.a	n.a	25	29	30	32.2	34.7

주: 대외무역규모에서 괄호 안은 남북교역을 포함한 수치. 2004년 이후 예산 규모는 새로운 환율에 의한 수치.
자료: 한국은행, 통일부.

추구하지 않고 있다. 적극적인 경제성장정책을 펴는 데 대한 정치적 부담을 크게 의식하고 있는 것이다. 국내외적인 정치적 여건의 미성숙이 주된 요인이다.

표면적으로 내세우는 성장전략이 있기는 하지만 이는 고전적 사회주의 시대의 전통적인 전략과 크게 다를 바 없다. 중국·베트남은 개혁개방과 함께 종래의 중공업 우선정책을 포기하고 경공업 및 농업 중시 전략, 특히 비교우위 전략, 수출을 통한 공업화 전략으로 선회했다. 이에 반해 북한은 종전의 중공업 우선정책을 계승한 국방공업 우선정책을 전개하고 있다. 그런데 국방공업 우선정책은 성장전략으로서의 유효성에 커다란 맹점이 있다.

아울러 북한은 인플레이션 등 안정화 문제에 대해서는 적극적이고 적절히 대응하지 못하고 있다. 중국·베트남이 인플레이션 문제에 정면으로 대응했던 것, 즉 긴축금융정책, 금리인상 등 금융부문의 정책수단을 사용함으로써 안정화 정책을 적극적으로 전개하여 소기의 성과를 거둔 것과 대비되고 있다.

북한은 개혁적 조치들을 취하기는 했으나 그 범위와 심도의 면에서 중국·베트남에 비할 바가 못 된다. 북한은 가격개혁, 국유기업 개혁 등의 면에서 개혁개방 초기의 중국·베트남과 유사한 현상이 발견되기도 한다. 하지만 북한은 개혁뿐 아니라 경제성장 면에서 개혁개방 초기에 핵심적 지위를 차지하는 농업개혁, 특히 집단농의 해체가 이루어지지 않았다는 것이 큰 차이점의 하나이다. 동시에 7·1 조치의 개혁적 내용이 후속조치의 등장으로 계승·발전되지 못하고 오히려 2007년 이후 약간 후퇴하는 조짐조차 보이고 있다.

2) 성과와 한계

북한의 현재 거시경제 운용체계는 기존의 시스템이 무너졌으나 새로운 시스템은 아직 형성되지 않은 상태라고 규정할 수 있다. 현재는 여전히 임시적, 잠정적, 과도기적 시스템에서 벗어나지 못하고 있다. 그런데 과도기적 상황이 너무 오래 지속되고 있다는 점 또한 고려되어야 한다.

북한정부의 입장에서 보면 현재의 경제운용체계는 일종의 차선책이다. 외부 환경 변화에 대응하여 나름대로의 새로운 체계를 만들었다. 물론 성과가 없다고 보기는 어렵다. 아무리 어렵다고 한들, 현재 정권과 체제는 생존하고 있는 상태이기 때문이다. 정책의 최종 목표인 정권과 체제의 유지는 달성했다고 볼 수 있다.

하지만 경제적 성과는 제한적일 수밖에 없다. 한국은행 추정치에 따르면 (〈표 1-10〉 참조) 2008년에 명목 GNI 및 1인당 GNI는 경제위기 이전의 수준을 회복한 것처럼 보이나 이는 한국은행 추정치의 문제점에서 기인한 것으로 보아야 하며 현실과는 괴리가 있다.

한편, 생산증대라는 목표는 어느 정도 달성했는지 산업별 생산량을 통해 평가해보자. 일부 산업은 경제위기 이전의 수준을 회복한 것으로 보인다. 시멘트의 경우 1990년 613만 톤에서 1998년에 315만 톤까지 하락했다가

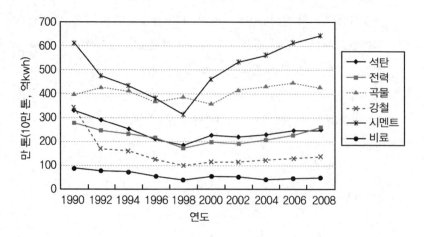

〈그림 1-6〉 북한의 산업생산 추이(1990~2008년)

2008년에는 641.5만 톤까지 증가했다. 곡물생산도 유사한데 2008년 생산량 (430.6만 톤)이 1990년 수준(402만 톤)을 넘어섰다. 하지만 많은 산업에서는 위기 이전의 수준을 회복하지 못했다. 특히 석탄, 강철, 비료와 같은 대표적인 중화학공업은 2008년의 생산량이 1990년 수준의 각각 75.6%, 38.1%, 53.9%에 그쳤다(〈그림 1-6〉 참조).

이를 조금 다른 각도에서, 즉 산업구조의 추이를 통해 살펴보자. 앞에서 보았듯이 1990년대 경제위기를 거치면서 북한의 산업구조는 2차 산업이 어느 정도 발달되어 있는 중진국형 산업구조로부터 1차 산업 중심의 후진국형 산업구조로 뒷걸음질했다. 이러한 구조가 2000년대에 들어 어떻게 변했는지 살펴보자.

명목기준 산업구조를 통해 1990년과 2000년, 2008년을 비교해보자(〈표 1-11〉 참조). 농림어업과 광업을 합친 1차 산업의 비중은 36.4%에서 38.1%로 올랐다가 33.7%로 하락했다. 반면 제조업(2차 산업)의 비중은 31.8%에서 17.7%로 대폭 감소했다가 22.5%로 소폭 상승했다. 경공업의 큰 변화는 없는 가운데 중화학공업이 25.6%에서 11.2%로 크게 감소했다가 15.8%로 약

<표 1-11> 2000년대 북한의 산업구조

(단위: %)

구분	1990	2000	2002	2004	2006	2008
농림어업	27.4	30.4	30.2	26.7	23.3	21.6
광업	9.0	7.7	7.8	8.7	10.2	12.1
제조업	31.8	17.7	18.0	18.5	19.5	22.5
경공업	6.2	6.5	6.9	6.7	6.7	6.7
중화학공업	25.6	11.2	11.0	11.8	12.8	15.8
서비스업	18.0	32.5	31.6	32.3	33.6	32.2

주: 명목기준.
자료: 한국은행.

<표 1-12> 2000년대 북한의 산업별 실질국내총생산

(단위: 10억 원)

구분	1990	2000	2002	2004	2006	2008
농림어업	6,289	5,750	6,403	6,778	6,931	6,794
광업	2,241	1,463	1,477	1,562	1,647	1,691
제조업	6,578	3,351	3,404	3,503	3,690	3,814
경공업	1,582	1,232	1,296	1,327	1,371	1,364
중화학공업	4,996	2,119	2,108	2,176	2,319	2,450
서비스업	5,556	6,150	5,122	6,250	6,404	6,560

자료: 한국은행.

간 올랐다.

산업별 실질국내총생산의 추이를 보면(<표 1-12> 참조), 2008년에 1차 산업은 8조 4,850억 원으로 위기 이전인 1990년의 수준(8조 5,300억 원)으로 회복되었다. 하지만 제조업은 전혀 그렇지 못하다. 제조업 전체의 생산(3조 8,140억 원)은 2000년대 들어 다소 증가했지만 위기 직전의 1990년(6조 5,780억 원)의 58.0%에 불과한 수준이다. 특히 중화학공업은 1990년의 49.0%에 불과한 실정이다.

결국 북한의 산업구조는 2000년대 들어 소폭 개선되기는 했으나 개선의 폭은 제한적이다. 북한은 여전히 1차 산업 중심의 후진국형 산업구조에서

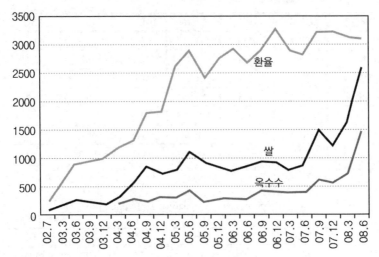

〈그림 1-7〉 북한의 주요 곡물가격 및 대미 달러 환율의 추이

주: 좋은벗들, 데일리NK 등의 자료를 참조하여 재구성.
자료: 이영훈(2008).

벗어나지 못하고 있는 실정이다.

한편, 재정수입의 측면에서 성과를 살펴보자. 〈표 1-10〉에서 나타나듯이 달러화로 표시한 결산기준 재정수입은 2005년에 전년대비 16%, 2006년에 3.4%, 2007년에 7.3%, 2008년에 7.8% 증가한 것으로 보인다.[30] 다만 이는 명목기준이기 때문에 실질적인 증가폭은 파악하기 어렵다. 더욱이 실질경제성장률과도 비교하기가 어렵다. 즉, 재정수입이 경제성장보다 더 큰 폭으로 증가했는지 더 작은 폭으로 증가했는지 여부는 판단하기 어렵다.

인플레이션 면에서의 성과에도 양면성이 있다(〈그림 1-7〉 참조). 2002년 7·1 조치 이후 큰 흐름으로 보면 인플레이션은 근절되고 있지 않음을 쉽게 파악할 수 있다. 북한정부는 7·1 조치를 통해 국정가격과 시장가격의 격차

---

30) 북한원화 표시 결산기준 재정수입은 2005년에 전년 대비 16.1%, 2006년에 0.4%, 2007년에 6.1%, 2008년에 5.7% 증가한 것으로 추정된다(최수영·정영태, 2009: 12~13).

를 없애주었으나 7·1 조치 이후에 시장에서는 또다시 인플레이션이 진행되고 있다. 2008년 여름 현재 쌀값은 국정가격의 50배에 육박하고 있으며, 대미 달러 환율은 국정환율의 20배를 넘어선 지 오래이다. 다만 2005~2006년과 같이 물가와 환율이 다소 안정적인 움직임을 보였던 시기가 있었다는 것 또한 부정하기 어렵다.

한편, 2000년대에는 북한정부가 의도하지 않았던 또 하나의 구조적 변화가 발생했다. 즉, 대외의존도의 상승이다. 물론 북한경제의 대외의존 문제는 어제오늘의 일이 아니다. 하지만 경제위기를 거치면서 북한의 대외의존성은 심화되었다. 경제위기로 인해 내부 자원이 사실상 고갈됨에 따른 자연스러운 현상이라는 측면이 강하다. 외부의 힘에 의존하지 않고는 도저히 살아가기 어려운 취약한 구조, 즉 대외의존성이 매우 높은 체질로 바뀌어버린 것이다.

더욱이 2000년대 들어, 특히 7·1 조치 이후 대외의존도는 더욱 심화되었음에 주목할 필요가 있다. 우선 북중 간의 정치적 관계 복원 등으로 북중경협이 확대되었고 2000년 남북정상회담 이후 남북 간 교류협력이 확대되었다. 아울러 7·1 조치 이후 시장화의 진전은 북중경협을 가속화시켰다.

2000년대 북한경제의 대외의존성은 한국과 중국이라는 두 나라에 대한 편중현상이 두드러진다는 점이 가장 큰 특징이다. 즉, 대외의존적이기는 하지만 전 세계에 대한 의존성이 아니라, 오로지 이 두 나라에 대한 의존성이라는 점이다. 사실 한중 양국은 북한이 세계에 대해 열어 두고 있는 유일한 창(窓)이라고 할 수 있다. 1990년대만 하더라도 북한에게 한중에 대한 의존도가 오늘날처럼 절대적인 것은 아니었음에 유의할 필요가 있다.

우선 대외무역을 살펴보자. 앞의 〈표 1-10〉에도 나타나 있듯이 북한의 대외무역(남북교역 포함)은 2000년의 24.0억 달러에서 2008년에는 56.4억 달러로 8년 동안 135%나 증가했다. 그런데 같은 기간 북중교역은 4.9억 달러에서 27.9억 달러로 469% 급증했다. 아울러 남북교역은 4.3억 달러에서 18.2억 달러로 323% 증가했다. 북중교역과 남북교역이 북한의 대외무역 증가를 견인한 것이다. 이에 따라 북한의 전체 교역에서 중국과 한국이 차지하는 비중은 2000년의 20.4%, 17.9%에서 2008년에는 49.5%, 32.3%로 각각 증가했다.

그리고 한국은행이 추정한 북한 GNI를 이용해 북한의 무역의존도(대외무역액/GNI)를 계산해보더라도 대외의존도 상승을 관찰할 수 있다.[31] 즉, 무역의존도는 경제위기 직전인 1990년 18.1%에서 경제가 가장 좋지 않았던 1998년에 13.2%로 감소했다가 2008년에는 22.7%로 증가했다. 아울러 무역뿐 아니라 지원, 투자까지 감안하면 북한의 대외의존성은 더욱 커질 수 있다.

결국 생산 확대, 국가 재정위기 타파, 인플레이션 억제 등 북한정부가 설정한 중간 목표에 초점을 맞추었을 경우, 일정 수준의 성과는 인정된다. 그러한 의미에서 북한정부는 자신이 의도한 바를 어느 정도 이루었다. 반면 그 성과가 제한적인 것 또한 부인하기 어렵다. 결국 어느 측면을 강조하느냐에 따라 평가가 약간 다를 수도 있다.

이와는 별개로 경제의 대외의존성 심화, 빈부격차의 확대, 시장경제의 확산에 따른 주민의식의 변화, 기존 사회질서의 동요 등 북한정부 입장에서 본 부작용은 분명 존재한다. 물론 북한정부가 이러한 부작용, 특히 자신들이 감내할 수 있는 수준을 어느 선으로 설정하고 있는지에 따라 북한정부 스스로의 평가도 달라질 것이다.

---

31) 북한의 GNI에 대한 한국은행의 추정치가 과대평가의 가능성이 크다는 것은 대부분의 전문가들이 인정하는 바이다. 그리고 추정치의 절대값, 즉 GNI 규모 자체의 과대평가 가능성은 시간이 경과할수록 커진다. 예컨대 1990년대의 추정치보다 2000년대의 추정치가 과대평가의 정도가 더욱 커진다. 따라서 이를 이용한 북한의 무역의존도(대외무역액/GNI) 추정치는 GNI와는 반대로 과소평가의 위험이 존재하고, 이는 시간이 경과할수록 더욱 커짐에 유의해야 한다. 이는 결국 1990년과 2008년을 단순비교했을 경우, 본문에서는 무역의존도가 18.1%에서 22.7%로 4.6% 포인트 상승한 것으로 서술했는데 실제로는 이보다 훨씬 더 상승했을 가능성이 농후하다.

2장
계획과 시장의 공존
북한식 이중경제구조의 특징

7·1 경제관리개선조치가 나온 지 7년이 넘었다. 북한정부 스스로도 '1940년대 후반의 토지개혁에 버금가는 대사건'이라고 표현한 바 있으며, 국내에서도 북한의 60년 역사에서 뚜렷한 한 획을 긋는 획기적인 조치의 등장이라고 평가하기도 했던 기억이 새롭기조차 하다. 이 조치 이후 북한정부 스스로도 '경제개혁'이라는 표현을 사용한 적이 있으며 한국 내에서도 7·1 조치 및 후속조치를 '경제개혁'이라고 평가하는 사람이 크게 늘었다.

그런데 최근에는 7·1 경제관리개선조치의 기조가 다소 흔들리고 있는 것으로 보인다. 특히 2005년 혹은 2007년 이후 경제정책이 서서히 보수화되고, 2009년 들어 이러한 경향이 더욱 뚜렷해지고 있다는 지적이 많이 나오고 있다.

사실 언제부터인가 북한의 변화를 논할 때 쟁점사항이 변하기 시작했다. 종전에는 북한이 변했느냐 변하지 않았느냐를 두고 갑론을박(甲論乙駁)했으나 이제는 어떻게 변했느냐가 논란의 대상이 되었다. 변화 그 자체라기보다는 변화의 양상, 성격, 함의로 무게중심이 이동했다고 볼 수 있다.

이 장에서는 '계획과 시장의 공존'이라는 측면에서 북한경제를 접근하고
자 한다. 사실 이는 쉽지 않은 주제이다. 자료의 절대적인 부족으로 논의에
는 명백한 한계가 있다. 그럼에도 북한경제의 현재와 미래에 대한 사고의
지평을 확대하기 위해서는 언젠가는 맞닥뜨려야 할 주제이기도 하다. 이 글
은 활발한 토론을 위해 화두를 던지는 것으로 그 역할을 국한한다. 자료로
는 북한의 공식문헌, ≪조선신보≫의 보도내용, 필자의 탈북자를 대상으로
한 면담조사 결과와 설문조사 결과, 그리고 타 기관의 탈북자 면담 결과 등
을 사용한다.

1. 국가의 정책방향

1) 국민경제의 이중구조화 전략

북한은 경제위기로 인해 국민경제라는 범주가 사실상 실종되었다. 거시
경제의 재생산구조, 순환구조는 파괴되었다고 해도 과언이 아니다. 국민경
제는 통일성을 확보하지 못한 채 분절화·파편화되었다. 국민경제는 크게
보아 계획부문과 시장부문으로 분화되었다. 조금 더 구체적으로는 엘리트
경제(당경제), 군경제, 내각경제, 주민경제(비공식 경제)[1] 등 4개 부문으로 분
화되었다.

북한정부는 이중경제구조를 공식 제도의 틀로 편입시키려 했다. 이를 위
해 국민경제에 대한 이중구조 전략을 제도화하기 시작했다. 즉, 북한정부는

---

1) 종합시장이 등장한 이후 비공식 경제(2차 경제)는 공식부문으로 편입되었다. 다만
   이 부문은 주로 시장경제적 요소가 지배하는 영역으로서 특히 일반 주민의 생활과
   밀접하게 관련이 있다. 따라서 이 글에서는 주민경제라 칭하기로 한다.

우선순위체계에 입각해서 자원배분을 재조정하되 국민경제 전체, 경제의 모든 부문을 국가가 책임지고 운용하기를 사실상 포기했다. 기본적으로 엘리트경제, 군경제, 일부 내각경제는 국가가 책임을 지는 반면 주민경제와 일부 내각경제에 대해서는 국가가 책임을 방기하는 것이다. 그리고 전자는 계획경제의 영역 내에 묶어두지만, 후자는 시장경제의 영역으로 허용하는 것이다. 이는 국가재정이 절반으로 축소된 위기적 상황에서 북한정부가 선택한 생존전략이다.

재정수입의 격감에 대한 국가의 대응방식은 크게 보아 두 가지로 나눌 수 있다. 하나는 모든 부문에 대해 균등하게 예산을 감축·배분하는 것이고 또 하나는 불균등하게 감축·배분하는 것이다. 북한이 택한 길은 후자였는데 북한정부는 경제위기에 대응하여, 이른바 우선순위체계에 입각해 자원배분 시스템을 재편했다. 물론 이러한 우선순위체계는 경제위기 이전부터 존재했다.

특히 핵심적인 기업 및 산업에 대해서는 국가의 계획경제 틀 속에서, 아니 정확하게는 계획경제의 틀을 뛰어넘어 직접적인 명령과 강제를 통해 확실하게 장악·관리하는 한편, 여타의 기업에 대해서는 시장에 맡기는 방식으로 국가가 손을 떼는 것이다. 이 경우 국가가 직접적으로 관리·통제하는 기업 및 산업과, 국가가 방임하는 기업 및 산업을 명확하게 분리한다. 전자는 군수산업, 중공업부문으로 대표되는 국가 기간산업이고 후자는 경공업 부문 등 주민생활과 직접 관련되는 소비재부문이라 할 수 있다.

시장경제의 영역은 기본적으로 방임 혹은 자력갱생을 원칙으로 하고 있다. 1990년대 이후의 경제위기 속에서 중앙정부는 국민경제에 대한 장악력, 통제력을 상당 정도 상실했는데 이러한 현실을 공식적으로 추인했다. 주민들의 생활에 대한 국가의 책임을 지방과 기업에게 떠넘기는 행위를 공식화한 것이다. 원자재와 자금을 제대로 보장해주지 않더라도 지방과 기업이 자체적으로 종업원들의 생계를 책임지라는 것이며, 시장경제적 질서에 의해 생존 문제를 해결하더라도 국가는 이를 용인하겠다는 것이다.

물론 이중경제구조는 다소 개념적인 차원의 것이다. 지나친 단순화의 위험은 분명 존재한다. 실제로 계획경제영역과 시장경제영역은 완전히 분리되어 있지도, 독립적으로 활동하지도 않는다. 서로 얽혀 있으며 특히 경계가 모호한 부분도 상당 정도 존재한다.

한편, 앞에서 언급했듯이, 7·1 조치는 이러한 국민경제의 이중구조화 전략의 공식화라는 성격을 지녔다.

2) 계획경제와 시장의 결합

계획과 시장에 대한 북한정부의 입장은 어떤 것일까? 북한 지도부는 아직까지 이 문제에 대해 공개적인 자리에서 입장을 명확하게 밝힌 적은 없다고 보아야 한다. 다만 몇몇 공식문헌을 통해 의견을 피력한 수준이다.

북한의 대표적인 경제분야 잡지인 ≪경제연구≫를 한번 보자. 여기서는 시장을 독립적으로 다룬 논문은 거의 없다. 대부분 계획과 시장의 관계라는 틀 속에서 시장을 다루고 있다. 물론 계획과 시장의 관계를 다룬 논문 자체는 그리 많지 않다. 이 주제는 공식적인 논의의 장에서는 7·1 조치 이후에야 주목을 받았기 때문에, 그리고 워낙 중요하고 민감한 사안이기 때문에 논의는 비교적 단순하고 명확하다.

계획경제와 시장의 결합은 계획경제와 시장경제와의 결합과는 근본적으로 다르다. 시장경제는 생산수단에 대한 사적 소유에 기초하여 생산과 판매를 시장을 중심으로 하여 자연발생적으로 진행하는 경제이다. 오늘 우리나라에는 생산수단에 대한 사적 소유에 기초하여 생산하고 자유판매를 실현하는 시장경제가 존재하지 않으며 생산수단에 대한 사회적 소유에 기초하여 생산된 일부 생산물이 교류되는 물자교류시장과 개인소비품의 일부만이 판매되는 지역시장만

이 있을 뿐이다. …… 시장을 계획경제를 강화하기 위한 보충적 수단으로 이용하는 것이다. …… 계획가격과 시장가격을 결합시키는 데서는 어디까지나 계획가격을 기본으로 하면서 시장가격을 결합시켜나가야 한다(정명남, 2006: 14).

북한정부가 공식적으로 내세우고 있는 것은 계획경제와 시장의 올바른 결합이다. 이 경우 시장경제를 인정하는 것이 아니라 시장을 인정 · 활용한다는 입장임을 주목할 필요가 있다. 더욱이 시장이라고 하더라도 일부 생산재시장(물자교류시장)과 일부 소비재시장(지역시장)만 인정하고 있다. 게다가 어디까지나 계획경제가 기본이고 시장은 보조적 수단이며, 계획경제를 강화하기 위한 수단으로서 시장을 활용한다는 입장이다. 물론 이러한 공식적 입장은 현실 세계의 모습과 큰 괴리가 있음은 주지의 사실이다.

이 경우 물자교류시장, 즉 생산재시장은 국내 사회주의 시장으로 규정되었다. 특히 물자교류시장은 김정일 위원장의 직접적이고 명문화된 지시에 의해 추진되었기 때문에[2] 학자들은 이 문제를 다룸에서 큰 부담을 느끼지 않았다. 이는 종합시장(지역시장)의 경우와 대조적이다. 즉, 종합시장의 경우 김 위원장의 직접적이고 명문화된 지시가 존재하지 않기 때문인지 ≪경제연구≫에서는 종합시장에 대한 구체적인 언급을 찾아보기가 쉽지 않다.

전 사회적 범위에서 사회주의적 생산관계가 전면적으로 확립된 후 존재하는 **국내 사회주의시장**은 그것이 출현한 초기부터 자본주의시장과는 본질적으로 구별되는 조직시장이다. …… 생산수단 류통을 위한 국내 사회주의시장에 대한 주체의 이론 …… 우리 당은 공장, 기업소들 사이에 직접 유무상통할 수 있는 물

---

2) 북한 문헌은 김정일 위원장이 "사회주의 물자교류시장을 조직운영하면 공장, 기업소들 사이에 여유 있거나 부족되는 일부 원료, 자재, 부속품 같은 것을 서로 유무상통하는 방법으로 해결할 수 있다"라고 지시했음을 밝히고 있다(서재영, 2005: 104).

자교류시장을 형성함으로써 현실발전의 요구에 맞게 상품화폐관계를 활용할 수 있는 길을 밝혀 주었다(리장희, 2002: 22~24).

한편, 종합시장에 대해서도 계획경제와 시장의 결합이 논해지고 있다. 특히 '시장의 상점화'라 하여 시장에 대한 국가의 관리, 특히 가격안정대책을 촉구하는 구절이 눈에 띈다. 다만 그 언급이 추상적이고 원론적인 수준에 머무르고 있다는 것이 상기의 물자교류시장과 대비되는 점이다.

> 상업부문에서는 사회주의계획경제와 시장을 통한 상업활동을 옳게 결합시켜나가기 위한 사회주의상업경영방법을 세워 시장이 인민생활향상에 직접적 기여를 하도록 하여야 한다. …… 상업부문에서는 시장의 상점화를 실현하기 위한 방법론을 세우고 시장판매방법을 사회주의원칙에 맞게 하기 위한 대책과 시장가격안정을 보장하기 위한 적극적인 조치를 취해야 한다(주현, 2005: 8).

한편, 시장에서 한 걸음 더 나아가 시장을 포함하는 보다 포괄적인 경제적 공간, 즉 상품화폐관계와 관련된 경제적 공간의 활용방안에 대해서도 유사한 입장이 관찰된다. 즉, 계획경제를 기본으로 하면서 이들 경제적 공간을 보조적으로 사용한다는 것이다. 계획경제를 기본으로 한다는 전제가 붙어 그 의미가 반감되기는 했지만 시장을 포함한 경제공간들을 활용함을 공식적으로 이야기한다는 것 자체는 엄청난 변화임이 틀림없다.

> 현 시기 경제관리에서 해결하여야 할 절박한 문제의 하나는 사회주의계획경제를 운용하는 데서 가격, 시장, 수익성과 같은 상품화폐관계와 관련된 경제적 공간들을 어떻게 이용하겠는가 하는 것이다. …… 여기에서 가장 중요한 것은 사회주의계획경제의 본성과 사회주의사회의 과도적 특성에 맞게 그 활용의 옳은 방향을 정하는 것이다. 그것은 사회주의 경제관리에서 계획경제를 기본으로

하면서 상품화폐관계와 관련된 경제적 공간들을 보조적 공간으로 하여 계획경제의 일시적인 공백을 메꾸는 방향에서 이용하는 것이다(리기성, 2007: 11~13).

2. 7 · 1 조치와 시장화 촉진정책

1) 7 · 1 조치의 배경

7 · 1 조치에 대한 해석과 평가에서 주요한 논점의 하나가 시기의 문제이다. 즉, 왜 하필이면 2002년 7월 1일부터냐 하는 문제이다. 지금에 와서는 이러한 시기의 문제가 큰 중요성을 가지지 않지만 7 · 1 조치 등장 직후 몇 달 동안은 시행시기의 문제가 7 · 1 조치에 대한 해석 · 평가와 직접적인 관계가 있는 중요한 사안이었다. 물론 안타깝게도 명확하게 규명이 되지 않은 상태에서 학자들 간에도 해석상의 합의를 보지 못한 채 지나쳐버리고 말았다.

이러한 사실 자체가 함의하듯이 2002년 7월 1일이라는 시점, 나아가 2002년이라는 시점 자체는 전반적인 경제상황에서 뚜렷한 특징을 보유한 때가 아니었다는 점을 상기할 필요가 있다. 예컨대 경제 자체는 1990년부터 1998년까지의 마이너스 성장을 마치고 1999년부터 플러스 성장으로 돌아선 상태이다. 그렇다고 해서 경제가 회복국면으로 접어든 것은 아니다. 다만 최악의 상황으로부터 벗어났다는 것은 분명하다. 식량사정도 상대적으로 안정을 보이고 무엇보다도 시장에서의 쌀값도 완만하기는 하지만 하향 안정세를 보이고 있던 상태였다.

그렇지만 내부적으로는 경제개혁에 대한 압력이 강해지고 있던 상황이었다고 볼 수 있다. 무엇보다도 암시장의 창궐로 무수한 경제적 · 사회적 부작용이 속출하고 있었다. 아래로부터의 시장화를 더 이상 방치할 수 없는 상황이었다.

경제가 바닥을 치기는 했으나 경제난은 여전히 심각한 상태였다. 이 책의 1장에서 보았듯이 재정 부족, 인플레이션도 위기적 상황에서 벗어나지 못했다.

게다가 1998년 김정일 시대의 공식 출범 이후 어떠한 형태로든 혼란을 수습하고 체제를 정비할 필요성이 강했다. 실제로 북한은 1998년부터 체제 및 제도 정비에 적극 나서기 시작했다. 앞에서 언급했듯이 7·1 조치는 제도적 정비의 집대성이라고 볼 수 있다.

2) 사전 준비

7·1 조치는 어느 날 갑자기 하늘에서 떨어진 것이 아니라는 점이 강조될 필요가 있다. 국가는 나름대로 여러 가지 사전적 계산과 사전정지작업 등 철저한 준비를 했다고 보아야 한다. 즉, 몇 년 동안의 큰 흐름 한가운데 7·1 조치가 위치한다고 보아야 한다. 이에 대해서는 대내적 부분과 대외적 부분으로 나누어서 고찰할 필요가 있다.

대내적으로는 1998년부터 커다란 정책적 기조로서 이른바 실리주의, 실리사회주의를 내세웠고, 2001년부터는 이른바 '신사고'를 내세웠다. 7·1 조치 실시 9개월 전인 2001년 10월, 김정일 위원장은 당과 내각의 '경제일군'에게 "강성대국 건설의 요구에 맞게 사회주의 경제관리를 개선강화할 데 대하여"라는 제목의 지시문건을 내려보냈다. 여기에는 7·1 조치의 핵심적 내용의 하나인 기업의 자율성 확대 등이 포함되어 있다.

대외적으로는 1999년부터 대외관계 개선에 적극 나섰고, 2000년에는 남북정상회담을 개최했다. 그리고 7·1 조치 실시 후 2개월 만인 동년 9월에 고이즈미·김정일 정상회담이 성사되었고, 같은 시기에 신의주 특별행정구 설치가 발표되었다. 아울러 7·1 조치 실시 후 4개월 만인 동년 11월에 「금

강산관광지구법」및「개성공업지구법」을 공표, 이들 지역을 특구로 지정
했다.

주목해야 할 사실은 7·1 조치 이후 몇 달 내에 일련의 대외개방조치를
취할 예정이었다는 점이다.[3] 그리고 앞에서 보았듯이 이는 차근차근 진행
되었다. 북한정부도 7·1 조치 성공의 최대 관건은 공급능력의 확충이라는
것을 충분히 알고 있었다는 추론이 가능해진다. 다만 이러한 대외개방이 의
외의 복병을 만나 제대로 실행되지 못함으로써 7·1 조치의 앞길에 먹구름
이 끼게 되었다. 북일정상회담 이후 납치 의혹 문제가 불거지면서 북일관계
가 급속히 악화되었고, 북미관계는 2차 핵위기 발발로 악화일로를 걷게 되
었다.

3) 7·1 조치의 시행

7·1 조치 및 후속·관련 조치의 주요 내용은 〈표 2-1〉과 같다.[4]

이들은 크게 보아 두 가지 차원의 정책인데, 하나는 기존의 계획경제시스
템 내에서의 정책적 개선이고 또 하나는 시장경제메커니즘의 부분적 도입
이다.

우선 기존의 계획경제시스템 내에서의 정책적 개선이다. 여기서는 공식
부문(계획경제영역)의 공급능력 확대가 핵심요소이다.

첫째, 비공식부문의 자원을 공식부문으로 흡수하는 것이다. 이를 위해 주

---

3) 사전준비작업으로서 또 주목해야 할 것은 이른바 당의 (혁명)자금 몇 억 달러를 풀어
   중국, 러시아 등지에서 생필품을 대량으로 구입해 국영상점에 채워 넣었다는 점이
   다. 다만 이는 아직까지 소문으로만 떠돌 뿐 확인되지 않은 사항이다.
4) 7·1 조치 및 이후 3년 동안 북한정부가 취한 정책적 조치들에 대해서는 통일부·통
   일연구원(2005)이 가장 많은 정보를 제공하고 있다.

<표 2-1> 7·1 조치 및 후속·관련 조치의 주요 내용

구분	7·1 조치	후속·관련 조치
가격·임금·환율	- 물가(25배), 임금(18배), 환율(70배) 인상 - 소비재 무상 급부제 폐지 - 각종 보조금 축소, 폐지	- 종합시장 등에 외화환전소 설치(2003)
재정금융	- 거래수입금 폐지, 국가기업이득금 신설 - 토지사용료 신설	- 종합시장의 시장사용료, 국가납부금 신설(2003) - 인민생활공채 발행(2003) - 징세기관인 집금소 설치(2003) - 토지사용료를 부동산사용료로 확대개편(2006) - 중앙은행법 개정(2004) - 상업은행법 제정(2006)
농업	- 곡물수매가 인상(50배)을 통해 농민의 생산의욕 고취 - 국가수매량 축소 - 농장의 경영자율성 확대	- 일부 협동농장에서 포전담당제 시범 실시(2004)
기업	- 번수입체계에 의한 실적 평가 - 독립채산제 본격 실시 - 지배인 권한 강화 - 기업의 경영 자율성 확대 - 노동 인센티브 강화	- 일부 공장, 기업소를 대상으로 기업 경영자율성 대폭 확대한 기업개혁조치 실시(2004)
상업·유통·서비스	- 사회주의 물자교류시장 개설	- 종합시장 개설(2003) - 일부 국영상점을 수매상점으로 전환(2003) - 사실상 개인의 식당, 서비스업 허용(2003)
대외경제 관계	- 무역의 분권화 확대	- 신의주 특별행정구 지정(2002.9) - 금강산 관광지구 지정(2002.10) - 개성공업지구 지정(2002.11)

자료: 통일부·통일연구원(2005)을 토대로 작성.

요 생필품의 국정가격을 암시장가격에 근접시키는 방향으로 대폭 상향 조정했다. 공식부문의 경제활동과정에서 비공식부문으로 불법 유출되었던 식량, 소비재, 심지어 노동력, 북한원이나 외화까지 공식부문으로 환류시키고자 한 것이다.

둘째, 전술한 이중경제전략의 공식화를 통해 경제 내 자원을 계획부문으로 집중하는 것이다. 종전에 일반 주민들의 생활용으로 배분되던 자원을 더욱더 줄이고 이를 지도부가 생각하는 최우선 부문으로 재분배하는 것이다.

셋째, 가격개혁을 통해 경제운용의 합리성을 제고하는 것이다. 이를 위해 각종 국가보조금을 축소 및 폐지했으며, 가격체계를 생산자 위주의 체계로 재편했다.

넷째, 공식부문의 생산성을 제고하는 것이다. 이를 위해 기업 자율성 확대, 기업에 대한 인센티브 강화, 특히 독립채산제 강화 조치를 취했다. 동시에 소비재 무상급부제를 폐지하고 임금의 차등지급폭을 확대하는 등 노동에 대한 인센티브를 강화했다. 아울러 협동농장에서 가족경영을 시범실시했으며 무역의 분권화도 확대했다.

북한정부가 취한 정책적 조치 중 또 하나는 시장경제메커니즘의 부분적 도입인데, 이는 다름 아닌 시장화 촉진정책이다.[5] 먼저 상품화폐관계의 진전이다. 즉, ≪조선신보≫가 표현했던 "모든 것을 돈으로 계산하고 평가하는 체계의 확립"이다(≪조선신보≫, 2002. 11. 22). 아울러 '번 수입 지표'의 도입을 통해 기업에게 '계획 외 생산'과 '계획 외 유통'을 허용했다. 동시에 사회주의 물자교류시장도 허용한 데 이어 2003년에는 종합시장도 공식적으로 도입하기에 이르렀다. 또한 국영상점의 수매상점으로의 전환을 허용함으로써 국가상업망을 사실상의 시장으로 재편했다. 아울러 사실상의 개인서비스업 허용 범위도 확대했다.

이와 관련하여 조총련 기관지인 ≪조선신보≫는 매우 흥미로운 지적을 하고 있다. 즉, "농민시장을 종합적인 소비품시장으로 확대하는 조치는 공업제품도 거래되고 있는 오늘의 현실에 맞게 취한 조치라고 볼 수도 있지만 보다 중요한 점은 일련의 경제개혁의 연장선에서 시장의 기능에 대한 관점

_____

5) 시장화 촉진정책에 대해서는 이 책의 5장에서 자세히 다룰 것이다.

의 전환이 이루어졌다는 데 있을 것이다"는 것이다(≪조선신보≫, 2003. 6. 16).
즉, 이 조치는 암시장의 창궐에 대한 사후적 추인, 암시장의 양성화라는 측
면도 있지만 여기서 한 걸음 더 나아가 시장의 역할에 대한 인식이 긍정적
인 것으로 변화했음을 보여주고 있다.

4) 7 · 1 조치의 지속성 · 안정성

7 · 1 조치가 취해진 지 7년이 경과한 지금, 전반적인 기조가 그대로 유지
되고 있다고 보기 어렵다. 후술하듯이 2007년부터 지속되고 있는, 시장에
대한 본격적인 단속은 7 · 1 조치의 후퇴를 암시하는 주된 요소이다. 물론
당국이 의도한 만큼 시장이 위축되지는 않고 있지만 시장에 대한 당국의 인
식 변화는 주목할 만하다. 그렇다고 해서 7 · 1 조치의 일환으로 내놓은 정
책들을 모두 다 폐지한 것은 아니다.

당초 7 · 1 조치의 후속 조치들은 나름대로 계속해서 등장했다. 대표적인
것이 상업유통분야에서의 종합시장 개설(2003. 3)이다. 그리고 기업경영실
적을 평가하는 기준으로서 7 · 1 조치 초기에는 번 수입 지표를 사용했으나
이후 사회순소득 지표로 대체된 것으로 보인다. 특히 현물지표의 중요성이
상대적으로 줄고, 현금지표(사회순소득)[6]의 중요성이 더 커진 것으로 보인다.

후속 조치로서 주목해야 할 분야가 재정분야이다.[7] 즉, 국가가 재정수입
을 늘리기 위해 세제를 개편하는가 하면 새로운 세금을 잇달아 신설하고,
아울러 징세행정의 실효성과 효율성을 제고하기 위한 정책들을 내놓았다
는 사실에 주목해야 한다. 이와 관련하여 7 · 1 조치의 후속 조치들이 모두
다 개혁적 성격의 조치였냐 하면 반드시 그런 것만은 아님이 지적될 필요가

---

6) 번 수입 지표가 임금+이윤이라면 사회순소득은 이윤이라고 할 수 있다.
7) 후술하는 이 장 4절의 "3) 시장에 대한 국가의 의존도 상승"을 참조.

있다.

개혁적 조치들도 일정 수준 이상 진전되지 못했음을 부인하기 어렵다. 대표적인 것이 농업부문 및 금융부문의 개혁이다. 농업개혁의 경우 2004년경 일부 협동농장에서 포전담당제(가족단위 영농)가 시범적으로 실시되었으나 이후 다른 지역으로 확산되지 못하고 실험적 차원에서 끝난 것으로 보인다. 또한 같은 시기에 일부 공장·기업소를 대상으로 기업의 계획 작성, 임금 결정, 노무관리 등에 대한 지배인의 권한을 대폭 강화하는, 보다 진전된 기업개혁조치가 시범적으로 실시되었으나 이 또한 더 이상 확산되지 못하고 유야무야된 것으로 파악되고 있다. 또한 금융개혁의 경우 2004년에 「중앙은행법」을 개정하고, 2006년에 「상업은행법」을 제정하고도 결국 현실의 세계에서는 이원적 은행제도 도입을 골간으로 하는 금융개혁을 실시하지 못했다. 상기의 세 가지 사례는 경제개혁의 진전에 대한 북한정부의 고민과 부담을 짐작케 하는 사례로 평가할 수 있다. 북한정부의 이러한 태도는 2007년부터의 시장 억제정책으로 이어졌다.

3. 시장화 억제정책[8]

1) 시장에 대한 단속의 내용 및 경과

북한에서 시장에 대한 단속은 어제오늘의 일이 아니다. 경제위기를 거치

---

[8] 시장단속에 대한 정보는 주로 좋은벗들, ≪오늘의 북한소식≫, 각 호에 의존하고 있다. 물론 정보가 충분하지 않기 때문에 시장단속에 대한 이하의 서술은 제한적으로 해석될 필요가 있다. 그리고 이 장에서는 시장에 대한 단속의 내용에 대해 2009년 말까지의 상황만 다루고 있다.

면서 암시장이 창궐하는 가운데 북한정부는 종종 시장에 대한 단속을 펴왔다. 물론 시장에 대한 단속에 한계가 있었기 때문에 단속과 묵인의 반복이 계속되었다.

2003년 종합시장이 등장한 이후 단속이 다소 뜸해졌지만 완전히 사라진 것은 아니었다. 그러다가 대략 2007년경부터 단속이 본격화되었다. 물론 2005년 가을부터 배급제를 정상화하려는 시도와 함께 단속이 재개되었지만 탈북자들의 증언 등을 종합해보면 단속의 범위, 규모, 기간 등의 면에서 종전과는 차원이 상이한 단속이 본격화된 것은 2007년부터인 것으로 추정된다.

이 단속은 다방면에 걸친 것이라는 특징이 있다. 우선 연령에 대한 제한이 이루어졌는데 종합시장 매대에 앉아 장사(상행위)를 할 수 있는 인원을 축소하고자 한 것이다. 상행위 제한 연령은 30세 이하, 40세 이하, 45세 이하, 49세 미만 등으로 시기별·지역별로 다소 상이하게 나타났다.

아울러 상행위를 할 수 있는 시간에 대한 제한이 가해졌다. 시기별로, 지역별로 다소 상이하게 나타났지만 주로 오전 시간은 종합시장의 문을 닫고 오후 시간에만 문을 열도록 했다.

아울러 상행위 품목 등에 대한 제한조치가 취해졌다. 시장에서 쌀 판매를 금지한다는 지시는 수시로 내려왔고, 2008년 초부터는 전국 시장에서 공업품 매장을 아예 없애고 농토산물 판매만 허용한다는 소식[9]도 전해졌다.

상행위 자체에 대한 제한뿐 아니라 상행위 관련 활동에 대한 제한도 가해졌다. 한때는 전국적으로 손전화기(휴대전화)뿐 아니라 빛섬유전화(유선전화)마저 사용금지조치가 취해지기도 했다. 버스 운행에 대한 제한조치도 취해졌다. 최고인민회의 상임위원회에서 일부 지역의 장거리 버스 실태를 점검한 결과, 개인들이 회사명으로 불법 운영하는 일이 많았다며 전국적으로

---

9) 다만 실제로 시행되었는지 여부는 아직 전해지지 않고 있다.

장거리 버스 운영실태를 조사하도록 지시를 내렸고, 일부 지역에서는 개인 투자 버스를 운행하지 못하도록 조치했다.

개인투자활동에 대한 제한조치도 취해졌다. 각 기관이나 기업소 명의를 빌려 개인이 식당, 목욕탕 등 서비스업, 버스, 어선 등에 대해 투자·운영하던 사실상의 개인기업 및 개인투자활동에 대한 제한조치이다.

주목할 만한 것은 각종 검열의 실시이다. 국가보위부 검열, 보안서 검열, 중앙당 조직부 검열, 호위사령부 검열에 이어 중앙 검찰소 요원들이 전국 주요 도시에 전격적으로 파견되는 사례가 빈번했다. 이들은 보위부, 보안서, 재판소, 도당, 시당, 인민위원회 등을 대상으로 검열을 했다. 중앙당 비사회주의 그루빠 검열도 빈번했다. 무역회사를 대상으로 한 검찰 검열도 실시되었다. 검열 내용은 국가 돈을 탕진하고 개인 주머니에 챙긴 것과 외부와의 연계에서 정보 유출이 있었는지 여부였다.

나아가 2009년부터는 종합시장의 순차적 폐쇄, 특히 농민시장으로의 환원도 시도되었다. 주민들의 반발 등으로 시행이 연기되기는 했지만 2009년 1월부터 전국의 시장을 농민시장으로 개편한다는 방침을 발표한 바 있다. 5월부터는 150일 전투, 100일 전투를 추진하면서 주민들의 시장경제활동에 실질적인 타격을 가하고자 했다. 6월에는 북한의 대표적인 전국적 도매시장인 평성시장에 대해 폐쇄 결정을 내렸다. 11월 말에는 화폐개혁을 전격적으로 단행, 계획경제 복원 및 시장경제활동 억제에 대한 의도를 보다 명확히 드러냈다.

2) 단속의 배경과 원인

이러한 지속적인 단속의 배경에는 시장에 대한 당국의 인식 변화가 자리잡고 있다. 2007년부터의 시장 단속은 김정일 위원장의 지시에 의해 진행되고 있다고 보는 것이 적절할 것 같다. "시장이 비사회주의 서식 장으로 되었다"는 김정일 위원장의 지적에 따라 장사에 대한 8 · 26 방침이 나왔다고 한다. 특히 김 위원장이 2008년에 이른바 '6 · 18 담화'를 통해 사회주의 원칙 고수와 시장에 대한 통제 강화를 지시한 이후 시장에 대한 단속, 통제는 확고해졌다.

아울러 시장 단속이 강화되면서 상행위 금지에 대한 강연제강이 계속 나왔다. 예컨대 강연제강의 제목이 "시장관리에 대한 올바른 견해와 립장을 가지고 자기 직무직종에서 일을 더 잘하자"와 같은 것이고, 어느 강연제강 에서는 "시장 장사는 우리식 사회주의를 안으로부터 와해시키고 자본주의로 가는 길을 앞당기는 근본 원천이다. …… 부익부 빈익빈의 썩고 병든 자본주의 길로 가게 하는 근본이 시장운영관리에 있다"는 내용이 포함되어 있었다.

시장에 대한 단속은 계획경제 복원 시도와 동시에 진행되었다. 북한정부는 일정 연령 이하 여성의 장사 금지조치와 함께 이들 인력의 공장 복귀를 종용했다. 자강도 강계시의 경우, 2008년 3월부터 40세 미만 여성들에 대해 장사를 금지하는 한편 이들을 무조건 직장에 배치(파견)하도록 했고, 각 공장들에 대해서는 이들 여성인력을 무조건 받아들이라고 명령했다.

3) 단속의 성과와 한계

이러한 단속의 성과가 전혀 없다고는 할 수 없다. 실제로 장사 금지로 인해 생계가 막막해지자 주부가 자살을 한 사례도 보고되고 있다. 특히 북한정부의 시장에 대한 인식 변화는 시장에 대한 단속이 종전과는 차원이 다를 수 있으며 효과 또한 어느 정도 있을 것임을 짐작할 수 있게 한다.

일반 소상인들은 단속에 걸리면 대부분은 자신이 팔고 있던 물품을 몰수당한다. 벌금도 부과되며 뇌물도 필요하다. 그러다 보니 장사의 비용이 크게 늘어나게 된다. 때로는 신체적 구속까지 행해진다. 상인들 입장에서 부담이 되는 것은 분명하다.

북한에서 돈주(錢主)로 불리는 거대 상인들은 이러한 단속으로부터 직접적인 피해를 입는 경우가 그리 많지는 않다. 평소에 단속 주체, 이른바 법기관 사람들에게 뇌물을 바치면서 관계를 돈독하게 맺어놓았기 때문이다. 하지만 단속으로 인해 돈주 당사자, 그리고 법기관 사람들이 타격을 입는 경우도 전혀 없지는 않다. 문제는 돈주의 경우, 한번 당하면 호되게 당한다는 점이다.

돈주들에 대한 처벌, 불법행위를 빌미로 한 처벌은 주민들의 인식에 큰 영향을 주게 되어 있다. 이른바 '생계형' 시장경제활동에 대해서는 국가가 관용을 베풀 여지가 있으나, 그 차원을 넘어서는 이른바 '부의 축적형' 시장경제활동에 대해서는 국가가 언제든지 철퇴를 내릴 수 있다는 우려 섞인 인식을 주민들에게 심어주는 것이다. 또한 일반 주민들에게도 시장경제활동의 일시성, 잠재성, 과도기성을 각인시켜준다. 시장경제활동이 당연한 것도, 영원한 것도 아니라는 인식이다.

종합시장과 개인사업체에 국한시켜 보면 외관상으로는 시장이 다소 축소된 듯이 보인다. 시장의 개장 시간도, 참여하는 사람도, 거래되는 물품도 다소 줄어든 것으로 보일 수 있다. 상행위를 하는 주민들도 일부 타격을 받은 것 같고, 돈주들의 활동도 다소 위축된 듯이 보인다. 특히 종합시장과 같은 생계형 시장활동보다는 식당, 서비스업, 무역회사 등 사실상의 개인 사업과 같은, 부의 축적형 시장활동이 상대적으로 더 큰 타격을 받은 듯이 보인다.

하지만 이는 단속하는 사람들의 눈에 보이는 공간에 한해서의 이야기이다. 눈에 보이지 않는 공간에서 시장은 여전히 유지되고 있으며, 일부는 더욱 활기를 띠고 있다. 종합시장의 안과 밖, 특히 암거래까지 포함하면 시장 참여자와 거래물품은 종전과 큰 차이가 없다. "위에서 정책이 있다면 아래에는 대책이 있다"라는 주민들의 말처럼 주민들은 갖가지 아이디어를 짜내어 단속을 피해가고 있다.

우선 상행위 연령 제한에 대해서는 고연령자를 대신 매대에 앉히는 것이다. 이 경우 시어머니가 가장 많이 동원된다. 종합시장의 시간 제한에 대해서는 새벽시장, 즉 단속하는 사람이 출근하기 전에 열리는 시장을 활성화함으로써 대응하고 있다. 판매 품목에 대한 제한 조치에 대해서는 종합시장 안에서의 판매에서 종합시장 밖으로의 판매로 전환하는 것, 즉 상행위 공간을 이동하는 것이다. 이 경우 종합시장 주변의 가정집, 기관·기업소 창고 등이 활용된다. 이와 관련하여 전화가 큰 역할을 하게 되었다는 점은 주목할 만하다.

한편, 단속이 일회성으로 끝나지 않고 여러 차례 반복된다면 이는 스스로 효과를 반감시키는 결과를 초래한다.[10] 가장 큰 것은 이른바 학습효과이다. 한번 단속을 당해 끌려가면 적당히 뇌물을 바치고 풀려나는데, 그렇게 하면 단속원과 안면을 트면서 친분을 쌓을 수 있게 된다.

아울러 단속은 주민들의 직접적인 반발에 부딪치기도 한다. 주민들은 "먹을 것을 주지도 않으면서 장사는 왜 못하게 하는가, 이것은 백성들을 말려 죽이자는 심보가 아니면 무엇인가", "주는 배급도 없고 월급도 없고 이것이 어디 우리를 살라고 하는 것인가, 이것이 나쁜 놈들만 살판 치는 세상이 아니고 무엇이냐" 등의 불만을 털어놓는다.

시장에 대한 단속의 한계를 단적으로 보여주는 사건이 2009년 초로 예정되었던 농민시장 환원조치의 연기이다. 지난 2008년 11월 북한정부는 내각 상업성 지시문과 도 지시문을 통해 2009년 1월부터 전국의 시장을 농민시장으로 개편한다고 통보한 바 있다. 현재의 종합시장을 없애고 농민시장으로 환원시켜 앞으로 식량을 제외한 농산물만 시장에서 거래할 수 있도록 하고, 식량은 양정사업소에서, 공산품은 국영상점에서만 판매토록 한다는 것

---

10) 그래서 단속의 방침을 내려주는 국가나 단속을 직접 집행하는 중간계층으로서는 계속 새로운 방침을 내려주면 효과성을 일시적이나마 제고할 수 있다.

이었다. 그런데 이 조치는 시행시기가 6개월 연기되었다. 배급시스템이 제대로 작동하지 않고 있는 상황에서 종합시장을 없애면 주민들의 반발이 클 것이라는 우려가 작용한 것[11]으로 보인다.[12]

4. 이중경제구조의 특징

1) 시장화의 진전[13]

시장화란 다양한 차원과, 동시에 여러 가지 범주의 개념이다. 그리고 시장의 발달이란 결코 단순한 현상이 아니다. 여러 가지 조건이 맞물려 들어가야 한다. 시장은 거래대상에 따라 크게 생산물시장과 생산요소시장으로

---

11) 평양의 한 간부는 "시장을 없애면 고난의 행군 시절보다 더 큰 어려움이 닥칠 것이라는 지방관리들의 의견이 빗발쳤는데 이것이 반영된 것 같다"고 전했다. 또 다른 간부는 "현 시점에서 종합시장을 폐지하면 내란을 자초하는 행위라고 말하는 간부들도 있었다"고 밝혔다. 좋은벗들, ≪오늘의 북한소식≫, 261호(2009. 1. 13).

12) 한편, 2007년부터 진행되고 있는 시장에 대한 대대적인 단속은 기본적으로 종합시장이라는 소비재시장을 대상으로 한 것이다. 생산재시장에 대해서는 단속이 이루어지고 있는지 여부를 파악하기 어렵지만, 단속의 강도가 그다지 큰 것으로 보이지는 않는다. 그리고 현재 북한에서는 소비재시장과 생산재시장, 나아가 (비공식 시장이기는 하지만) 자본·금융시장, 노동시장이 상당 정도 발달되어 있고, 이들 4대 시장은 독립적으로 존재하는 것이 아니라 서로 영향을 주고받으면서 자신과 상대방을 확대하고 있으며, 이에 따라 국민경제 차원에서의 시장화는 양적으로 확대될 뿐 아니라 질적으로도 발전해 시스템으로서의 견고성을 조금씩 갖추어가고 있다. 그렇다고 하면, 소비재시장에 대한 단속만으로 시장화를 억제하고자 하는 국가의 의도가 실현되는 데는 한계가 있다고 할 수 있다.

13) 시장화의 진전에 대해서는 7장에서 자세히 서술할 것이다.

구분할 수 있으며, 좀 더 세분해서 보면 생산재시장, 소비재시장, 자본·금융시장, 노동시장으로 구분할 수 있다. 그런데 사회주의 경제에서는 이들 시장이 존재하지 않는다. 설령 존재하더라도 매우 미미하다. 따라서 초보적인 형태이기는 하나 생산재시장, 소비재시장, 자본·금융시장, 노동시장 등 네 가지 시장이 발생·확대되면 시장화가 진전되는 것으로 파악할 수 있다.

북한에서는 현재 이들 네 가지 시장이 모두 나타나고 있다. 주지하다시피 종합시장은 대표적인 소비재시장이다. 평양 등과 같은 대도시는 각 구역14) 별로 평균 1~2개, 나머지 중소 도시 및 각 군에는 평균 1~2개의 종합시장이 운영되고 있다. 여기서는 식량을 포함해 대부분의 농산물, 소비재 공산품이 거래되고 있다. 가격은 형태상으로는 국정가격(상한가격)이나 실제로는 시장에서의 수요와 공급을 거의 다 반영하고 있는 시장가격이다. 국영상점 및 국가유통망을 통한 배급제가 사실상 마비된 현재 종합시장은 북한주민들의 유일한 소비재 공급처로 자리 잡고 있다.

생산재시장의 경우 대표적인 것이 2002년에 등장한 사회주의 물자교류시장인데 기업 간에 원자재를 사고팔 수 있는 거래시장을 말한다. 원래는 국가가 계획에 의해 기업 생산활동에 필요한 모든 원자재를 공급해주게 되어 있으나 경제위기 이후 원자재공급이 어려움을 겪으면서 기업들이 상호간에 원자재를 시장거래처럼 사고팔 수 있도록 했다.

자본·금융시장의 경우, 우선 개인과 개인 사이의 금융관계를 지적할 수 있다. 주민들이 새롭게 장사를 시작하기 위해 전문사채업자로부터 돈을 빌리는 예는 결코 적지 않다. 주목할 만한 것은 신용도가 낮아 상환 가능성이 높지 않은 사람일수록 금리가 높아진다는 사실이다. 이러한 사실은 시장경제원리가 깊숙이 침투해 있다는 단적인 예이다. 기업과 개인 사이의 금융관계도 존재한다. 즉, 국영기업이나 국영상점이 투자자금 및 운영자금이 부족

---

14) 북한에서의 '구역'은 남한의 '구'에 해당되는 행정구역.

해 개인으로부터 돈을 빌리는 사례도 비일비재하다. 왜냐하면 은행에 현금이 바닥났기 때문이다.

노동시장의 경우, 계급으로서의 자본가와 노동자가 등장한 단계는 분명 아니고, 자본-임노동관계가 초보적인 형태로 나타나고 있는 수준이다. 한편으로는 여러 경로를 통해 자본을 축적한 돈주가 등장하게 되었고, 또 한편으로는 여러 가지 이유로 장사(개인 상행위)를 하기 어려워 단순히 자신의 노동력만을 시장에 판매하는 노동자가 출현하게 되었다. 따라서 무역, 국내상업, 수산업, 개인수공업 등 다양한 영역에서 자본-임노동관계가 나타나고 있다. 이러한 관계는 아직까지는 대부분 비공식적인 영역에서 나타나고 있지만 일부는 합법과 불법의 경계가 모호한 경우도 있다.

북한에서는 현재 국민경제 내에 존재할 수 있는 모든 형태의 시장이 형성되어 있다고 할 수 있다. 물론 이들은 모두 초보적인 수준이다. 그리고 이 중에서 가장 발달한 것은 소비재시장이고, 그 다음이 생산재시장이다. 물론 둘 다 공식적 경제영역에서의 시장이다. 노동시장과 자본·금융시장은 공식 영역에서는 나타나지 않고 비공식적인 영역에서만 존재한다.

아울러 시장화의 진전은 매우 제한적이기는 하지만 소유권의 변화를 수반하고 있다. 무엇보다도 개인수공업의 확대를 초래하고 있다. 북한에서 개인수공업의 발달은 주로 신발, 의류, 비누 등 일부 생필품 분야에서 이루어지고 있다. 또한 2002년 이후 식당, 당구장, 가라오케 등의 서비스업에 개인자본이 진출할 수 있는 공간이 크게 넓어지면서 소규모 개인서비스업이 확대되고 있다는 사실도 주목할 만하다. 아울러 공장, 무역회사, 상점, 식당 등 공식부문에 개인자본이 투입될 여지가 늘어났고 또 실제로 개인자본 투입이 확대되고 있다는 사실도 지적되어야 한다.

그리고 시장화의 진전은 시장발달의 제 조건의 발달과 맞물려 이루어지고 있다. 특히 주목할 만한 것은 상품화·화폐화의 진전이다. 북한의 경우 화폐화(monetization)는 달러화(dollarization)를 축으로 전개되는 것이 특징이다.[15] 아울러 교통 통신의 발달, 법제도의 정비 등도 북한에서 시장을 발달시키는 중요한 조건으로 작용하고 있다.

한편, 시장화가 진전됨에 따라 이들 네 가지 시장의 연관성은 더욱 커지고 있으며, 이들은 상호작용을 통해 서로를 확대시키고 있다. 아울러 시장화의 역사가 20년 이상 장기화됨에 따라 주민들은 시장에 대한 학습기회가 크게 늘어났고, 이에 따라 시장에 대한 적응 능력을 높여가고 있다.

2) 시장의 초보적 독과점화 및 정경유착형 부익부 빈익빈 현상

한편, 시장화의 진전은 시장의 양적 변화뿐 아니라 질적 변화까지 수반할 수 있다. 이른바 시장화의 내부 구조 변화이다.

시장화가 진전됨에 따라 시장에서 부의 집중·집적 및 이에 따른 초보적인 독과점 현상, 나아가 부익부 빈익빈 현상이 나타나는 경향이 있다. 북한도 예외는 아니다. 게다가 시장에 대한 단속, 통제 강화를 계기로 이러한 경향은 더욱 현저하게 나타나고 있다.

장사를 새롭게 시작한 사람들 중에는 성공한 사람도 있지만 실패한 사람도 나오게 마련이다. 특히 자기 자본이 없어 빚을 내어 장사를 시작했으나 실패한 사람은 파산에 이를 수도 있다. 7·1 조치 이후 새롭게 상행위에 참가한 사람 중에는 이런 사람들이 꽤 있다고 탈북자들은 전하고 있다. 게다가 일반 주민들은 준조세의 성격이 강한 이른바 세외부담의 지속적인 증가로 상행위로 인한 수익을 국가 및 중간관리층에 수탈당하다 보니 생계에 계속 압박을 받고 있었다.

여기에다 단속의 본격화는 주민들의 상행위 비용 증가를 초래했다. 뇌물을 주고 단속을 피해갈 수는 있지만 뇌물의 증가는 상행위 비용 상승을 의

---

15) 이는 북한경제의 대외의존적 구조의 또 다른 표현이다.

미하고 이는 수익성을 더욱 악화시켰다. 결국 일부 주민들은 시장에서 퇴출당하면서 사회의 최하층, 특히 일용노동자로 전락하고 있다. 게다가 이른바 꽃제비로 전락하거나 범죄의 길로 나서는 사람들도 종종 있다.

반면 시장화의 진전에 따라 돈주를 비롯한 상층부 상인들이 더욱 돈을 버는 현상이 나타나게 되었다. 여기에다 시장에 대한 단속, 통제 강화는 이들에 의한 부의 집중, 집적 현상을 더욱 두드러지게 했다. 이들은 사실상 단속의 수혜자로서 특히 시장에서는 경쟁자들을 제어하면서 자신들의 독과점적 지위를 공고히 하게 되었다.

단속은 권력층, 특히 중앙당, 인민무력부, 인민보안성, 국가보위부, 검찰소 등 이른바 법기관 및 권력기관 사람들의 행태에도 변화를 초래했다. 이들은 단순한 뇌물 수취자에서 한 걸음 나아가 돈주들과 결탁하거나 자신이 직접 상인으로 나서게 되었다. 물론 엄밀히 보면 자신이 아니라 자신의 배우자, 부모, 형제 등 가족과 친척들이 상행위에 나선다. 단속 이전에도 이들은 직접 시장경제활동을 하기도 했지만 단속은 이들에게 우월적 지위에서 시장경제활동을 영위할 수 있는 공간을 제공했다.

독과점화 및 부익부 빈익빈 현상의 핵심요소의 하나로서 가정용 전화(시외전화)의 존재는 매우 주목할 만하다. 즉, 전화를 매개로 해서 돈 있는 사람들이 더욱더 돈을 벌게 되었다. 시외전화를 자유롭게 쓸 수 있다는 것은 각 지역의 물품 수급 상황, 가격차 등에 대한 정보에서 압도적으로 우월적 지위를 차지함을 의미한다. 시외전화와 함께 수송수단만 확보하면 공간적 이동에 대한 제약에서 벗어날 수 있다는 점에서 이 또한 시장지배적 지위를 부여받을 수 있다. 그런데 집전화의 설치에는 상당한 비용이 소요되므로 전화를 설치할 만한 돈이 있는 사람이 다시 돈을 더 벌게 된다. 또한 권력기관의 사람들은 일반 주민들에 대해서는 시외전화 사용에 제한을 가해놓고 자신들은 자유롭게 그것을 쓸 수 있게 함으로써 시장에서 지배적 지위를 구축할 수 있다.[16]

그러면서 돈과 권력의 결탁은 더욱 현저해졌다. 권력과 연계된 부익부 빈익빈 현상, 일종의 정경유착형 부익부 빈익빈 구조가 구축되고 공고화된 것이다.

3) 시장에 대한 국가의 의존도 상승

시장화의 진전은 달리 보면 시장경제부문에 대한 계획경제부문의 의존도 상승을 수반한다. 물론 이는 국가가 의도한 측면이 강하다. 즉, 시장경제활동을 공식적으로 인정하되 시장경제영역에서 발생한 잉여를 국가 및 계획경제부문이 수취해가는 방향으로 구조를 재편한 것이다. 국가가 시장경제영역에서 발생한 잉여를 재정수입으로 흡수하여 부족한 재정을 보충하는 것이다.

다만 이 경우 유의해야 할 것은 시장경제영역에서 발생한 잉여를 흡수하는 것은 국가예산수입만은 아니라는 점이다. 당경제, 군경제 등 특수경제의 화폐수입도 여기에 포함된다. 특히 무역회사의 시장경제활동과정에서 창출된 잉여는 일반경제보다 특수경제에 더 많이 흡수될 가능성이 크다. 앞에서 설명했듯이 북한은 현재 특수경제(당경제, 군경제)와 일반경제(내각경제, 주민경제)로 나누어져 있는 상태이다. 따라서 국가예산수입은 기본적으로 내각경제에만 속하게 되어 있다. 당경제, 군경제는 국가예산수입과 직접적인 관계가 없다.[17]

이렇게 해서 당, 군, 내각의 경제는 각각 시장에서 거두어들인 돈을 자신

---

16) 또한 3장에서 자세히 보겠지만 북한에서 밀수를 가장 많이 하는 기관은 다름 아니라 밀수를 단속, 통제하는 권력기관인 것으로 파악되고 있다.

17) 따라서 북한이 매년 최고인민회의를 통해 발표하는 국가예산 수입지출에는 당경제, 군경제 등 특수경제의 수입지출은 당연히 포함되어 있지 않다.

<표 2-2> 시장에 대한 국가의 의존: 시장과 연계된 조세의 제 유형

구분	조세의 직접적인 납부자	조세의 실질적인 부담자	조세와 시장의 연계형태
공장·기업소의 국가기업이득금	공장·기업소	공장·기업소 및 소비자	번 수입(계획 외 생산 및 유통)
종합시장의 시장사용료, 국가납부금	종합시장 매대 상인	상인 및 개인 수공업자, 소비자	종합시장 내 상품 판매
서비스업체 국가납부금	수매상점, 협의제 식당, 당구장, 가라오케 등 서비스업체	서비스업체 및 소비자	일반주민 대상 서비스 판매
무역회사 수익금	무역회사	무역회사, 기관·기업소, 국내 유통업체, 소비자	수출품의 국내 매집, 수입품의 국내 판매
토지사용료 및 부동산사용료	기관·기업소, 협동단체, 개인	기관·기업소, 협동단체, 개인	토지, 주택, 건물 등 국토를 사용하는 제반 시장경제활동

들 부문의 공공기관 및 국영기업의 유지, 소속 구성원들의 생계 유지 등에 사용하는 것이다. 이른바 "국가가 시장에 기생해 살아가는 형국"이다. 여기서는 7·1 조치 이후, 나아가 종합시장 허용 이후 개편 및 신설된 각종 국가납부금 및 사용료 제도가 핵심적 역할을 수행한다. 북한정부는 새로운 세원의 발굴을 통해 재정수입의 확대를 도모한 것이다(<표 2-2> 참조).

대표적인 예가 거래수입금 폐지와 함께 등장한 국가기업이득금이다. 이는 기존의 국가기업이익금과는 달리 기업의 '번 수입' 지표를 수취 기반으로 한다. 그런데 번 수입 지표는 기본적으로 기업의 계획 외 생산, 계획 외 유통까지 포괄한다. 즉, 기업이 국가계획에 의한 생산활동으로 올린 수입뿐 아니라 자율적으로 시장과 관계를 맺으면서 수행한 제반 활동에 의해 획득한 수입까지를 대상으로 하는 것이다.

그리고 국가기업이득금, 협동단체이득금에는 7·1 조치 이후 확대된, 국가기관이 직접 운영하거나 개인에게 운영을 위탁하는 수매상점, 식당, 당구장, 가라오케 등 서비스업체가 국가에 바치는 이른바 국가납부금도 포함되어 있을 것으로 보인다. 또한 국가기업이득금에는 종합시장의 시장사용료, 국가납부금도 포함되어 있을 것으로 보인다.

북한과 같이 경제 내의 자원이 고갈된 경제에서는 대외무역 분야에서의 잉여수취가 매우 중요한 역할을 한다. 무역회사는 자신이 벌어들인 수익금의 상당 부분을 국가에 바쳐야 한다. 그런데 무역은 그 속성상 시장경제와의 접점이 많을 수밖에 없으며, 특히 수출품의 국내 매집, 수입품의 국내 판매 등의 과정이 시장경제의 영역에 속한다.[18]

새로운 세원으로서 빼놓을 수 없는 것이 2002년에 신설된 토지사용료인데, 이는 2006년에 부동산사용료로 확대 개편되었다. 부동산사용료의 적용을 받는 경제활동은 매우 광범위하다. 기관·기업소의 부업지 경작, 개인적인 경작, 주택·아파트의 신축 및 분양, 매매 등 건설분야의 사적 거래, 지방 및 기업 차원의 지하자원 탐사·개발 등은 말할 것도 없고, 이른바 '땅 위에서' 행해지는 일체의 경제활동이 여기에 포함된다. 즉, 토지, 주택을 포함한 '국토' 전반을 이용하여 다양한 시장경제활동을 영위하는 개별 경제주체는 모두 부동산사용료를 납부할 의무를 가지는 것이다.

그런데 국가는 이러한 시장경제활동에 아무런 자원(자본, 노동, 원자재 등)도 제공해주지 않는다. 그런데도 국가는 이러한 경제활동에서 발생한 잉여에 대해 세금을 징수해 그 자금을 국가(공공부문)의 일상적인 활동 및 국영기업 운영자금으로 사용한다.

---

18) 국가가 대외무역 분야에서, 주민들의 시장경제활동에서 발생한 잉여를 수취하는 메커니즘에 대해서는 이 책의 3장을 참조.

4) 경제적 잉여에 대한 국가적 수탈

　시장에 대한 국가의 의존은 주민들 입장에서 보면 자신들이 자력갱생의 방식으로 창출한 잉여의 수탈에 다름 아니다. 물론 앞에서 보았던 각종 사용료, 국가납부금은 사실상 세금의 성격을 띠고 있으므로 이것만 가지고 '수탈'이라고 규정하기에는 무리가 있을 수도 있다. 하지만 이하에서 살펴볼 각종 준조세까지 시야에 넣으면 '수탈'이라는 표현에 조금 더 무게가 실린다.

　우선 지적할 수 있는 것이 모든 주민을 대상으로 한 '세외부담'이다. 세외부담은 세대부담과 대비되는 것이다. 각 세대가 집세, 전기 및 수도 사용료 등과 같이 공식적으로 국가에 납부해야 하는 각종 사용료가 세대부담이라면, 그 이외에 정기적·부정기적으로 국가 혹은 지방 차원에서 바쳐야 하는 준조세를 세외부담이라 일컫는다. 이는 매우 광범위한 것이다. 각종 현물, 현금을 그야말로 시도 때도 없이 상부에 바쳐야 하는 것이다.

　예컨대 대형 발전소 건설 지원, 도로 보수 지원, 인민군대 지원 등의 명목으로 중앙 혹은 지방 차원에서 주민들로부터 징수하는 각종 잡부금이 여기에 해당된다. 이 경우 국가는 주민들에 대해 돼지고기, 장갑, 세면도구, 도시락 등을 현물로 납부할 것을 요구하지만, 이러한 현물을 보유하고 있지 않은 주민들이 대부분이기 때문에 현금으로 납부한다. 아울러 4·15 행사와 같은 국가적 행사나 문화주택 건설과 같은 중요 건설사업 등에 주민들을 동원하는데, 이러한 행사나 건설사업에 나가지 않으려면 그에 상응하는 현금을 납부해야 한다.

　또한 직장에 다니는 사람은 직장별로, 직장에 다니지 않는 사람은 인민반별로 외화벌이가 의무화되어 있다. 이 경우 마른 고사리, 토끼 가죽, 금 등을 국가에 바쳐야 하는데 현물로 바치지 못하면 현금을 바쳐야 한다. 평양 출신인 탈북자 C2 씨의 경우, 직장에서 아예 월급의 10%를 외화벌이 명목으로 공제했다고 한다.

가계의 입장에서 보면 이러한 세외부담은 적지 않다. 지역에 따라, 계층에 따라, 또한 실제 소득에 따라 다르겠지만, 중하층민의 경우 세외부담이 적은 경우는 가계소득의 10% 정도, 많은 경우는 가계소득의 50%까지 달했다고 탈북자들은 전하고 있다.

세외부담 외에 지적할 수 있는 것이 '보호세(protection rackets)' 명목의 뇌물 징수이다.[19] 즉, 7·1 조치 이후, 특히 종합시장 개설 이후 시장경제활동이 일부 합법화되었다고 하나, 여전히 시장경제활동의 상당 부분은 불법이거나 합법과 불법의 경계가 모호한 상태이다. 게다가 시장에 대한 단속, 통제는 '비사회주의 척결'을 내세우며 기존 제도를 무시하는 명령의 형태를 띠고 있다. 상행위에 의존해야 하는 주민들 입장에서는 언제든지 자신들을 '불법' 또는 '비사회주의'라는 명목하에 처벌할 수 있는 다양한 법기관 사람들에게 뇌물을 공여해야만 상행위를 안정적으로 행할 수 있다. 특히 돈주들은 대부분 '불법' 또는 '비사회주의' 활동과 깊이 관여되어 있기 때문에 처벌의 위험성이 매우 높고, 따라서 뇌물의 규모가 훨씬 더 크다는 특성이 있다.

또 하나 지적할 수 있는 것이 개인 재산의 '합법적 몰수'이다. 예컨대 각종 검열에서 불법적 행위를 했거나 부정 축재를 한 것으로 드러난 대상에 대한 처벌은 상당 경우 개인 재산에 대한 몰수를 수반한다. 종합시장의 매대 상인에서부터 상점, 식당 등에 대한 개인투자가에 이르기까지 그 범위는 매우 넓다. 그런데 문제는 특히 개인투자가의 경우, 몰수당한 재산의 규모가 크기 때문에 그 충격이 엄청나다는 점이다.

물론 이러한 세외부담, 보호세 명목의 뇌물, 개인재산의 합법적 몰수는 앞에서 보았던 각종 사용료, 국가납부금보다는 제도화의 수준이 낮다. 중앙 혹은 중간관리기관의 자의성이 개입될 소지가 더 크다. 또한 이들을 통해

---

19) 보호세 명목의 뇌물 공여, 개인재산의 '합법적' 몰수라는 개념은 최봉대(2008: 170~183)에서 빌렸다.

국가가 수탈한 잉여는 모두 다 국가에 귀속되는 것은 아니다. 일부는 합법적으로 중간관리기관에 귀속되겠지만 또 일부는 불법적으로 착복, 유용되는 등 비공식적 · 사적 영역으로 유출된다. 그럼에도 주민들 입장에서는 준조세와 다름없고, 따라서 그 부담이 결코 작지 않다는 특성이 있다.

5) 계획경제의 물적 기반 침식

그런데 북한에서의 시장화는 개인 · 기업의 국가자산 절취, 즉 계획경제의 물적 기반 침식을 초래했다. 북한의 시장화라는 것이 애초 개인 · 기업들의 자력갱생 차원에서 국가가 묵인, 허용한 측면이 있기 때문에 이는 당연한 것인지도 모른다.

경제위기로 인해 국가가 주민들의 생존을 보장해주지 못하게 되자, 주민들은 생존을 위해 국가자산에 대한 절취에 나서기 시작했다. 이는 공장 · 기업소, 농장 등 생산과정에서의 원자재, 설비, 부품, 최종생산물에 대한 절취에서부터 도매소, 상점 등 유통과정에서의 식량 및 생필품에 대한 절취에 이르기까지 매우 다양한 경로와 형태로 이루어졌다. 이러한 행위는 고난의 행군 기간에 절정에 달했는데 정부기관지인 ≪민주조선≫에서는 주민들이 △ 연유, 석탄, 시멘트와 같은 연료와 자재, △ 완성품 또는 반제품, △ 알곡을 비롯한 농업생산물, △ 설비, 부품 등을 절취하고 있다고 개탄할 정도였다(임수호, 2008: 143).

초기에는 물자를 절취해 암시장에 판매하는 수준이었으나 시장화가 진전됨에 따라 개인수공업, 불법적 경작 등 시장경제적 생산활동과의 연계가 늘어났다. 개인수공업자 본인이 자신의 생산활동에 필요한 원자재, 부품 등을 자신이 근무하는 공장 · 기업소에서 직접 절취하는 경우도 있다. 특히 자신이 근무하는 공장 · 기업소에서 휴식시간 등에 공장 · 기업소의 전력을 이용해 자신의 사적 생산활동을 하는 사례가 빈번히 발생하고 있다. 아울러 소토지, 뙈기밭 등 불법적 사적 경작을 위해 자신이 소속해 있는 협동농장에서 비료·농약을 절취하는 사례도 매우 많다. 이와 함께 사적 생산활동이 늘어남에 따라 공장·기업소의 관리자나 노동자들이 설비, 원자재 등을 절취해 개인 수공업자에게 직접 판매하거나 시장에 판매하는 사례도 계속 늘고 있다.[20]

또한 계획경제 내에서 유출된 이들 물자는 초기에는 국내의 암시장을 중심으로 유통되었으나 중국과의 무역이 확대되면서 밀무역의 형태로 중국으로 흘러가는 사례가 크게 늘었다. 고난의 행군 기간에 공장·기업소에서 기계 설비를 뜯어 중국에 팔아 식량을 구입한 사례는 부지기수일 정도이다. 2000년대 들어 중국과의 무역이 크게 늘어나면서 광산물을 절취해 밀수로 중국에 넘기는 현상도 빈번해지고 있다. 어느 탈북자는 북한 내 지하자원의 보고로 일컬어지는 함남 단천 지역에서 빚어지는 광산물의 절취 상황을 생생하게 전달하고 있다.

광산에서 채굴해놓은 것을 제련소로 운반할 때 다 도둑질한다. 공화국의 전 지역에서 다 와 있다. 제련소 기차가 내려와 하차할 때 700명 정도 되는 사람들이 파리 떼처럼 붙는다. 한 사람당 마대를 3~4개씩 가지고 올라가서 마대 하나에 170kg 정도씩 담아서 떨군다. 보위대가 단속을 하지만 소용이 없다. 너무 많은 사람들이 목숨 걸고 달려드니 단속하기가 힘들다. 검덕 광산에서 연 아연 정광을 실은 빵통(화차)이 내려오면 예지에서 따로 뽑아 단천 제련소로 들어가는

---

20) 탈북자 P1 씨는 자신이 근무했던 옷 공장에서 공장 간부들이 소련제 재봉기를 시장에 가져가 개인수공업자들에게 판매하고 그 대금을 개인적으로 착복하는 사례가 빈번했다고 전하고 있다. 또 탈북자 P2 씨는 김책제철소 내 체육관 안에 있는 대형 급동실을 이용해 개인수공업자들을 대상으로 영업활동을 했던 사례를 전하고 있다. 자세한 것은 이 책의 8장을 참조.

데 이 구간에서 다들 도둑질을 한다. 검덕 광산에서 기차가 출발할 때 빵통당 60톤 정도 되었는데 나중에 제련소에 들어오는 것은 40톤도 되지 않는다. 1/3 이상이 중간에 도둑질당하는 것이다. 금광을 제련하는 문천제련소는 더 심하다. 금이 비싸니까 더 많이 훔쳐간다. 절반이 없어진다. 이렇게 해서 연·아연 정광, 금 정광을 훔친 개인들은 밀수꾼에게 팔아먹는다.

6) 계획경제와 시장경제의 관계

계획경제와 시장경제의 관계는 한 마디로 잘라 말하기 매우 어렵다. 무엇보다도 양자는 그 경계가 모호하고 또 중첩되어 있다. 단순화의 위험을 무릅쓰고 양자의 관계를 간단히 정리해보자.

무엇보다도 양자는 상호 보완적이며 동시에 상호 대립적이다. 보완과 대립의 양 측면을 동시에 가지고 있다(〈그림 2-1〉 및 〈그림 2-2〉 참조). 우선 시장경제는 그 물적 토대의 상당 부분을 계획경제에 의존하고 있다. 계획경제 내에 존재하는 각종 설비, 원자재, 부품, 전력 등을 유출, 절취하는 형태로 자신의 생산 기반을 확보한다. 아울러 시장경제는 계획경제가 제공하지 못하는 각종 재화, 서비스를 주민들에게 대신 제공함으로써 기능적으로 계획경제를 보완한다. 반면 계획경제는 시장경제로부터 발생하는 각종 잉여를 조세, 준조세의 형태로 흡수함으로써 자신의 재정적 기반을 보충한다.

하지만 시장경제 입장에서 보면 자신이 창출한 경제적 잉여의 상당 부분을 계획경제에게 수탈당함으로써 스스로를 확대할 여력을 상실하게 된다. 내부 축적이 용이하지 않은 구조로 되는 것이다.

더 큰 문제는 계획경제이다. 즉, 각종 자원의 유출, 절취로 인해 계획경제의 물적 토대가 침식된다는 점이다. 스스로는 시장경제에 대해 아무런 자원도 제공하지 않고 경제적 잉여를 수탈하니 '남는 장사'라고 생각할 수 있으나 실은 자신의 토대 침식으로 '상쇄'당하고 있다는 것이다. 특히 시장경제

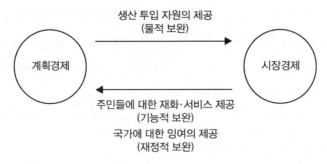

〈그림 2-1〉 계획과 시장의 관계: 보완적 측면

생산 투입 자원의 제공
(물적 보완)

계획경제 → 시장경제

주민들에 대한 재화·서비스 제공
(기능적 보완)
국가에 대한 잉여의 제공
(재정적 보완)

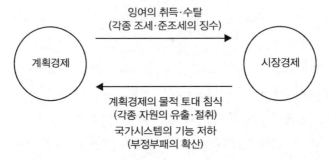

〈그림 2-2〉 계획과 시장의 관계: 대립적 측면

잉여의 취득·수탈
(각종 조세·준조세의 징수)

계획경제 → 시장경제

계획경제의 물적 토대 침식
(각종 자원의 유출·절취)
국가시스템의 기능 저하
(부정부패의 확산)

로부터 제공받은 잉여는 계획경제 내에 재투자되어 생산적 활동에 사용되기도 하지만 그보다는 소비적 활동에 더 많이 사용될 가능성이 크다. 잉여가 공적 영역에서 사적 영역으로 유출되면 더욱 그러하다.

게다가 시장화의 진전에 따른 부정부패의 확산은 계획경제시스템에 대한 파괴적 효과가 있다. 전반적인 국가의 명령 하달·이행 체계의 작동을 저해하고, 나아가 공적 이익보다는 사적 이익을 추구하는 경향을 강화함으로써 우회적으로 계획경제를 무너뜨리는 것이다.

한편, 양자의 보완적 측면이 더 클지, 대립적 측면이 더 클지 현재로서는 판단하기 어렵다. 아울러 계획경제가 시장경제로부터 수취하는 효과가 더 클지, 침식당하는 효과가 더 클지 가늠하기는 쉽지 않다. 다만 순수한 경제적 측면뿐 아니라 사회적·정치적 측면까지 고려하면 양자는 대립적 요소가 더 크고, 또한 계획경제가 잠식당하는 효과가 더 클 것으로 보인다. 시장의 양적 확대가 아니라 질적 변화에 주목한다면 정경유착형 부익부 빈익빈 구조는 정치사회적 불안요소를 확대할 공산이 크기 때문이다. 특히 부정부패의 확산, 나아가 범죄의 증가는 국가시스템의 기능 저하를 촉진할 공산이 크다. 물론 이러한 방향성은 어느 정도 짐작할 수 있지만 속도의 문제는 여전히 미지의 영역으로 남는다.

7) 시장화의 촉진 및 억제 요인

북한 시장화의 현주소를 짚어보고 미래를 전망하기 위해서는 시장화의 촉진 및 억제 요인을 간단히 정리할 필요가 있다. 우선 시장화의 촉진 요인을 살펴보자.[21]

첫째, 계획경제의 물적·기능적 토대의 와해이다. 북한에서 시장이 싹트고 발전했던 이유는 여러 가지이지만 가장 큰 것은 역시 계획경제의 사실상 붕괴이다. 계획의 공백을 자연스럽게 시장이 메워갔다고 볼 수 있다. 더욱이 국내 자원 고갈 등으로 계획경제의 물적 토대가, 게다가 시스템도 무너졌기 때문에 현재의 조건하에서는 계획경제를 복원하는 것이 불가능에 가깝다. 북한이 2007년 이후 지속적으로 (소비재)시장에 대해 단속을 펴도 시장을 축소 또는 근절하지 못하는 근본 이유는 여기에 있다.

둘째, 시장의 역사가 약 20년에 달하는 등 시장화의 장기화가 진행되고 있다는 점이다. 시장은 어느덧 북한경제 운용에서, 특히 주민들의 생활에서는 필수불가결한 존재로 자리 잡았다. 아직 안정적이지는 못하지만 어느 정

---

21) 시장화 촉진 요인을 추출하는 과정에서 임강택(2009: 184~187)으로부터 일부 아이디어를 빌렸다.

도 시스템으로 정착되어가고 있다고 볼 수 있다. 앞에서 보았듯이 4대 시장은 상호작용을 통해 서로를 확대시키고 있으며, 시장화는 상품화·화폐화 등 시장발달의 제 조건의 발달과 맞물려서 진척되고 있다. 아울러 시장화가 장기화됨에 따라 주민들은 시장에 대한 학습기회가 크게 늘어나고, 이를 토대로 시장에 대한 적응 능력을 높여가고 있다. 북한의 최근 지속적인 단속의 효과가 제한적이었던 이유는 시장화의 역사가 20년 가까이 되었다는 사실과도 결코 무관하지 않다.

셋째, 시장에 대한 국가의 의존도가 매우 높아졌다는 점이다. 앞에서 보았듯이 국가는 당, 군, 내각 등 모든 부문들이 재정 부족을 메우기 위해 다양한 형태로 시장으로부터의 잉여에 의존하고 있다. 달리 보면 국가조차 시장 없이는 생존이 불가능한 상황에 처했다고 해도 과언이 아니다.

다음에는 시장화의 제약 요인을 간단히 살펴보자.

첫째, 북한의 시장화는 개혁의 대내외 정치적 조건의 미성숙이라는 조건 하에서 진행되고 있다. 무엇보다도 국내 정치적 리더십의 불변이라는 조건과 대외관계의 미개선(특히 미국과의 관계)이라는 조건이 중요하다. 따라서 북한의 시장화는 국내의 정치적 상황 변화로부터 자유로울 수 없다는 시사점이 도출된다. 게다가 시장에 대한 북한정부의 인식, 정책의 영향을 직접 받는다. 실제로 북한에서는 2002년 이후 시장화 촉진정책을 펴다가 2007년부터 시장화 억제 정책으로 전환했는데 여기에는 시장화의 정치사회적 부작용에 대한 지도부의 위기감 고조, 즉 시장에 대한 인식의 전환이 자리 잡고 있었다.

둘째, 북한의 시장화는 자생적 시장화, 방임적 시장화, 자력갱생적 시장화의 성격을 가지고 있다. 특히 시장화는 기업과 가계 등 말단 경제주체들의 자력갱생 차원에서 추진되고 있다. 기업과 개인에게 자율성을 부여하고 시장경제적 활동을 용인하되, 국가는 기업과 개인에 대해 생산에 필요한 노동, 자본, 원자재 등 일체의 자원을 공급해주지 않겠다는 것이다. 따라서 시장 스스로 자원 동원을 하는 데 한계가 있을 것임을 알 수 있다.

셋째, 북한에서 시장(소비재시장)의 발달은 상대적이기는 하지만 생산보다는 유통의 발달, 특히 무역의 발달에 기인한다. 즉, 북한에서 시장의 발달은 뚜렷한 생산력 증대를 수반하지 않는 것이 특징이다. 아울러 지역적으로 보면 북한에서 시장의 발달은 주로 도시를 중심으로 이루어지고 있으며, 농촌에서의 시장 발달은 상대적으로 뒤진다.[22] 이는 결국 북한의 시장화가 대외의존도 심화를 수반한다는 특성을 낳았다. 국내 자원이 고갈된 상태에서 시장의 확대는 국내 생산을 자극하기보다는 해외로부터의 수입을 자극하는 효과가 있다.

넷째, 북한에서는 시장경제에서 발생한 잉여가 국가에 의해 과도하게 수탈당하고 있다. 이는 시장경제의 잉여가 내부에서 축적되어 사적 자본으로 발달할 수 있는 가능성이 제약받는다는 것을 시사한다.

8) 시장화에 대한 국가의 딜레마와 관리 문제

시장화에 대해 북한정부는 근본적인 딜레마를 안고 있다. 경제의 숨통을 트기 위해서는 시장화를 촉진해야 할 필요성이 있다. 반면 시장화가 진전되면 정치적 부담이 증가할 우려가 있다.

결국 북한정부가 지향하는 것은 관리 가능한 시장화이다. 일정 수준까지의 시장화는 용인 내지는 촉진하고, 일정 수준을 넘어서는 시장화는 억제하는 것이다. 그 기준은 시장화의 부작용에 대한 북한정부의 정치적 판단이다.

문제는 시장에 대한 국가의 관리가 가능할 것인가 하는 것이다. 시장의 확대를 관리 가능한 범위 이내로 묶어둘 수 있는지 여부인 것이다.

현재 시장은 합법과 불법의 경계가 애매하다는 점, 따라서 당국이 마음먹

---

22) 이러한 점에서 보면 북한의 (소비재)시장 발달은 중국의 경험과 뚜렷이 구별된다.

기에 따라서는 시장화의 확산에 제동을 거는 것이 불가능하지는 않다는 점이 고려되어야 한다. 2007년부터의 시장단속이 이를 보여주고 있다. 그렇다고 해도 시장을 축소하는 것도, 게다가 완전히 근절하는 것도 불가능하다. 이 또한 2007년부터의 시장단속이, 특히 2009년 초와 2010년 초에 종합시장 폐쇄 방침을 내렸으나 주민들의 반발로 시행이 연기되거나 보름만에 유야무야된 사실이 잘 보여주고 있다.

5. 향후 전망: 이중경제구조의 미래

2007년부터 지속되고 있는 시장에 대한 대대적인 단속은 성과와 한계를 동시에 보여주고 있다. 북한정부의 의지가 있다고 해서 시장화의 흐름을 뒤집을 수 있는 것이 아니다. 북한정부가 과거의 계획경제로 회귀하고 싶어도 이는 불가능에 가깝다. 왜냐하면 계획경제를 유지할 수 있는 수단, 북한정부가 공장·농장 등 생산주체에게 내리는 명령을 실행할 수 있는 수단, 즉 자원과 자본을 보유하지 못했기 때문이다. 북한정부가 배급제, 나아가 계획경제를 정상화시키고 싶은 의지가 아무리 강하다 해도 정상화시킬 수 없는 이유는 바로 여기에 있다. 즉, 배급제를 유지할 수 있는 공급물량을 확보할 수 없기 때문이다.

경제 전체로 보아도 마찬가지인데 계획경제의 정상화는 현재의 조건하에서는 불가능에 가깝다. 시장경제활동이 합법의 영역에서 이루어지느냐 불법의 영역에서 이루어지느냐 하는 그 차이만 있을 뿐 일정 수준 이상의 시장경제활동은 계속 존재할 수밖에 없다.

사실 어느덧 북한은 시장에 의지하지 않고는 살아갈 수 없는 단계에까지 도달했다고 볼 수 있다. 계획경제부문은 시장경제부문에서 발생하는 잉여를 다양한 경로를 통해 수취하고 있으며 이것이 계획경제부문을 유지시켜주는 주요한 동력의 하나로 작용하고 있다.

다만 시장화가 진전되더라도 소유의 측면에서 큰 변화는 기대하기 힘들다. 적어도 공식적으로는 그러하다. 새로운 논리를 개발하지 않는 한 소유의 문제는 현재의 경제정책이 사회주의라고 북한정부가 주장할 수 있는 최후의 보루이다.[23] 따라서 향후 북한은 공식적인 소유제에 큰 변화가 없는 상태에서 사실상의 사유화[24]가 일정 정도 진행되면서 시장화가 더 진전될 가능성이 크다.

한편, 시장부문의 확대에도 계획부문의 급속한 축소는 기대하기 어렵다. 국가가 일정 수준의 자원(예컨대 식량, 에너지 등)을 장악할 수 있다면 계획영역(직접적 명령의 영역)이 일정 수준 이하로 축소되지는 않을 것으로 보인다. 더욱이 앞에서 보았듯이 북한의 시장화는 여타 사회주의 국가들의 경험과는 달리 자기운동성, 자기확대에 다소 한계를 가지고 있다. 게다가 국가가 시장화를 관리하는 것이 전혀 불가능하지도 않다. 다만 계획경제의 물적 기반이 계속 침식되고 있다는 것, 따라서 국가가 장악할 수 있는 자원이 서서히 줄어들 수 있다는 것은 계획경제 영역의 축소를 막아야 하는 국가의 입장에서도 여전히 큰 고민거리로 남아 있다.

아울러 시장화에 대한 국가의 딜레마는 영원한 숙제이다. 시장화를 적극 촉진하기도 어렵고 마냥 억제하기도 어렵다. 대내외 여건의 급격한 변화가

---

23) 이러한 관점에서 보면 농업부문의 개혁, 특히 집단농업제도의 개혁은 여타 부문의 개혁보다 늦을 것이라는 시사점을 얻게 된다.

24) 다만 북한에서 소유권 문제는 무엇보다도 공식적(혹은 법·제도 차원의) 사유화와 사실상의 사유화를 구분해야 한다. 사실 7·1 조치 이후 북한경제변화의 또 다른 중요한 측면은 소유제도의 변화이다. 많은 학자들이 북한의 경제개혁의 제한적 성격을 주장하는 대표적인 논거로서 소유제도의 불변을 들고 있는데 필자는 이에 찬성하기가 어렵다. 북한에서는 현재 개인수공업, 개인서비스업 등의 영역에서 사실상의 사유화, 특히 소규모 사유화가 상당 정도 진전되고 있다.

없는 한 국가는 당분간 시장화에 대해 어정쩡한 태도를 취할 공산이 크다. 단속·통제와 묵인을 반복할 가능성이 크다.

결국 현재의 조건하에서는 계획부문과 시장부문의 불안정한 동거상태가 지속될 것으로 보인다. 경제운용에서의 이중구조, 이중전략은 당분간 유지될 것으로 보인다. 하지만 그러한 상태가 언제까지 지속될지는 의문이다. 이는 경제적 변수뿐 아니라 정치사회적 변수에 의해 결정되는 문제이다.

여기서 시장화의 양적 측면과 함께 질적 측면, 나아가 정치사회적 파급효과에도 주목해야 할 필요성을 새삼 제기하게 된다. 즉, 이중경제구조의 미래를 결정하는 변수로서 시장화가 확산, 정체, 또는 후퇴의 길을 가느냐 하는 문제도 중요하지만 시장화의 내부구조가 어떻게 변하느냐, 예컨대 정경유착형 부익부 빈익빈 현상이 어떤 식으로 나타날 것인가, 이에 따라 사회불안 및 체제이완 현상이 어떤 양상과 성격을 띠고 전개될 것인가 하는 것도 중요한 요인이다. 결국 이중경제구조의 미래는 경제적 요인뿐 아니라 정치사회적 요인에 의해서도 결정될 가능성이 높다.

북한의 화폐개혁에 대한 평가와 전망

2009년 11월 말 북한에서 전격적으로 단행된 화폐개혁은 분명 메가톤급 뉴스이다. 처음에는 사실 여부가 확인이 되지 않아 남한정부의 대북정보 수집능력까지 도마 위에 올랐다. 하나 둘씩 베일이 벗겨지면서 대체 북한정부는 무슨 생각을 가지고 이런 조치를 취했을까, 이 조치는 순조롭게 진행될 수 있을 것인가, 어떠한 정치경제적 파장을 가지고 올 것인가 등으로 논의가 이어졌다.

이 화폐개혁은 여러 가지 이유로 세인의 주목을 끌기에 충분하다. 무엇보다 화폐개혁이라는 조치 자체가 경제에 미치는 영향이 지대하다. 게다가 화폐개혁의 속성일 수도 있겠지만 아무런 예고 없이 전격적으로 단행되었다는 점 또한 주목해야 한다.

그리고 후속 및 관련 조치의 내용에 따라서는 일반적인 화폐개혁보다 포괄범위가 큰, 즉 단순한 화폐개혁 차원을 넘어서는, 그 이상의 정책이 될 가능성을 내포하고 있으며, 지금까지의 정황을 보면 실제로 그러한 것으로 보인다. 즉, 화폐 액면 절하(redenomination) 및 신·구화폐 교환에 그치지 않고 교환의 한도를 설정했다. 더욱이 임금과 환율을 포함해 가격체계를 일부 재편했는데, 이는 국가의 자원 배분 체계의 재편을 의미한다. 여기에는 국정가격과 시장가격의 괴리 축소, 노동자·농민 등 기존 제도 순응적 계층에 대한 시혜 및 인센티브 부여의 성격 또한 결합되어 있다.

이번 화폐개혁 조치는 외화 사용 금지, 종합시장 폐쇄 등 물리적 강제력을 앞세운 보수적 경제정책과 병행해서 추진되었다는 점이 큰 특징이기도 하다. 달리 보면 화폐개혁이 외화 사용 및 시장에 대한 통제 강화조치와 한 묶음으로, 즉 패키지로 추진되었다는 점이 눈길을 끈다. 이는 2005년 이후 북한의 경제정책 기조가 보수화, 과거회귀화하고 있는 흐름과 무관치 않다. 한편, 정책의 성격 문제는 별개로 하더라도 정책의 무게감만 놓고 보면 2002년의 7·1 경제관리개선조치에 비견되는 새로운 경제관리조치라고 평가할 만하다.

북한의 화폐개혁 소식이 전해진 후 외부 세계의 관찰자들은 화폐개혁의 성공 여부를 놓고 활발한 토론을 전개했다. 그런데 성공 가능성보다는 실패 가능성에 무게를 두는 논의들이 많았다는 점이 눈에 띈다.

화폐개혁이 실시된 지 3개월이 지난 시점에서 보면 당초의 우려는 상당 정도 현실로 나타난 것으로 보인다. 물가 및 환율의 폭등, 물자 부족의 심화 등 후유증이 심각한 상태이며, 그래서 결국 북한정부가 외화 사용 및 시장에 대한 통제를 철회했다는 소식이 전해지고 있다. 내각 총리가 화폐개혁의 후유증에 대해 주민들에게 사과했다는 미확인 보도와 함께 화폐개혁은 이미 실패했다는 성급한 평가까지 나오고 있는 실정이다.

물론 북한 내부 사정에 관한 정보와 자료가 매우 부족한 상황에서 정확한 실태를 파악하기는 매우 곤란하다. 주로 한국 NGO 및 탈북자단체의 대북 소식지,[1] 조총련 기관지 ≪조선신보≫, 일부 외신 보도 등을 통해 얻을 수

---

1) 좋은벗들의 ≪오늘의 북한소식≫, 데일리NK, 열린 북한방송, NK 지식인연대 등.

있는 정보에 근거한 실태 파악이라는 한계[2]는 분명 존재한다. 여기에서는 이를 전제로 한 상태에서 북한의 화폐개혁 실태를 정리하고, 이에 대해 간단히 평가한 후 이후의 북한 경제를 전망하기 위한 기초 자료를 제공하고자 한다.

1. 북한정부의 의도: 화폐개혁의 목적

1) 개념적 기초

화폐개혁은 화폐 액면 절하와 화폐교환의 두 가지 측면을 동시에 가지고 있다. 자본주의 사회를 비롯해, 화폐개혁의 통상적인 경우는 화폐 액면 절하의 요소가 강하다. 하지만 북한의 경우, 역사적으로 보면 화폐교환의 요소가 더 강하다. 이번의 화폐개혁도 화폐 이름 '원'은 그대로 두고 액면가만 100분의 1로 낮춘, 화폐 액면 절하의 요소도 가지고 있으나 현실적으로 더 중요한 것은 신화폐와 구화폐의 교환이다.

여기서 교환한도가 정해져 있느냐 없느냐 하는 것이 중요하기는 하지만 결정적이지는 않다. 구화폐와 신화폐의 교환과정에서 자연스럽게 개인 및 세대가 보유하고 있는 현금 규모가 백일하에 드러나기 때문이다. 그런데 북한에서는 현금수입의 확보 및 축적과정이라는 것이 필연적으로 합법적 요소와 불법적 요소가 뒤엉켜 있고, 더욱이 최근 시장에 대한 단속으로 인해 합법과 불법의 경계가 모호해진 상황임을 고려해야 한다. 그러한 규모의 현

---

2) 한국 NGO 및 탈북자단체의 대북소식지들은 최근 지나치게 경쟁적인 보도태도를 보이고 있으며, 따라서 이들이 제공하는 북한 내부 정보는 보다 신중하게 수용해야 한다는 지적들이 제기되고 있다.

금 축적과정에 대해 국가의 추궁이 개입될 수 있으며, 따라서 처벌을 받을 수 있는 가능성은 누구에게나 열려 있고 특히 보유 현금 규모가 많을수록 그 가능성은 높아진다. 따라서 신·구화폐의 교환한도가 정해져 있지 않다고 해도 주민들은 자신이 보유한 화폐를 전부 교환하지 못하는 사태가 빚어질 수 있다.

그럼에도 교환한도의 존재 여부에 따라 경제적·사회적 파급효과에 차이가 발생하는 것은 분명하다. 각종 정보를 종합해보면 교환한도가 설정되어 있는 것으로 보인다.

2) 화폐개혁의 목적

화폐개혁의 성공 여부를 전망하기 위해서는 성공과 실패의 기준을 설정해야 한다. 가장 큰 것은 북한정부의 의도, 목적이다. 즉, 북한정부가 예상했던 목적을 달성할 수 있는지 여부이다. 아울러 고려해야 할 것이 북한정부가 예상하지 못했던 부작용, 폐해이다.

화폐개혁의 목적은 크게 경제적 목적과 정치사회적 목적으로 나누어볼 수 있는데, 지금까지의 논의에서 주로 지적되어왔던 경제적 목적은 다음의 세 가지이다.

첫째, 인플레이션 억제이다. 여기서 핵심은 화폐교환 과정을 통해 주민이 보유하고 있는 화폐를 국가가 환수하는 것이다. 엄밀히 따지면 주민이 보유하고 있는 화폐를 사장(死藏), 퇴장시킴으로써 민간 보유 화폐규모를 대폭 축소시키는 것이다. 너무도 당연하지만, 교환한도가 있는 경우가 한도가 없는 경우보다 민간 보유 화폐량 축소 규모가 훨씬 클 것이다.

둘째, 재정수입 확충이다. 민간 보유 화폐규모를 대폭 축소한다는 것은 그만큼 국가부문 보유 화폐규모가 늘어날 수 있는 여지를 제공한다. 달리 보면 부(富)가 민간부문에서 정부부문으로 이전되는 효과가 있다. 직접적으로는 당분간 인플레이션에 대한 우려 없이 국가가 새 돈을 찍어낼 수 있게 되었다. 즉, 신규화폐 발행규모를 늘릴 수 있고 이는 결국 국가의 재정수입 확충을 의미한다. 아울러 은행을 통한 주민들의 보유자금 흡수 및 활용 가능성 제고 의도도 있다. 즉, 이번에 은행 저금분에 대해서는 10:1로 교환해 주겠다는 것인데 이는 개인들의 저축을 장려하기 위한 조치이다. ≪조선신보≫ 인터뷰를 통해 북한 중앙은행 관계자가 밝혔듯이 이는 결국 국가의 재정수입 확충을 의미한다.

셋째, 시장 및 시장경제활동 억제이다. 보유 화폐 규모의 축소, 사실상의 탈취 효과는 현금을 많이 보유하고 있는 계층일수록 클 것이다. 즉, 일반 주민도 충격이 있겠지만 중간상인, 대상인, 부유층의 충격이 훨씬 더 클 것이다. 이는 상행위, 시장경제활동의 재정적 기반을 대폭 축소함으로써 실질적으로 시장 및 시장경제활동을 크게 위축시키는 효과를 기대할 수 있다.

그런데 상기의 세 가지 목적 가운데 두 번째와 세 번째가 더 중요하며, 특히 세 번째가 가장 중요한 것으로 보인다. 세 번째 목적인 시장 및 시장경제활동 억제를 보다 포괄적으로 해석한다면 '계획경제의 정상화(복원) 및 시장의 억제(축소)'로 상정할 수 있다. 그리고 이는 두 번째 목적인 재정수입 확충을, 이 목적을 달성하기 위한 중간 목표 혹은 수단으로 포함할 수 있다.

우선 원론적으로 보면, 국가는 확충된 재정수입을 어디에 쓸 것인가 하는 문제를 생각할 수 있다. 국가의 외화보유고가 변하지 않은 상태에서 내화의 보유 규모 확대는 국가예산의 용도에 제약을 가할 수 있다. 즉, 해외에서 설비, 원자재를 구입하는 데 사용하기는 곤란하다. 게다가 국내산 설비, 원자재, 제품을 구입하는 데 쓰기도 간단치 않다. 결국 국내에서 노동자들에 대한 임금지급, 협동농장 농장원들에 대한 현금분배의 재원으로, 즉 주민들을 시장에서 일터인 공장·기업소, 농장으로 복귀시키는 유인책으로 활용하는 것이고, 이 가능성은 매우 높다.

아울러 ≪조선신보≫가 북한 중앙은행 관계자와의 인터뷰를 통해 알린

내용, 대북소식지의 보도 등에서도 이러한 가능성을 감지할 수 있다. 《조선신보》는 공장·기업소 임금의 100배 인상 가능성을 시사했고, 실제로 12월 월급은 100배가 인상된 것으로 파악되고 있다. 아울러 대북 소식지는 북한정부가 대중강연을 통해 주민들의 직장 복귀에 대한 자신감을 표출했다고 전하고 있다.[3]

특히 《조선신보》가 북한 중앙은행 관계자와의 인터뷰를 통해 이번 화폐개혁의 주된 목적의 하나가 계획경제 복원 및 시장 억제임을 명시적으로 밝히고 있다. "앞으로는 경제활동의 많은 몫이 시장이 아니라 계획적인 공급유통체계에 따라서 운영되게 되며, 이렇게 되면 계획경제 관리질서를 더욱 강화할 수 있는 것으로 예견하고 있다"는 것이며 "국가의 능력이 강화됨에 따라 보조적인 공간의 기능을 수행하던 시장의 역할이 점차적으로 약화될 것으로 보고 있다"[4]는 것이다.

이와 함께 《조선신보》는 북한의 사회과학원 경제연구소장의 인터뷰를 통해 이번 조치의 주된 목적의 하나가 재정 확충임을 밝힌 바 있다. "화폐교환으로 인해 사회주의 경제관리원칙을 더 잘 구현할 수 있게 되었고, 인민생활을 비약적으로 향상시킬 수 있는 재정적 토대가 마련되었다"[5]는 것이다.

한편, 화폐개혁의 정치사회적 목적으로는 우선 부정부패자 색출을 들 수 있다. 화폐수입의 확보, 부의 축적과정에 대한 추적을 통해 돈주 및 이에 기

---

3) 중앙당과 지방당 일군들은 "새해 1일부터 모든 주민들은 출근하라고 강요하지 않아도, 자동적으로 나와서 일할 것"이라고 대중강연을 하고 있다고 한다. 화폐개혁으로 인해 새로 제정된 임금을 제대로 지급하면 누구나 다 출근하게 될 것이라는 이야기이다. 좋은벗들, 《오늘의 북한 소식》, 312호(2009. 12. 8).

4) 조선중앙은행 조성현 책임부원의 발언, 《조선신보》 2009년 12월 4일자 인터뷰 기사. 통일뉴스 2009년 12월 7일자에서 재인용.

5) 김철준 사회과학원 경제연구소장의 발언, 《조선신보》 2010년 1월 23일자 인터뷰 기사. 연합뉴스 2010년 1월 24일자에서 재인용.

생하는 권력층의 부정부패를 색출하는 것이며, 아울러 이러한 계층에 대한 사실상의 경고라는 의미도 있다. 하지만 가장 큰 것은 국가의 사회적 통제력을 회복하고자 하는 의도라고 할 수 있다. 시장에 대한 실질적인 철퇴는 시장화의 부작용 감소를 의미하고, 이를 통해 체제불안 요인을 제거하는 한편 궁극적으로 후계구도 구축을 위한 내부 단속, 체제 결속 효과도 노리고 있다고 볼 수 있다.

이는 경제난의 지속 및 시장의 확산에 따른 각종 경제사회적 부작용, 나아가 기존 질서의 동요를 더 이상 방치할 수 없다는 위기의식의 발로라고 볼 수도 있다. 이러한 위기의식은 2007년부터 시장에 대해 본격적으로 단속 및 통제조치를 전개했음에도 시장을 근절시키지 못한 데 대한 반성, 따라서 이러한 물리적 통제조치만으로는 한계가 있다는 인식과 결합되면서 확대, 심화되었을 것으로 보인다.

사실 그동안 장기간에 걸친 경제난 및 시장화의 진전으로 인해 주민들 사이에는 외양적으로는 순종하는 척하면서 실제로는 반항하는 '일상생활형의 반항', '민생형 일탈'이 늘어났다. 관료 사회에서는 상부로부터의 지시가 제대로 이행되지 않으며, 형식주의가 증대하고, 부정부패가 심화되었다. 아울러 공식 정책 및 이념과 사회 현실 사이의 괴리는 더욱 확대되었다. 집단주의 원칙보다 개인주의적 인식이 우세하게 되었고, 공식 이데올로기의 사회적 구속력은 약화되면서 사회적으로는 화폐물신주의가 팽배하게 되었다.

2. 화폐개혁 성공 시나리오

화폐개혁의 성공에 대한 기준은 크게 보아 두 가지이다. 첫째, 북한정부가 의도한 목적을 달성하는 것인데 경제적으로 보면 계획경제 정상화 및 시장 억제, 국가 재정수입 확충, 인플레이션 억제이다. 둘째, 북한정부가 예상하지 못했던 각종 부작용, 폐해가 나타나지 않는 것이다.

성공 시나리오에서 핵심적인 것이 공급(능력)의 확충인데 이는 기본적으로 금융경제의 영역이 아니라 실물경제의 영역에 속한다. 이는 국내의 공급능력 확충과 해외의 공급능력 확충으로 구분할 수 있다. 국내의 경우, 전력부족 해소, 원자재 부족 해소, 농장·공장·기업소의 생산능력 확충, 즉 가동률 제고가 주된 요소이고, 해외의 경우 대외교역 확대, 각종 해외 지원 확대 등을 통한 외화수입 및 국내 유입물자 확대가 주된 요소이다.

국내의 공급능력 확충은 우선 최근의 150일 전투, 100일 전투의 성과 등에 의해 확보할 수 있다고 북한정부는 생각할 것이다. 조선중앙은행 관계자는 《조선신보》와의 인터뷰를 통해 "비정상적인 통화팽창 현상을 근절할 수 있는 물질적 토대가 지난 150일 전투, 100일 전투를 통해 마련되었다"라고 밝힌 바 있다. 국내의 공급능력 확충은 또한 이번 화폐개혁으로 인한 재정수입의 확충, 근로자들의 직장 복귀 등에 의해서도 달성할 수 있다. 확충된 재정수입을 농민·노동자 등 시장경제활동에 의존하지 않고 기존 계획경제 체제에 순응하는 계층에 대한 인센티브로 활용하여 협동농장의 수확 증대, 공장·기업소의 생산 증대를 도모하는 것이다.

해외의 공급능력 확충은 6자회담 복귀, 북미관계 개선, 북중관계 개선, 남북관계 개선 등을 통해 확보할 수 있다. 즉, 중국, 남한, 미국, 나아가 국제사회로부터의 지원을 확대하고 북중 및 남북 경협을 확대하는 것이다. 게다가 외국인 투자 유치활동을 보다 적극적으로 전개하면 된다.

공급능력 확충도 중요하지만 국가가 국내의 유통망을 장악하는 것도 필수적이다. 즉, 현재 종합시장 등을 중심으로 형성되어 있는 사적 유통망을 공식적인 제도 내로 끌어들이는 것이다. 여기서는 국영상점뿐 아니라 수매상점도 중요한 역할을 수행할 수 있다. 이 경우 국내의 물자를 국가가 장악하면 인플레이션도 완화할 수 있고, 재정수입도 늘릴 수 있고, 동시에 시장도 억제할 수 있다.

이렇게 해서 국내외적으로 공급능력을 확대하고 국가가 국내의 유통망을 장악하면 계획경제 정상화 및 시장 억제, 국가 재정수입 확충, 인플레이션 억제라는 목표 달성이 불가능한 것은 아니다.

아울러 국가가 주민들의 외화 사용을 엄격히 금지하고 각종 통제를 강화하면 화폐개혁의 부작용, 폐해를 막을 수 있다. 물론 국가가 사회에 대한 통제력을 보유함을 전제로 한다. 북한정부가 화폐개혁을 실시하기 전에 그려 보았던 성공 시나리오는 대략 이러한 모습이었을 것으로 추측된다.

3. 화폐개혁 실패 시나리오

1) 고려사항

성공 시나리오에서 핵심적인 것이 공급(능력)의 확충인데 이는 기본적으로 금융경제의 영역이 아니라 실물경제의 영역이다. 해외의 공급능력 확충은 대외관계 개선을 통해 어느 정도 가능할 수도 있다. 하지만 이는 다소 시일이 필요하며 정치적 결단이 필요하다는 측면도 있다. 또한 현재의 여건하에서는 해외의 공급능력 확충이 어느 정도 이루어지더라도 경제 전반의 공급 능력을 확충하는 데 한계가 존재한다.

국내의 공급능력 확충은 결코 간단한 문제가 아니다. 현재 북한경제는 식량, 전력, 원자재, 외화 등이 절대적인 부족한 상태이다. 국내의 제조업 기반은 붕괴되고 자원은 사실상 고갈된 상태이다.

150일 전투, 100일 전투, 근로자들의 직장 복귀 등이 국내 공급능력 확충에 기여하는 바는 매우 미미한 수준일 수밖에 없다. 특히 전력, 원자재가 절대적으로 부족한 상태에서 이러한 노력의 성과는 매우 제한적이다. 물리적인 제약을 과거회귀적인 대중 동원 등의 방식으로 극복하는 것은 명백한 한계가 있다. 근로자가 직장에 복귀한다 해도 일거리가 없다면 큰 의미가 없다.

은행을 통한 주민들의 자금 동원도 명백한 한계가 있다. 인플레이션의 지속, 향후의 화폐개혁 추가 실시 가능성에 대한 우려, 화폐자금 축적과정에 대한 추적 우려, 은행 예금의 자유로운 인출 가능성 희박 등으로 주민들은 여전히 은행 저축에 소극적 태도를 취할 가능성이 농후하다.

직장 복귀 근로자들에 대한 임금지급도 일회성에 그칠 가능성이 크다. 7·1 조치 이후의 상황을 상기할 필요가 있다. 당시 국가는 주민들의 직장 복귀를 위해 임금을 정상 지급했으나 이는 불과 몇 달 만에 과거, 즉 임금이 정상 지급되지 않는 과거로 회귀했다. 공장·기업소가 일거리가 없는 데다 국가가 돈이 없었기 때문이다.

한편, 베트남의 경험은 현재의 북한에게 큰 의미가 없다. 즉, 베트남은 화폐개혁이 실패로 돌아가자 가격자유화를 단행했는데 북한은 가격자유화를 단행할 여건이 성숙하지 않았을 뿐 아니라 가격자유화를 단행한다고 해도 효과가 의문시된다. 다른 여건이 불변인 상황에서 가격자유화만 한다고 해서 공급부문이 반응할 가능성, 즉 생산 및 생산능력이 확충될 가능성이 크지 않다. 전력, 원자재 등이 절대적으로 부족하고 공장의 기계설비가 고철 덩어리가 된 상태이기 때문이다.

결국 공급부족 문제가 근원적으로 해결되지 않는 한, 시장에 대한 억제는 한계가 있다. 앞에서 보았듯이 국가가 2007년 이후 시장에 대해 대대적이고 지속적으로 단속을 전개했음에도 시장을 억제하지 못했던 가장 큰 이유는 여기에 있다. 만성화된 인플레이션과 재정난에서 탈피하지 못한 것도 같은 맥락이다.

국가가 유통망을 장악하는 데도 한계가 있다. 7·1 조치 이후 국가는 유사한 시도를 한 바 있다. 즉, (위탁)수매상점이라는 제도를 통해 시장 내 유통물자를 공식 제도로 흡수하고자 했으나 이는 부분적인 성과밖에 거두지 못했다. 기관·기업소가 운영하는 수매상점의 수가 다소 늘어나고 수매상점이 시장의 유통기능 일부를 맡게 되면서 재정수입 증대에는 다소 기여했으나, 수매상점은 종합시장과 별 차이가 없었고, 특히 물가안정에는 전혀 기여하지 못했다. 아울러 종합시장 상인들은 국가의 종용에도 수매상점 입점에 응하지 않아 큰 성과를 거두지 못했다. 결국 공장 가동률의 극단적인 하락으로 국가 스스로 제공할 수 있는 물자가 제한적인 데다 강제적으로 시장 물자를 국가 유통망에 집어넣는다고 해도 물자는 다시 시장으로 빠져나갈 공산이 크다.

또 하나 고려해야 할 것이 현재 북한에 만연해 있는 달러화(dollarization), 위안화(yuanization) 현상이다. 1장에서 보았듯이 북한원화에 대한 기피 및 외화에 대한 선호 현상은 갈수록 뚜렷해지고 있다. 즉, 이번의 화폐개혁이 단행되는 시점에서 이미 대부분의 부유층(돈주), 대상인, 중간상인들은 북한원화보다는 달러화, 위안화 등 외화를 훨씬 더 많이 보유하고 있을 것으로 보인다. 나아가 소상인, 일반 주민들도 북한원화보다는 적을 것이나 어느 정도 외화를 보유하고 있을 가능성이 크다. 자신들의 자산 포트폴리오에서 북한원화에 대한 비중이 적고, 외화의 비중이 높은 계층, 이러한 계층은 이번의 화폐개혁 조치로 인한 피해가 적을 수 있다.

따라서 달러화 현상, 달리 보면 대체화폐의 존재는 국내 화폐를 대상으로 한 이번 화폐개혁 조치의 성과를 제약하는 중요한 걸림돌로 작용할 가능성이 크다. 요컨대 국가는 자신이 당초 목표치로 설정했던 양만큼의 국내 화폐를 환수하지 못할 것으로 보인다.

또한 북한에서는 신흥부유층이든 기득권층이든 권력과 직간접적으로 결탁되어 있는 경우가 대부분이다. 따라서 이들은 이번의 조치에 대해 권력의 힘을 빌려 초법적 대응을 할 수 있다. 즉, 북한원화라 하더라도 교환한도를 넘어서서 신화폐를 확보할 수 있다.

아울러 부유층이든 일반 주민이든 비록 북한원화를 많이 가지고 있다고 해도 피해규모를 줄일 수 있는 방법이 없는 게 아니다. 즉, 교환한도를 넘어서는 규모의 북한원을 달러화, 위안화 등 외화로 바꾸기만 하면 된다. 북한 정부가 이번 화폐개혁을 단행하면서 왜 외화 사용 금지조치를 취했는지 이해할 필요가 있다.

그런데 상점, 식당 등지에서 외화 사용을 금한다고 해서, 나아가 외화 사용을 전면 금지한다고 해서 북한에서 외화가 퇴장하리라고 보는 것은 지나치게 순진한 발상이다. 정부가 공식적으로 외화 사용을 금지하면 주민들은 비공식적인 영역으로 넘어가면 된다. 그리고 북한주민들을 이러한 상황에 매우 익숙해져 있는 상태이다. 물품이든, 외화든 암거래라는 것은 북한 주민들에게 전혀 새로운 것이 아니다.

한편, 이번의 화폐개혁 조치는 개인, 즉 일반 주민들을 대상으로 한 것이다. 즉, 소비자, 노동력 공급자, 상인(유통담당자) 등을 대상으로 한 것이다. 이번 조치가 국민경제 내에서 또 다른 중요한 주체인 법인(기업)도 대상으로 한 것인지 여부는 알려지지 않았다.[6] 이들이 보유하고 있는 북한원 현금에 대해서도 동일한 조치가 취해졌는지 여부가 알려지지 않고 있다. 경제 내에서 주요한 공급자로 활동하는 공장·기업소, 특히 오늘날의 북한경제에서 핵심적 역할을 수행하는 무역회사 및 외화벌이 사업소는 이번 조치로 어떤 영향을 받는지가 명확하지 않다.

다만 외화 사용 금지조치와 관련하여, 외화를 보유하고 있는 기관·기업소들은 외화를 은행에 입금시킬 것을 지시하고 있다. 하지만 앞에서 보았듯이, 이 지시를 제대로 이행할 기관·기업소가 얼마나 될지 의문이다. 어찌

---

6) 지난해 11월 말 일반 주민들을 대상으로 화폐교환을 실시하기 직전에 기업소에 대해 먼저 실시한다는 것, 또 기존 기업소 간 채권채무관계는 모두 '0'으로 할 방침이라는 것 정도가 사실상 유일한 보도내용이며, 이 또한 아직까지 확인되지 않고 있다. NK in&out 24호(2009. 12. 23), 데일리 NK, 2009. 12. 11 참조.

되었던 공장·기업소, 특히 무역회사가 북한원뿐만 아니라 외화를 많이 보유하고 있을 가능성이 큰데, 이는 이번 조치의 성패를 좌우하는 또 하나의 중요한 변수로 작용할 것이다.

2) 실패 시나리오

실패 시나리오의 핵심요소는 화폐개혁에 대한 북한정부의 목적은 달성되지 못하고 예상치 못했던 부작용이 속출하는 것이다. 우선 인플레이션 억제든, 재정수입 확충이든, 시장 억제든 북한정부의 목적 달성이 일시적인 것에 그치는 상황이다.

먼저 인플레이션의 경우, 민간 보유 화폐량의 축소, 주민들의 구매력 감축은 어느 정도 가능하고, 이는 일시적이나마 인플레이션 억제 요인으로 작용할 수 있다. 하지만 이는 외화라는 대체 자산의 존재로·인해 효과가 제한적이다. 즉, 민간 보유 화폐의 사장, 퇴장, 나아가 민간 보유 화폐량의 축소, 주민들의 구매력 감축 규모는 당국의 기대만큼 크지 않을 수 있다. 게다가 공급능력의 부족이라는 본질적인 요인이 해소되지 않는 한 인플레이션은 근절하기 어렵다.

주목해야 할 것은 북한의 화폐개혁이 북한원화의 기피 및 외화 선호 현상, 달러화 현상을 더욱 심화시킬 가능성이 농후하다는 점이다. 외화에 대한 수요가 급증하는 데다 외화 거래가 불법화된 데 따른 리스크 프리미엄(risk premium)의 존재로 인해 외화 환율이 크게 상승할 가능성이 크다.

북한과 같이 대외의존도가 높은 국가에서는 환율 상승은 국내 물가에 즉각 반영된다. 즉, 환율 상승에 따라 수입품의 국내 판매 가격이 곧바로 상승한다. 더욱이 시장은 단속·통제되고 있으며, 물가 상승 기대심리가 작용하고 있고, 노동자·농민의 구매력은 일시적이나마 높아졌고, 게다가 투기 세력까지 가세하면 물가는 폭등할 가능성이 크다.

재정확충의 경우도 인플레이션의 사례와 유사하다. 일시적으로는 효과가 있을 수 있으나 이 또한 제한적이고 더욱이 시간이 지나면 그조차 소멸할 것이다. 이번의 조치로 일회성의 재정수입 확충은 가능하지만 이는 지속성을 담보하지 못한다. 즉, 재정수입의 확충이 지속되기 위해서는 국내의 생산, 소비가 활성화되어야 하고 이는 생산능력의 확충(정상화)를 전제로 한다.

　　시장 억제의 경우도 마찬가지이다. 공급능력 확충이 제한적인 선에서 그치는 등 계획경제의 물적 토대가 여전히 취약한 상태에서 계획경제의 정상화는 요원할 수밖에 없다. 시장은 표면적으로는 다소 위축, 억제되는 것 같이 보이지만 오히려 암시장을 더욱 확대시킬 가능성이 농후하다. 식량 배급을 비롯, 공급제가 유명무실한 상황에서 주민들의 생존을 위한 시장경제활동은 결코 근절될 수 없다.

　　한편, 화폐개혁의 부작용은 앞에서 보았듯이 환율 및 물가 폭등이 대표적이라고 할 수 있다.

　　아울러 부익부 빈익빈 현상은 더욱 심각해질 가능성이 있다. 북한원화 신화폐 확보, 외화로의 대체, 암시장의 팽창 등의 과정에서 각종 부정부패가 기승을 부릴 가능성이 크다. 반면 일반 주민, 특히 빈곤층의 생활은 더욱 열악해질 것으로 보인다. 현재의 조건하에서 시장에 대한 통제는 통제를 넘어설 수 있는, 권력을 보유한 사람들과 직간접적으로 연계된 계층을 더욱 살찌우는 형태로의 부익부 빈익빈 현상을 심화시킬 것이다.

　　결국 이는 체제의 불안정성을 가속화시키는 요인으로 작용할 것으로 보인다. 즉, 빈부격차 확대, 간부들의 부패 심화, 빈민층의 확대 및 사회 범죄 증가 등으로 주민들의 원성이 더욱 높아지면서 당국과 주민들의 갈등이 증폭될 가능성이 크다. 이러한 실패 시나리오는 북한정부가 화폐개혁에 착수할 당시 그렸던 모습과는 전혀 다른 것이다.

4. 화폐개혁의 실시 및 이후의 경과

화폐개혁 실시 이후 3개월의 기간은 크게 보아 두 개의 시기로 구분할 수 있다. 2009년 12월, 2010년 1월 등 시행 초기의 2개월간은 화폐개혁이 외화 사용 및 시장에 대한 단속, 통제 강화와 병행해서 추진되었던 기간이고, 2010년 2월은 일종의 조정기로서 외화 사용 및 시장에 대한 단속, 통제가 사실상 철폐된 기간이다.

1) 시행 초기

앞에서 보았듯이 북한의 화폐개혁은 구권과 신권을 100:1로 교환하고, 은행 저금분은 10:1로 교환하는 것으로 시작되었다. 그리고 여기에는 구권과 신권의 교환한도가 설정되어 있었으며, 시간이 지남에 따라 한도가 다소 상향조정된 것으로 전해지고 있다. 다만 한도의 액수와 조건은 정확하게 파악되지 않고 있다.[7]

아울러 화폐교환 이후 무상 배려금을 1인당 500원(신권 기준)씩 지급한 것으로 전해지고 있다. 자신들이 가지고 있던 현금자산이 휴짓조각으로 변해버리는 데 대한 주민들의 불만과 반발을 무마하기 위해서 취해진 조치인 것으로 알려졌다.

화폐개혁 이후의 새로운 국정가격체계와 환율에 대해서는 아직까지 정확하게 파악되지 않고 있다. 대북 소식지와 외신들은 새로운 국정가격체계와

---

7) 일부에서는 교환한도가 처음에는 1인당 10만 원(구권 기준)이었던 것이, 15만 원으로, 이어 30만 원으로, 다시 50만 원으로 계속해서 인상되었다고 전하고 있다. 그런가 하면 교환한도는 가구당 10만 원이며, 가족 수에 따라 1인당 5만 원씩 추가로 교환할 수 있게 상향조정되었다는 전언도 있다.

환율에 대해 단편적인 보도를 하고 있으나 아직 확인은 되지 않고 있다.

가격의 경우, 2009년 12월 9일에 새로운 시장판매 한도가격이 발표되어, 쌀 1kg이 23원(이하 모든 가격은 신권 기준)으로 정해졌다는 소식이 있다.[8] 거기에다 12월 말에 쌀의 국정가격은 배급대상자의 경우 kg당 44전, 배급대상자가 아닌 주민들이 배급소에서 식량을 구입할 경우 kg당 44원으로 결정되었다는 소식도 전해지고 있다. 아울러 2010년 2월 4일에 국가는 새로운 시장판매 한도가격을 고시했는데 여기에서 쌀값은 kg당 240원으로 정해졌다고 한다. 이는 2009년 12월의 시장판매 한도가격에 비해 10배 가까이 인상된 것이다. 한편, 화폐개혁 직전 시장에서의 쌀값은 kg당 20원 선이었다.

환율의 경우, 일부 대북소식지들은 2010년 1월 1일부터 미화 1달러당 30원으로 정해졌다고 보도한 반면 일부 외신 및 대북소식지들은 같은 시기 달러당 96.9원(은행 매입가 기준)으로 고시되었다고 보도하고 있다[9]. 화폐개혁 직전의 시장 환율은 달러당 35~40원이었다.

그런데 환율을 포함해 새로운 국정가격체계는 아직까지 결정되지 않았을 가능성이 있다. 아니면 당초 준비해두었던 새로운 국정가격체계를 공표하

---

8) 일부 대북소식지는 12월 9일에 국정가격이 발표되었다고 보도하고 있으나, 이는 엄밀히 따지면 국가가 정한 시장(판매) 한도 가격일 가능성이 높다. 북한은 2003년 종합시장 개설 이후 국정가격과는 별도로, 종합시장에서의 상품판매 한도가격을 정부가 지정, 고시하고 있다. 국정가격과 시장가격(종합시장 판매 한도 가격)의 이중가격 체계를 공식화한 셈이다. 물론 종합시장에서, 정부가 정한 시장판매 한도가격이 지켜진다는 보장은 없다. 시장판매 한도가격에 대해 보다 자세한 것은 이 책의 5장을 참조.

9) 대북소식지 및 외신들이 전한 이 환율이 공식환율인지, 시장거래환율인지 명확하지 않다. 북한정부는 2003년부터 종합시장 등지에 국가가 직접 외화환전소를 설치, 운영하면서 시장환율에 근접한 수준으로 외화를 환전해주고 있다. 즉, 공식화하지는 않았지만 사실상의 이중환율체제, 즉 공식환율과 시장환율의 이중환율체제를 도입한 셈이다.

지 못했을 가능성도 생각할 수 있다. 혹은 전반적인 국정가격체계를 발표하지 못하고, 임시로 주요 품목에 대한 가격 및 환율, 특히 시장판매 한도가격만 발표했을 가능성도 배제할 수 없다. 그 이유는 무엇일까.

당초 북한정부는 결국 새로운 가격 및 환율을 단순한 리도미네이션 효과만 반영하는 것이 아니라 그동안 시장에서의 인플레이션이 진행되면서 국정가격과 시장가격의 격차가 크게 확대되었던 현실을 수용하는 방향으로 재조정하려는 구상을 가지고 있었을 가능성이 크다. 지난 2002년 7·1 경제관리개선조치 때와 마찬가지로 새로운 국정가격과 환율을 시장가격과 환율에 근접한 수준까지 인상하는 것이다. 즉, 국정가격과 시장가격의 격차를 해소함으로써 공식부문 자원의 시장부문으로의 유출을 막고, 시장부문 자원의 공식부문으로의 환류를 유도하는 한편, 화폐개혁을 통해 민간 보유 화폐량을 축소하는 등의 방법을 통해 시장의 물가를 새로운 국정가계체계 수준에서 억제하려는 의도를 가지고 있었던 것으로 추측된다. 하지만 화폐개혁 실시 이후 북한정부의 예상과는 달리 시장에서 물가가 폭등했고, 특히 물가가 하루가 다르게 상승하면서 물가상승의 끝이 보이지 않음에 따라 당초 계획에 차질이 빚어졌을 가능성이 크다.

임금의 경우 사실상 100배 인상된 것으로 보인다. 노동자들이 12월분 임금을 받아보니 일반 노동자는 1,500원, 기능직 노동자는 2,000~2,500원 수준이었다. 농민들에 대한 현금 분배도 대폭 인상되었는데 대체로 보면 1인당 1만 원이 넘는 것으로 전해지고 있다.[10)]

농민, 노동자, 특히 농민들로서는 갑자기 현금수입이 크게 늘어난 셈이다. 그러나 구매력이 크게 증가한 이들이 물건 사기에 열을 올리는 바람에 이 또한 시장에서 물가를 끌어올리는 힘으로 작용했다.

아울러 화폐개혁 직후 조선중앙은행은 식당, 상점에서의 외화 사용을 금

---

10) 좋은벗들, ≪오늘의 북한소식≫ 319호(2009. 12. 29).

하는 등 외국 돈 유통을 금지시켰다. 이어 2010년 1월 1일부터 북한 주민에 대해 외화 사용을 전면 금지하는 조치가 취해졌다. 인민보안성(한국의 경찰 청에 해당) 명의의 포고문을 통해 개인이 상거래를 통해 외화를 획득하거나 사용하는 것을 불법화하고, 현재 개인이 보유하고 있는 외화도 국가가 몰수 한다고 밝혔다. 아울러 무역기관이 수출을 통해 확보한 외화도 24시간 이내 에 은행에 입금해야 하며, 이를 어기면 몰수한다고 밝혔다.

북한 내각에서는 각 성, 기관들과 도·시·군당에 대해 1월 14일부터 종 합시장을 종전의 농민시장으로 환원한다고 발표했다. 즉, 매일 열리고 농토 산물뿐 아니라 식량, 공산품도 판매를 허용했던 종합시장 제도(2003년 3월 도입)를 폐지하고 10일에 한 번씩만 열리고 식량을 제외한 농토산물만 판매 할 수 있는 과거의 농민시장 제도로 복귀한다는 것이다. 지난 2009년 1월에 실시하고자 했으나 주민들의 반발로 연기되었던 것을 1년 만에 재추진한다 는 것이다. 종합시장 운영 금지조치에 이어 무역회사 해산조치가 또다시 취 해졌다. 이른바 돈주들을 비롯해 국내 상인과 결탁해 종합시장 등지에 물품 을 공급해왔으며 이 과정에서 부정부패, 탈법행위가 성행했던 무역회사와 상인들의 연결고리를 끊겠다는 취지이다. 그렇게 해야만 시장의 기반을 실 질적으로 약화시킬 수 있다고 보았기 때문이다. 규모가 작은 회사는 없어지 거나 더 큰 단위에 합병되는 등 구조조정이 진행되고 있다. 정부는 무역성 에서 직접 관할하는 외화벌이 회사에 대해서만 대외무역을 허용한다는 방 침을 내렸다.

한편, 화폐개혁 이후 물가와 환율은 폭등하고 있다. 화폐개혁 직전 kg당 20원 정도였던 쌀값이 화폐개혁 이후 지속적으로 상승해, 2010년 1월 말에 는 일부 지역에서 400~600원까지 뛴 것으로 알려졌다. 환율의 경우, 화폐개 혁 직전의 시장 환율은 달러당 35~40원이었는데 2010년 1월 하순 시장의 환율은 1달러당 400~500원까지 치솟았다. 결국 화폐개혁 이후 두 달 만에 쌀값은 20~30배까지, 환율은 10~15배까지 상승한 셈이다.

2) 조정기

물가 폭등, 상품 공급 위축 등 화폐개혁의 부작용이 걷잡을 수 없는 상태에 이르자[11] 북한정부는 2월 초부터 시장에 대한 단속의 고삐를 늦추고, 시장에서의 식량과 공산품 판매를 허용하기에 이르렀다. 특히 무역회사들에 대해서는 식량 수입에 최우선 순위를 두라는 지시를 내린 것으로 전해지고 있다. 또한 외화 사용 금지조치도 유야무야되면서 정부가 외화 사용을 묵인하고 있는 것으로 알려지고 있다.

이에 따라 북한이 시장 억제 및 계획경제 복원을 기치로 내걸고 2009년 말부터 강력하게 추진해온 화폐개혁, 외화 사용 금지, 시장 폐쇄 등 3대 경제정책이 시행 두 달 만에 성패의 기로에 섰다는 해석도 제기되고 있다(연합뉴스, 2010. 2. 4). 계획경제 복원을 노린 화폐개혁이 시장의 힘에 밀려 출범 두 달 만에 좌초할 위기에 처했다는 성급한 해석도 나오고 있다(≪동아일보≫, 2010. 2. 4). 대북소식지들은 화폐개혁의 실패에 대한 북한 지도부의 인정, 주민들에 대한 사과 및 민심 잡기 노력 등을 전하고 있다. 북한의 내각 총리가 2010년 2월 초 화폐개혁의 부작용으로 인해 주민들의 생활에 혼란과 부담을 주었다며 '사과'를 했다는 미확인 보도,[12] 김정일 위원장이 화폐개혁의 실패를 인정하고 민심 잡기에 나섰다는 또 다른 미확인 보도(열린북한방송, 2010. 2. 8) 등이 그것이다.

다만 화폐개혁 직후 2개월간의 물가 폭등은 상품 거래가 크게 줄어든 상

---

11) 식량값 폭등으로 주민의 생활이 어려워지자 일부 지역에서는 주민들이 정부에 대해 항의하는 사태도 발생했다. 예컨대 2010년 1월 함경남도 단천에서는 전쟁 노병을 위시한 일부 주민들이 시당 앞에서 항의하는 소동이 빚어졌다. 이에 중앙당에서는 단천시 농장에서 비축용으로 저장해둔 식량 일부를 배급용으로 풀라는 지시가 내려왔다고 한다. 좋은벗들, ≪오늘의 북한소식≫ 제329호(2010. 2. 2).
12) 좋은벗들, ≪오늘의 북한소식≫ 제330호(2010. 2. 9), ≪조선일보≫, 2010. 2. 10.

황 내지는 상품 거래가 거의 없는 상태에서의 물가 폭등이라는 점에 유의해야 한다. 즉, 물건을 사려는 사람은 많지만 물건을 팔려는 사람은 별로 없는 상태에서 물건을 팔려는 사람이 부르는 값이 곧 가격으로 되는 양상이라는 것이다. 시장에서 앞으로 가격이 더 오를 것이라는 기대심리가 팽배해 있는 상태에서, 게다가 새 화폐보다는 상품을 보유하고 있는 것이 유리하다는 인식이 널리 퍼져 있는 상태에서 시장 상인들은 상품을 시장에 내놓지 않고, 주민들은 물건을 사재기하는 사태가 빚어지고 있다.

그렇기 때문에 앞으로 가격이 더 오르기 힘들 것이라는 인식이 퍼지는 어느 순간 가격의 거품은 빠질 가능성을 배제할 수 없다. 실제로 2월 초부터 시장에 대한 정부의 단속이 완화되고, 시장에서 식량과 공산품 판매가 허용되면서부터 시장가격은 다소 진정되는 기미를 보이고 있다.[13]

하지만 상황이 일단락되었다고 보기는 어렵다. 환율 및 물가의 움직임은 이제 새로운 국면으로 접어들었다고 보아야 한다. 화폐개혁과 패키지로 추진되었던, 외화 사용 및 시장에 대한 단속·통제라는 변수는 일시적이든 상당 기간이든 소멸된 상태이다. 즉, 지금까지 물가 및 환율 폭등을 유발했던 여러 요인 가운데 중요한 요인 하나가 사라지고, 통상적인 화폐개혁 요인과 관련된 요인들만 남게 된 것이다.

물론 불안한 조짐은 여전히 남아 있다. 외신과 대북소식지들은 물가와 환율이 잠시 진정되는 듯했지만 다시 상승하고 있다고 전하고 있다. 일부에서는 외화 사용 및 시장에 대한 단속·통제를 완화하기 직전인 1월 중하순의 물가 및 환율 수준을 넘어서고 있다는 소식도 들려오고 있다. 그 이유는 아

---

13) 양강도 혜산에서는 북한정부가 1월말부터 시장 통제를 풀자 그간 천정부지로 치솟던 쌀값이 크게 진정되었다. 시장 통제를 풀자 그동안 쌀을 쌓아두었던 사람들이 시장에 쌀을 내놓으면서, kg당 600원까지 치솟았던 쌀값이 일주일 만에 절반 수준인 kg당 300원대로 떨어졌다고 한다(열린북한방송, 2010. 2. 5).

직까지 명확하지는 않다. 다만 일부 외신과 대북소식지는 제2차 화폐개혁 실시의 소문이 돌면서 권력층과 부유층이 달러를 경쟁적으로 사들이고 있다고 설명하고 있다. 아울러 2월 중순부터의 국경통제 강화, 휴대폰 사용 통제조치로 북중 간의 공식, 비공식 무역이 타격을 받고 있다는 점을 지적하고 있다.[14)]

물론 논리적으로 보면 물가 및 환율 재상승의 소지는 분명히 있다. 앞에서 보았듯이 북한의 화폐개혁은 북한원화의 기피 및 외화 선호 현상, 즉 달러화 현상을 더욱 심화시킬 가능성, 따라서 외화 환율을 상승시킬 가능성이 농후하다. 게다가 환율 상승에 따라 수입품의 국내 판매 가격이 곧바로 상승하는 것은 북한에서는 매우 자연스러운 현상이다. 제2차 화폐개혁이 실시될지 여부는 명확하지 않지만, 권력층과 부유층이 달러를 경쟁적으로 사들일 소지는 존재한다. 다만 구체적인 정보가 없는 현재로서는 어떤 상황인지 판단하기가 어렵다. 아울러 물가 및 환율 상승의 수준, 지속기간 등에 대해서도 예측하기가 쉽지 않다.

5. 요약 및 결론

화폐개혁 이후 석 달간의 경과를 보면 무엇보다도 북한정부의 허둥대는 모습이 눈에 들어온다. 자신들의 예상과는 달리 신화폐체제가 자리를 잡지 못하고 후폭풍을 몰고 오는 데 대한 우려와 당혹감을 읽을 수 있다. 주민들의 반발에 밀려 신권과 구권의 교환한도를 인상하고, 예정에 없던 무상 배려금을 지급한 점, 새로운 국정가격체계와 환율을 신속하게 발표하지 못한 점, 무엇보다도 물가와 환율이 폭등하고 식량을 비롯한 상품거래가 크게 위

---

14) 자유아시아방송(RFA), 2010. 2. 26; 열린북한방송, 2010. 2. 25.

축되며, 이에 따라 종합시장 폐쇄를 단행한 지 불과 보름 만에 통제를 철폐한 점 등은 화폐개혁 이후의 경제 전반에 대한 북한정부의 관리능력에 의문을 제기하기에 충분하다.

하지만 지금 단계에서 북한 화폐개혁을 실패라고 단정하는 것은 적절치 못하다. 물론 앞에서 보았듯이 부작용이 눈에 많이 띄는 것은 부인하기 어렵다. 하지만 성과가 전혀 없는 것은 아니다. 예컨대 정부는 확충된 재정수입을 활용해 노동자, 농민에 대해 임금 및 현금분배액을 대폭 인상했다. 시장경제활동을 통해 돈을 많이 모은 계층으로부터 화폐를 환수해 노동자, 농민 등 기존 계획경제체제에 순응적인 계층에게 나누어준 셈이다. 따라서 이들 계층은 갑자기 현금수입이 크게 늘어났고, 따라서 지금까지 구입할 수 없었던 각종 생활용품을 구매할 수 있는 기회가 주어졌다.[15] 비록 일시적이기는 하지만, 체제에 순응하는 사람은 언젠가 보상받을 수 있다는 인식을 심어준 것은 북한정부의 입장에서 적지 않은 성과임에 틀림없다. 물론 대폭 인상된 급여와 현금분배 지급을 언제까지 지속한다는 보장도 없고, 게다가 경제 전반의 물가와 환율이 폭등하면서 농민, 노동자들의 현금수입 증대의 의미가 축소되었기 때문에 이러한 성과가 제한적임은 부정하기 어렵다.

앞에서 보았듯이 논리적으로 따지면 현재의 여건하에서 화폐개혁은 성공 가능성보다 실패 가능성이 더 크다. 경제학자의 눈에는 북한 화폐개혁이 불안하기 짝이 없다. 안정적인 권력승계라는 정치적 대사(大事) 때문인지 모르겠으나, 경제적 논리가 정치적 논리에 압도당하고 있다는 인상을 씻을 수가

---

15) ≪조선신보≫는 북한 최대 규모의 평양 제1백화점의 사례를 소개하고 있다. 새해 첫 날인 1일, 이 백화점은 발 들여놓을 자리가 없을 만큼 손님들이 많았는데, 특히 농민이나 탄광 노동자들이 새 화폐로 고가의 상품을 구입하는 사례가 많았다고 보도했다. 예컨대 평양 형제산구역의 농장에서 일하는 리금옥(47)씨는 이번에 새 화폐로 5만 원을 분배받았다며, 그의 농장에서는 농장원들이 모두 컬러 TV를 사겠다고 말하고 있다고 전했다. ≪조선신보≫, 2010. 1. 3.

없다.

다만 수준, 정도의 문제는 남는다. 주민들이 달러, 위안화 등 외화를 얼마나 보유하고 있는지, 즉 북한에서 달러화가 얼마나 진전되었는지, 북한의 시장에서 물가가 결정될 때 환율 요인, 투기적 요인, 기대심리 요인 등이 얼마나 작용하는지, 북한에서 부정부패가 어느 정도로 심각한지 등에 대한, 즉 양적인 면에 대한 정확한 정보가 없는 상황에서 실패의 수준, 정도에 대한 판단은 매우 어렵다. 결국 성공 및 실패라는 두 개의 극단적 시나리오 사이의 어디인가에 현실세계는 존재할 것이다. 다양한 스펙트럼이 존재할 수 있다. 일부 언론을 중심으로 북한 내부의 대혼란, 심지어는 폭동, 더욱이 북한 급변사태 가능성까지 거론하는 것은 지나친 감이 있다.

게다가 북한정부의 향후 대응방향에 따라서는 상황에 다소 변화가 발생할 소지가 있다. 무엇보다도 화폐개혁 이후 새로운 환율 및 국정가격체계가 확정, 공표 혹은 조정, 공표될 가능성이 있다. 이는 경제전반의 자원배분 체계의 재편을 의미한다는 점에서 주목할 만한 가치가 있다.

아울러 2010년 2월 초에 그러했던 것처럼, 외화 사용 금지 및 시장의 폐쇄와 같은 극단적이고 초강경한 정책적 조치를 철회한 상황이 오래 지속된다면 물가와 환율의 불안은 다소 진정시킬 수 있다. 물론 이번의 시장통제 완화조치가 얼마나 지속될지 여부는 아직 불투명하다. 시장의 물가 추이, 주민들의 반응 등을 보아가며 북한정부가 다시 통제의 고삐를 바짝 죄는 방향으로 돌아설 가능성은 상존하고 있기 때문에 물가 및 환율의 향배는 여전히 미지수이다.

더욱이 북한정부가 북미관계, 남북관계를 비롯해 대외관계 개선에 보다 적극적으로 나서고 이에 따라 외부로부터의 지원이 다소 늘어난다면 파국은 피할 수 있다. 물론 외부로부터의 자원 유입은 다소 시일이 필요하며 정치적 결단이 필요하다는 측면도 있다.

화폐개혁의 성패를 좌우하는 최대 변수가 공급부족의 해결임을, 특히 국내의 자원이 고갈된 상태에서 외부로부터의 자원 유입이 결정적으로 중요함을 북한정부가 모를 리 없다. 그래서인지 최근 대외개방 확대를 위한 북한의 발걸음이 빨라지고 있다. 2009년 말 김정일 위원장이 나선경제특구를 방문, 대외무역과 외자유치를 강조한 데 이어 곧바로 나선시를 특별시로 격상시켰다. 이어 2010년 1월에는 '국가개발은행' 설립을 발표했고, 외자유치 창구로서 조선대풍국제그룹을 지정해 외자유치 활동에 적극 나서고 있다.

북한정부의 의지는 충분히 감지된다. 하지만 과제 또한 만만치 않다. 외자유치는 북핵문제와 무관할 수 없다. 또한 자신들이 외부에 대해 문을 열기만 하면 외자가 물밀듯이 들어오는 것이 아니다. 투자여건 개선을 위해 북한정부의 많은 노력이 필요한데 북한정부의 인식의 현실성 수준이 변수로 작용한다. 2010년 10월 원자바오 총리의 방북을 전후해 북중 간 관계는 크게 진전되었고, 이에 따라 양국 간 경협·지원이 확대될 것이라는 방향성은 정해진 것으로 보인다. 하지만 그 속도, 규모를 결정하는 변수는 적지 않다.

화폐개혁을 계기로 북한의 대내외 경제정책도 새로운 국면에 접어들 조짐을 보이고 있다. 그런 의미에서도 북한의 화폐개혁, 엄밀히 따지면 경제운용의 새로운 '판짜기'는 완료형이 아니라 진행형이다. 조금 더 시간을 두고 지켜볼 필요가 있다.

제2부

대외경제관계

무역분권화 조치는 중앙당국의 의도적인 권한 이양이라기
보다는 중앙의 힘의 약화에 따른 사실상의 분권화라는 성
격이 강하다. 이러한 무역분권화가 무역회사를 비롯해 하
부 경제단위의 '자력갱생'과 함께 추진되었다는 점에서도
국가 권력의 무능화를 엿볼 수 있다. 하지만 국가는 무역
회사의 운영에 대해 자금 지원을 거의 하지 않으면서도 무
역회사 및 개인이 벌어들인 수익금의 상당 부분을 수취하
는 '약탈자'적 성격도 드러내고 있다.

3장
북한의 대외무역 운용체계

　오늘날의 북한경제에서 대외부문, 즉 대외경제관계는 결정적인 중요성을 가진다. 경제위기로 국내의 자원이 사실상 고갈된 상태에서 이는 당연한 것일 수 있다. 북한정부는 경제위기 이후, 특히 2000년대 들어 경제적 생존의 동력을 대외관계의 개선, 대외개방의 확대를 통해 확보하려는 노력을 전개하고 있다.

　북한의 대외경제관계는 무역, 투자, 지원으로 이루어진다. 이 장에서는 무역에 초점을 맞춘다. 이와 관련한 기존의 연구들은 주로 무역의 현상, 실적에 대해서만 논의를 집중했을 뿐 무역체계에 대해서는 연구가 별로 진전되지 않았다. 물론 가장 큰 원인은 정보와 자료의 부족이다.

　이 장에서는 주로 필자의 탈북자 인터뷰 결과를 이용한다. 탈북자 면담은 2004년 6~8월, 2005년 5~9월, 2008년 8~10월에 각각 실시되었다. 이와 함께 공식문헌에 대한 분석을 부가적으로 활용한다. 이를 통해 북한의 무역체계, 특히 공식 제도 및 실제 운용상황에 대해 살펴보고, 이를 간단히 평가해보고자 한다. 물론 탈북자 인터뷰 결과는 자료로서의 한계가 많기 때문에

〈표 3-1〉 면담조사 탈북자 인적사항

면담자	출생연도	탈북연도	주된 거주지역	주요 경력
탈북자 A1 씨	1956	2004	함북 회령	무역회사 중간관리직
탈북자 C1 씨	1965	2004	평양	무역회사 중간관리직
탈북자 C2 씨	1965	2006	평양	무역회사 관리직
탈북자 J1 씨	1960	2007	평양	무역회사 중간관리직
탈북자 J2 씨	1958	2004	나진선봉	무역회사 관리직
탈북자 J3 씨	1965	2004	평남 평성	국가기관 중간관리직
탈북자 K1 씨	1967	2005	평양	국가기관 중간관리직
탈북자 K2 씨	1968	2005	평양	무역회사 중간관리직
탈북자 K3 씨	1942	1999	양강 혜산	무역회사 관리직
탈북자 K4 씨	1945	2004	함북 청진	공장 중간관리직
탈북자 K5 씨	1963	2003	함북 청진, 남포	국가기관 중간관리직
탈북자 K6 씨	1941	1998	평양, 청진	무역회사 관리직
탈북자 K7 씨	1952	2004	평양	합영회사 관리직
탈북자 K8 씨	1960	2007	평양	무역회사 중간관리직
탈북자 K9 씨	1972	2007	황남 해주	국가기관 중간관리직
탈북자 K10 씨	1963	2006	함북 청진	무역회사 관리직
탈북자 K11 씨	1967	1996	평남 양덕	국가기관 중간관리직
탈북자 L1 씨	1967	2003	남포	무역회사 관리직

이 논의는 매우 잠정적이고 제한적임을 미리 밝혀둔다.

1. 무역제도의 변천과정

1) 개관

무역은 원래 '국가독점' 원칙에 의해 수행되었는데 북한에서는 이를 '국가유일 무역체계'라고 명명했다. 이는 국가(중앙)가 직접, 혹은 국가의 감독하에 해당기관이 무역을 수행하는 체계이다. 무역관리에서 국가의 중앙집권적 지도와 통제를 실현하는 것인데, 노동당-무역부(성)-국영 무역회사의 계통으로 되어 있다.

국가독점의 주요 내용은 다음과 같다.[1] 우선 국가가 전문적인 무역기관을 창설하고 무역의 일원화 체계를 세운다. 그리고 국가가 대외시장과 직접 연계하면서 무역기관들이 취급할 상품과 그들의 활동지역을 설정해준다. 아울러 자국의 실정에 맞는 민족경제 건설의 요구에 맞게 무역계획을 세우고, 그에 기초하여 무역기관들이 무역활동을 계획적으로 진행하도록 한다. 또한 국가가 상품 수출과 수입, 외화관리 등 무역사업 전반을 통일적으로 조절·통제한다.

그런데 늦어도 1970년대 말부터 이러한 국가독점 원칙이 완화되기 시작했다. 외화난과 경제난을 배경으로 하여 점진적·단계적으로 무역의 분권화가 진전된 것이다. 북한에서 무역의 분권화는 크게 보아 두 가지 경로로 이루어졌다. 하나는 일반경제(내각경제) 내에서 생산단위 및 지방에 대해 무역권한을 이양하는 것이고, 또 하나는 당경제(엘리트경제), 군경제가 내각경제로부터 독립하고 이들 특수경제 내에서 각급 단위에 대해 무역 권한을 이양하는 것이다. 이를 좀 더 자세히 살펴보면 다음과 같다.

첫째, 일반경제의 경우, 내각 산하 생산부문의 부(성)·위원회, 일부 대규모 기업소, 그리고 지방행정단위인 도(道)에게 무역회사를 조직하고 외국과 무역을 할 수 있는 권한을 부여하는 것이다. 1차 분권화는 1970년대 말부터 1980년대 초까지 이루어졌고, 2차 분권화는 1991년에 등장한 이른바 새로운 무역체계를 통해 이루어졌고, 3차 분권화는 2002년 7·1 조치를 계기로 실시된 것으로 보인다.

둘째, 당경제, 군경제 등 특수경제의 경우, 1970년대부터 내각경제로부터 독립하여 독자적인 경제순환구조를 구축·확대했고, 이 과정에서 자연스럽

---

1) 『경제사전 1』(평양: 사회과학출판사, 1985), 214쪽.

게 무역의 분권화가 촉진된 것으로 보인다. 당경제와 군경제는 독자적으로 무역회사를 설립했는데 경제난의 심화에 따라, 특히 1990년대 중반 '고난의 행군' 이후 이들 기관의 무역회사는 일종의 지속적인 세포분열을 거치며 그 숫자가 계속 늘어났고, 그러한 과정에서 무역의 분권화가 확대된 것으로 파악되고 있다.

2) 일반경제 내 무역의 분권화

(1) 1차 분권화[2]

무역분권화와 관련된 최초의 움직임은 1970년대 말에서 1980년대 초에 걸쳐 나타났다. 이 시기에 무역부를 비롯하여 모든 생산부문의 부·위원회에 무역회사를 조직하여 직접 거래를 하는 권한을 부여하고, 각 도의 행정구역단위에도 지방무역의 형태로 변경무역이나 그 밖의 무역을 수행하는 권한을 주었다. 다만 무역부는 모든 수출입거래에 관한 가격의 결정, 검열·통제, 수입의 허가 등에 대해 직접적인 권한을 장악하고 있었던 것으로 전해진다.[3] 즉, 무역의 '국가독점' 원칙의 완화 또는 무역의 부분적인 분권화가 이루어졌음을 엿볼 수 있다.

실제로 1979년에 일부 혹은 모든 도(道)에 무역 전담부서가 설치되고, 이들은 대외적으로 무역회사로 활동했던 것으로 전해진다(탈북자 K3·K6·K7 씨). 1979년에는 도 행정경제위원회에 무역관리국이 신설되고 이어 1980년

---

2) 1차 분권화 및 2차 분권화에 관한 이하의 서술은 양문수(2004a: 17~20)에 의존한다.
3) 북한의 사회과학원 세계경제·남남협력연구소의 김정기 부소장이 지난 1988년 5월에 평양에서 열린 "조선관계 전문학자의 국제과학토론회"에서 「조선의 대외경제관계에 관하여」라는 제목으로 보고한 내용이다. ≪月刊朝鮮資料≫, 1990年 4月號, 62쪽.

에 각 시·군 행정경제위원회에 무역과 및 외화벌이사업소가 설치되었다. 그리고 도 무역관리국은 정무원 무역부의 광명관리국의 지도하에 각 시·군을 지휘하면서 대외무역을 수행했다(탈북자 K3 씨). 아울러 1979년에 각도 행정경제위원회에 무역처가 신설되었는데 각 도별 무역처는 대외적으로 활동할 때 예컨대 함경북도는 두만강 무역회사, 함경남도는 성천강 무역회사 등으로 불렸다(탈북자 K6 씨).

이러한 무역분권화가 단행된 원인으로는 외화난, 경제난을 지적할 수 있다. 실제로 1979년이라는 시점은 북한의 외채 문제가 표면화된 직후의 시점이고, 아울러 2차 7개년 계획(1978~1984)의 전반기 시점이다. 북한 지도부는 지방에 대해 무역권한을 부여하면서 동시에 인민생활의 책임 일부를 지방에 전가한 것으로 보인다.

다만 1970년대 말과 1980년대 초의 무역분권화는 아주 초보적인 수준이었던 것으로 보인다. 1980년대에 도에 주어진 권한은 별로 크지 않았던 것으로 파악되고 있다. 예를 들면, 평양의 광명관리국이 도 무역관리국에 여러 간섭을 하면서 수출입에 대해 각종 지시를 내렸다(탈북자 K3 씨)는 것이다.

(2) 2차 분권화

본격적인 무역분권화 조치는 '새로운 무역체계'라는 이름으로 1991년에 등장했다. 북한의 공식문헌은 이 조치의 골자를 다음과 같이 정리하고 있다(리신효, 1992: 30). 대외경제위원회는 물론이고 생산을 담당하는 내각 산하의 위원회, 부(部), 그리고 지역의 행정단위인 도에 무역회사를 설치하여 다른 나라들과 직접 무역을 수행하는 체계라는 것이다.

새로운 무역체계는 국가무역체계와 지방무역체계로 구성된다. 전자는 대외경제위원회를 비롯한 위원회, 부에서 수행하는 무역이고, 후자는 도 행정경제위원회에서 수행하는 무역이다.

그런데 후자인 지방무역체계에 대해 북한 문헌은 그 특징을 다음과 같이 정리하고 있다(리춘원, 1997: 9~12). 첫째, 대규모 국가무역과 구별되는 중소규모 무역이고, 둘째, 지방의 수출예비를 동원하고, 셋째, 지방주민의 생활상 수요, 즉 지방산업공장용 원자재 및 주민용 식량·소비품을 보장하고, 넷째, 관리운영을 지역단위로 진행하는 것이다.

그리고 새로운 무역체계의 특징은 생산자들이 대외무역을 직접 수행하는 무역체계와 방법이라는 데 있다고 북한 문헌은 밝히고 있다(리신효, 1992: 30). 위원회, 부, 도가 자신의 부문·지방에서 생산한 제품을 직접 팔고, 또한 필요한 제품을 직접 사다 쓰게 하는 체계라는 것이다. 요컨대 각 부문, 지방의 생산능력과 자연경제적 조건을 검토하고 수출입계획을 세워, 자기가 세운 무역계획에 입각해 무역계약을 체결하고 무역계획과 계약에 따라 수출품을 생산하며 무역활동도 직접 전개하게 되어 있다는 것이다.

물론 북한정부는 이러한 조치가 무역의 자유화나 지방분권화가 아니라고 주장하고 있다(리신효, 1992: 30). 대외무역에 대한 국가의 중앙집권적·계획적 지도와 통제를 강화할 수 있다고 주장하는 것이다. 하지만 수출입계획의 작성·실행 등의 면에서 위원회, 부, 도에 대해 실질적으로 권한이 일정 수준 위임된 것은 분명한 것으로 보인다. 결국 적어도 공식 제도의 차원에서 무역의 분권화라고 해도 좋을 만한 조치가 취해졌다고 보아도 무방할 것이다.

이러한 무역분권화 조치의 배경에는 1980년대 말과 1990년대 초에 걸친 사회주의권의 붕괴 및 이들 국가와의 무역관계 단절에 따른 경제적 충격이 자리 잡고 있다. 특히 이러한 무역분권화는 '자력갱생'과 밀접한 관계가 있다는 사실에 주목해야 한다. 즉, 국가는 부, 위원회, 도 등에 대해 자체적으로 수출원천을 찾아 외화를 벌어 '생산을 정상화'할 것을 요구했다. 나아가서는 각종 기관, 기업소, 지방에 대해 외화를 벌어 '먹는 문제'와 '입는 문제'를 자체적으로 해결하도록 요구했다는 특징이 있다. 사실 북한에서는 1990년대 초부터 배급제 작동에 이상이 발생하고, 1990년대 중반에는 배급제가

사실상 작동을 중지했던 사실을 상기할 필요가 있다.[4]

이러한 무역분권화 조치는 중앙당국의 의도적인 권한 이양이라기보다는 중앙의 힘의 약화에 따른 사실상의 분권화라는 성격이 강하다. 특히 1990년대 이후의 경제위기 속에서 중앙정부는 국민경제에 대한 장악력, 통제력을 상당 정도 상실하면서 주민 생활 등에 대한 국가의 책임을 기업소, 지방, 그리고 개인에게 사실상 떠넘겼다. 아울러 국가예산이 대폭 축소됨에 따라 국가기관들의 운영에 필요한 자금 제공에도 한계가 발생하자 이들에 대해 자력갱생을 요구하면서 동시에 무역이라는 공간을 확대 제공했음에 주목할 필요가 있다.[5]

그렇다면 2차 분권화 조치와 1차 분권화 조치의 차이점은 무엇일까? 어떤 면에서 2차는 1차 때보다 분권화가 진전된 것일까? 북한의 문헌이 전하는 바에 근거해 추론해보면 첫째, 지방무역이 명시적으로 도입되었다는 점, 둘째, 부, 위원회, 도가 독자적으로 수입을 할 수 있게 되었다는 점, 셋째, 부, 위원회, 도가 자체적으로 계획을 세우고 또 이를 집행할 수 있게 되었다는 점 등을 생각할 수 있다.

탈북자들의 증언에 따르면 우선 조직이 확대되었다. 양강도 무역관리국

---

4) "내가 살고 있던 평안남도 양덕군(인구 5만 명)은 1990년대 초부터 군(郡) 그 자체가 독립채산제가 되었다. 이전에는 국가가 1년 12개월분의 배급을 보장해주었지만 그 때부터는 나라가 1년에 10개월의 배급만을 보장해주고 나머지 2개월분은 군이 외화벌이 등을 통해 자체 해결하도록 김일성이 지시했다. 그래서 양덕군의 외화벌이 사업소는 독자적으로 송이버섯, 도토리 술 등을 일본에 수출하여 외화를 벌고 이 돈으로 쌀을 사서 군의 주민에게 배급하였다"(탈북자 K11 씨).

5) "국가예산으로 운영해야 하는 기관들 아닌가? 김일성 주석 사망 때까지는 그런대로 갔다. 사망 이후부터 국가예산이 줄어들고 국고가 비다 보니까 연중 소요예산의 50%도 제대로 보장을 못 해주는 상황이 되었다. 그래서 나머지는 기관들이 자체로 하라는 것이고 그래서 자력갱생구호를 들고 나온 것이다. 그러다 보니까 자체적으로 살아가기 위하여 무역회사들이 자꾸 생겨나는 것이다"(탈북자 K2 씨).

의 경우 1979년과 1991년을 단순 비교해보면 도 무역관리국의 부국장이 2명에서 4명으로 늘어났고 기사장이 새로 만들어졌다. 부서도 외화원천동원과, 산채과 등 몇 개가 신설되었고 부기과가 외화과로 바뀌었다(탈북자 K3 씨).

주목할 만한 것은 도 무역관리국의 은행구좌가 독립되었다는 사실이다 (탈북자 K3·K7 씨). 그동안에는 도 무역관리국이 독립된 은행구좌를 가지지 못한 상태에서 정무원 무역부 광명관리국이 도의 대외거래 관련 은행구좌를 관리했다. 그러다 보니 각 도는 자신들이 무역을 해서 힘들여 벌어들인 외화를 자유롭게 사용하지 못했다. 즉, 중앙의 허가가 없으면 쓰지 못했다. 중앙은 또 각 도가 벌어들인 외화수입 가운데 일정 부분을 수취해갔다.[6] 자력갱생의 혁명정신에 입각해서 개별 지방이 벌어들인 수입으로 개별 지방의 자체 생활을 해결하라는 것이 아니라 지방 스스로 해결하는 것은 말할 것도 없고 남는 것이 있으면 중앙에 바칠 것을 요구하는 식이었다(탈북자 K3 씨).[7]

그런데 이제는 은행구좌가 독립되면서 중앙이 이익금을 자의적으로 수취할 가능성은 없어졌다. 도가 중앙으로부터 실질적으로 독립할 수 있는 제도적 기반이 마련된 것이다.

---

6) 탈북자 K3 씨는 1980년대 초에 총매출의 15%를 국가가 수취해갔으나 1980년대 후반경부터 이익금의 15%로 바뀌었다고 밝히고 있다. 반면 탈북자 K7 씨는 원래 3%를 떼게 되어 있으나 실제로는 10~30% 정도를 국가가 가져갔다고 밝히고 있다.

7) 여기에 중앙의 자의성이 개입될 소지는 충분히 있다. 그래서 양강도의 경우 외화과 지도원을 평양에 파견했다. 돈이 들어오고 나가는 것을 제대로 감시하라는 것이다. "광명관리국 외화과가 각 도를 다 맡으니까 도별 장부가 있기는 하지만 우리(양강도) 쪽도 돈이 우리 구좌에 정확히 얼마나 있는지 잘 모를 수 있다. 그러니까 예컨대 우리가 이번에 일본에 2만 톤 수출했으니 구좌에 돈이 제대로 들어오는지 지켜보라고 지도원에서 지시를 내리곤 한다"(탈북자 K3 씨)는 것이다.

(3) 3차 분권화

2002년 7·1 조치 시행을 계기로 무역의 분권화 조치가 추가로 취해진 것으로 전해지고 있다. 우선 무역분권화를 통해 무역활성화를 도모하는 한편 관련 행정업무가 일원화되었다. 무역활동을 시, 군 및 기업소 단위까지 허용하고 하부단위 경쟁을 통한 무역활성화를 유도하는 것이다. 또한 수출입 수속 등 무역행정업무는 무역성으로 일원화하여 불필요한 과당경쟁을 방지하고 무역질서를 확립하고자 했다(통일부·통일연구원, 2005: 35~36).

특히 개별 공장·기업소가 직접 대외무역을 수행할 수 있게 된 것이 눈에 띈다. ≪조선신보≫는 "지난 시기 조선에서 무역활동은 전문기관만이 담당, 수행하였다. 경제관리를 개선하는 일련의 조치가 취해지면서 개별적인 공장·기업소들도 필요에 따라 무역성의 통일적인 지도 밑에 무역활동을 벌일 수 있게 되었다"(≪조선신보≫, 2003. 8. 22)라고 전하고 있다.

무역회사 입장에서 보면 7·1 조치로 공식적인 시장판매를 위한 수입(輸入)도 행할 수 있는 길이 열리게 되었다. 실제로 내각결정 제27호(2003. 5. 5)는 무역회사가 수입한 상품이 도매시장을 거쳐 (종합)시장에 판매될 수 있다고 밝히고 있다.

무역회사는 과거 공식적으로는 자신의 관련 기관·기업소, 주민의 생산과 소비를 위해 자신의 수입품을 '공급'하기 위한 수입, 즉 일종의 자가소비를 위한 수입을 수행했고 시장판매를 위한 수입은 음성적으로 해왔다. 그런데 이제 무역회사들은 주민들을 대상으로 수입품을 직접 '판매'할 수 있는 길이 열렸다.[8] 게다가 후술하겠지만 무역회사들이 수입품을 일반 주민에게 직접 판매할 수 있는 상점을 운영하는 것이 가능하게 되었다.

이는 중국상품 수입 확대의 큰 유인으로 작용했다. 그리고 이러한 상황이 무역회사 수의 확대, 무역 분권화 확대로 이어졌을 가능성을 내포하고 있다.

---

8) 탈북자 C1 씨도 이 사실을 확인해주고 있다.

3) 특수경제 내 무역의 분권화

1장에서 보았듯이 북한에서는 1970년대 중반부터 당경제, 군경제 등 이른바 특수경제가 내각으로부터 독립하여 수령 직할의 독자적인 경제영역으로 활동하기 시작했다. 이 특수경제는 독립적으로 공장, 기업소, 광산, 그리고 무역회사, 은행까지 보유하면서 사실상 자기완결적인 구조를 갖추고 있다.

1990년대 경제위기를 맞아 이들 특수경제도 나름대로의 생존을 모색하기 시작했다. 국가의 재정위기는 특수경제라고 해서 예외가 될 수 없었다. 당및 군의 기관들은 내각의 기관과 마찬가지로 자력갱생을 강요받았다. 그리고 특수경제 입장에서는 국내의 자원이 사실상 고갈된 상태에서 무역회사의 활동을 통한 외화의 획득이 결정적인 중요성을 가지게 되었다.

따라서 1990년대 이후 당경제 및 군경제 소속 무역회사가 잇따라 설립되었다. 예컨대 당경제의 경우, 대성총국은 총국 차원의 무역회사에서 한 걸음 더 나아가 산하 국 차원에서도 무역회사를 설립·운영하게 되었다. 또한 군경제의 경우, 인민무력부는 총참모부 차원의 무역회사에서 한 걸음 더 나아가 산하 각 군단 차원에서도 무역회사를 설립·운영하게 되었다.

게다가 당경제 및 군경제 소속 무역회사들은 기존에 내각에 소속되어 있던 광산, 공장, 농장, 어장 가운데 수익성이 높은 단위, 이른바 고수익을 보장하는 수출원천 동원 단위를 자신의 산하로 흡수(찬탈)하면서 자신들의 몸집을 불려나갔다. 특히 고난의 행군 기간에는 무역회사의 난립, 수출원천 확보를 위한 과당경쟁 등으로 대외무역이 매우 무질서해졌다. 그러한 과정에서 무역회사의 권한이 확대되는 사실상 무역의 분권화가 진전되었다.

2. 무역기구와 무역관리체계

1) 무역기구

무역기구로서 핵심적인 것은 내각의 무역성, 당 및 군의 각 기관, 무역회사 등이다. 여기서는 무역회사에 대해 간단히 정리하기로 한다.

(1) 일반경제의 무역회사

내각의 각 성·위원회는 각각 개별적으로 무역회사를 보유하고 있다. 그리고 기관에 따라서는 성·위원회 산하의 국 차원에서 무역회사를 보유하고 있는 경우도 전해지고 있다.[9]

인민보안성[10]의 사례를 간단히 살펴보자.[11] 인민보안성 차원의 무역회사는 록산무역총회사이다. 그리고 인민보안성 내 각 국 및 산하조직이 있다. 예심국, 수사국, 교화국, 정치대학 등인데 이들도 각각 무역회사를 보유하고 있다. 남한의 경찰대학과 유사한 인민보안성 정치대학의 경우, J 무역회사를 보유하고 있었다.

록산무역총회사는 각 지방에 지사를 가지고 있다. 평양, 남포, 청진 등지에 지사를 가지고 있는데, 이 지사들 가운데 일부는 총회사에 대한 의존도가 높고 일부는 상대적인 독립성을 가지고 있다.

한편, 대규모 기업소 가운데 자신의 산하에 무역회사를 보유한 기업소도 존재한다. 김책제철연합기업소도 그러하고(탈북자 A1 씨), 북창화력발전소도 마찬가지이다(탈북자 K8 씨).

---

9) 탈북자 K8 씨는 농업부 가금총국 무역회사 지도원으로 근무한 바 있다.
10) 인민보안성은 실질적으로는 특수기관이지만 공식 제도상으로는 내각의 기관이다.
11) 이하 인민보안성 사례는 탈북자 K2 씨 및 L1 씨, J1 씨 증언에 의존했다.

(2) 특수경제의 무역회사[12]

특수경제의 무역운용체계는 기본적으로 내각과 관계가 전혀 없다. 이는 특수경제, 즉 당경제, 군경제의 특성이기도 하다. 노동당 39호실은 대성총국 연합체로서 조선노동당 내 외화벌이 전담기관이다. 산하에 대성총국을 비롯하여 120여 개의 생산, 무역, 서비스 회사를 가지고 있으며 이를 통해 엄청난 외화를 벌어들이고 있다. 대성총국, 대성은행, 금강지도국, 대흥지도국, 경흥지도국 등으로 구성되어 있다. 노동당 내에서는 또한 재정경리부 내 각 기관별로 무역회사를 보유하고 있다.

인민무력부의 경우, 인민무력부 산하 각 국, 군단 등이 자체적으로 무역회사를 보유하고 있다. 2001년경 김정일 위원장이 무력부 내 외화벌이가 무질서하다고 비판하면서 인민무력부에 623지도국이 발족했다. 이에 따라 총정치국, 총참모부, 인민무력부의 모든 외화벌이 기관과 회사들은 623지도국의 수출입 승인, 가격 승인, 대표단 파견 비준을 받게 되었다. 아울러 제2경제위원회도 자체의 무역회사를 보유하고 있다.

2) 무역관리체계

(1) 개관

내각경제 내 무역의 경우, 국가무역과 지방무역의 관리체계는 다소 상이하다. 국가무역의 경우 '무역성-부·위원회 차원의 무역회사-국 차원의 무역회사-외화벌이 기지(혹은 지사)' 등의 계통으로 되어 있다.

지방무역의 경우, 무역성 지방무역관리국-도 무역관리국-시·군 무역과-시·군 외화벌이사업소의 계통으로 되어 있다. 여기서 핵심은 도 무역관리국과 시·군 외화벌이사업소이다. 시·군 외화벌이사업소가 수출원천

---

12) 이하 특수경제 무역회사에 대해서는 주로 탈북자 K1 씨의 증언에 의존했다.

을 동원해오면 도 무역관리국이 이를 한데 모아 직접 중국 등지로 수출을 하고 그 대가로 식량, 소비품 등을 수입해 각 시·군에 나누어주는 형태이다.

내각의 무역관리체계에서 핵심적 역할을 수행하는 것은 무역성인 것으로 보인다. 공식 제도 차원에서 무역성의 역할에 대해서는 알려진 바가 별로 없다. 다만 탈북자들의 증언을 종합해보면 실질적으로 무역성의 역할이 별로 큰 것으로 보이지는 않는다. 또한 현재는 그 역할이 현저히 축소되었지만 무역은행의 역할도 있을 것으로 보인다.

특수경제 내 무역의 경우, 관리체계는 잘 알려져 있지 않다. 기본적으로 각각의 기관, 예컨대 39호실, 인민무력부 총참모부 등에서 관리할 것으로 보인다. 형식적이든 실질적이든 내각경제 내 무역성에 상응하는 기관이 특수경제 내에도 존재하는지 여부는 명확하지 않다.

한편, 무역회사라고 해서 모두 외국과 직접 거래를 할 수 있는 것은 아니다. 무역회사 중에서도 외국과 직접 거래를 하지 못하는 회사들이 많다. 예컨대 도 무역관리국이라 해서 모두 외국과 직접 무역을 할 수 있는 것이 아니다. 함남북, 양강, 자강, 평북만 가능하고 황남북, 평남 등은 불가능하다고 한다(탈북자 K2 씨). 이들은 무역성 지방무역관리국에게 무역을 위탁해야 한다.

한편, 일반 주민들 입장에서 보면 외화벌이는 두 가지 범주가 있다. 군중 외화벌이와 충성 외화벌이가 그것이다.[13]

(2) 와크 및 지표 관리

북한의 무역관리체계에서 핵심적 역할을 하는 것은 '와크' 및 '지표'이다. 다만 와크와 지표가 동일한 개념인지는 확실하지 않다. 탈북자에 따라 증언이 다소 엇갈리고 있다. 그렇지만 와크가 외국과 직접 무역을 할 수 있는 권

---

13) 자세한 것은 이 책의 10장을 참조.

한인 것은 분명하다. 즉, 와크는 기본적으로 수출입허가권(라이선스)이다. 실제로 북한의 무역회사 중에서 외국과 직접 무역을 할 수 있는 회사도 있지만 그렇지 못한 회사도 존재하는데, 이는 기본적으로 와크의 보유 여부에 따른 것이다. 그래서 북한의 무역회사는 크게 보아 와크 단위와 비와크 단위로 구분된다.

그런데 이 와크가 수출입 품목 및 수량까지 포함하는지 여부는 불분명하다. 즉, 무역회사에 대해 수출입허가권을 부여할 때 구체적인 취급품목과 수량까지 지정하는지 여부에 대해서는 증언들이 다소 엇갈린다. 다만 탈북자 J1 씨가 적절히 지적했듯이 품목과 수량까지 지정하지 않으면 큰 혼란이 발생할 가능성이 농후할 것으로 보인다. 국가 입장에서도 이러한 규칙이 준수되는지 여부와는 별개로 공식적인 제도상으로는 품목과 수량을 지정해두어야만 무역에 대한 관리가 어느 정도 가능하다고 생각할 것이다. 그래서 잠정적이기는 하지만 와크는 기본적으로 라이선스와 쿼터를 동시에 포괄하는 개념으로 파악하기로 한다. 또한 지표는 수출입허가를 획득한 개별 품목 및 그 수량을 의미하는 것으로 보기로 하자. 요컨대 와크는 지표를 포함하는 포괄적인 개념으로 파악하기로 한다.

무역회사가 와크를 얻기 위해서는 여러 기관의 승인을 얻어야 한다. 내각경제 내 무역회사의 경우 무역성을 비롯해 보위부, 보안성, 그리고 최종적으로는 중앙당의 승인이 필요하다. 특수경제 무역회사의 경우, 당이면 당, 군이면 군의 계통, 그리고 보위부 등의 승인이 필요할 것이다.

물론 이 와크는 항구적인 것으로 보이지는 않는다. 무역회사 자체도 실적이 부진하거나 문제가 발견되면 회사를 해산시킬 수 있듯이 와크 자체도 국가가 회수할 수 있는 성격의 것으로 보인다.

한편, 7·1 조치 이후 와크 제도가 약간 변화했을 가능성에도 주목해야 한다(탈북자 C2·L1 씨). 즉, 와크 관련 규제가 다소 완화되면서 와크 단위가 증가하거나, 기존 와크 단위 내에서도 취급 품목과 수량이 늘어났을 가능성

이 있다.14)

(3) 계획 작성 및 실행 관리

내각경제의 경우 국가계획위원회 차원에서 수출입계획을 작성하고 그 실행을 감독하게 되어 있다. 그 중간에는 무역성도 역할을 수행한다.

계획은 현물계획과 현금계획의 두 가지로 구성되어 있다. 그런데 현실적으로 전자보다는 후자가 훨씬 더 많을 것으로 보인다.15) 이러한 현금계획은 기본적으로 계획경제상의 위계제를 따라 내려가는 형태를 취한다. 예컨대 인민무력부 25총국-산하 군단-산하 기지(지사)와 같은 식이다. 즉, 인민무력부 25총국에 과제가 주어지면 총국은 이를 산하 군단들에 배분하고 그 군단은 산하 기지에 다시 배분하는 형태이다.16) 물론 개인별로 목표액을 할당받는 경우도 많다. 각 지도원에 대해 현금 얼마를 벌어오라고 하는 식이다.17)

---

14) "원래는 식료품이라 하면 식품회사 하나만 수출하게 되어 있다. 그것을 이제는 다른 회사도 좀 하게끔 했다. 품목에 대한 규제를 완화한 것이다. 어느 회사가 독점적으로 가지고 있던 것을 다른 회사들에게도 주었다. 그러면 수출이 많아지고 수입이 많아지게 되어 있다. 독립채산제라는 게 말 그대로 개인기업이니까"(탈북자 L1 씨).

15) "국가에서 '너희 이번에 얼마 하라' 하는 걸, 물자로 들여와라 하는 것은 얼마 없다. 회사에 대해 주로 돈으로 들여와라 한다. 물자로 들여와라 하는 것은 10%도 될까 말까 한다"(탈북자 L1 씨).

16) "국가가 '너희 인민무력부 25총국에서 이번에 천만 달러 벌라'고 한다고 하자. 그러면 무력부 25총국에서, 산하 4군단에 '너희 올해 계획은 50만 달러다' 하면, 4군단은 이것을 가지고 각 기지마다 너희 5만 달러 너희 몇 만 달러 하라고 한다. 그러면 12월에 이 돈을 모아서 무력부 25총국에 바치면, 무력부 25총국에서 정리해 김정일에게 보고해야 한다"(탈북자 L1 씨).

17) "우리 지도원 한 사람이 벌어야 할 돈이 1년에 계획이 얼마인가 하면 현찰로 3만 달러이다. 여기에다 추가계획까지 붙어 4만 5,000달러 정도 벌어야 된다. 순수하게 비

현물계획보다 현금계획이 많은 이유는 다음과 같다. 우선 무역계획의 특성에 기인한다. 즉, 제조업이 아니므로 이른바 협동생산의 제약에서 벗어날 수 있다. 또한 경제위기 이후 제조업분야, 즉 공장 및 기업소에서도 현물계획보다 현금계획이 사실상 비중이 높게 된 것, 나아가 7 · 1 조치 이후 번 수입 지표가 기업의 성과지표로 등장하게 된 것과 동일한 맥락이다.

그렇다면 현물계획보다 현금계획이 많은 것의 의미는 무엇일까? 이는 무역회사의 자율적 공간 확대를 의미하고, 국가의 통제에 일정 수준의 제약이 존재한다는 의미도 있다. 이 부분에 대해서는 뒤에서 자세히 살펴보기로 한다.

한편, 국가는 무역회사의 수출입활동에 필요한 자금, 원자재 및 설비, 노동력에 대해 일부의 예외를 제외하고는 제공해주지 않는다. 즉, 무역회사의 운영에 필요한 일체의 것을 무역회사 스스로 해결하는 이른바 자력갱생을 원칙으로 하고 있다는 점이다.[18] 이것이 무역회사 운영에서 결정적인 요소로 작용한다.

(4) 가격통제

무역에 대한 국가의 관리 중에 중요한 요소의 하나가 가격통제인데 이는 기본적으로 가격제정위원회가 담당한다. 특히 국가무역은 가격제정위원회의 가격통제를 받고 있는 것으로 보인다.[19]

가격제정위원회는 국가계획위원회와 동등한 위치에 있다. 가격제정위원

용을 다 제외하고 순이익만 그렇다"(탈북자 K2 씨).

18) 탈북자 C2 씨는 7 · 1 조치 이후 독립채산제가 본격 실시되면서 무역회사의 자력갱생 원칙에 의한 운영이 더욱 현저하게 되었다고 밝히고 있다.

19) "가격제정위원회라는 게 있다. 다른 무역회사는 다 가격제정을 받는다. 가격제정위원회에서. 농산물이든 수산물이든 관계없이"(탈북자 K6 씨).

회는 국내의 가격에 대해서도 통제를 하지만 수출입품의 가격에 대해서도 통제를 한다. 가격제정위원회 내에는 무역부문을 담당하는 부서가 있으며 이들은 국제 시세에 대해 계속 조사연구를 해야 한다.

특수경제 내 무역기관의 경우는 잘 알려져 있지 않다. 지도가격책정기준 은 잘 알려져 있지 않으나 탈북자들은 국제시장가격을 기준으로 하고 있다 고 전하고 있다(탈북자 K2 · K6 씨).

(5) J 무역회사의 사례

J 무역회사의 사례를 통해 전반적인 무역관리체계를 간단히 살펴보자. 국 가계획위원회 · 내각-R 무역총회사-J 무역회사의 체계로 되어 있다. 여기 서 J 무역회사는 연간 수출지표, 수입지표, 각종 임가공 등에 대한 허가를 R 무역총회사로부터 얻는다. 그리고 R 무역총회사는 산하 무역회사들의 수출 입계획을 집계해 국가계획위원회, 내각과 협의해 조정하는 역할을 수행한 다. 따라서 R 무역총회사와 J 무역회사의 관계는 마치 연합기업소와 산하 기업의 관계를 연상시킨다. 다만 J 무역회사는 연합기업소 산하 기업소보다 많은 자율성을 획득하고 있는 듯하다.[20]

---

20) "와크를 인민보안성 R 총회사가 총체적으로 짓기 위해서 국가계획위원회, 내각과 합 의를 봐야 한다. 보안성에서 총체적으로 얼마만큼의 수입이 이루어지고 수출이 이 루어지는지를 내각이 통제를 해야 하니까 각 국들에서 움직이는 작은 회사들이 R 총회사로 집중시켜줘야 한다. 우리 J 무역회사가 삼사나 몰리브덴을 이번에 얼마만 큼 수출하겠다, 수입은 어떤 것을 어떻게 하겠다고 하면 그 사람들이 R 총회사 차원 에서, 인민보안성 차원에서 각 회사들이 각각 제기하는 걸 놓고 밸런스를 맞춰준다. 이번에 내가 삼사나 몰리브덴을 150톤 수출하겠다고 하면 50톤만 수출해라, 다른 곳과 중복되는 것이 있으니까 50톤만 하라고 조정해준다. 이렇듯 R 총회사는 우리 에게 승인만 해줄 뿐, 우리한테 사업을 하라 말라 할 권한은 없다. 우리가 보고를 하 면 밸런스만 맞추어주고 그에 대해서 자기들이 집계를 내서 내각에 제기, 비준받는 것 이외에 다른 것은 없다. 거래 상대방과 계약하고 사인할 때도 J 무역회사 명의로

3. 대외무역 운용체계: 공식 제도와 현실

1) 무역회사 설립과 와크의 획득

무역회사의 설립은 상부의 지시에 의한 것과 하부의 제안(자발성)에 의한 것으로 대별된다. 후자의 경우, 무역허가는 최고지도자에 대해 제출하는 제의서를 통해 획득하는 것이 대부분이다.[21] 무역회사의 설립은 기본적으로 허가제라고 할 수 있다.

무역회사의 설립에서 최대 관건은 와크의 획득 여부이다. 무역회사를 새로 만들더라도 와크를 얻지 못하면 현실적인 의미가 크게 퇴색된다. 국가는 신설 무역회사에 대해 와크를 부여함에서 다음과 같은 사항을 중점 점검한다. 수출 품목, 수출원천 동원방법, 초기에 조달 가능한 자기자본의 규모, 그리고 무역회사 설립의 기대효과(국가적 기여 방법) 등이다. 와크를 얻기 위해서는 현재 자금을 얼마만큼 가지고 있고, 이를 활용해 어떤 품목을 어떤 방식으로 동원하고, 이를 어떤 거래상대에게 팔아 매년 얼마 정도의 외화를 벌어들여 이 돈을 어디에 쓸 것인가 등에 대한 마스터플랜을 제시해야 한다.[22]

하게 되어 있고 그것이 법적인 효과를 그대로 발휘하게 되어 있다"(탈북자 K2 씨).

21) "와크는 방침으로 받는다. J 무역회사를 설립할 때의 일이다. 제의서를 잘 올려야 하는데 제의서 작성에 내가 개입했다. '몰리브덴을 중국에 수출해서 이만한 부가가치를 창출하려고 합니다, 그래서 인민보안성 정치대학에서 교육설비 현대화, 후방공급사업에 이용하려고 합니다' 하고 받았다. 몰리브덴을 주 지표로 해서 약초, 산채류, 수산물, 그리고 각종 봉사소 운영을 통해 돈을 벌어들인다. 북한에서 한때 외화상점, 외화식당이라 했는데 그걸 합쳐서 봉사소라고 했다. 이렇게 해서 제의서를 통해 방침을 받았다. 마지막에 김정일 사인이 나왔고 이건 친필 지시가 나왔다. 그러면 무조건 관철되게 되어 있다"(탈북자 K2 씨).

실제로 일단 와크를 한번 획득하기만 하면 엄청난 특권을 얻는 것과 마찬가지이다.[23] 와크 자체는 매매가 불가능하지만 대여는 가능하다. 실제로 와크의 대여[24]는 활발하게 이루어지고 있다. 무역회사로서는 스스로 무역 실적을 쌓아야 하지만 와크를 빌려주고 수수료만 챙겨도 엄청난 실익을 얻을 수 있다. 와크 수수료에 대해서는 탈북자들의 증언이 약간 엇갈리지만 대체로 수출액의 10% 정도라는 증언이 가장 많았다.

와크를 보유하지 못한 무역회사, 즉 비와크 단위들은 와크 단위로부터 와크를 빌려 무역을 수행할 수밖에 없다. 와크를 보유한 회사들도 자신의 와크가 아닌 품목에 대해 무역을 행하고자 할 때 해당 회사로부터 와크를 빌리기도 한다. 그 대신 일정 수준의 수수료를 와크 단위에게 지불해야 한다. 이는 와크 단위 입장에서도 환영할 만한 일이다. 때때로 자신의 무역실적만으로 와크를 다 채우지 못할 경우도 있는데 이때 와크를 빌려주면 실적을 채우기도 하고 수수료 수입도 챙길 수 있다.[25] 아니면 와크 단위 간에 서로

---

22) "기지가 없으면 거간죄로 걸린다. 쉽게 말하면 유령회사로 친다. 검열을 와도 우선적으로 기지가 있는지 여부를 조사한다. 기지라면 건물이라든지, 수출품을 생산할 수 있는 공간, 예를 들면 양식장, 서식장, 광산 같은 곳이다"(탈북자 L1 씨).

23) "북한에서는 어떤 와크든 와크만 하나 쥐고 있으면 누가 와서 건드리지 못한다. 아무데나 가서도 큰소리 떵떵 친다"(탈북자 K8 씨).

24) 위탁수출이라는 현상도 와크 대여의 일종인 것으로 보인다. "위탁수출이란 보위부 무역회사가 수출하는 곳에 우리(군부대 산하 무역회사) 물건도 얹어서 수출을 하는 것이다. 우리는 그 와크가 없기 때문이기도 하다. 또 무역 파트너가 그쪽 파트너이지, 우리 파트너가 아니기 때문이다. 우리는 그쪽에 와크비만 주었다. 그쪽 입장에서는 와크비도 와크비이지만 자기네 파트너(일본 측)에서 요구하는 물량을 자기들이 전부 다 조달하지는 못하니까 우리의 위탁수출 요청에 흔쾌히 응한다"(탈북자 C1 씨).

25) "유색금속은 다른 회사들은 취급하지 못하게 되어 있다. 대성총국에서만 한다. 이게 바로 와크이다. 그렇다고 해서 유색금속을 록산총회사가 하지 않은 것은 아니다. 무

품목이 맞는 경우에는 와크의 교환이 발생할 수도 있다.

와크의 위력이 대단하고 와크만 있으면 무역회사를 안정적으로 경영할 수 있기 때문에 와크, 특히 특정 지표를 획득하기 위해 경쟁을 벌이는 경우도 있다. 이러한 경쟁은 비단 일반경제 내 무역회사뿐 아니라 특수경제 내 무역회사들 간에도 벌어진다.[26] 특히 다른 무역회사는 취급하지 못하고 오로지 자기 무역회사만 취급할 수 있는 이른바 독점지표에 대해서는 경쟁이 더욱 치열하다.[27]

한편, 새롭게 무역회사를 설립할 때는 대개 무슨 무슨 무역총회사의 지역별 지사 혹은 외화벌이 기지라고 이름을 붙여 설립한다. 예를 들어 인민보안성 록산총회사 남포지사와 같은 식이다. 이 경우 남포지사는 기본적으로 록산총회사의 산하기관과 유사한 지위를 가진다. 그도 그럴 것이 이 지사는 자신의 상급기관인 총회사로부터 와크를 분배받기 때문이다. 즉, 무역총회사(예컨대 록산총회사) 입장에서는 총회사 자신이 가지고 있는 와크를 분배해 주는 경우가 일반적이다.

그런데 가끔은 지사가 독자적으로 와크를 받는 경우도 있다. 탈북자 J1 씨가 근무했던 A 무역총회사 평양지사의 경우가 그러했다. 즉, 자기가 돈이 있으면 국가보위부나 인민보안성 간부들과 사업해서 회사 지사 하나를 새로 만들고 싶으니 와크를 받아달라고 요청한다. 물론 그 조직과 간부들에게는 대가를 지불해야 한다. 매년 얼마씩 당신들에게 주겠다는 약속을 하는 것이다. 그러면 그 단위에서 제의서[28]를 올려 와크를 받아온다. 이 경우 총

역 상대방 잡는 것까지 전부 다 록산이 하고, 대성총국의 와크만 빌리는데 수출대금의 일부를 와크비로 준다"(탈북자 L1 씨).

26) "특수단위 중에서 가장 확실한 것이 중앙당 39호실 산하 회사들이다. 그 사람들은 자리를 잡은 사람들이고 당 자금을 벌기 위해서 자기네 고정적인 지표를 가지고 안전한 루트로 간다"(탈북자 K2 씨).

27) 다만 이러한 독점지표는 7·1 조치 이후 독점적 성격이 다소 완화된 것으로 보인다.

회사로부터 와크를 받는 것보다 독자적인 와크를 갖는 것이 훨씬 움직이기 좋다고 한다. 회사 경영에서 자율성의 폭이 훨씬 넓어지기 때문이다.

한편, 와크는 고정적인 것이 아니다. 국가가 개별 회사에 대해서가 아니라 국가 전체적으로 특정 와크를 없애거나 부활시키는 경우도 종종 있다. 특히 수입품의 경우 사회질서를 문란케 할 우려가 있으면 검찰, 보안성 등 법기관의 발의에 의해 해당 품목의 수입이 일시적으로 금지되는 경우가 있다. 물론 상황에 따라서는 해당 와크가 부활하는 경우도 있다.[29]

2) 수출입 활동 및 수출기지의 확보

무역회사의 공식적인 활동은 수출입계획의 작성과 실행이 핵심적이다. 물론 현실의 세계에서는 계획의 범위를 벗어나는 비공식적 활동이 비일비재하지만 큰 틀 자체는 계획에 의해 움직이는 형식을 취하고 있다.

무역회사의 경우 계획 작성에서 큰 자율성을 부여받는다. 물론 상급기관이 산하기관들의 지표별 계획목표를 취합·조정하는 과정이 있기는 하지만 수출입품목 및 수량, 거래상대방, 거래가격 등에 대해 어느 정도 자유롭게 의사결정을 할 수 있다. 나아가 계획실행과정에서는 더 큰 폭의 자율성을 부여받는다. 사후적으로 총화·검열 등의 과정을 거치지만 금액으로 주어진 계획목표만 달성하고, 크게 개인적으로 비리를 저지르지 않은 이상, 특

---

28) 제의서를 올릴 때 외화를 벌어 어디에 쓸 것인지 그 명분을 잘 세우는 것이 중요하다고 한다. 예를 들어, 간첩 잡는 데 기여하려고 통신장비를 들여오겠다는 것 등이다.

29) "북한이 법치국가가 아니라 법 위에 사람이 있어 조종하기 때문에 와크가 나왔다가도 없어질 수 있다. 사회적 불화와 혼란을 가져올 수 있는 품목이라고 검찰, 보안성 등 법기관에서 '와크 없애자'는 방침을 김정일에게 올리면 와크가 없어질 수도 있다. 그렇게 되었다가 다른 특수단위에서 와크를 풀어달라고 하기도 한다. 결국 이랬다저랬다 하면서 와크를 단속하거나 개방한다"(탈북자 J1 씨).

히 특수기관 소속 무역회사에 대해서는 눈감아주는 것이 보통이다.

무역회사의 활동 중에서 핵심적인 부분의 하나가 수출원천의 동원, 즉 수출품의 매집이다. 무역회사가 수출원천을 동원하는 방법은 크게 보아 두 가지이다. 하나는 무역회사 자신의 외화벌이 기지(광산, 공장, 농장, 수산사업소 등)로부터 동원하는 것이고, 또 하나는 자신의 기지가 아닌 곳에서 동원하는 것이다.

무역회사 입장에서는 자신의 기지가 있으면 일하기가 수월한 것은 말할 필요도 없다. 기지를 하나 확보하게 되면 무역회사는 수출원천을 안정적·지속적으로 동원할 수 있게 되고 따라서 경영상의 안정성도 확보하게 된다. 그래서 권력기관별로 이른바 '노른자위 기지'를 획득·흡수·찬탈하기 위한 경쟁이 치열하다.

이를 좀 더 자세히 살펴보기로 하자. 우선 기지를 새로 하나 만드는 경우를 살펴보자. 해안지대의 땅을 무역회사가 임대받는 형태로 기지를 새로 만드는 경우이다. 무역회사가 국가에 대해 특정 해안지대의 땅을 임차해줄 것을 신청하면 국가가 심사해서 국토부가 땅을 떼어준다. 그리고 국가는 해당 무역회사에 대해 '서식장 등록증'을 주고 무역회사는 그 대가로 일정 금액의 현금을 국가에 납부한다(탈북자 K9 씨). 그런데 이 등록증이 효력을 발휘하기 위해서는 국토부뿐만 아니라 해당 지역의 군부대, 보위부 등의 승인이 필요하다. 이런 과정을 거쳐 수산기지를 확보한다. 그러면 그 회사는 해당 토지에 각종 수산물을 서식시켜 채취한 뒤 중국 등지에 수출해 외화를 벌어들인다.

해안지역에는 이러한 수산기지가 만들어지지만 내륙에는 광산지역에 기지가 만들어지기도 한다. 이 또한 무역회사가 신청하면 국토부가 땅을 떼어주는 방식이다. 해안지대의 땅에 대한 권리증은 '서식장 등록증'이라고 하지만 광산의 경우에는 '광산토지 등록증'이라고 명명한다. 광산 안에는 굴이 몇 개 있는데 1개 광산이 산 하나의 규모이고, 그 안에는 40~50개의 기지가 있을 수 있다(탈북자 K9 씨).

이렇게 광산지역에 새롭게 확보한 기지는 엄밀히 따지면 기지의 신설이라기보다는 기지의 약탈이라고 보아야 한다. 즉, 기존에 내각에 소속되어있거나 지방 행정단위에 소속되어 있는 탄광, 광산 등을 권력기관(인민무력부, 인민보안성 등)들이 이들의 소속을 변경하여 자신들의 산하기관으로 흡수하는 것이다.30) 물론 단독으로 하지는 못하고, 이른바 제의서를 최고지도자에게 올려 승인을 받아야 한다. 적당한 명분도 만들어야 한다. 이들 단위를흡수해 외화를 벌어 국가 방위와 사회질서 유지 등에 필요한 물자를 해결하고 국가에 대해서도 일정 자금을 바치겠다는 취지로 포장해야 한다. 동시에흡수당하는 기관, 기업소에 대해서도 일정 정도 인센티브를 제공해야 한다.31)

───────

30) "사회탄광(내각경제 내 탄광)이라도 탄밭이 좋으면 인민무력부가 먹어버린다. 군 중시사상이고 선군정치시대니까. 예를 들어서 탄광이 하나 있다고 하자. 이것은 현재석탄공업부 소속의 탄광이다. 그런데 탄밭이 좋고 석탄 칼로리가 높다고 하면 이걸군부가 자기 특성을 가지고 권력을 내세워서 노무자들까지 통째로 군부대 노무자화해서 명의를 변경해서 흡수해버리고 만다. 석탄공업성에서 떼어내는 것이다. 노동자들 입장에서도 석탄공업성 탄부로 있는 것보다는 군부 밑으로 들어가는 것이 더좋다"(탈북자 K2 씨).

31) "소규모 광산, 즉 지방 자체 광산이 있다. 군(郡)에서 운영하는 자체 광산인데 여기서 몰리브덴 품위가 좋은 것들이 나오면 광산이 소재하고 있는 군과 짜고 위에 방침을 올린다. 예를 들어 "평남도 성천군 어느 광산 몇 호 갱은 우리에게 소속시켜서 여기서 나오는 몰리브덴으로 우리에게 필요한 무엇 무엇을 해결하며 우리가 당 자금얼마를 해결해서 드리려고 합니다"라고 한다. 과학적인 수치를 밝혀야 한다. 거기에김정일 사인이 나와야 움직일 수 없는 방침이 되는 것이다. 중소규모의 광산들을 자기가 한마디로 먹어치우는 것이다. 그런데 군(郡)이 승인을 안 할 수가 있다. 그러니까 타협이 필요하다. 지방 차원에서도 자력갱생이니까. 군당 책임비서와 군인민위원회 위원장에게 가서 당신네 군에 필요한 물자가 뭐냐고 물어본다. 예컨대 중국 동풍 화물차 10톤을 50대 가져다 빌려주겠다고 할 수도 있다. 영농기자재인 비닐방막

다음에는 기지를 확보하지 않은 상태에서 수출원천의 동원 방식을 살펴보자. 탈북자 K2 씨가 전하는 어느 광산의 사례를 보자. 평남 성천군에 몰리브덴 광산이 있었다. 그런데 그 광산은 조업을 사실상 중단한 상태였다. 국가 차원에서도 몰리브덴이 필요해서 국가계획위원회가 연간 생산계획을 할당해주지만 그 목표량을 달성하지 못했다. 광석을 제대로 채취하려면 고압 양수기를 비롯해 각종 설비가 필요한데 국가에서 이를 공급해주지 못했다. 더 큰 이유는 국가에서 식량을 주지 않고 월급도 주지 않으니 사람들이 일을 하지 않는다는 것이다. 광산 지배인 입장에서도 일을 시킬 수가 없었다.

그런데 무역회사가 이 광산에서 몰리브덴을 수매해 중국에 수출하면서부터 상황은 크게 달라졌다. 광부들이 열심히 일을 하기 시작한 것이다. 다만 이들은 주로 개별적으로 폐갱에 들어가서 광석을 캔다. 갱을 폐기시킨 곳인데 위험한 지역이다. 그런 곳에 거의 기다시피 해서 들어가 갱에서 쓰는 특수 공구, 갱 곡괭이 같은 것으로 광석을 캐서 피마대에 담아 끌고 나와 집에 보관해둔다. 한 집에 보통 한 200kg부터 많은 사람은 2톤까지 집에 저장하고 있다고 한다. 이것을 무역회사가 대량으로 사들이는데, 대가로 현금을 주기도 하고 밀가루, 사탕가루, 콩기름 등 현물을 주기도 한다. 국가가 식량을 주지 못하니 무역회사가 그 공간을 뚫고 들어가는 것이다. 노동자들 입장에서는 생존을 위해 위험을 무릅쓰고 폐갱에 들어가 필사적으로 광석을 캐내는 것이다.[32] 물론 개별적으로 노동자들을 접촉하기 전에 지배인을 만

을 얼마 정도 가져다주겠다고 할 수도 있다. 이렇게 해서 군 측이 혹하게끔 만들어 줘야 한다. 무역회사는 그렇게 지출되는 금액과, 광산을 먹어치워서 얻을 수 있는 이익을 비교해서 채산성을 따져본다. 아직까지 지방은 광석을 가지고 있어도 팔아 먹을 수 있는 권한이 없다. 도 무역관리국이 나가서 움직일 수 있는 권한이 없다"(탈북자 K2 씨).

32) 후술하겠지만 이는 기본적으로 불법이다. 개인들이 국가 재산을 불법적으로 팔아먹는 것이다.

나 기업소 차원에서 요구하는 것, 예컨대 고압양수기를 몇 대 제공한다. 그
것으로 기업소와 무역회사의 1차적인 계약은 끝난다. 노동자를 동원하는 문
제는 간단하다. 지배인이 이야기하지 않아도 노동자들이 줄을 선다고 한다.

3) 수입품의 국내 판매

무역회사 입장에서 보면 7 · 1 조치 이후의 큰 변화 가운데 하나는 자가소
비용 및 국내공급용뿐 아니라 시장판매를 위한 수입이 공식 허용되었다는
사실이다. 게다가 무역회사들이 직접 국내 소비자를 대상으로 한 상점을 운
영하는 것이 가능해져 영업범위가 획기적으로 확대되었을 뿐만 아니라 무
역회사 경영의 차원도 달라졌다고 할 수 있다. 이제 무역회사들이 해외무역
뿐 아니라 국내상업에서도 수익을 올릴 수 있는 구조가 형성된 것이다. 동
시에 대외무역과 국내상업을 한데 묶어 일체화된 시스템을 구축함으로써
회사 경영을 몇 단계 업그레이드시킬 수도 있게 되었다.

종전 무역회사의 수입활동은 경영상의 자율성이 많지 않았다. 때로는 수
출과 수입이 현물로 연계되어 있었다. 특정 제품을 수출하면 그 상대방이
물론 현금으로도 결제할 수 있지만 현물로 결제하는 경우가 많았다. 게다가
무역회사들은 종종 국가로부터 특정 제품의 수입을 명령받아 수행해야 했
다. 예를 들면, 북한의 명절을 앞두고 주민들에 대한 선물 명목으로 상품을
수입해야 했다.

물론 7 · 1 조치 이전에도 무역회사가 상품을 수입해 국내시장에 판매하
는 경우가 없지는 않았다. 하지만 그 당시는 불법이었다. 시장 자체가 아직
불법의 영역이었으니 시장에 대한 상품 판매 또한 불법의 영역이었다. 그러
던 것이 7 · 1 조치를 계기로 국내시장에 대한 접근이 합법화되었다. 무역회
사 입장에서는 이제 수입품의 국내 판매를 통해 돈을 벌 수 있는 아주 좋은
기회가 찾아온 것이다. 종전에는 수출만으로 돈을 벌었으나 이제는 수입을

통해서도 돈을 벌 수 있게 된 것이다.

북한의 내각지시 24호(2003. 5. 5)는 "무역성, 상업성, 도 인민위원회와 해당 기관들은 지금 운영을 제대로 하지 못하고 있는 국영상점들을 임시로 상품보장을 담보할 수 있는 무역회사들에 넘겨주어 운영하도록 할 것이다"라고 명하고 있다. 또한 "평양 제1백화점과 같은 무역회사가 단독으로 운영하기 힘든 상업망들에 대해서는 무역회사들의 요구에 따라 상점의 매대 또한 층별로 임대해주어 수입상품을 팔게도 하고 위탁판매를 비롯한 여러 가지 방법도 적용해보도록 할 것이다"라고 규정하고 있다.

평남 평성 출신의 탈북자 J3 씨는 평안남도 인민위원회 무역관리국이 국영상점 하나를 인수한 사례를 전하고 있다. 애초에 평성시 인민위원회 상업관리소 소속이던 평성종합상점이라고 있었다. 식품, 의류 등 말 그대로 종합적으로 판매하는 곳이었으나 상점에 물건은 없고 직원들은 출근해도 할 일이 없으니까 허송세월만 보내다 돌아가곤 했다. 그런데 이 상점을 평안남도 인민위원회 무역관리국이 인수했다. 힘도 있고 돈도 있는 기관이었으므로 상점을 인수한 뒤 건물을 새롭게 꾸몄다. 그리고 수입품을 들여와 판매하기 시작했다.

그리고 탈북자 J1 씨가 근무했던 무역회사도 평양에 상점을 신규 개점한 바 있다. 지하 1층, 지상 2층 규모의 이 상점은 각종 수입 생필품뿐 아니라 수입 자동차도 전시·판매한 것이 특징이다.

무역회사가 상점을 통하지 않고 직접 시장을 통해 수입품을 판매하는 경우도 여전히 가능하다. 물론 국가는 상기의 내각지시를 통해 "무역회사들이 수입상품을 들여와 개인들에게 비법적으로 넘겨주는 현상을 없앨 것"을 지시했지만 이 지시에 따르지 않는 경우가 종종 있었다.

내각 소속 무역회사에서 근무한 경험이 있는 탈북자 K8 씨의 사례를 살펴보자. 그가 근무한 곳은 담배를 수출하고 이불을 수입하는 무역회사였다. 자신에게 할당된 계획목표(외화)를 채우기 위해서는 담배 수출만으로는 모자랐다. 그래서 이불을 수입해 국내 도매상에게 넘겼다. 이불 하나를 예컨대 35달러에 수입해 국내의 도매상들에게 50달러에 팔고, 도매상들은 소매상에게 60달러에 넘기는 식으로 했다. 결국 이 회사는 이불 하나에 15달러의 차익을 남겼다. 국내의 중간도매상들이 달러를 많이 가지고 있다 보니 무역회사는 해외수입과 연계된 국내상업을 통해서도 달러를 벌어들일 수 있게 된 것이다.[33]

4) 수출입가격의 관리

앞에서 언급했듯이 가격제정위원회는 수출입품의 가격에 대해 통제를 한다. 다만 수출입가격통제에 약간의 예외가 있기는 하다. 은하 888 무역회사(금수산 의사당 경리부 소속 무역회사)에 근무한 적이 있는 탈북자 K6 씨는 자신의 기관의 특성상 수입품 가격에 대해 예외를 인정받은 적이 있다고 밝히고 있다.[34]

---

33) "중국에서 이불을 수입해 국내시장에 파는 것이다. 국가무역을 한다면서 사실은 개인무역을 해서 몽땅 돈을 거둬들인다. 1년에 우리 회사에서 10만 달러면 10만 달러란 돈을 당에다 내야 한다. 그것을 못 내면 안 된다. 우리는 그 계획을 다 해야 한다. 수단과 방법을 다해서 시장에 상품을 뿌려서 시장에서 개인들 몸 안에 있는 달러를 우리가 다 거둬들인다. 한 번에 이불 같은 것은 35달러에 들어온다. 이걸 우리는 중간상인들에게 50달러에 판다. 그러면 장사꾼들이 그거 하나에 60달러에 판다. 자동차 하나에 이불을 꽉 채우면 500개 정도 채울 수 있다. 그러면 우리는 물건을 건네주고 즉석에서 2만 5,000달러를 받는다"(탈북자 K8 씨).

34) "도저히 그 가격에 못 팔거나 살 수 없는 경우에는 은하 888 무역회사만은 불가피한 경우에 가격제정위원회 가격을 무시해도 좋다고 하는 김정일의 방침이 있었다. 그렇기 때문에 나는 조금 비싸게 사도, 조금 싸게 팔아도 법을 어긴 건 아니다. 나라 규정이 그래도 김정일 방침이면 다 통한다. 예를 들면, 입쌀 사들여오는데 '국가에서 사들여오는 건 280달러 이상은 절대로 안 된다'고 했다. 그러나 '금수산 은하 888만

그런데 무역성과 가격제정위원회는 소속이 다르기 때문에 항상 갈등을 빚는다(탈북자 C2 씨). 가격제정위원회에서는 자신들이 제시한 가격을 관철하지 못하면 상대방과 계약을 하지 못하도록 한다. 합의를 보지 못하면 다시 북한으로 돌아와서 새로운 가격을 가지고 다시 협상하라는 입장이다. 모든 무역부문에서는 북한이 먼저 양보하지 않는다는 것이 전략이라고 한다. 하지만 무역성 입장은 그런 식으로 하면 제대로 무역을 하지 못한다는 것이다.

상부의 통제에도 무역현장에서는 국가의 가격통제가 효과를 거두지 못하는 경우가 종종 있다고 탈북자들은 전하고 있다.[35] 특히 북한과 중국 간의 거래에서 실거래가격과 무역성 통제가격의 괴리는 어느 정도 불가피하다는 증언도 있다.[36] 북한산 제품을 중국에 수출할 경우에 불가피하게 국가의 통

은 300달러, 350달러에 사들여오라'고 했다"(탈북자 K6 씨).

[35] "무역회사가 수입하려는 품목의 금액에 대해 '지금 국제시세가 이렇지 않느냐'며 제지하는 경우는 있다. 그런데 제지한다고 해서 밑의 사람이 말을 듣는 것도 아니고 위의 사람이 말한다고 해서 올려쳐다보는 게 아니다. 밑의 사람들은 예, 알았습니다 인사뿐이지 그 제지에 따르는 사람은 없다. 글쎄, 몰래 따르는 사람이 있을지는 모르지만"(탈북자 K8 씨).

[36] "무역성 일꾼들 수출 담당자들은 애로가 있다. 가격제정위원회에서 몰리브덴은 이런 품위 몇 %짜리는 톤당 가격 얼마에 수출하라고 지침을 내린다. 국제시장가격 수준으로 수출해야 승인을 해준다. 그런데 사는 사람이 북한 몰리브덴을 국제시장가격으로 살 것 같으면 무엇 때문에 북한 것을 사겠는가? 싸니까 사는 것인데. 그러니까 가격을 싸게 해서 팔려고 하면 승인을 안 해주니까 모가지 내고 팔 사람이 없다. 몰리브덴 품위 45%면 국제시장가격이 9,000 내지 1만 달러 정도 될 것이다. 무역성은 국제시장가격이나 정해놓고 앉아 있다. 그런데 실제로 우리가 중국에 팔 때는 톤당 가격을 4,500달러로 보면 된다. 국제시장가격의 절반이다. 그렇지 않으면 뭣 때문에 중국이 사겠다고 하겠나. 국제시장가격이라는 것은 변방무역에서 통하지 않는다. 그러니까 북한이 손해를 보는 것이다. 아무리 정부적 차원에서 한다고 하더라도"(탈북자 K2 씨).

제가격보다 싸게 수출하는 경우가 꽤 있다고 한다.

이는 북한의 대중수출이 가지는 성격, 즉 일종의 수요독점 상태에 따른 자연스러운 현상이라는 측면도 있다. 즉, 공급자(북한 무역회사)는 다수이며 제품을 수출하지 못하면 생존 자체가 위협받는 매우 다급한 상황인 반면, 수요자(중국 무역회사)는 소수이며 매우 느긋한 입장에 있는 상황이다. 이에 따라 공급자보다는 수요자가 교섭상 우위에 있어 교역조건을 자신에게 보다 유리하게 끌고 갈 수 있는 것이다.[37]

5) 운영자금 확보 및 관리

무역회사에서 수출입활동을 하기 위해서는 운영자금이 필요하다. 그런데 국가나 상급기관에서는 무역회사에 대해 기본적으로는 자력갱생의 원칙을 요구하고 있다. 운영자금을 제공하는 법은 없다. 가끔 국가가 필요로 하는 물자를 수입하라고 명령을 내릴 때 필요자금을 지원하는 적은 있지만 평상시에는 무역회사 스스로 자금을 해결해야 한다. 따라서 무역회사 입장에서는 우선 자기자금으로 충당해야 하지만 모자랄 때는 외부에서 빌려야 한다. 무역회사가 사금융을 이용하는 것이 바로 이 때문이다.

현금이 가장 필요한 시기는 수출원천의 동원, 즉 수매의 시기이다. 이때 무역회사가 보유하고 있는 현금을 활용하는 경우도 있고 개인, 특히 화교들

---

37) 탈북자 J1 씨는 석탄의 예를 들어 이러한 상황에 대해 잘 설명하고 있다. "대표적인 것이 석탄이다. 북한에서 수출을 해서 돈이 나올 만한 것은 석탄 정도이다. 그런데 북한에서는 여기저기서 산발적으로 수출을 하다 보니 중국이 석탄을 싸게 사들이게 된다. 결국 국가적 손해를 보게 된다. 그래서 국가에서는 석탄 수출을 금지하고 이에 따라 중국에서 석탄 수요가 늘어나면 가격을 올려서 수출하도록 하기도 한다. 그러나 돈 나올 곳은 석탄밖에 없으니 무역회사란 무역회사는 모두 다 석탄을 수출하겠다고 나선다. 결국 다시 산발적으로 수출하게 되고 가격은 싸지게 된다."

로부터 빌리는 경우도 꽤 있다. 무역회사 자체가 개인으로부터 대부를 받는 경우도 있지만, 무역회사에 적을 걸어둔 개인이 다른 개인으로부터 대부를 받는 경우도 꽤 많다.

인민무력부 산하 무역기관에서 지도원 생활을 한 적이 있는 탈북자 C1 씨는 자신이 직접 화교로부터 돈을 빌린 적이 있다고 밝히고 있다.[38] 내각 소속 무역기관에서 지도원으로 일한 적이 있는 탈북자 K8 씨도 북한주민으로부터 직접 돈을 빌린 경험이 있다고 밝히고 있다.[39]

한편, 무역기관은 자신의 은행계좌를 보유하게 되어 있다. 기본적으로 내화구좌와 외화구좌가 별도로 있다. 무역회사 자신이 예컨대 한 해 동안 벌어들인 자금의 분배방식, 그리고 자체 적립금과 상부에 대한 납부금의 비율 등은 내각기관이냐 특수기관이냐, 국가무역이냐 지방무역이냐에 따라 달라질 수 있다. 특수기관의 경우 무역회사가 벌어들인 수입(매출이 아니라 순익)

---

38) "예를 들어 내가 수출원천을 동원해야 되겠는데, 회사에는 돈이 없다고 하자. 내가 개인적으로 꾸어달라고 하면 믿지 않고 안 꾸어준다. 그러니까 회사에서 담보를 선다. 회사라는 게 국가이니까 그렇게 담보를 선 이후에 개인에게서 꾸어 쓰는 것이다. 돈을 빌릴 때 계약서, 차용증 다 쓴다. 실제로 나도 그렇게 했다. 1999년도에 2만 불 정도를 빌렸다. 내가 친한 화교에게서 꾸었다. 다만 잘 아는 사이니까 이자를 6개월에 10%만 붙이자 했다. 내가 북한에서 나오기 전에 보니까 20%를 달라고 하더라. 그런 경우가 무역기관 쪽에는 많다. 특히 무력부 소속 무역회사들, 국가에서 운영하는 군중외화벌이 단위들이 많다. 작게 빌리는 사람도 있겠지만 크게 빌리는 사람도 있다. 10만 불, 20만 불 정도. 크게 빌릴 때는 대체로 송이철, 통성게철 등이다. 수출원천을 동원해야 할 철인데 한꺼번에 많이 해야 되니까 목돈이 필요한 것이다(탈북자 C1 씨).

39) "개인에게 돈을 빌리지 않고 어떻게 장사를 하나. 무역총회사 측에서 자금을 빌려주기도 하지만 그건 제품 수입에 필요한 범위 내에서만 그렇다. 그것 주기 전에 개인들에게 돈을 많이 꿨다. 이자는 본인 결정에 따라 다르다. 7% 주는 사람도 있고 10% 주는 사람도 있고 15% 주는 사람도 있다. 그건 여러 가지다. 그러니까 신용거래다"(탈북자 K8 씨).

의 70%를 상부로 보낸다는 증언들이 있다(탈북자 C2·J1 씨).

상기의 문제와는 별개로 개별 무역회사들은 자신의 외화구좌로부터 현금을 인출하는 데 현실적으로 매우 어려움을 겪고 있다. 이에 따라 기업들은 일정 수준의 외화 현금을 자기 수중에 가지고 있기 위해 여러 가지 편법과 불법을 동원한다. 예컨대 외국기업의 평양지사가 평양 주재 외국계 은행에 보유하고 있는 계좌를 통해 송금하는 방식이다.[40]

4. 대외무역 운용체계에 대한 평가: 성과, 한계, 부작용

1) 제한적인 무역활성화

북한에서 무역제도의 변화, 즉 몇 차례에 걸친 무역분권화 조치는 무역활성화라는 소기의 목적을 달성했을까? 관련 자료의 부족으로 실태를 정확하게 파악하기는 어렵지만 간단한 추론 정도는 가능할 것이다.

우선 성과가 전혀 없다고 보기는 어렵다. 첫째, 인센티브 구조의 변화이다. 개별 노동자의 차원에서 보면, 평남 성천군 몰리브덴 광산의 예에서 보듯이 무역회사가 개별 광산에 대해 수매를 하기 시작하면서부터 매우 열심

---

40) "중국에서 우리에게 송금해준 돈, 그걸 은행에서 찾아 쓰는 것은 중앙당 38호실이나 39호실도 힘들다. 은행마다 출금 담당 부총재가 있어서 그 사람에게 자기가 찾는 액수의 7%부터 많게는 10%까지 커미션을 주어야 한다. 그렇기 때문에 가장 좋은 방법은 외국지사에 송금하는 것이다. 불법이긴 하지만 어쩔 수 없다. 예컨대 일본 어드반스 회사 평양지사가 평양 시내 안산호텔에 있는 평양 뻬레그라다 은행(일본계)에 구좌를 가지고 있다. 그런데 내 친구가 어드반스 회사의 평양 지사장이었기 때문에 나는 이 구좌를 이용할 수 있었다. 외국계 은행이기 때문에 북한정부도 어떻게 하지를 못한다"(탈북자 K2 씨).

히 일하기 시작했다. 그 이전에는 국가계획 달성을 위한 광석 채취에는 관심이 없었는데, 이는 국가가 식량도 월급도 주지 않았기 때문이다. 하지만 무역회사에게 판매할 광석 채취에는 매우 열심이다. 자신이 일한 만큼 그 대가를 받기 때문이었다.[41] 더 큰 변화는 무역회사 차원에서 찾아볼 수 있다. 무역회사 입장에서는 자신들이 벌어들인 수익의 일정 부분을 상급기관 및 국가에 납부할 의무만 있을 뿐 나머지 수익에 대해서는 마음대로 처분할 수 있다. 즉, 많이 벌어들이면 들일수록 자신의 몫도 커지는 것이다. 국가는 "너희가 많이 벌어들여라. 그러면 너희에게 돌아가는 것도 많아진다"는 것을 기본방침으로 내세웠다(탈북자 C2 씨).

둘째, 효율성의 증가이다. 후술하겠지만 무역의 분권화로 시장경제활동이 증가하고, 이에 따라 전반적인 경제활동의 효율성이 증대된 측면이 존재한다.

셋째, 국가 전체적으로 보면 동원되는 자원이 증가했다. 예를 들면, 무역회사가 수출원천을 새롭게 동원할 때 생산행위와 유사한 것들, 즉 수산물 양식, 광산물 채취 같은 것은 기존의 국가경제시스템하에서는 불가능한 것이었다. 무역회사가 나섰기 때문에 가능한 일이다. 제조업의 경우에 빗대어 본다면 국가 차원에서는 움직일 수 없는 공장을 무역회사가 움직이게 한 것이다.

이러한 요인들로 인해 무역량이 확대되는 효과가 있음은 부정하기 어렵다. 하지만 이러한 제도적 변경으로 인한 효과는 제한적일 수밖에 없는데, 물리적인 제약이 워낙 크기 때문이다. 전력도 부족하고, 원자재도 턱없이 모자라는 상황에서는 명백한 한계가 있다. 또한 수출량이 늘어난다고 해도

---

41) "국가계획은 못해도 우리(무역회사) 것은 열심히 한다. 노동자들이 10kg 들고 나오면 10kg에 해당한 돈을 우리가 주니까. 그러니 이 사람들은 죽을 둥 살 둥 모르고 하는 것이다"(탈북자 K2 씨).

농수산업, 광업 등 1차 산업 위주의 수출구조로 되어 있기 때문에 한계가 있다. 북한의 제조업 기반은 사실상 붕괴되었기 때문에 제조업 수출이 늘어나기는 매우 어렵다.

2) 시장화의 촉진

무역제도의 변화, 특히 무역분권화로 인해 형성된 현재의 북한 무역시스템은 시장화를 촉진하는 구조적 특성을 지니게 되었다. 무엇보다도 무역회사에 개인자본 및 사적 경제활동이 편입되는 기회가 크게 늘었다. 각종 무역회사들은 외화수입을 늘리기 위해 능력 있는 개인들을 경쟁적으로 끌어들이고 있다. 개인들은 무역회사에 적만 걸어두고, 특히 당이나 군 계통 무역회사의 공식 직함을 가지고 자유롭게 무역활동을 전개하고 있다. 그들은 기본적으로 와크와 같은 몇 가지 제도적 틀 속에서, 때로는 그 범위를 넘어서서 중국 등지와의 무역을 통해 외화를 획득한 후 일부는 해당 기관(무역회사)에 바치고 나머지는 개인 호주머니에 넣는 것이다. 다소 거칠게 말하면 국가무역이라는 외피(모자)를 쓰고 있지만 실제는 개인무역을 하는 셈이다.

사실상 중앙당 산하에 있는 어느 무역회사 소속의 한 회사에서 관리직으로 근무했던 C2 씨의 경험이다. 2002년 7·1 조치로 독립채산제가 실시되면서 무역업을 확대했다. 애초에 원산에 수산사업소를 가지고 있었는데 일본과의 거래경험도 있고, 또 와크도 가지고 있었다. 2002년 말에 수출원천동원과를 신설했는데 이 과의 직원 6명 가운데 5명이 이른바 돈주였다. 회사에 매달 1,000달러씩 납부하거나 한꺼번에 일정 금액을 바치면 회사 명의를 제공하겠다고 했더니 돈주들이 응했다. 회삿돈에다 이들의 돈을 합쳐 까막조개 등을 바다에 양식해 일본에 수출했다. 불과 6개월 사이에 초기 자본의 2배를 벌 수 있었다.

일반경제의 무역회사이든 특수경제의 무역회사이든 해당 기관·기업소에 원래부터 근무했던 사람이 무역회사를 경영하는 경우보다 외부에서 온 사람이 경영하는 경우가 더 많은 것으로 보인다. 예컨대 인민무력부 산하 무역회사의 경우, 군부가 직접 하는 것보다는 민간인을 끌어들여 회사 경영을 맡기는 경우가 더 많다(탈북자 K9 씨)고 한다. 그리고 이 민간인은 대개 자신의 자본을 가지고 들어와서 무역회사를 운영한다. 때로는 국가로부터 운영자금을 제공받기도 하고(특정 제품의 수입에 대해 명령을 받았을 경우-), 또 때로는 운영자금이 모자라서 민간 사채업자로부터 대부를 받기도 한다.

무역회사가 수출품을 매집하는 과정도 기본적으로 시장경제의 영역이다. 자신의 수출기지가 아닌 곳(예컨대 광산이라고 하자)에서 상대방으로부터 수출품을 사들일 경우 적용되는 가격은 국정가격이 아니라 시장가격이다. 무역회사에 대해 국정가격으로는 팔 바에야 아예 밀수꾼에게 암시장가격으로 파는 것이 낫기 때문이다. 물론 수출품을 파는 측과 사는 측의 교섭력에 따라 이른바 시세에서 약간의 괴리가 있을 수 있지만, 기본적으로는 시장가격이다.

무역회사가 수입품을 들여와서 국내에 판매하는 것도 기본적으로 시장경제의 영역이다. 앞에서도 보았듯이 7·1 조치 이후 무역과 국내시장과의 연계성은 크게 높아졌다. 무역회사의 입장에서 보면 상품을 수입해 국내 소비자에게 공급·판매할 수 있는 경로는 이제 두 가지가 생겼다. 하나는 도매시장을 거쳐 종합시장에 판매하는 것이다. 또 하나는 자신이 직접 운영하는 국영상점 혹은 다른 상점을 통해 판매하는 것이다. 그런데 국영상점에 넘겨주는 가격이 시장가격과 괴리가 있다면 무역회사 입장에서는 국영상점보다는 종합시장에 판매하는 쪽을 선호할 것이고, 이 경우 북한정부의 의도는 실현되기 어렵다. 따라서 국영상점에서의 거래가격이 사실상 시장가격 수준이거나 이에 근접해 있어야 한다.

실제로 무역회사의 경영 자체는 이제 대부분 시장경제의 영역에서 이루어지게 되었다. 물론 와크, 지표 등 일종의 수출입품목에 대한 통제, 가격에 대한 통제 등이 남아 있지만, 국가는 무역회사에 대해 결과만 요구할 뿐 과정에 대해서는 묻지 않는다. 특히 무역업체의 속성상 현물지표계획보다는 금액계획이 우선시되기 때문에 기업의 자율성이 매우 크다고 보아야 한다. 그리고 현재 북한에서 기업은 계획경제영역뿐 아니라 시장경제영역에서 활동을 하고 있다. 무역회사라고 해서 예외가 될 수 없다. 아니 무역회사는 그 속성상 시장경제영역과의 접점이 더 넓을 수밖에 없다.

결국 북한 전체적으로 볼 때 무역의 분권화가 진전되어 무역회사의 수와 활동범위가 늘어날수록 이에 비례해서 시장화가 확대된다고 볼 수 있다.

3) 시장에 대한 국가의 의존 증대

무역의 분권화 진전으로 인해 국가는 무역을 매개로 해서 시장에 더욱더 의존하게 되었다. 개인이 시장경제활동을 통해 벌어들인 돈을 무역회사를 통해 거두어들여 당, 군, 내각의 재정수입에 충당하는 것이다. 그렇다고 하면 북한에서 무역은 계획경제와 시장경제의 연결고리라는 새로운 역할을 부여받았다고 할 수 있다. 〈그림 3-1〉과 〈그림 3-2〉는 이 과정을 매우 단순화시킨 사례이다.

〈그림 3-1〉에서 실질적인 무역의 주체는 상당수가 개인, 특히 돈주이다. 이 개인은 우선 와크를 가지고 있는 무역회사로부터 명의를 빌린다. 예컨대 ○○ 무역회사의 △△ 지사장과 같은 직함을 부여받는다. 이어 수출원천을 동원해야 하는데, 광산물의 경우 북한 내 광산을 찾아가서 광산물을 매집하고 그 대가로 현물이나 현금을 지급한다. 이 경우 자신이 미리 보유하고 있던 자금이나 타인으로부터 빌린 돈을 이용한다. 수산물의 경우, 수출원천 동원은 조금 더 복잡해진다. 즉, 단순 매집일수도 있고 수산물 양식 등과 같이 투자활동을 동반한 과정일 수도 있다.

이렇게 해서 수집한 수출원천, 즉 광산물·수산물을 중국 무역회사에 수출하고 그 대금을 수취한다. 와크 단위인 무역회사의 명의를 제공받으면서 와크를 분배받았기 때문에 중국 측 파트너와 직접 무역을 할 수 있다. 물론 수출의 과정에서 상급기관인 무역회사(와크 단위) 등의 지도감독을 받기는 하지만 이는 다소 형식적이다. 중요한 것은 무역회사가 요구하는 만큼의 수익금을 바칠 수 있느냐 아니냐 하는 것이다. 무역회사는 이 개인으로부터 받은 수익금 가운데 일부를 자기 회사의 운영자금 등으로 사용하고 나머지 대부분을 자신의 상급기관, 즉 중앙당, 인민무력부, 내각과 같은 이른바 중앙기관에 납부한다.

무역의 실질적 주체인 개인이 수출품을 매집하고, 이를 중국 등지에 수출해 외화를 벌어들이는 과정은 대부분 시장경제의 영역이다. 특히 돈주 등 개인이 수출품을 매집하는 과정은 비공식적으로 이루어지며 여기서는 시장가격이 적용된다. 국정가격이라면 광산 종사자들이 무역회사 소속 업자의 매집에 응하지 않고 밀수업자와 거래하려고 하기 때문이다. 그리고 이 개인은 무역회사의 소속이지만 사실상 개인사업자처럼 행동한다.

또한 〈그림 3-1〉에서 개인이 실질적인 무역의 주체로서 활동하는 경우도 있는가 하면 보다 작은 규모의 무역회사가 활동할 수도 있다. 탈북자 K2 씨가 근무했던 J 무역회사가 여기에 해당된다. 하지만 기본적인 메커니즘이 크게 달라지지는 않는다. J 사가 수출품을 매집하고, 이를 중국 등지에 수출해 외화를 벌어들이는 과정은 앞에서 보았듯이 대부분 시장경제의 영역이다. 상급기관의 지도감독이 있기는 하지만 결정적으로 중요하지는 않다. J 사는 실질적인 자율성을 확보하고 있는 상태이다.

그리고 탈북자 C2 씨 회사의 원산 수산사업소 사례에서 보았듯이 회사와 개인이 결합하는 형태, 즉 사실상의 공동투자와 공동운영도 충분히 가능하다. 이 또한 기본적인 메커니즘은 별로 다르지 않다.

〈그림 3-2〉는 무역과 국내 상업이 연계된 경우이다. 즉, 중앙당이든, 인민무력부이든, 내각의 각·성 위원회이든 이들 중앙기관에 소속되어 있는

<그림 3-1> 시장에 대한 국가의 의존: 통상적인 무역의 사례

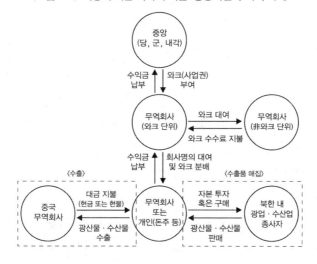

<그림 3-2> 시장에 대한 국가의 의존: 국내상업과 연계된 무역의 사례

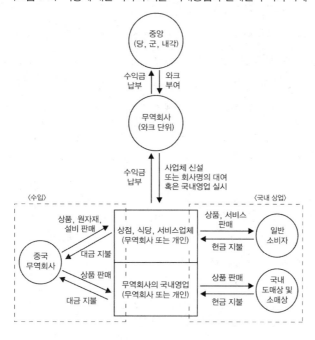

무역회사들이 중국에서 상품을 수입해 국내에서 판매하는 경우이다. 이는 7·1 조치 이후 허용되었다.

우선 무역회사는 상점이나 식당(합의제 식당), 당구장, PC방 등의 봉사업체(서비스업체)를 신설할 수 있다. 이들 업체는 무역회사가 직접 운영할 수도 있고, 자금력이 있는 개인에게 명의를 빌려줄 수도 있다. 그러면 이들 상점, 식당, 서비스업체들은 주로 중국에서 상품, 원자재, 설비를 수입해서 이를 통해 북한주민들을 대상으로 영업활동을 한다. 상기의 업체를 새로 설립하지 않고 무역회사가 직접 국내의 도매상 및 소매상을 대상으로 영업활동을 할 수 있다.

〈그림 3-2〉에서 보는 것처럼 국내 상업은 모두 시장경제의 영역이다. 국내 판매를 목적으로 한 수입도 기본적으로는 시장경제의 영역이 되지 않을 수 없다. 이렇게 해서 벌어들인 내화 및 외화 수익금은 와크 단위 무역회사를 거쳐 중앙에까지 올라간다.

한편, 국가는 특히 7·1 조치 이후 독립채산제를 본격 운용하면서 무역회사의 운영에 대해 자금 지원을 거의 하지 않게 되었다. 그럼에도 무역회사 및 개인으로부터 수익금의 상당 부분을 수취한다. 특히 국가계획이라는 명분하에 무역회사 및 개인이 벌어들인 돈을 가져간다. 와크 단위인 무역회사도 크게 다르지 않다. 개인이든 소규모 무역회사든 상점, 식당이든 운영에 필요한 자금 등의 지원은 하지 않으면서 수익금의 일부를 수취한다. 그리고 와크 단위인 무역회사는 비와크 단위인 다른 무역회사에 와크를 대여하고 그 대가인 와크 수수료를 수취할 수 있다. 그 와크 수수료 역시 다른 무역회사가 시장경제활동을 통해 벌어들인 것이다. 국가 및 계획경제는 이러한 방식으로 시장경제에 기생하고 있다.

4) 와크 제도의 정치적 활용

시장에 대한 국가의 의존에서 결정적인 역할을 하는 것이 와크, 즉 무역 인허가권 또는 무역 사업권이다. 그리고 이 와크는, 매우 당연한 일이지만 개인에게 부여되지 않는다. 아울러 무역회사라고 해서 모두 와크를 부여받는 게 아니다. 국가적으로 중요성이 인정된 기관, 특히 권력기관의 무역회사들이 대개 와크를 가지고 있다. 물론 내각의 성, 위원회 및 도(道) 소속 무역회사들도 와크가 없지는 않지만 다소 제한적이다. 앞에서 보았듯이 와크는 사실상의 특권이다. 그리고 특권성의 인허가권은 필연적으로 지대(rent)를 발생시킨다.

국가는 경제위기 이후 무역의 분권화 조치를 단행했지만 무역을 전면 자유화한 것은 아니다. 와크 제도를 통해 수출입을 사실상 규제했는데, 이 과정에서 수출입 인가, 즉 수출입 사업권을 가지게 된 무역회사는 그 지대를 향유하고 갖가지 지대추구(rent seeking) 행위를 하게 된다. 그래서 각 무역회사들은 이 와크를 획득하기 위해 혈안이 되어 있다. 그런데 이 와크의 부여에 대한 의사결정은 최종적으로 중앙당이 하는 것으로 알려져 있다. 실제 와크를 획득하기 위해서는 최고지도자에 대한 제의서와 함께 권력상층부에 대한 다양한 로비가 필요하다고 한다.

그런데 개별 무역회사에 대해 와크를 부여할 수 있는 권한은 국가 내의 자원을 배분할 수 있는 권한과 동일하다. 북한 지도부의 입장에서는 와크의 부여 여부를, 권력기관 및 각 구성원들의 행동을 자신들이 원하는 방향으로 유도할 수 있는 주요한 수단으로 활용할 수 있게 되었다. 따라서 와크의 부여는 경제적 고려도 중요하지만 정치적 고려가 더 중요하게 되었다. 결국 국가는 무역이라는 매개를 통해, 시장에서 발생한 잉여를 국가가 수취하는 방식으로 시장에 기생하되, 와크 제도를 수단으로 해서 지대를 발생시키고 이를 국가적인 우선순위체계, 특히 정치적 고려에 따라 당, 군, 내각의 각 기관 소속 무역회사에 차등 분배하는 방식으로 활용하고 있는 것으로 보인다. 경제위기 이후 국가의 계획경제시스템이 사실상 마비된 상태, 특히 국가 재정수입은 격감하고 각 기관이 경제적으로 어려움을 겪고 있는 상황에서 북한 지도부가 정치적 목적을 우선시해 선택한 대응방식이라고 할 수 있다.

5) 국가자산의 절취 등 불법행위의 조장

무역의 분권화로 인해 형성된 현재의 무역시스템은 각종 불법행위를 조장하는 경향이 있다. 그러한 불법행위들은 우연적이 아니라 구조적이라는 데 문제의 심각성이 있다.

우선 생각할 수 있는 것이 무역회사의 실적 축소보고 현상이다. 즉, 무역회사가 상부에 대해 연간 실적을 축소보고하는 것이다. 예를 들어, 1년에 수익금으로 10만 달러를 벌어들였는데 상부에는 5만 달러만 벌었다고 보고하고, 5만 달러의 70%에 해당하는 금액(3만 5,000달러)만 상부에 납부하는 것이다.[42] 이런 현상은 비일비재하다. 물론 이런 사태에 대한 감시·감독이 철저하겠지만 큰 문제는 되지 않는다. 감시·감독하는 사람들에게 뇌물로 해결하면 된다.

더 심각한 불법행위는 국가재산의 절취이다. 성천군 몰리브덴 광산의 사례에서 보았듯이 몰리브덴은 개인재산이 아닌데 개인들이 팔아먹는다. 즉, 국가재산을 절취하는 것이다. 물론 여기에도 단속이 들어오기는 한다.

불법행위 가운데 빼놓을 수 없는 것은 밀무역이다. 북한정부가 무역회사에 대해 요구하는 것은 오로지 외화 그 자체이기 때문에 외화를 획득하기 위한 과정의 합법성 여부는 부차적인 문제이다. 합법적인 무역보다 불법적

---

42) 이렇게 비리가 많다 보니 무력부, 보안성, 보위부 등의 경비가 삼엄해진다(탈북자 C2 씨)고 한다.

인 무역이 수익성이 더 높은 것은 말할 필요도 없다. 여기에다 사리사욕, 비리까지 겹치면 밀무역의 필요성은 더 높아진다. 밀무역은 도저히 근절될 수 없는 상황에까지 달하게 된다.

밀무역의 필요성은 각각의 경제주체별로 존재한다. 저마다 밀수에 대한 유인이 작동하고 있는 것이다. 일반 주민 차원에서는 수출원천을 무역회사에 제공하는 과정에서 밀수의 유혹을 느끼게 된다.[43] 기업은 자신의 실적 부풀리기를 위해 밀수에 접근하게 된다.[44] 지방 차원에서도 마찬가지인데, 특히 도 무역관리국이 직접 밀수를 하는 경우도 있다.[45] 하지만 역시 가장

---

43) "식량난이 심각해지면서 인민들은 수출원천을 야매(암거래)로 돌리는 데 혈안이었다. 내가 만약 고사리 10kg를 채취했다고 하자. 그러면 국가의 공식 무역에 넘기는 것보다 밀수 쪽으로 넘기는 것이 더 이익이 될 수 있다. 예를 들어, 마른 고사리 1kg를 무역국에다 바치면 설탕을 5kg 받는다고 하자. 그러면 그 5kg를 장마당에 갖다 팔면 100원 정도를 받을 수 있다. 그런데 이 고사리를 혜산에서 밀수하는 사람에게 가져가 팔면 예컨대 350원을 받는 것이다. 돈 더 많이 주는 데 바치는 것은 당연하지 않은가? 어차피 수출원천들은 다 인민들이 만드는 것이다. 밀수 같은 것 하지 말라고 연설을 아무리 많이 해도 돈을 더 많이 주는 데 가지, 적게 주는 데 안 간다"(탈북자 K3 씨).

44) "여기에는 합법과 불법이 뒤엉키게 된다. 특히 무역부문이 개입되면 그러하다. 우리 공장의 경우 1994~1995년경에 자개상(床)을 만들어 밀수 형태로 중국에 팔았다. 상 하나에 2만 5,000~3만 원 정도를 받았다. 그리고 그 금액은 기업의 공식적인 실적으로 기록되었다. 직매점에 손거울 등 다른 제품들을 넘겨주면서 수량을 부풀리는 방식으로 해서 그 금액만큼을 얹었다. 물론 직매점과 사전 협의를 거쳤다"(탈북자 K4 씨).

45) "북한에서는 한때 남포, 원산, 청진항을 통해 일본의 자동차가 다량으로 밀수입되어 중국으로 넘어가곤 했다. 중국에서는 이것에 대해 문제 제기를 했다. 북한정부로서는 중국으로 넘어가는 건 환영했지만 중국에서는 막았다. 특히 북한정부는 밀수하는 걸 뻔히 알면서도 놔뒀다. 그렇게 해서라도 국가에 돈을 많이 바치라는 것이었다. 특히 도 무역관리국 등과 같은 국가기관을 통해서 외화가 들어오는 것을 북한정부는 선호했다. 다른 데도 아니고 도 무역관리국이 나가서 하면 돈이 옆으로 샐 염

큰 것은 무역회사 차원이다. 합법무역과 불법무역의 경계는 명확할 때도 있지만 그렇지 않을 경우도 꽤 있다. 실제로 합법무역과 불법무역이 뒤엉켜 있는 경우가 많다.

현실의 세계에서 불법무역은 국경지역에서 이루어지는 소규모 밀수(이른바 도강무역)가 아니라면 합법무역의 포장을 하는 경우가 대부분이다.[46] 규모가 커지면 어떤 형태로든 세관을 통과해야 한다. 예를 들면, 합법적인 쌀 무역 100톤에 불법적인 쌀 무역 30톤을 얹는 것인데 이는 세관직원, 보위부 직원 등에게 뇌물을 먹이면 가능하다. 물론 뒤에 권력기관이 있으면 더욱 확실하다. 따라서 지방무역 차원뿐 아니라 국가무역 차원에서도 밀무역은 존재한다. 오히려 후자가 더 규모가 클 수 있다. 국가기관 스스로 밀무역을 하는 경우도 많다. 이에 대해서는 후술한다.

6) 일반경제의 위축과 특수경제의 확대

현재와 같은 무역시스템은 일반경제를 더욱 위축시키고 특수경제를 더욱 확대하는 효과가 있다. 내각 소속의 무역회사, 이른바 힘없는 기관 소속의 무역회사는 왜소해져 가는 반면, 당·군 소속의 무역회사 같은 힘있는 기관 소속의 무역회사는 계속 몸집을 불려가고 있다.

우선 회사 설립 및 와크 획득 단계에서부터 내각경제 내 무역회사보다는 특수경제 내 무역회사가 유리할 수밖에 없다. 무역회사가 벌어들인 외화를 통해 인민생활 향상에 기여하기보다는 국가 방위력 강화 등에 기여하겠다고 주장하는 것이 우선시될 수밖에 없다. 명분 면에서 앞서는 것이다.

려가 없다. 국가 돈이 빠질 데가 없다"(탈북자 K5 씨).
[46] 이를 근거로 탈북자 J1 씨는 북한에서 밀무역의 규모가 공식 무역(합법무역)의 규모보다 결코 크지 않다고 주장한다. 음미해볼 만한 대목이다.

수출기지를 확보하는 데도 유리하다. 탄광, 광산 가운데 고수익을 보장하는 이른바 노른자위 기지를 힘있는 기관이 약탈하는 경우는 비일비재하다. 군부 무역회사의 경우 해안지대의 수출기지를 확보하는 데도 유리하다. 국방을 명분으로 내세워 군대를 주둔시키거나 배를 띄워놓으면 된다.

무역회사가 각종 비리, 불법을 저지르는 것이 다반사인 상황에서는 비리, 불법에 대한 감시기관이 힘을 가질 수밖에 없다. 따라서 내각경제 소속의 무역회사는 그 행동이 자유롭지 못하다. 감시기관으로부터 시달리고, 또 이들에게 뇌물을 갖다 바치느라 정신이 없다.

결국 내각경제 내 무역회사보다는 특수경제 내 무역회사가 밀무역을 하는 경우가 더 많다. 당 계통의 무역회사이든 군부의 무역회사이든, 보안성이나 보위부의 무역회사이든, 권력기관의 무역회사는 상대적으로 안전하게 밀무역을 할 수 있다.

인민무력부, 인민보안성, 국가보위부 등 권력기관 소속의 무역회사는 그러한 점에서는 감시의 사각지대이다. 비리, 불법을 단속해야 할 기관의 소속 무역회사들이 비리, 불법을 마음대로 저지르고 있는 실정이다.

7) 국가 차원의 무역 및 외화관리 불능사태

국가 차원에서 북한의 무역 전반을 관리하는 것이 어느 정도까지 가능할까? 관리의 핵심적 수단은 와크 또는 지표이다. 두 가지 상반되는 측면을 생각할 수 있다.

하나는 와크를 통한 수출입 허가제가 일정 정도 유지되면서 국가가 와크를 통해 무역 전반을 일정 수준 장악할 수 있다는 것이다. 또 하나는 와크 제도를 종종 넘어서는 불법무역의 존재는 국가의 통제력에 한계성을 부여한다는 것이다.

그런데 현실의 세계에서 내각경제와 특수경제가 독립적으로 존재함에 주목해야 한다. 즉, 내각경제와 특수경제가 분리되어 있는데, 더욱이 특수경제도 사실상 파편화되어 있는데 국가 전체의 와크를 관리한다는 것이 어느 정도 가능할지 의문이 든다.[47]

실물보다 외환의 경우는 더 심각하다. 현재 북한은 국가 차원에서 외환관리 불능상태이다.[48] 여러 가지 원인이 있겠지만 직접적으로는 당경제 및 군경제의 독립 및 이에 따른 부문별 은행의 출현으로 인한 기존의 유일적 외화관리시스템의 파괴가 주요 원인이다(김광진, 2007).

종전에는 조선무역은행을 통한 통일적인 외화관리체계가 정립되어 있었다. 조선무역은행은 1959년 11월에 설립된 후 북한에서 외화를 전문으로 취급하는 국가은행으로서 대외결제와 외화관리를 전문적으로 수행했다.

그런데 외화관리 독점의 원칙은 무역관리 독점의 원칙과 동전의 양면 관계이다. 실제로 1970년대 말부터 대성은행, 고려은행, 동북아시아은행, 창

---

47) 북한의 경제전문잡지인 《경제연구》에 나오는 다음의 문장은 이러한 면에서 주목할 만하다. "외화를 절약하고 합리적으로 이용하자면 우선 수입허가제를 강화해야한다. 수입허가제는 사회주의 경제건설과 인민생활 향상에 필요한 설비, 물자만을 수입하도록 외화지출에 대하여 국가적으로 통제하는 수단이다. 그러므로 다른 나라에서 어떤 물질을 수입하려 할 때에는 국가에서 제정한 절차와 방법에 따라 수입허가를 받아야 한다"(최영옥, 2003: 41). 즉, 수입허가제를 강화해야 한다는, 너무나 당연한 이런 주장을 굳이 하는 이유는 무엇일까? 이는 허가도 받지 않고 수입을 행하는 행위가 상당히 존재하며, 이것이 국민경제적 입장에서 골칫거리일 수 있는 가능성을 암시하고 있다.

48) 《경제연구》에 나오는 다음의 문장도 이러한 면에서 주목할 만하다. "인민경제 모든 부문의 기관, 기업소들이 번 외화를 무역은행에 집중시키고 국가의 승인 밑에서만 쓰도록 하며 국가의 통제 밖에서 외화거래를 하거나 외화를 쓰는 일이 없도록 하며 특히 국내에서 외화를 류통시키거나 기관, 기업소들 사이에 외화를 거래하는 일이 없도록 통제하는 것 ……"(고재환, 1991: 45). 이 문장은 국가가 외화를 관리·통제하기가 매우 어려운 현실을 강하게 시사하고 있다.

광신용은행 등 특수기관들의 부문별 은행이 출현하고 이후 확대되었는데, 이들은 내각의 통제를 받지 않고 당의 통제를 받는다는 특징이 있다. 이에 따라 외화관리체계에서 무역은행의 독점적 지위는 크게 후퇴했다. 1기관 1계좌 원칙에 따라 부문별 은행들과 거래하는 기관들은 무역은행에 계좌를 개설하지 않아도, 무역은행의 통제를 받지 않아도 되었다. 이에 따라 국가의 유일적·통일적 외화관리는 사실상 불가능하게 되었다.[49]

5. 요약 및 결론

북한에서 무역의 분권화로 대표되는 무역제도의 변경은 현재의 대외무역 운용체계를 탄생시켰다. 물론 오늘날의 이러한 체계는 북한정부의 의도적인 행위에 의한 결과라고 보기 어렵다. 무역분권화 조치는 중앙당국의 의도적인 권한 이양이라기보다는 중앙의 힘의 약화에 따른 사실상의 분권화라는 성격이 강하다. 이러한 무역분권화가 무역회사를 비롯해 하부 경제단위의 '자력갱생'과 함께 추진되었다는 점에서도 국가 권력의 무능화를 엿볼 수 있다. 하지만 국가는 무역회사의 운영에 대해 자금 지원을 거의 하지 않으면서도 무역회사 및 개인이 벌어들인 수익금의 상당 부분을 수취하는 '약탈자'적 성격도 드러내고 있다.

이 과정에서 국가는 시장을 적극 활용한 면도 있다. 무역회사 및 개인이 시장경제활동을 통해 벌어들인 돈을 무역회사를 통해 거두어들여 당, 군, 내각의 재정수입에 충당하는 구조를 만들었다. 북한에서 무역은 국가가 시장에 기생하게 되는 중간 고리로서의 역할을 부여받았다.

---

49) 실제로 북한정부는 외부로 나가는 외화는 철저히 통제·관리해도 북한 내로 들어오는 외화에 대해서는 별다른 통제·관리를 하지 않는다고 탈북자들은 전하고 있다.

여기서 중요한 역할을 하는 것이 와크, 즉 무역 사업권이며, 이는 사실상의 특권이다. 국가는 와크 제도를 통해 지대(rent)를 발생시키고 이를 국가적인 우선순위체계, 특히 정치적 고려에 따라 당, 군, 내각의 각 기관 소속 무역회사에 차등 분배하는 방식으로 활용하고 있다. 경제위기 이후 국가의 계획경제시스템이 사실상 마비되고 국가 재정수입이 격감하여 각 기관들이 경제적으로 어려움을 겪고 있는 상황에서 북한 지도부가 정치적 목적을 우선시해 선택한 대응방식이라고 할 수 있다.

이러한 새로운 대외무역 운용체계는 어떤 성과를 거두고 어떤 부작용을 낳았을까? 무역활성화라는 1차적인 목적은 일부만 달성한 것으로 보인다. 개인 및 무역회사 차원에서의 인센티브 구조의 변화, 경제적 효율성의 증가, 자원동원규모의 확대 등을 통해 어느 정도 성과를 거둔 것은 부정하기 어렵다. 하지만 물리적인 제약이 워낙 크기 때문에 효과는 제한적이 될 수밖에 없다.

북한정부 입장에서 보면 부작용도 만만치 않다. 무엇보다도 시장화를 촉진하게 되었다. 개인자본 및 사적 경제활동이 국가무역을 통해 공식경제에 편입되는 기회가 크게 늘었다. 무역회사는 국가무역이라는 외피를 쓰고 있지만 실제로는 개인무역을 하는 셈이 되었다.

현재의 무역시스템은 각종 불법행위를 조장하는 경향이 강하다. 그러한 불법행위들은 우연적이 아니라 구조적이다. 지나친 단순화의 우려가 있지만 국가는 무역회사에 대해 오로지 결과로서의 돈(외화)만 요구할 뿐 과정상의 문제, 즉 시장경제적 활동을 하든 불법행위를 하든 불문에 부치고 있는 실정이다. 이에 따라 밀무역을 포함해 국가자산의 절취는 갈수록 심각해지고 있다.

아울러 현재의 무역시스템은 일반경제를 더욱 위축시키고 특수경제를 더욱 확대하는 효과가 있다. 내각 소속의 무역회사, 이른바 힘없는 기관 소속의 무역회사는 왜소해져가는 반면 당, 군 소속의 무역회사, 이른바 힘있는 기관 소속의 무역회사는 계속 몸집을 불려가고 있다.

국가 차원에서 북한의 무역활동과 외환을 관리하고자 하는 의지는 있으나, 아직까지는 그다지 성공적이지 못하다. 관리의 핵심적 수단은 와크 및 지표이다. 와크를 통한 수출입 허가제가 일정 정도 유지되면서 국가는 와크를 통해 무역 전반을 일정 수준 장악할 수 있다. 반면 와크 제도를 종종 넘어서는 불법무역의 존재, 특히 불법무역을 감시해야 할 권력기관의 특수경제가 불법무역을 더욱 일삼는 상황은 국가의 통제력에 한계성을 부여한다.

실물보다 외환의 경우는 더 심각하다. 현재 북한은 국가 차원에서 외환관리 불능상태에 빠졌다. 여러 가지 원인이 있겠지만 특수경제의 독립 및 이에 따른 부문별 은행의 출현으로 기존의 유일적 외화관리시스템이 동요하게 되었고, 경제위기 이후 무역분권화의 진전으로 인해 유일적 외화관리시스템이 파괴된 것이 가장 큰 원인이다.

4장
북한경제의 대중국 의존성

이 장에서는 북한경제의 대(對)중국 의존성 문제를 고찰한다. 특히 북한경제의 내부적인 작동에서 북한이 중국에 얼마나, 그리고 어떤 방식으로 의존하고 있는지 그 실태를 파악하고 함의를 도출하고자 한다. 통상적인 경우라면 국민경제 재생산구조 혹은 국민경제 순환구조와 대외무역, 투자와의 관계에 대한 고찰이 될 것이다. 그런데 주지하다시피 현재 북한은 국민경제의 재생산구조가 거의 다 붕괴된 상태이다. 사실 국민경제라는 개념조차 성립하지 않을 정도로 경제가 분절화·파편화되어 있다.

따라서 이 장에서는 자연스럽게 미시적 고찰에 많은 비중을 둔다. 특히 개별 경제주체들의 행위에 대한 고찰이 중요한 축을 형성할 것이다. 그렇다고 해서 국가 차원의 분업구조 형성과 같은 거시적인 문제를 도외시하는 것은 아니다.

북한경제가 중국경제에 어떤 식으로 의존하고 있는가에 대한 고찰은 이러한 의존의 제반조건에 대한 관찰도 포함한다. 아울러 정책당국·기업·개인 등 개별 경제주체들의 의도, 행동양식에 대한 고찰도 포함한다. 이러

〈표 4-1〉 설문조사 탈북자 인적사항

구분		응답자 수(명)	비율(%)
출신지역 (최종 거주지역)	함경북도	106	65.4
	비(非)함경북도	56	34.6
	합계	162	100.0
출신지역 (최종 거주지역)	국경지역	78	48.1
	비국경지역	84	51.9
	합계	162	100.0
성별	남성	72	43.6
	여성	93	56.4
	합계	165	100.0
연령	20대 이하	46	28.0
	30대	53	32.3
	40대	54	32.9
	50대 이상	11	6.7
	합계	164	100.0
학력	고등중학교 졸업	107	66.5
	전문학교 졸업	30	18.6
	대학교 졸업	23	14.3
	기타	1	0.6
	합계	161	100.0
당원 여부	당원	33	20.2
	비당원	130	79.8
	합계	163	100.0

한 것들이 파악되어야만 북한의 대중 의존도 심화현상을 올바르게 평가할 수 있고, 더욱이 미래를 보다 과학적으로 전망할 가능성도 높아질 것이다.

연구방법으로는 양적 분석과 질적 분석을 병행한다. 양적 분석을 위해서는 탈북자를 대상으로 설문조사를 실시했다. 지난 2002년 7·1 조치 시행 이후 북한을 이탈한 주민 165명을 대상으로 2005년 9, 10월에 설문조사를 실시했다. 질적 분석을 위해서는 탈북자들에 대한 심층면담을 실시했다. 탈북자 면담은 2004년 6~8월, 2005년 5~9월에 각각 이루어졌다.

<표 4-2> 면담조사 탈북자 인적사항

면담자	출생연도	탈북연도	주된 거주지역	주요 경력
탈북자 A1 씨	1956	2004	함북 회령	무역회사 중간관리직
탈북자 C1 씨	1965	2004	평양	무역회사 중간관리직
탈북자 H1 씨	1962	2004	양강 혜산	개인상업
탈북자 J3 씨	1965	2004	평남 평성	국가기관 중간관리직
탈북자 J4 씨	1962	2003	평양	공장 사무직, 개인상업
탈북자 K1 씨	1967	2003	평양	국가기관 중간관리직
탈북자 K2 씨	1968	2005	평양	무역회사 중간관리직
탈북자 K5 씨	1963	2003	함북 청진, 남포	국가기관 중간관리직
탈북자 K12 씨	1960	2004	함남 함흥	전문직
탈북자 L1 씨	1967	2003	남포	무역회사 관리직
탈북자 N1 씨	1963	2004	함북 샛별	국가기관 중간관리직
탈북자 P1 씨	1964	2004	함북 청진	개인수공업
탈북자 P2 씨	1967	2004	함북 청진	개인상업
탈북자 W1 씨	1962	2004	함북 회령	개인상업

한편, 필자의 설문조사 및 면담에 응한 탈북자들은 2003~2004년에 북한을 이탈한 사람들이 대부분이므로 이 장의 서술은 2003~2004년까지의 북한의 실태를 대상으로 한 것임을 밝혀두는 바이다.

1. 북한경제 내 생산활동과 대중국 의존성

1) 공장의 원자재 · 설비 조달

(1) 개관

북한이 중국으로부터 수입하는 상품은 소비재가 대종을 이루고, 원자재 · 설비 등 생산재는 그다지 많지 않다. 그렇다고 해도 이는 상대적인 의미에서이다. 규모는 정확하게 알려져 있지 않으나 상당 정도의 원자재 · 설

<표 4-3> 7 · 1 조치 이후 기업의 원자재 · 설비 조달경로

구분	응답자 수(명)	비율(%)
국가계획에 의해 수입품을 공급받음	19	27.5
국가계획에 의해 국내제품(북한산)을 공급받음	6	8.7
기업이 자체적으로 수입품을 조달	33	47.8
기업이 자체적으로 국내제품(북한산)을 조달	11	15.9
합계	69	100.0

<표 4-4> 기업의 중국산 원자재 · 설비 조달방식

구분	응답자 수(명)	비율(%)
국가계획에 의해 공급받음	17	20.2
기업 자체적 혹은 상급기관과 함께 무역을 통해 조달	39	46.4
기업 자체적으로 장마당(시장)을 통해 조달	28	33.3
합계	84	100.0

<표 4-5> 시장에서 판매되는 원자재 · 설비 중 중국산의 비율

구분	응답자 수(명)	비율(%)
10% 이하	11	7.7
20% 정도	7	4.9
40% 정도	17	11.9
60% 정도	35	24.5
80% 이상	73	51.0
합계	143	100.0

비가 중국으로부터 수입되면서 북한경제를 지탱시켜주고 있다.

〈표 4-3〉, 〈표 4-4〉, 〈표 4-5〉는 중국산 원자재 · 설비가 어느 정도 북한에 유입되고 있는지 개략적으로 파악하고자 한 시도이다. 먼저 〈표 4-3〉에서는 7 · 1 조치 이후 기업의 원자재 · 설비 조달방식 가운데 기업이 자체적으로 수입품을 조달하는 것이 가장 많았다고 응답한 사람이 33명(47.8%)으로 전체의 절반 가까이를 차지한 것으로 나타났다. 그 뒤를 이은 것이 국가

계획에 의해 수입품을 공급받았다는 것으로 19명(27.5%)을 차지했다. 반면 국가계획에 의해 북한산을 공급받았다는 응답자는 6명(8.7%)으로 가장 적 었다. 따라서 기업이 확보한 원자재·설비는 국내산보다 수입산이 더 많고 수입산 중에서도 기업 스스로 무역이나 시장 등을 통해 조달한 것이 더 많 다는 시사점을 얻을 수 있다.

그리고 〈표 4-4〉에서 보듯이 중국산 원자재·설비의 경우 기업이 자체적 으로 혹은 상급기관과 함께 무역을 통해 조달한 경우가 46.4%로 가장 많았 다. 즉, 중앙공업이면 스스로 혹은 자신의 성, 위원회 산하 무역기관과 협력 하거나 자신이 직접 무역을 수행하는 것이고, 지방공업이면 시·군 및 도 무역기관과 협력해 무역을 수행하는 것인데 이러한 유형이 가장 많다는 것 이다. 그 뒤를 이어 기업이 자체적으로 시장에서 구입하는 것이 33.3%였다. 국가계획에 의해 중국산 원자재·설비를 공급받는 것은 20.2%에 지나지 않 았다.

〈표 4-5〉는 시장[1]에서 판매되는 원자재·설비 가운데 중국산의 비율을 조사한 것이다. 80% 이상이라고 대답한 사람이 73명(51.0%)으로 전체의 절 반에 달했고 그 뒤를 이어 60% 정도라는 응답이 24.5%, 40% 정도라는 응답 이 11.9%였다.

(2) 원자재

중국산 원자재 수입은 크게 보아 두 가지 범주로 나누어진다. 하나는 원

[1) 이하에서 시장이라고 할 때는 장마당 혹은 종합시장 지역 내, 즉 공식적으로 시장 지 역으로 인정된 공간만을 가리키는 것은 아니다. 시장 밖에서의 공간, 예를 들면 개인 의 집 또는 기관·기업소의 창고를 빌린 공간 등 비공식적으로 존재하는 시장 공간 도 포함한다. 이는 소비품의 경우에도 그러하지만 특히 원자재·설비의 시장판매를 이해하는 데 필요하다.]

래부터 북한 내에 존재하지 않아 수입에 의존하던 것인데 대표적인 것이 코크스탄, 원유 등이다. 또 하나는 원래 북한 내에 부존되어 있거나 생산되던 것인데 1990년대 경제위기를 거치면서 생산량이 급격히 줄어 일정 부분 수입하지 않을 수 없게 된 것이다. 예를 들면, 구리, 가성소다 같은 것이 여기에 속한다.

코크스탄(역청탄)은 철강산업의 핵심 원자재로서 이것이 없으면 제철소의 해탄로가 돌아가지 못한다. 그리고 북한에서는 코크스탄이 나오지 않기 때문에 전량 수입에 의존하지 않을 수 없다. 김책제철소의 경우 현재 일부만 가동되고 있지만 그나마도 중국으로부터의 코크스탄 수입에 의존하여 명맥을 유지하고 있는 실정이라고 탈북자들은 전하고 있다.

또 하나 대표적인 것이 원유이다. 물론 원유의 용도는 다양한데 북한에서는 수송분야에 가장 많이 사용된다. 그다음으로 각종 공업의 원재료로도 사용되는데, 예컨대 유리공장, 모방직공장에서 사용된다.[2]

이어 국내 조달에서 수입으로 전환된 경우를 살펴보면 다음과 같다. 금속, 기계, 전자공업의 기초 원료로 사용되는 구리도 일부는 수입하고 있는 것으로 전해지고 있다. 구리는 군수산업은 물론이고 민수산업에서도 매우

---

[2] "함흥 모방직공장의 경우를 보자. 모직천, 담요, 모실 등을 만든다. 아크릴과 모를 혼방한다. 직재가 돌아갈 때, 모를 생산할 때 모실들이 마찰하면서 크로방전이 일어난다. 그걸 방지하기 위해서 공정 전체에 증기를 쏘아주어야 한다. 일종의 수분, 습도라고 해야 하나, 그걸 보장하기 위해서 증기를 쏴준다. 함흥 모방직공장 같으면 중유로 전기를 생산해서 증기를 쏴줘야 모포들이 정전기가 일어나지 않는다. 또 함흥 유리병공장에도 중유가 많이 쓰인다. 유리를 녹이는 데 쓰인다. 거기서는 파병, 파유리를 수집해 다함께 녹여서 병을 만든다. 북한에서도 술병이 안 나오는 것은 아니다. 수요가 있으니까. 특히 북한에 4대 명절이라고 있지 않나, 그날에 하다못해 술 한 병씩은 나눠줘야 하니까. 또 여러 가지 모양의 화장품 병도 나온다. 유리병공장은 지방산업공장이다. 시당에서 관리하는데 그 공장에 중유를 공급해주는 것을 보았다"(탈북자 K12 씨).

중요한 원재료이다. 군수산업에서는 각종 총탄을 만드는 데 사용된다. 기계공업에서도 구리가 쓰여야 할 부분이 많은데 전선줄, 전력선, 송전선들은 다 구리로 되어 있다. 그런데 이 구리가 상당량 수입되고 있는 것으로 전해지고 있다. 평북 동암에 있는 북한 최대의 구리 광산에서 생산량이 크게 줄었기 때문이다.[3]

그리고 화학공업, 제지공업의 주원료로 사용되는 가성소다도 중국으로부터의 수입으로 전환되었다. 가성소다는 화학공업에서 기초적인 원료로 사용되고 제지업에서도 많이 쓰인다. 그런데 종전에 소다류는 흥남화학에서 주로 생산했는데 지금은 흥남화학이 제대로 가동되지 못하고 있다. 그러므로 결국 수입에 의존할 수밖에 없다고 한다(탈북자 A1 씨).

(3) 설비

북한의 모 국가은행이 2000, 2001년에 수행한 몇 가지 굵직굵직한 사업들의 내역을 살펴보면 북한경제 내 각종 기계·설비의 조달에서 중국에 대한 의존실태의 단면을 파악할 수 있다.[4] 그런데 이들 사업은 내각 기관에서가 아니라 당 기관에서 나온 자금, 이른바 당 자금(혁명자금)으로 집행된 사

---

3) "동암광산이 점점 갱도가 내려갔다. 수직도가 엄청 내려갔다. 지금 북한의 굴들은 탄광굴이든 광산굴이든 바다 밑까지 나갔다고 한다. 함흥지구에 탄이 많이 나오는 은곡탄광, 수도탄광이 있는데 수직갱이 동해바다 밑까지 나갔다고 한다. 일정한 부분을 파먹고 또 파들어가고 하니까. 그런데 바다 밑으로 점점 내려갈수록 운반거리가 점점 멀어지고 탄을 운반하는 비용이 많이 들게 되기 때문에 채산성이 맞지 않게 된다. 그것이 석탄생산에 있어서 어려운 문제로 제기되고 있다. 구리광이 전혀 생산이 없다는 게 아니라 줄어들었다는 것이다"(탈북자 K12 씨).

4) 탈북자 K12 씨는 1990년대 말과 2000년대 초에 걸쳐 수년간 북한의 모 국가은행에서 일을 한 적이 있다. 그는 여기서 중앙당 산하 행정부문들의 자금, 이른바 당 자금(혁명자금)을 관리하는 업무를 맡았다. 그는 당시 상기 사업들의 추진에 필요한 각종 원자재, 설비 수입을 위한 금융업무를 수행한 바 있다.

업인 만큼 이들 사업이 북한정부가 국가적 차원에서 추진한 매우 중요한 사업이라는 점에 유의할 필요가 있다.

그 사업들은 닭공장 현대화 사업, 타조 목장 현대화 사업, 실리카트 벽돌공장 설비 조달, 궤도전차 정비, 수도(首都) 건설, 대동강 맥주공장 건설사업 등이었다. 이들 사업을 추진하기 위해 대부분의 자재, 기계 · 설비를 해외에서 수입했다. 프랑스, 독일 등 EU에서 수입한 것도 있지만 중국에서 수입한 것이 압도적으로 많았다는 점에서 주목할 만하다.

닭공장 현대화 사업은 만경대, 승호, 마람 등 4개의 닭공장에 있는 설비를 교체하는 것이었는데 설비의 기본은 중국산이었다.[5] 팬, 물코크, 사료투입 설비 등을 통째로 중국에서 수입했다. 타조 목장의 경우 타조 가공 설비는 프랑스에서, 실리카트 벽돌공장 설비는 독일에서 들여왔다. 궤도전차 정비는 주로 도색사업이었는데, 도색장비는 중국에서 들여왔다. 수도 건설은 일종의 수도 정비 사업인데 대부분의 건설자재, 도색재료 등을 중국에서 수입했다. 게다가 타일을 생산하기 위해 중국에서 플랜트를 들여왔다. 대동강 맥주공장을 건설하는 데 필요한 기본 건설자재, 설비는 대부분 중국에서 조달했다. 건설자재는 북한 내에도 있지만 타일, 도색재료, 건설용 기름 등은 대개 중국에서 들여왔다. 그리고 설비들도 스테인리스 강판, 각종 관들은 중국에서 가져왔다.[6]

---

5) "큰 공사를 한다고 하면 비상설적인 조직을 만든다. 닭공장 지휘부 같은 것으로서, 당 일꾼, 무역일꾼, 농업성 일꾼, 닭공장 사람들, 재정일꾼들을 다 모은다. 이 사람들이 한데 모여 토론을 해서 의사결정을 한다. 그러면서 중국산 설비를 들여오자고 결정한다. 그런데 대체로 결정적인 역할을 하는 것은 무역일꾼들이다. 담당자니까. 자신들이 거래에 대해 다 파악해보고 모든 것을 본인들이 하기 때문이다"(탈북자 K12 씨).

6) "왜 중국산 설비를 선택하는 것일까? 지금 거래대상이 중국밖에 없으니까 그렇다. 돈만 있으면 다른 데서 얼마든지 구입할 수 있다. 그런데 중국 것이 실제로 싸다. 수

2) 군수공장의 기계·설비 조달

군수부문 과학자 출신인 K12 씨의 군수공장 방문 경험담은 군수산업 설비에서 대중국 의존실태의 일단을 엿볼 수 있게 해준다.

그는 1992년도에 희천의 727공장을 방문, 이른바 연구사업을 위해 이곳에 머물렀다. 이 공장은 1급기업소이고 극소형 진공관을 생산한다. 소재준비직장에서는 기본 열처리가 중요한데 열처리로가 중국산으로 되어 있었다. 미세한 온도 차이가 있으니까 세밀한 조작을 할 수 있어야 한다는 특성이 있다. 그리고 조립직장이 있었는데 그곳도 조립설비 테이블부터 시작해서 조립공구들, 조립기술공정까지 중국에서 가져왔다. 이어 로련직장에서는 로련배관기, 로련기 같은 로련설비들이 다 중국산이었다. 아울러 시험직장, 특성시험직장에서도 각종 시험기들이 다 중국산이었다. 보일러직장에서는 보일러가 중국산 중유 보일러였다. 결국 공장 일식(一式)을 들여왔으며 이 공장은 100%가 중국산이었다.

이 공장이 그렇게 중국산 일색으로 되었던 이유는 공장이 하나만 필요했기 때문이라고 한다. 이러한 공장에 대한 수요가 많았겠지만 민수 쪽의 요구는 무시해버린 채 군수 쪽의 수요만 보장하면 되므로 이 공장 하나면 족하겠다 싶어 통째로 들여왔다고 한다. 일부만 국산화하고 일부는 중국 기술로 해서는 곤란하기 때문에, 더욱이 첨단기술인 만큼 통째로 들여온 것이라고 한다.

송비만 해도 그렇다. 중국 말고 다른 곳이라면 동남아, 러시아에서 들여와야 한다. 그런데 가장 가깝다고 해도 그쪽에서 들여오려고 하면 수송비가 만만치 않다. 중국산 제품이 수송비만 절감시켜주어도 얼마나 경쟁력이 있는가. 수송비만 경쟁력을 가지고 있어도 굉장하다. 러시아나 동남아 국가들은, 물론 경제력도 한심하지만, 들여오려고 해도 수송비가 부담이다. 중국은 기차로 간단히 들여오면 된다"(탈북자 K12 씨).

K12 씨는 역시 같은 기간에 남포 기폭제공장을 방문했는데 이 공장은 총탄, 뇌관을 만드는 곳이다. 여기는 기폭시간측정기라는 것이 기본 설비인데, 불이 닿았을 때 몇 분 만에 폭발하는가를 측정하는 것이 주된 기능이다. 이 측정기는 중국 설비로 되어 있었고 더욱이 디지털화되어 있었다. 사실 기본적이고 제일 중요한 것이 기폭시험장치이다. 그것이 모두 다 중국 설비로 되어 있었다. 화약의 스펙트럼을 분석하는 것도 중국제였고, 시험설비도 중국산이었다.

그는 희천에 있는 38호 청년전기연합기업소도 방문했다. 그곳은 군수용 디지털조정부품들을 만드는 곳인데 디자인부터 조립까지 완전히 부품화하는 공장이었다. 전자기업소로는 가장 큰 기업소인데 이곳은 모든 설비가 다 중국산은 아니었다. 하지만 기초적이고 가장 핵심적인 설비가 중국산으로 되어 있었다. 전자기판 착공기, 전자기판 회로인쇄기, 부식설비, 부식기 등 각종 시험설비와 조립설비들이 모두 다 중국산으로 되어 있었다. 그리고 조립직장과 디자인 부문도 모두 수입했고, 자동용접기도 다 중국산이었다. 심지어 위생복, 모자까지 다 중국산이었다.[7]

그는 설비가 무상원조로 들어왔다고 판단했다. 돈을 주고 사온 것은 아니라고 보았다. 돈 주고 샀으면 제대로 된 것을 골랐을 것이라고 생각했는데 실제로는 설비의 품질이 좋지 않았다. 예컨대 전자관 실수율이 10%밖에 되

---

7) "사실 공장을 직접 방문하기 전까지는 이 정도로 중국산이 많으리라고 예상하지 못했다. 그런데 공장에 들어가보니까 모두 다 중국산이었다. 깜짝 놀랐다. 제2경제위원회 소속 설비들 가운데 중국산이 많다는 것을 느꼈다. 당연히 공장 측에 물어봤다. 이렇게 중국산을 들여와야 하는가, 러시아나 다른 쪽에서 들어올 수 있지 않느냐고 기사장에게 물어봤다. 그랬더니 시원한 소리를 안 하더라. 중국이 기술이 좋은 것도 아니지만 쉽게 가져올 수 있으니까 그렇지 않겠나 하고 생각했다. 결국 들여오기 편한 것이니까 들여온 것 같다. 질이 좋기는 다른 나라 것이 좋았다고 한다. 원래 공장에서는 체코제를 요구했는데 중국제가 들어왔다고 했다"(탈북자 K12 씨).

지 않았다. 완제품이 나왔을 때 품질검사를 통과한 것은 100개 중에 10개밖에 되지 않았다는 것이다. 나머지 90개는 검사를 통과하지 못했다. 심할 경우에는 실수율이 6%밖에 안 되었다고 한다. 사실 중국산은 그때(1992년)까지는 현대적인 플랜트가 아니었다. 중국에서 들여온 공장들을 보면 일본산에 비하면 값은 비슷하지만 품질은 떨어졌다. 일본산은 디지털식으로 나오는 반면 중국산은 크고 아날로그식이었다.

그럼에도 북한 것보다는 어딘가 좀 정교했고 매끈했다고 한다.[8] 중국은 북한보다 기술적으로는 후진국이라고 생각했는데 그게 아니었다고 그는 전한다.[9]

탈북자 K1 씨는 군수산업의 설비부문에서 일본산 제품이 점차 중국산 제

---

8) K12 씨는 "설비대금과 관련, 중국이 꼭 받으려고 생각을 안 하는 것 같다. 중국이 돈 내놓으라고 하지 않는다. 그냥 정치적 수단으로 활용하자는 것 같다. 북한 입장에서는 꼭 갚아야 하는 것 같지 않다. 원조가, 무상원조가 엄청 많다고 들었다. 개혁개방 이후에 기업이 민영화되면서 흐름이 달라졌지만 그때만 해도 1990년 초 아닌가. 대대적인 민영화가 진행된 때가 아니니까 중앙정부 차원에서 줬을 것이다"라고 견해를 피력했다.

9) "물론 미국과 일본 것을 보면 중국산은 훨씬 뒤처진다. 미국과 일본 것은 컴퓨터로 다 작동된다. 서구에서는 그 공정을 모두 디지털화한 지 오래다. 스크린상에서 프로그램에 의해서 모두 지원하는 식이었다. 그런데 중국산은 아날로그였다. 하지만 북한산보다는 낫다. 북한은 그림 그리는 것을 다 손으로 그렸다. 인쇄기관은 몽땅 동으로 입혀 놓은 동판인데 그림 그린 것만 빼놓고 나머지는 다 부식시켜야 한다. 그래야 회로도가 이어진다. 우리는 주로 기린 피가 산에 견딘다. 염산, 질산에 견뎌서 씻겨 나가지 않는다. 그래서 기린의 피를 붓에다 찍어서 인쇄판에 그렸다. 그리고 염산에 집어넣으면 구리 부분은 부식되고 기린 피로 그려진 부분만 남는다. 그런데 중국산은 기린 피도 쓰고 않고 염착방법으로 했다. 화학제가 있는 것 같았다. 내 전문이 아니라 거기까지는 모르는데 그걸 팍 쏘면 그림이 드러났다. 그러면 넣고 쏘고 다시 넣고 수정해서 다시 쏘고 하는 식이었다. 이는 북한에서 당시에 하던 방식보다는 아주 현대적인 것이었다"(탈북자 K12 씨).

품으로 대체되고 있다고 전하고 있다.[10] 사실 이 경우 중요한 것은 이른바 전략물자 통제인 것으로 보인다. 전략물자 통제제도로 인해 일본으로부터의 군수용 설비 수입에 제동이 걸린 것이다. 대신 중국은 전략물자 통제제도에 별로 구애받지 않기 때문에 중국으로부터의 수입이 용이한 것이다.

하지만 탈북자 K2 씨가 제2경제위원회에서 근무하던 지인으로부터 들은 이야기에 의하면 최근에 와서는 상황이 조금씩 달라지고 있다고 한다. 중국이 전략물자 통제제도에서 미국에 약간 동조할 조짐을 보이고 있다고 한다. 따라서 중국으로부터의 군수용 설비 수입도 옛날만큼 용이할 것 같지는 않다는 것이다.

3) 개인수공업의 원자재 · 설비 조달

북한에서 개인수공업의 성장은 7 · 1 조치 및 종합시장의 등장 이후 확연히 나타나고 있다. 지역에 따라 차이가 있겠지만 종합시장에 나오는 상품 가운데 개인이 수공업방식으로 생산한 제품과 공장 · 기업소가 생산한 제품의 수는 거의 비슷하다고 탈북자들은 전하고 있다.

특히 종합시장의 도입은 개인 부업생산(개인수공업)의 확대를 초래했다. 북한의 내각결정 제24호[11]는 '개인들이 생산하는 상품들'도 시장에서 팔 수

---

10) "제2경제위원회 부문에서는 일본 설비들이 필요하다. 특히 계기 같은 것이 그렇다. 1990년대만 하더라도 일본 설비들을 쉽게 구입할 수 있었다. 현재는 차단됐다. 일본산을 사기가 매우 어렵다고 한다. 아마 경제제재 때문에 그런 것 같다. 통제가 심하다고 한다. 그래서 2000년부터는 중국산으로 다 대체하고 있다. 그곳밖에는 나올 곳이 없다. 사실 품질은 일본산이 좋다. 그래서 과거에는 중국산을 많이 이용하지 않았다. 그러나 현재는 중국산을 불가피하게 쓴다. 특히 계기 같은 것도 중국산을 쓴다. 계기는 잠수함에도 들어가고 미사일 같은 곳에도 들어간다"(탈북자 K12 씨).
11) 내각결정 제24호(2003. 5. 5)는 "위대한 령도자 김정일 동지께서 농민시장을 사회주

〈표 4-6〉 개인의 중국산 원자재 · 설비 수입 증가

구분	응답자 수(명)	비율(%)
매우 그렇다	54	36.0
조금 그렇다	77	51.3
그렇지 않은 편이다	15	10.0
전혀 그렇지 않다	4	2.7
합계	150	100.0

있다고 규정하고 있다. 개인수공업은 종합시장의 등장으로 안정적인 판로
가 확보됨에 따라 확대되고 있다.[12]

≪조선신보≫도 개인수공업 생산 확대 가능성을 언급하고 있다.

늙어서 사회활동의 일선에서 물러선 사람 등이 고난의 행군 시기에 가내수공
업으로 빵, 탕과류 등 식료품을 개별적으로 생산하여 그것을 (농민)시장에 판매
하곤 했다. 그런데 7 · 1 조치 이후 평양시의 각 구역에 이들이 일하는 생산기지
를 꾸리고 각 상점들에 생산물을 도매로 넘기게 했다. 상점에 진열된 이것들의
가격은 시장에서의 그것보다 10원 정도 싸다(≪조선신보≫, 2003. 9. 27).

그런데 여기서 주목해야 할 사실이 또 하나 있다. 이러한 개인수공업의

의 경제관리와 인민생활에 필요한 시장으로 잘 운영하도록 방향전환할 데 대하여
주신 방침을 철저히 관철할 데 대하여"라는 긴 제목을 붙이고 있다.

12) "2003년 여름부터인가, 옷공장에 다니던 기능공들이 대거 공장을 빠져나갔다. 임금
도 제대로 안 주지, 물가는 오르지 하니까 공장에 붙어 있어서는 도저히 살 수가 없
었다. 이들은 집에서 놀면서 옷을 임가공하거나 나처럼 직접 옷을 만들어 시장에 팔
아 그 돈으로 생활을 꾸렸다"라고 탈북자 P1 씨는 밝히고 있다. 한편 P1 씨의 경우,
공장에서 일했다면 월 1,500~2,000원 정도를 벌었겠지만 공장에서 나와 개인수공업
으로 옷을 직접 만듦으로써 월 2만~5만 원의 소득을 올리게 되었다고 한다.

〈그림 4-1〉 개인수공업에 의한 의류 생산 · 유통과정

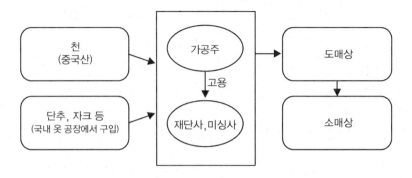

발달은 중국산 원자재 및 설비의 수입에 의존하는 바가 크다는 점이다.

〈표 4-6〉을 살펴보면 개인들, 즉 개인상업 종사자나 개인수공업자들의 경우, 7 · 1 조치 이후 중국에서 완제품보다는 원자재 · 설비를 더 많이 수입하는 추세로 바뀌었느냐는 질문에 대해 "조금 그렇다"는 응답이 51.3%로 절반가량을 차지한 것으로 나타났다. 그리고 "매우 그렇다"는 응답도 36.0%나 되었다. 즉, 정도의 차이는 있으나 7 · 1 조치 이후 개인상업 및 개인수공업 종사자들은 중국에서 완제품보다는 원자재 · 설비를 더 많이 수입하는 추세로 돌아섰다고 보는 사람이 전체의 87.3%에 달했다. 그렇지 않다는 응답은 12.7%에 불과했다.

이어 개인수공업의 몇 가지 사례를 살펴보면 개인수공업이 원자재와 설비를 중국에 어느 정도 의존하는지에 대한 단편적인 모습을 볼 수 있을 것이다.

〈그림 4-1〉은 탈북자 P1 씨의 사례이다. 그녀는 본인이 직접 원재료를 구입해서 옷을 만들어 시장에 판매하는 개인수공업자이다.

이 경우 원재료 조달에서 결정적으로 중요한 것이 옷감(천)이다. 이는 대부분 중국산인데 P1 씨가 거주했던 청진에서는 나진선봉을 통해 수입되는 천이 원자재로 이용되었다. 또한 단추, 자크 등은 국산인데 이는 청진 시내

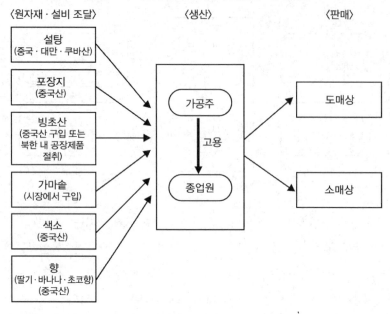

〈그림 4-2〉 개인수공업에 의한 사탕 생산 · 유통과정

〈원자재 · 설비 조달〉　　　　〈생산〉　　　　　〈판매〉

설탕
(중국 · 대만 · 쿠바산)

포장지
(중국산)

빙초산
(중국산 구입 또는
북한 내 공장제품
절취)

가마솥
(시장에서 구입)

색소
(중국산)

향
(딸기 · 바나나 · 초코향)
(중국산)

가공주

고용

종업원

도매상

소매상

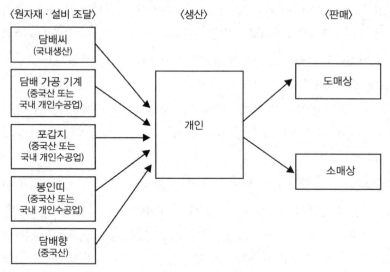

〈그림 4-3〉 개인수공업에 의한 담배 생산 · 유통과정

〈원자재 · 설비 조달〉　　　　〈생산〉　　　　　〈판매〉

담배씨
(국내생산)

담배 가공 기계
(중국산 또는
국내 개인수공업)

포갑지
(중국산 또는
국내 개인수공업)

봉인띠
(중국산 또는
국내 개인수공업)

담배향
(중국산)

개인

도매상

소매상

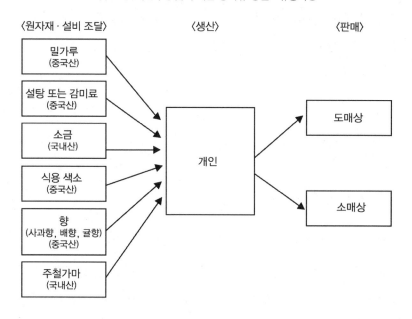

〈그림 4-4〉 개인수공업에 의한 빙과류 생산 · 유통과정

옷공장에서 사적으로 구입했다.

〈그림 4-2〉는 J3 씨 및 P2 씨가 전하는 사탕 생산 사례이다. 원자재는 크게 보아 5가지로서 설탕, 포장지, 빙초산, 색소, 향이다. 설탕은 중국이나 대만, 쿠바에서 들어오고 포장지, 색소, 향은 중국산이며, 빙초산은 대개 북한 내 공장 제품을 절취한 것이 시장을 통해 흘러들어온다. 기계 설비는 가마솥이 대표적인데 이는 대부분 시장에서 구입한다고 한다.

〈그림 4-3〉은 A1 씨가 전하는 담배 생산 사례이다. 원자재는 담배씨로서 이는 국내에서 재배되며 담뱃갑을 만들 수 있는 포갑지[13]는 중국에서 들여온다. 담배를 말거나 써는 기계는 중국에서 들여오기도 하고 국내에서 개인

---

13) 담뱃갑을 만들 수 있는 종이를 말하는데, 담뱃갑으로 만들어진 것을 수입하는 것이 아니라 편 상태, 즉 인쇄한 그대로 가져온 후에 풀을 붙이면 갑이 될 수 있다.

들이 만든 것을 사기도 한다. 봉인 띠는 중국에서 사온다고 한다.

〈그림 4-4〉는 P2 씨가 전하는 까까오(빙과류) 생산 사례이다. 소금과 주철 가마만 국내산이고 나머지 원자재, 즉 밀가루, 설탕 또는 감미소, 식용 색소, 향은 모두 중국산이다.

2. 북한경제 내 상품유통활동과 대중국 의존성

1) 북한 내 상품유통망과 중국상품 유입

(1) 종합시장과 중국상품

종합시장은 현재 북한 내 최대의 소비재 유통망으로 전국에 300개소 이상 존재하고 있다. 이 종합시장 내에서 유통되고 있는 중국산 제품은 어느 정도인지 살펴보면 다음과 같다.[14] 우선 〈표 4-7〉을 보면 식료품과 공산품 간에 큰 차이가 있음을 발견할 수 있다. 즉, 식료품은 비교적 고르게 분포되어 있는 반면 공산품은 집중되어 있다.

식료품은 전체의 50%가 중국산이라는 응답(27.8%)과 전체의 80% 정도가 중국산이라는 응답(27.1%)이 거의 비슷하게 나왔다. 그다음이 90%, 70%의 순이었다. 공산품은 판이한 양상을 나타내고 있다. 전체 공산품의 95%가 중국산이라는 응답이 58명(36.9%)으로 가장 많았고, 90%라는 응답이 55명 (35.0%)으로 바로 그 뒤를 이었다. 단순 합산한다면 공산품의 90% 이상이 중국산이라고 응답한 사람이 전체의 71.9%에 달한다.

식료품과 공산품을 다 합한 전 제품의 경우, 가장 많은 대답이 몰려 있는

---

14) 탈북자들에게 자신이 탈북 전 거주했던 지역에서 가장 자주 다녔던 종합시장을 기준으로 해서 답해줄 것을 요청했다.

〈표 4-7〉 시장유통제품 중 중국산의 비율

(단위: 명, %)

구분		50%	60%	70%	80%	90%	95%	합계
식료품	응답자 수	40	10	26	39	29	-	144
	비율	27.8	6.9	18.1	27.1	20.1	-	100
공산품	응답자 수	-	8	11	25	55	58	157
	비율	-	5.1	7.0	15.9	35.0	36.9	100
전 제품	응답자 수	-	15	30	52	40	17	154
	비율	-	9.7	19.5	33.8	26.0	11.0	100

〈표 4-8〉 시장유통식량 중 중국산의 비율

(단위: 명, %)

구분		20% 이하	30%	50%	60%	80%	90% 이상	합계
쌀	응답자 수	20	15	22	32	45	23	157
	비율	12.7	9.6	14.0	20.4	28.7	14.6	100
통강냉이 (통옥수수)	응답자 수	40	34	22	16	24	6	142
	비율	28.2	23.9	15.5	11.3	16.9	4.2	100
밀가루	응답자 수	6	2	6	4	32	97	147
	비율	4.1	1.4	4.1	2.7	21.8	66.0	100

곳이 80%선(52명, 33.8%)인 것으로 나타났다. 그다음이 90%선(40명, 26.0%), 70%선(30명, 19.5%)이었다. 정규분포에 가까운 형태를 보이고 있는 점이 인상적이다.

〈표 4-8〉은 식량만을 따로 떼어내어 살펴본 결과이다. 쌀의 경우, 시장에 유통되는 쌀의 80% 정도가 중국산이라는 응답이 45명(28.7%)으로 가장 많았다. 그다음이 60%(32명, 20.4%), 90% 이상(23명, 14.6%)이었다. 시장에 유통되는 쌀 가운데 중국산은 20% 이하라는 응답도 20명(12.7%)이라는 점도 눈길을 끄는 대목이다. 쌀의 경우 지역별로 차이도 있고 계절별·시기별로도 차이가 있다.

통강냉이(옥수수)의 경우, 20% 이하라는 응답이 40명(28.2%)으로 가장 많았다. 그다음이 30%(34명, 23.9%)이었다. 통강냉이는 중국산의 비중이 그다

<표 4-9> 국경/비국경지역 간 중국산 물품의 비중 차이

구분		Descriptives			ANOVA(Between)		
		N	Mean	S.D.	df	F	Sig.
중국산 식료품의 비중	국경지역	70	3.257	1.380	1	2.313	0.131
	비국경지역	73	2.877	1.598			
	합계	143	3.063	1.502			
중국산 공산품의 비중	국경지역	77	5.169	1.081	1	7.843	**0.006
	비국경지역	78	4.654	1.204			
	합계	155	4.910	1.170			
중국산 제품의 비중	국경지역	74	3.162	1.060	1	0.661	0.417
	비국경지역	79	3.013	1.204			
	합계	153	3.085	1.135			
중국산 쌀의 비중	국경지역	75	4.187	1.382	1	6.006	*0.015
	비국경지역	80	3.575	1.697			
	합계	155	3.871	1.578			
중국산 통강냉이의 비중	국경지역	68	2.382	1.466	1	7.511	**0.007
	비국경지역	72	3.097	1.611			
	합계	140	2.750	1.578			
중국산 밀가루의 비중	국경지역	71	5.662	0.861	1	9.221	**0.003
	비국경지역	74	5.054	1.461			
	합계	145	5.352	1.239			

주: *은 신뢰수준 95%, **은 신뢰수준 99%로 통계적으로 유의미한 결과임을 나타냄.

지 높지 않음을 짐작할 수 있다. 밀가루는 전혀 달랐는데 시장에 유통되는 밀가루의 90% 이상이 중국산이라는 응답이 97명(66.0%)으로 압도적으로 많았다.

한편, 중국산 제품의 유통은 지역별로 차이가 있는지 여부를 살펴보기 위해 간단한 통계분석을 실시했다. 이른바 일원변량분석(ANOVA)으로서 이는 여러 집단 간에 평균의 차이가 있는지 여부를 살펴보는 것이다. 여기서는 탈북자들의 최종 거주지역을 기준으로 두 개의 집단으로, 즉 국경지역과 비국경지역으로 나눈다.[15] 그래서 이 두 개의 집단 간에 평균의 차이가 통계적으로 유의미한지 여부를 판정하는 것이다. 〈표 4-9〉에도 나타나 있듯이 유의수준이 0.05 이하이면 통계적으로 유의미한 결과가 나온 것이다. 즉, 신뢰수준 95%로 두 집단 간에 차이가 있는 것으로 파악되는 것이다. 또 유의수준이 0.01 이하이면 신뢰수준 99%로 두 집단 간에 통계적으로 유의미한 차이가 있는 것으로 볼 수 있다.

〈표 4-9〉를 보면 알 수 있듯이 국경지역과 비국경지역 간에 중국산 물품의 비중에 유의미한 차이가 발생하고 있는 것은 공산품과 식량(쌀, 통강냉이, 밀가루)인 것으로 보인다. 이 가운데 중국산 쌀은 신뢰수준 95%, 중국산 공산품, 통강냉이, 밀가루는 신뢰수준 99%로 통계적으로 유의미한 차이를 나타냈다. 아울러 이 가운데 공산품과 쌀, 밀가루는 국경지역이 비국경지역보다 중국산의 비중이 더 높은 것으로 조사되었다. 반면 통강냉이는 국경지대가 오히려 중국산의 비중이 낮은 것으로 나타났다. 한편, 식료품과 전 품목에 대해서는 지역 간에 유의미한 차이가 발견되지 않았다.

(2) 7·1 조치 이후 종합시장의 확대와 중국상품

7·1 조치 이후 시장 내 상품유통에는 변화가 발생했을까? 또 이는 중국상품의 북한 유입에 어떤 영향을 미쳤을까? 〈표 4-10〉과 〈표 4-11〉은 7·1 조치 이후 시장에서 이른바 장사(상행위)를 하는 사람이 어느 정도 늘었는지, 그리고 시장에 나오는 상품의 양은 얼마나 늘었는지 조사한 결과이다.

우선 양쪽 다 그 증가폭이 상당히 크다는 사실이 눈에 들어온다. 아울러

---

15) 국경지역은 문자 그대로 국경에 있는 지역이다. 여기서는 시·군을 기준으로 구분했다. 한편, 함북 은덕군의 경우 국경지역이 아니지만 타 지역에서 은덕군으로 가기 위해서는 국경지역인 무산시를 경유해야 하므로 국경지역에 포함시켰다(탈북자 K5씨의 조언). 탈북자의 최종 거주지역을 기준으로 구분하면 전체 162명(165명 가운데 3명은 무응답) 가운데 국경지역 거주자가 78명(48.1%), 비국경지역 거주자가 84명(51.9%)으로 나누어진다.

<표 4-10> 7 · 1 조치 이후 상행위 종사자 수의 증가율

구분	응답자 수(명)	비율(%)
10% 이하	5	3.4
20% 정도	5	3.4
40% 정도	10	6.7
50% 정도	22	14.8
70% 정도	40	26.8
80% 이상	67	45.0
합계	149	100.0

<표 4-11> 7 · 1 조치 이후 시장유입 상품량의 증가율

구분	응답자 수(명)	비율(%)
10% 이하	8	5.6
20% 정도	8	5.6
40% 정도	13	9.1
50% 정도	33	23.1
70% 정도	41	28.7
80% 이상	40	28.0
합계	143	100.0

상행위 종사자가 상품유통량보다 약간 더 늘어났다는 사실도 눈에 띈다. 상행위에 대한 신규진입자의 영업규모가 종전보다는 조금 줄어든 것이 아니냐는 시사점을 얻을 수 있다. 상행위 종사자가 80% 이상 늘었다는 응답자가 67명(45.0%)으로 압도적으로 많았다. 그다음이 70% 정도 늘었다는 응답자로 40명(26.8%)이었다. 증가율이 낮아질수록 그 비율도 낮아지는 하나의 뚜렷한 경향성을 보여주고 있다. 상품 유입량도 유사한 움직임을 보이고 있다.

그렇다면 모든 상품들이 균등한 비율로 증가했는지, 아니면 상품별로 증가폭에 차이가 있는지, 어떤 종류의 상품이 많이 늘어났는지에 대한 응답이 <표 4-12>에 정리되어 있다. 표에서 볼 수 있듯이 7 · 1 조치 이후 시장유통이 가장 많이 늘어난 품목은 중국산 공산품이며 그다음이 개인수공업 제품

〈표 4-12〉 7 · 1 조치 이후 시장유통량 최대 증가 품목

구분	응답자 수(명)	비율(%)
중국산 공산품	119	74.8
북한 공장 · 기업소 제품	1	0.6
북한 개인수공업 제품	13	8.2
중국산 공산품과 북한 개인수공업 제품	25	15.7
변화 없다	1	0.6
합계	159	100.0

이다. 유통량이 가장 크게 늘어난 것은 중국산 공산품이라는 응답(119명, 74.8%)이 압도적으로 많았다. 그다음으로는 중국산 공업품과 북한산 개인수공업품이 다 함께 늘어났다는 응답(25명, 15.7%)이었다.

반면 북한의 공장 · 기업소가 만든 제품은 시장 내에서 그 비중이 축소되고 있는 것으로 파악되고 있다. 물론 북한의 공장 · 기업소가 만들어 시장에 내놓는 제품들은 일부 생필품에 국한되어 있지만 그나마도 경쟁력이 갈수록 약화되고 있다고 탈북자들은 전하고 있다. 결국 7 · 1 조치 및 종합시장 허용 이후 북한의 시장은 양적으로 팽창하고 있는데, 이는 시장 내에 유통되는 중국산 제품의 비중 증가를 수반하고 있다.

(3) 국영상점의 시장화와 중국상품

중국상품의 북한 내 유통경로와 관련하여 또 하나 주목할 만한 현상은 국영상점이다. 즉, 북한정부는 종합시장의 개설과 더불어 일부 국영상점의 (위탁)수매상점으로의 전환16)을 본격적으로 추진했다. 이는 국영상점들을 기관 · 기업소에 임대 · 분양해 이들이 수입상품 등을 가지고 와서 시장거래

---

16) 국영상점의 수매상점화, 나아가 시장화에 대해서는 이 책의 5장에서 자세히 서술할 예정이다.

<표 4-13> 국영상점의 수매상점 전환비율

구분	응답자 수(명)	비율(%)
20% 이하	8	5.1
30% 정도	28	17.8
50% 정도	14	8.9
60% 정도	11	7.0
70% 정도	27	17.2
80% 이상	69	43.9
합계	157	100.0

와 사실상 동일한 방식으로 판매하게 하고, 국가는 임대료 등을 수취하는 것이다.

그러면 이러한 국영상점의 수매상점화는 어느 정도로 이루어지고 있는지 살펴볼 필요가 있다. <표 4-13>을 보면 알 수 있듯이 국영상점의 수매상점으로의 전환은 상당히 진전된 것으로 보인다.[17] 국영상점의 80% 이상이 수매상점으로 전환했다고 보는 사람이 69명으로 전체의 43.9%나 차지했다. 그다음으로, 30% 정도라는 응답(28명, 17.8%)과 70% 정도라는 응답(27명, 17.2%)이 비슷했다.

아울러 <표 4-14>에도 나타나 있듯이 수매상점에서 판매되는 상품 가운데 중국산의 비중은 90%라는 응답이 55명(35.0%)으로 가장 많았고 그다음이 95% 이상이라는 응답으로 51명(32.5%)이었다.

또 하나 주목해야 할 점은 지역에 따라 국영상점의 수매상점으로의 전환에 차이가 있는지, 또 지역에 따라 수매상점 내의 상품 종류에 차이가 있는지 여부이다. <표 4-15>에도 나타나 있듯이 수매상점으로의 전환비율은 국경지역과 비국경지역 사이에 유의미한 차이가 발견된다. 국경지역은 비국

---

17) 국영상점이 수매상점으로 완전전환하는 경우뿐 아니라 국영상점과 수매상점을 겸하는 경우도 포함된다.

<표 4-14> 수매상점 판매상품 중 중국산 비중

구분	응답자 수(명)	비율(%)
60% 이하	6	3.8
70% 정도	16	10.2
80% 정도	29	18.5
90% 정도	55	35.0
95% 정도	51	32.5
합계	157	100.0

<표 4-15> 국경/비국경지역의 수매상점 차이

구분		Descriptives			ANOVA(Between)		
		N	Mean	S.D.	df	F	Sig.
국영상점의 수매상점 전환비율	국경지역	74	4.824	1.591	1	7.000	**0.009
	비국경지역	80	4.100	1.790			
	합계	154	4.448	1.730			
수매상점 제품 중 중국산 비율	국경지역	77	4.039	1.069	1	6.221	*0.014
	비국경지역	77	3.597	1.127			
	합계	154	3.818	1.117			

주: *은 신뢰수준 95%, **은 신뢰수준 99%로 통계적으로 유의미한 결과임을 나타냄.

경지역에 비해 수매상점으로의 전환비율이 높다는 것이다.

이것이 시사하는 바가 무엇인지 생각해볼 필요가 있다. 예컨대 국영상점의 시장화, 즉 계획경제부문에 시장경제 요소를 도입할 때 지방정권기관, 즉 시·군의 자율성이 인정된다는 것, 달리 보면 지방분권화가 상당히 진전되어 있을 가능성을 생각해볼 수 있다. 하지만 더 큰 이유가 있다. 수매상점 내 제품 가운데 중국산이 차지하는 비중을 놓고 보면 국경지역과 비국경지역 사이에 유의미한 차이가 발견된다. 즉, 국경지역은 비국경지역에 비해 수매상점 내 중국상품의 비율이 더 높다는 점이다. 따라서 국경지역과 비국경지역은 중국상품을 들여올 수 있는 조건이 상이하기 때문에 양 지역에서 국영상점의 수매상점화에 유의미한 차이가 발생할 수 있다.

탈북자들의 전언을 통해 몇 가지 사례를 검토해보면 보다 명료해진다. J3 씨(2004년 탈북)는 평남 평성시의 경우 종전에 시 안에 상점이 100개 정도 있었다고 한다면 현재는 40개 정도만 남아 있고 나머지 60개는 무역기관이나 개인이 인수해 수매상점으로 바뀌었을 것이라고 보고 있다. 평양 출신의 탈북자 J4 씨는 식료품 상점보다도 공업품 상점들이 수매상점으로 많이 전환되었다고 전하고 있다. 처음에는 구역에서 한두 개만 시범적으로 운영하더니 어느 순간부터 거의 100% 수매상점으로 돌아섰다고 전하고 있다. 평양 출신의 C1 씨는 본인이 북한을 이탈(2004년 2월)할 때까지 평양 시내에 있는 국영상점들, 식료품 상점, 공업품 상점 중에서 대략 절반 정도가 수매상점으로 바뀐 것 같다고 기억하고 있다.

기존의 장마당의 합법화로 종합시장이 등장한 데다 국영상점이 수매상점으로 전환·확대되고 있다는 사실은 중국상품의 입장에서 보면 새로운 국내유통망의 안정적인 판로가 확보되고, 더욱이 그것이 확대된다는 의미가 있다.

(4) 종합시장 내 불법적 물자의 유통

탈북자들의 증언을 종합해보면 현재 종합시장에서 유통이 허용되고 있는 것은 기존에 농민시장에서 거래되던 품목들과 큰 차이가 없는 것으로 보인다. 기본적으로 식량을 포함한 대부분의 소비재인 것이다. 동시에 제품의 공급자가 그 제품을 취득하게 되는 과정(생산, 수입 등)의 합법 여부도 크게 추궁하지 않는다고 한다. 따라서 공급원천이 불법인 경우, 즉 농장이나 공장, 군대에서 절취·유출했거나 개인·기관이 밀수입한 제품도 당국의 묵인하에 상당 정도 유통되고 있다. 이런 물자가 시장에서 유통되는 전체 상품 중에 차지하는 비중이 얼마나 되는지 살펴보았다.

〈표 4-16〉과 〈표 4-17〉에 나타나 있듯이 인상적인 것은 응답이 특정 항목에 몰려 있지 않고 골고루 분포되어 있다는 점이다. 이것은 지역별로 차

<표 4-16> 시장판매 공산품 중 밀수품의 비율

구분	응답자 수(명)	비율(%)
10% 이하	30	20.0
20% 정도	29	19.3
30% 정도	24	16.0
40% 정도	24	16.0
50% 이상	43	28.7
합계	150	100.0

<표 4-17> 시장판매 공산품 중 절취 · 유출물자의 비율

구분	응답자 수(명)	비율(%)
10% 이하	38	26.4
20% 정도	30	20.8
30% 정도	24	16.7
40% 정도	21	14.6
50% 이상	31	21.5
합계	144	100.0

이가 있음은 물론 사람들의 인식상에도 차이가 있을 수 있음을 시사한다. 밀수품의 경우에는 전체의 50% 이상이 밀수품이라는 응답이 가장 많았으나 (28.7%), 바로 그다음으로 10% 이하라는 응답(20.0%), 20% 정도라는 응답 (19.3%)이 이어졌다. 공장이나 군대에서 절취 · 유출한 물품의 비중도 유사한 현상이 나타난다. 10% 이하라는 응답이 가장 많았지만(26.4%), 바로 그 다음이 50% 이상이라는 응답(21.5%)이었다.

2) 화교 및 중국자본과 상품유통

(1) 화교와 중국상품 유통

앞서 보았던 수매상점의 인수 주체는 무역회사 등 국가기관 아니면 개인 이다. 무역회사 스스로 중국에서 상품을 수입할 수 있는 권한이 있으니 물품을 들여와 판매하는 데 전혀 문제가 없지만 개인의 경우는 어떻게 되는지 살펴보면 다음과 같다.

경제위기 이후, 더욱이 7·1 조치 이후 무역의 분권화가 가속화되면서 기관·기업소의 대외무역권한이 확대되었고 또한 이에 따라 무역회사의 수가 크게 늘어났지만 아직까지 북한에서는 개인에 대해 대외무역을 수행할 수 있는 권한을 부여하고 있지는 않다. 그렇다면 이들은 어떤 방식으로 중국상품을 들여오는지 살펴볼 필요가 있다.

크게 보아 세 가지인데 첫 번째는 무역회사 등 국가기관에 위탁하는 것이고, 두 번째는 화교를 활용하는 것이고, 세 번째는 자신이 사업을 하는 것이 아니라 화교의 대리인으로 활동하는 경우이다.[18]

여기서 주목하는 것은 두 번째와 세 번째이다. 이 경우 화교가 상점운영 자금의 전부를 대고 상품을 공급하는 경우도 종종 있다고 한다. 물론 화교 자신이 직접 상점을 경영하지는 않고 북한주민 대리인을 내세워서 운영하는 것이다. 자금의 전부를 대지 않고 일부를 제공하거나 아니면 상품 공급만 담당하는 경우도 꽤 있다. 이런 식으로 사실상 화교가 장악·운영하는 상점이 전체 수매상점에서 차지하는 비중을 살펴보았다.

〈표 4-18〉을 보면 알 수 있듯이 명확한 이미지가 포착되지 않는다. 5% 이하라는 응답이 40명(32.3%)으로 가장 많았는데 바로 그다음이 50% 이상이라는 응답(28명, 22.6%)으로 나타났다. 여기에도 지역차, 개인의 인식차 등이

---

18) "그런데 무역회사와 함께 일하려고 하면 복잡하다. 문서 작성해야 하는 것도 많고 복잡하다. 그리고 국가기관이 '너 그만한 돈이 어디서 났냐, 너네 어디에서 돈 들여오냐'라고 시비를 거는 경우도 적지 않다. 좀 복잡하다. 그러니까 대개 화교하고 붙어서 하려고 한다. 사실 평양 시내의 수매상점이라고 하면 대부분 화교들이 하는 상점이다. 뒤에는 다 화교들이 있다. 회령 같은 국경연선은 화교도 있고, 북한사람도 있지만 평양시는 80~90%가 화교가 하는 것이다. 특히 화교들이 자신들이 직접 나서지 않고 믿을 만한 북한사람을 내세우기도 한다"(탈북자 C1 씨).

〈표 4-18〉 사실상의 화교운영 수매상점 비중

구분	응답자 수(명)	비율(%)
5% 이하	40	32.3
10% 정도	21	16.9
20% 정도	15	12.1
30% 정도	8	6.5
40% 정도	12	9.7
50% 이상	28	22.6
합계	124	100.0

드러난다.

한편, 상품의 공급경로로서 보다 중요한 것이 종합시장이다. 이 시장에서 화교는 대개 도매상으로서의 역할을 수행할 뿐 소매기능은 담당하지 않는다. 시장에 제품을 공급하는 사람은 크게 보아 북한사람, 화교, 조선족이 있을 것이다. 이 가운데 화교가 차지하는 비중을 조사할 필요가 있다.

〈표 4-19〉는 비교적 명료한 이미지를 제공해준다. 50% 이상이 41명 (31.5%)으로 가장 많았다. 그 뒤를 이어 40% 정도(29명, 22.3%), 30% 정도(22명, 16.9%)로 조사되었다.

그렇다면 화교들은 어떤 조건하에서 어떤 방식으로 상행위를 하는지 살펴볼 필요가 있다. 화교들은 대체로 외국인 대우를 받는다고 할 수 있다. 북한사람들과 달리 조직생활이나 생활총화 부담도 없고 동원 나가는 일도 없으므로 그만큼 자유롭다고 할 수 있다. 물론 그렇다고 해서 국내외를 자유롭게 들락거리는 것은 아니다. 중국도 갈 수는 있지만 1년에 몇 회, 그런 식으로 횟수에 제한이 있다. 중국 체류기간도 마찬가지인데 화교들이 중국에 가기 위해서는 평양 내 중국대사관과 북한정부의 승인을 받아야 한다.[19] 하

---

19) "화교들은 예컨대 석 달에 한 번인가 왔다 갔다 할 수 있다. 한 사람당. 그런데 자기네 식구가 많으면, 처음에 갈 일 있을 때 부인 보내고, 그다음에 갈 일 있으면 내가

<表 4-19> 화교 도매상을 통해 시장에 공급되는 제품의 비중

구분	응답자 수(명)	비율(%)
5% 이하	9	6.9
10% 정도	13	10.0
20% 정도	16	12.3
30% 정도	22	16.9
40% 정도	29	22.3
50% 이상	41	31.5
합계	130	100.0

지만 어쨌든 북한사람들보다는 훨씬 자유롭게 중국을 왕래할 수 있다고 한
다(탈북자 J4 씨).

(2) 중국자본의 북한 유통부문 진출

지금까지는 화교나 중국기업이 북한의 종합시장, 수매상점 등 북한인들
이 운영하는 유통망을 통해 중국산 제품을 공급해왔다. 즉, 중국상품은 북
한 개인 및 기업을 통한 위탁판매가 주종을 이루었다. 중국기업들이 유통부
문에는 직접 진출하지 않았던 것이다. 그런데 최근에는 중국인이 북한 내에
서 직접 운영하는 상점들이 하나 둘씩 늘고 있다. 중국자본이 북한의 유통

가고, 그다음에는 자기 동생을 보내고, 이런 식으로 한다. 그리고 중국에 가면 상점
을 하는 친구들이나 친척들이 다 있다. 그런 데서 물건을 구입한다. 그리고 바로 기
차로 부친다. 국제수화물이다. 그러면 평양역까지 도착한다. 평양역 옆에 수화물청
사가 따로 있다. 여기에 세관이 있으니까 거기를 거쳐야 한다. 그런데 양이 엄청나
다. 트럭으로 몇 대분이 된다. 내가 한번은 중국에서 온 것을 역에 가지러 간 적도
있다. 그때는 한 빵통이 왔다. 그래서 자동차 몇 대로 실어왔다. 화교들이 중국에 직
접 가지 않으면 자기네 친구나 친척에게 물건을 부쳐달라고 전화나 팩스로 연락하
기도 한다. 보통강구역에 있는 통신센터에 가서 무슨 상품 무슨 상품을 보내달라고
국제전화로 연락한다"(탈북자 C1 씨).

부문에 대한 진출을 모색하기 시작한 것이다. 물론 아직까지는 걸음마 단계에 불과하다.

탈북자 P2 씨에 따르면 2003년 초에 청진시 수남구역 말음동에 록산상점이라는 새로운 상점이 등장했다. 그런데 이 상점은 100% 중국자본에 의해 운영된다고 한다. 그리고 중국사람이 자본을 투자했을 뿐 아니라 경영도 직접 하는데, 그는 나진선봉에서 연길상점을 운영하던 사람이다. 아파트 건물 1층에 들어섰는데 100평 규모에 6명의 종업원을 두고 운영하고 있다. 그 상점에서는 일반적인 식료품, 의류 등 공산품뿐 아니라 오토바이, 자동차 부속품, 발전기, 선박용 소형엔진, 건축자재까지 판매하고 있었다고 한다. 그런데 보통 상품보다 훨씬 비싸다고 한다. 개인들이 나진선봉에서 사오는 것보다도 매우 비쌌다고 한다.

또한 확인되고 있지는 않지만 평양시내 평양 역전백화점의 경영권이 중국 저장성 출신의 한족에게 넘어가 중국인 관광객의 쇼핑코스로 되고 있다는 언론보도도 있었다(≪동아일보≫, 2005. 7. 5). 아울러 혜산 지역에도 중국인이 운영하는 상점이 몇 개 개설되었다는 소문이 있다.

이와 관련하여 주목해야 할 사실은 북한과 중국의 기업들이 공동으로 운영하는 도·소매 물품시장인 '보통강 공동교류시장'이 지난 2005년 6월 문을 열었다는 것이다. 조선중앙통신에 따르면 교류시장은 북한 무역성 산하 중앙수입물자교류총회사와 랴오닝(遼寧) 태성국제무역유한공사 등 중국기업들이 공동으로 운영하며 북한의 기관과 기업에 '경제건설에 필요한 제품'을 도매 또는 소매로 판매한다(연합뉴스, 2005. 6. 24). 사실 이러한 형태의 시장은 북중 간에 처음으로 개설되는 것이다.[20] 중앙통신은 교류시장의 정확

---

[20] 이 시장의 개설에 깊숙이 관여했던 단동시 정부 간부에 따르면 이 시장은 기본적으로 중국기업들이 북한에 대해 농업용 및 공업용 원자재를 판매하는 공간이다. 소비품도 판매하고 있으나 기본은 원자재 및 설비이다.

〈그림 4-5〉 중국산 소비재의 북한 내 유입경로

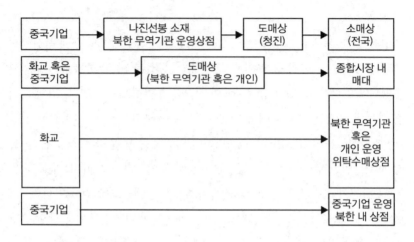

한 위치와 규모는 밝히지 않았으나 평양 보통강 주변에 있는 것으로 보인다.

한편, 북한 내 중국 소비재가 유입되는 경로를 종합하면 〈그림 4-5〉와 같이 정리할 수 있다.

3. 북한경제 내 서비스활동과 대중국 의존성

1) 소규모 서비스업체의 확대와 중국상품 유입

북한에서 최근 늘고 있는 것의 하나가 당구장, 가라오케, 볼링장, 사우나 등 서비스업체이다. 물론 식당도 크게 늘고 있다. 이들은 사실상 개인의 차원에서 운영되기도 하고 국가무역기관이 운영하기도 한다.

그런데 이들 업체의 매장에 들어가는 설비들은 어디서 들여오는 것인지 살펴볼 필요가 있다. 〈표 4-20〉에도 나타나 있듯이 중국산이 압도적으로 많

<표 4-20> 소규모 서비스업체 설비의 중국산 비중

구분	응답자 수(명)	비율(%)
60% 정도	18	13.6
70% 정도	17	12.9
80% 정도	20	15.2
90% 정도	31	23.5
95% 정도	46	34.8
합계	132	100.0

다. 이들 업체의 매장에 들어가는 설비의 95% 이상이 중국산이라는 응답이 46명(34.8%)으로 가장 많았다. 그 뒤를 이어 90% 정도라는 응답이 31명(23.5%)이었다.

인민보안성 산하 무역회사에 근무했던 탈북자 K2 씨는 2003년 당시 무역회사의 운영자금을 확보하기 위해 당구장, 식당, 상점, 사우나 시설을 새로 만들기로 했다. 그런데 이에 필요한 설비는 대부분 중국에서 들여왔다. 식당의 경우 식탁, 의자, 주방설비, 주방화식기재, 부탄가스 곤로, 접시류, 술잔, 에어컨 등 일체의 설비를 들여왔다. 당구장의 경우 당구대, 당구채, 초크, 알, 카펫 등을 수입했다. 사우나 설비도 마찬가지였다.

C1 씨는 평양 시내의 식당 및 서비스시설을 간단하게 소개하고 있다. 국가가 운영하던 식당이나 건물의 일부를 개인들에게 식당으로 준 경우들도 꽤 있다. 실제로는 개인들이 운영하는 식당이 더 많다고 한다. 그리고 중국사람이 운영하는 식당도 꽤 있다. 회령에 거주하는 C1 씨 친구는 회령호텔 자체 식당을 본인이 운영하고 있다. 그런데 그는 화교이며, 식당은 이 화교가 모든 물자를 공급해서 운영한다. 국가가 회령호텔까지 물자를 공급해주지 못하기 때문에 화교를 활용하는 것인데 국가에서 화교 개인장사를 쓰는 것과 같다. 식당에서 쓰는 것은 일체 중국에서 들여온다. 육류, 조미료는 말할 것도 없고 음료수, 맥주, 쌀, 라면도 들여온다. 그런데 북한의 식당과 비교해서 경쟁력이 있다고 한다. 북한사람들이 운영하는 식당은 재료가 나빠

서 수준이 떨어지는 반면에 중국사람이 운영하는 식당은 수준이 높고 가격도 당연히 비싸다고 한다.

건물이 비어 있는 곳은 개인들이 당구장을 비롯해 각종 서비스시설을 만들고 있다. 그런 곳은 중국사람들이 추진한 것도 있고, 북한사람들이 추진한 것도 있다. 처음에는 중국사람들부터 시작했다. 당구대를 들여오려고 했는데 북한사람들은 들여올 데가 없다. 그래서 처음에는 중국사람들이 시작했는데, 이후 북한사람들이 운영하는 것도 중국사람들에게 부탁해서 설비를 들여왔다. 가라오케는 국가에서 운영하는 것도 있는데 이는 대체로 호텔같은 곳이라고 한다. 아울러 외화벌이 단위들에서 운영하는 것도 있다. 그런데 국가에서 운영하는 것은 다 일본산 설비를 쓴다. 반면 외화벌이 단위들에서 운영하는 것은 대부분 중국산 설비를 쓴다고 한다.

2) 운송활동의 증가와 중국자본 및 제품 유입

(1) 원유, 주유소

북한에서 수송분야는 원래 취약한 부문이다. 그런데 국민경제 순환구조의 파괴, 국민경제의 분절화, 파편화 속에서 개별 경제주체에게 수송의 문제는 오히려 더욱 중요해지고 있다. 게다가 경제개혁의 진전, 시장의 발달을 배경으로 수송에 대한 수요는 빠른 속도로 늘고 있다. 그런데 북한정부가 수송 문제를 해결해주는 데는 명백한 한계가 있어 결국 이는 개별 경제주체의 자력갱생에 의해 해결할 수밖에 없다. 여기서 중국에 대한 의존도가 높아지고 있는 것이다.

국가기관 산하 모 대학 소속 무역회사 지도원 출신 K2 씨의 경험은 시사하는 바가 크다. 그 대학은 교원, 학생 다 합해 1만 명이 넘는다. 그런데 이 대학은 국가예산으로 운영되어야 하는 기관인데도 예산은 연간 소요액의 50%도 충당되지 못한다. 그래서 대학의 운영자금을 마련하기 위해 대외무역을 수행한다. 벌어들인 외화로 해결해야 할 가장 큰 것은 다음의 세 가지이다. 첫 번째는 석유의 조달이고, 두 번째는 차량의 부품·타이어의 조달이고, 세 번째는 교원, 학생들에 대한 생필품 공급(이른바 후방공급사업)이다.

석유의 확보가 가장 중요한 이유는 다음과 같다. 이 대학의 경우, 식량을 공급받을 곳을 매년 지정받는다. 평남에서는 숙천군, 문덕군 소재 협동농장이고 황해남도에서는 안악군, 재령군 소재 협동농장이다. 그런데 국가는 식량을 공급받을 곳을 지정해 식량공급처를 확보해주는 것으로 그 임무를 끝낸다. 즉, 그 지역까지 가서 식량을 받아오는 것은 해당 수요기관의 몫이다. 해당 수요기관이 직접 해당 농장까지 가서 식량을 실어와야 한다. 따라서 석유 확보의 최대 목적은 다름 아니라 식량수송이다. 외화 수요의 두 번째 목적이 차량 부품·타이어 확보인 것도 바로 이 때문이다.

그래서 각 기관들은 국가로부터 석유제품을 공급받기도 하지만 그것만으로는 부족하기 때문에 자체적으로 석유제품을 수입해야 한다. 이 대학의 경우에는 휘발유, 디젤유, 모빌유(엔진오일)를 들여왔다고 한다. 차량 부품은 대부분 중국산인데 배터리, 링, 곡축 등을 모두 중국에서 들여왔다.

7·1조치 이후 나타난 현상으로 주목할 만한 것의 하나가 외화주유소의 등장이다. 기존에는 국가가 운영하는 이른바 연유공급소가 있었으나 이제는 무역기관 등이 중심이 되어 일반인들에게 휘발유 등을 판매하는 외화주유소를 신설하고 있다. 더욱이 신설된 외화주유소는 대부분 중국산 설비를 들여왔다(탈북자 K1·J4 씨).

(2) 수송수단

시장화의 진전에 따라 교통 분야에 대한 수요가 늘고 있으나 공식적인 공급은 이에 미치지 못하고 있다. 전력 부족 등으로 기존의 열차 수송은 매우 불안정한 상태이다. 이에 따라 다양한 공식적·비공식적 교통수단이 등장했다.

2003년 4월에 등장한 평양 운림운송합영회사의 장거리 버스도 그중의 하나이다. 이 회사는 평양 인민보안성 산하 회사인데 국가의 승인 아래 개인자본을 투입하여 중국 북경의 한 운송회사와 합영을 해서 설립한 것이다. 물론 수입의 일부를 국가에 바치게 되어 있다.[21)]

선박도 눈여겨보아야 할 부분이다. 탈북자 L1 씨(2003년 탈북)에 따르면 당시 외화벌이하는 회사들이 가지고 있는 배들의 80%가 중국 배이며, 특히 서해가 그렇다고 한다. 북한 배로는 설비가 낡아서 고기를 많이 잡지 못하지만 중국 배는 기관이 좋다. 또 잠수설비를 갖춰야 하는데 산소호흡기부터 발동기 등 모든 잠수기지 설비는 다 중국에서 들어온다.

한편, 이와 관련해서 눈길을 끄는 것은 북한과 중국의 합영회사로 만든 자전거 생산회사이다. 코트라(KOTRA)에 따르면 북한은 최근 북중 합영기업인 평진자전거합영회사(平津自行車合營會社)에 20년간 자전거 생산독점권을 부여했다. 이에 따라 일본으로부터 들여오는 중고 자전거 수입도 금지되었다고 한다. 중국 톈진(天津) 소재 모 기업과 북측이 공동투자해 설립한 이 공장은 지난 2005년 3월 "조선·중국 투자촉진 및 보호에 관한 협정" 체결 이후 처음으로 중국기업이 북한 투자를 승인받아 건설하게 되었다. 평양시 형제산구역 서산동 1만 여 평방미터를 차지하고 있는 평진자전거합영회사는 그 해 4월 말 1기의 생산라인 설치를 끝내고 5월 초부터 생산과 영업활동에 들어갔다. 완공된 생산라인의 연간 생산능력은 30만 대 수준이다. 이 공장은 노동당 창당 60주년(10. 10)에 맞춰 완공하고 정식 개소식을 가졌다. 북한

---

21) 탈북자 J4 씨는 이 버스회사에 대해 다음과 같이 기억하고 있다. "중국에서 수입해 온 버스인데, 2층짜리 버스가 여러 대 있다. 평양에만 100대 정도 된다. 100대가 전부 2층짜리가 아니라 똑같은 회사 차인데 2층짜리로 되어 있는 게 있고 단층으로 되어 있는 것이 있다. 일반적으로 100대 버스회사라고 부른다. 단번에 100대가 들어온 것이 아니고 점차적으로 수입해온 것이다. 왜 하필이면 중국에서 수입했는가 하면 아마 일본보다 싸니까 그랬을 것이다."

은 이 공장 건설을 국가 차원의 프로젝트로 인정하고 박봉주 총리, 로두철 부총리 등이 수차례 건설현장을 다녀간 것으로 알려졌다. 평진자전거합영회사는 지난 5월 16~19일 평양 3대혁명전시관에서 열린 제8회 평양국제상품전람회에 자체 생산한 '모란봉 자전거' 부스를 설치해 평양시민의 관심을 크게 끌기도 했다.

4. 북한경제 내 금융활동과 대중국 의존성

1) 화교와 사금융

북한에서 화교는 현금의 대규모 보유자로 알려져 있다. 화교들이 자택에 현금을 쌓아두고 있다는 사실은 공공연한 비밀이다. 그러다 보니 화교들이 북한사람들을 대상으로 사금융을 수행하는 것은 당연한 일일 수 있다. 즉, 북한사람들이 화교 자본에 상당 정도 의존하고 있다는 것이다. 그런데 문제는 북한 개인뿐 아니라 북한의 공장, 기업소, 무역회사들도 화교 자본에 대한 의존도가 적지 않다는 사실이다.

우선 화교의 경제력에 대해 살펴볼 필요가 있다. 앞에서 보았듯이 북한에서는 개인적으로 돈을 많이 모은, 즉 부를 축적한 사람들을 돈주(錢主)라고 부른다. 그러면 돈주 가운데 화교의 비중은 어느 정도인지 설문을 실시했다. 전체의 50% 이상이라고 답한 사람이 33명(27.0%)으로 가장 많았다. 그 다음이 10% 정도(19명, 15.6%), 5% 이하(18명, 14.8%), 20% 정도(18명, 14.8%), 30% 정도(18명, 14.8%)로 거의 차이가 없거나 같았다.

그들은 이러한 풍부한 자금력을 바탕으로 사금융, 특히 고리대금업을 영위할까? 〈표 4-22〉를 보면 알 수 있듯이 사채업자 중 화교의 비중이 그다지 높다고 보기는 어렵다. 5% 이하라는 응답이 33명으로 전체의 27.5%를 차지

<표 4-21> 돈주 가운데 화교의 비중

구분	응답자 수(명)	비율(%)
5% 이하	18	14.8
10% 정도	19	15.6
20% 정도	18	14.8
30% 정도	18	14.8
40% 정도	16	13.1
50% 이상	33	27.0
합계	122	100.0

<표 4-22> 사채업자 중 화교의 비중

구분	응답자 수(명)	비율(%)
5% 이하	33	27.5
10% 정도	21	17.5
20% 정도	23	19.2
30% 정도	12	10.0
40% 정도	16	13.3
50% 이상	15	12.5
합계	120	100.0

<표 4-23> 공장·기업소에 대한 화교의 자금대여

구분	응답자 수(명)	비율(%)
자주 있는 일이다	29	24.2
종종 있는 일이다	31	25.8
가끔 있는 일이다	25	20.8
들어본 적이 없다	35	29.2
합계	120	100.0

했다. 그런데 그 뒤를 이어 20% 정도라는 응답이 23명(19.2%)이었다. 50% 이상이라는 대답도 15명(12.5%)이나 되었다. 사채업에서 화교의 역할이 미미하다고 보기도 어려운 실정이다.

주목해야 할 것은 공장·기업소가 화교의 자금에 의존한다는 사실이다.

화교가 공장·기업소에 돈을 빌려주는 것을 알고 있거나 들은 적이 있다는 사람(85명, 70.8%)이 들어본 적이 없다는 사람(35명, 29.2%)보다 훨씬 많았다. 더욱이 종종 있는 일이다(25.8%) 및 자주 있는 일이다(24.2%)라는 응답이 가끔 있는 일이다(20.8%)라는 응답을 웃돌았다.[22]

2) 상품수출조건부 금융

중국과 북한 간 무역에서 많이 발생하는 또 하나의 금융형태는 상품수출조건부 금융이다. 즉, 중국기업이 북한기업에 대해 미리 현금이나 현물로 자금을 대여하고 이를 수수한 북한기업은 정해진 기간에 상품수출을 통해 이 자금을 상환하는 것이다. 무언가를 수출하기 위해서는 초기에 자금이 필요한데 북한기업들이 자금이 없으니까 중국기업들이 이런 방식으로 접근하는 것이다.[23]

---

22) 인민무력부 산하 무역기관에서 지도원 생활을 한 적이 있는 C1 씨는 자신의 경험담을 중심으로 다음과 같은 상황을 전하고 있다. "국가 외화벌이하는 사람들도 지금은 외화벌이하려면 돈이 좀 있어야 한다. 중국사람들한테 가서 국가무역기관이 꾸어달라고 붙는다. 물론 당연히 이자를 준다. 예를 들면, 월 20~30%이다. 그 돈으로 수출원천 동원을 한다. 물론 북한사람한테서도 빌릴 수 있다. 북한에 있는 개인한테 빌리긴 빌리는데 북한에 있는 개인들은 그렇게 노골적으로 빌려주지 못한다. 그 돈이 어디에서 났는지, 검열 들어오고 하니까. 북한에서 개인들이 돈 그렇게 많이 가지고 있지도 않다. 있다 하더라도 감추고 안 내놓는다. 이런 사채놀음 안 한다. 들키는 날이면 당장 잡혀간다."

23) 국가무역기관에서 일한 적이 있는 L1 씨의 경험담이다. "제일 많이 투자하는 게 수산물이다. 서해, 동해에서 나는 수산물. 중국회사가 북한회사에 대해 너희 돈도 없고 설비도 없으니까 '자, 그럼 우리가 돈, 설비 다 대줄테니 그 대신 너희가 사업하는 만큼 해서 꽂게 얼마를 언제까지 우리에게 달라'는 식이다. 그렇게 계약을 맺는다. 설비라면 배가 대표적이다. 150마력, 200마력, 400마력 배에다 많이 투자한다. 물론

앞에서 언급한 바 있는 K2 씨 무역기관의 경우도 이와 유사하다. 이 회사는 중국으로부터 식당, 상점, 당구장, 사우나 등 4개 시설의 설비 일체를 중국에서 현물로 들여왔는데 대략 20만 달러어치였고, 수출조건부 금융이었다. 6개월 이내에 몰리브덴을 수출해서 이 돈을 상환하기로 계약을 체결한 것이었다.

5. 요약 및 결론

북한경제의 대중국 의존도 심화현상이 국제정치적 요인에 의해 설명되는 부분은 과연 어느 정도인지, 예컨대 일각에서 이야기하는 '중국정부의 경제적 동북공정'론은 어느 정도 타당성이 있는지, 현재로서는 명확하게 판단하기 어렵다. 다만 국제정치적 요인 못지않게 경제적 요인도 중요하다.

북중 무역·투자를 둘러싼 개인, 기업, 무역기관 등 개별 경제주체들의 행동양식은 어떻게 정리할 수 있을까? 북한이나 중국이나 기본적으로는 이윤동기가 배경에 있다고 보아야 할 것이다. 중국자본은 시장선점이라는 장기적 관점만이 아니라 이윤획득이라는 단기적 관점도 갖고 있다.

최근 북한경제의 대중국 의존도 심화현상의 2대 조건을 지적할 필요가 있다.

첫째 조건은 경제개혁 내지는 시장화이다. 이는 7·1 조치, 종합시장의 등장, 국영상점의 수매상점화, 개인서비스업 확대, 수송수요 급증 등을 내용으로 한다. 사실 7·1 조치의 핵심적 요소의 하나가 기업과 개인에 대한 자력갱생 요구이다. 국가가 책임을 지지 않아도 스스로 알아서 먹고 살라는 것이며 대신 어떤 짓을 하든 크게 관여하지 않겠다는 것이다. 그런 의미

설비가 아니라 현금을 직접주는 경우도 있다.”

에서 북한의 시장화는 방임적 시장화이다. 그런데 북한 국내는 자원이 고갈된 상태이므로 외부 세계와의 경제활동을 통해 생존의 문제를 해결할 수밖에 없다. 그리고 국가는 7·1 조치를 계기로 대외무역활동을 더욱더 분권화했다.

둘째 조건은 북중 양국 정책당국의 경제관계 확대 의지이다. 북한정부는 기본적으로 경제적 필요성 때문이고, 중국정부는 기본적으로 국제정치적 필요성인데 부분적으로는 경제적 필요성도 가미되어 있다. 이들 조건은 2002년 7·1 조치 이전에도 존재했으나 7·1 조치 이후 훨씬 강화된 것으로 보인다.

한편, 북중 양국의 분업구조에도 주목해야 한다. 중국 입장에서 북한은 한편으로는 원료(석탄, 강철 등) 및 1차 소비재(수산물, 농토산물) 공급기지이며 다른 한편으로는 소비재(일부 원자재, 설비 포함)의 시장이다.[24] 지나친 단순화의 위험이 있기는 하지만, 거칠게 정리한다면 북한과 중국의 무역구조는 교역상품의 측면에서 보면 전형적인 선진국과 개도국 간 무역구조라 할 수 있다.

---

24) 중국 입장에서 북한은 아직까지 생산기지로서의 역할은 미미한 편이다.

제3부

국가와 시장의 관계

북한의 시장화는 방임적 시장화이다. 달리 말하면 시장화는 기업과 가계 등 하위 경제주체들의 자력갱생 차원에서 추진되고 있다. 기업에게 자율성을 부여하고 시장경제적 활동을 용인하되, 국가는 기업에 대해 생산에 필요한 노동, 자본, 원자재 등을 공급해주지 않겠다는 것이다. 물론 북한정부가 지향하는 것은 관리가능한 시장화이다. 즉, 시장화를 확대하되 국가가 관리할 수 있는 수준의 것으로 묶어두겠다는 것이다.

5장
북한에서의 시장의 형성과 발달

4대 시장을 중심으로

북한경제에서 변화가 가장 활발한 분야는 좁게 보면 상업·유통부문, 넓게 보면 시장과 직간접적으로 관련된 분야이다. 1990년대 경제위기 이후, 특히 고난의 행군기에 두드러지게 나타났던 장마당의 급속한 창궐은 이를 단적으로 보여주고 있다. 공식적인 상업·유통체계가 사실상 붕괴되면서 비공식적인 장마당이 급속히 확대되었다. 이는 결국 경제의 여타 부문, 나아가 정치·사회부문에까지 엄청난 파급효과를 가져오면서 북한 체제를 근저에서부터 흔들었다.

이에 북한정부는 2002년부터 7·1 경제관리개선조치로 불리는 일련의 경제개혁적 조치들을 단행했고 이는 2003년 3월 종합시장의 개설로 정점에 달했다. 지난 2003년에 등장한 종합시장은 어느덧 현 단계 북한 경제개혁의 핵심적·상징적 존재로 인식되기에 이르렀다. 외부의 관찰자들은 북한의 경제정책 변화를 논할 때 거의 예외 없이 평양의 통일거리시장으로 대표되는 종합시장을 거론하고 있다. 더욱이 시장의 확대는 2000년대 북한의 변화를 제한적이기는 하나 '경제개혁'으로 인정하는 견해의 확산에 기여하고 있다.

물론 2000년대 북한의 경제정책을 경제개혁으로 평가하길 주저하는 사람들은 여전히 남아 있다. 종합시장의 존재 그 자체는 북한의 경제정책을 둘러싸고 나타나고 있는 적극적 해석파와 소극적 해석파의 인식의 간극을 결정적으로 좁혀줄 정도는 아니다. 예컨대 종합시장의 등장은 단순히 유통부문의 변화에 불과한가 아닌가, 경제의 여타 부문에 커다란 파급효과를 가져오는가 아닌가, 시장의 확대는 일시적인 현상인가 구조적인 변화인가 등 여러 가지 핵심적인 쟁점사항에 대한 견해차는 여전히 남아 있다.

이들 문제에 대한 논의의 지평을 보다 확대할 필요성은 바로 여기에서 도출된다. 판단 이전에 사실(facts)을 모아서 축적하고 정리하는 작업이 무엇보다도 중요한 시점이다. 이 장은 그러한 문제의식에서 출발한다.

시장이란 여러 범주와 다양한 차원을 가진 개념이다. 이 가운데 거래대상에 따라 시장을 구분하면 생산물시장과 생산요소시장으로 나눌 수 있다. 그리고 생산물시장은 소비재시장과 생산재시장으로 이루어지고, 생산요소시장은 자본·금융시장과 노동시장으로 구성된다. 이 네 가지 시장을 다 합쳐서 4대 시장이라고 부르기도 한다. 이 장에서는 4대 시장을 중심으로 시장의 형성과 발전이라는 측면에서 2000년대 북한경제의 실태를 정리·평가하고 그 함의를 제시하고자 한다.

기본적인 자료로는 북한의 공식 문건, ≪조선신보≫의 보도내용, 필자의 탈북자 면담 결과,[1] 타 기관의 탈북자 면담 결과 등을 사용한다(〈표 5-1〉 참조). 그렇다고 해도 관련 정보의 절대적인 부족 등으로 해석에 한계가 있다. 따라서 이 장은 활발한 토론을 위한 기초 자료를 제공하는 것으로 그 임무를 국한한다.

---

1) 7·1 경제관리개선조치 이후 북한을 이탈한 주민 24명을 대상으로 한 필자의 면담 결과이다. 면담은 2003년 10월부터 2005년 7월까지 이루어졌다.

면담자	출생연도	탈북연도	주된 거주지역	주요 경력
탈북자 C1 씨	1965	2004	평양	무역회사 중간관리직
탈북자 C3 씨	1975	2003	함북 온성	탄광 중간관리직
탈북자 C4 씨	1980	2003	함북 회령	공장 생산직
탈북자 C5 씨	1970	2003	양강 대홍단	공장 생산직, 개인상업
탈북자 H2 씨	1972	2003	함북 화대, 새별	국가기관 생산직, 개인상업
탈북자 H3 씨	1970	2003	함남 단천	개인상업
탈북자 J3 씨	1965	2004	평남 평성	국가기관 중간관리직
탈북자 J4 씨	1962	2003	평양	공장 사무직
탈북자 J5 씨	1959	2002	평남 덕천	공장 관리직
탈북자 K1 씨	1967	2003	평양	국가기관 사무직
탈북자 K7 씨	1952	2002	평양	합영회사 관리직
탈북자 K13 씨	1981	2003	함북 무산	국가기관 판매직
탈북자 K14 씨	1942	2003	강원 원산	무역회사 중간관리직, 공장 관리직
탈북자 K15 씨	1957	2003	남포	가내수공업
탈북자 K16 씨	1961	2003	평양	공장 중간관리직
탈북자 L2 씨	1974	2004	함북 새별	국가기관 판매직
탈북자 L3 씨	1964	2003	황남 배천	개인상업
탈북자 L4 씨	1950	2003	평양	주부
탈북자 M1 씨	1948	2003	평양	국가기관 관리직
탈북자 M2 씨	1973	2003	평양	국가기관 중간관리직
탈북자 M3 씨	1976	2003	평양	국가기관 중간관리직
탈북자 P1 씨	1964	2004	함북 청진	개인수공업
탈북자 S1 씨	1969	2004	함북 새별	공장 중간관리직
탈북자 Y1 씨	1977	2003	함북 청진	국가기관 중간관리직, 개인상업

한편, 이 장은 7·1 조치 직후의 1~2년까지를, 즉 대체로 보아 2004년까지의 북한 시장화 실태를 주된 분석 대상으로 설정한다. 필자가 직접 면담한 탈북자, 타 기관에서 면담한 탈북자, ≪조선신보≫의 보도내용 공히 대체로 2003~2004년 시점까지의 북한 상황에 대해 전하고 있다.

1. 개념적 틀

1) 시장화에 대한 일반론

사회주의 경제개혁에서 핵심적 요소는 시장화(marketization)이다. 그런데 시장화란 다양한 차원인 동시에 여러 가지 범주의 개념이다.

우선 시장은 크게 보아 두 가지로 나눌 수 있다(폴라니, 1983: 173~175; 山口 重克 編, 1997: 21~26). 하나는 시스템으로서의 시장이고 또 하나는 장소로서의 시장이다. 이 두 가지 개념은 일부 중복되면서 각각 상이한 영역을 포괄한다.[2]

따라서 시장화는 한편으로는 시장메커니즘의 도입 및 확산으로 규정할 수 있다. 이 경우 시장화는 수요와 공급의 상호작용에 의해 가격이 결정되고 이 가격이 발신하는 정보의 시그널에 의해 가계, 기업 등 상이한 의사결정단위의 경제적 행동, 나아가 거시경제 전체의 자원배분이 조정되는 것으로 파악할 수 있다.

시장화는 또 한편으로는 시장(marketplace)의 발생 및 확대로 규정할 수 있다. 시장은 지역적·기능적으로는 지역시장과 외부시장,[3] 전국적 시장, 세계시장 등으로 구분할 수 있다. 그런데 시스템으로서의 시장이 발전하기

---

2) 예를 들어, 재래시장과 같이 판매자와 구매자가 만나 흥정을 통해 가격을 결정하는 경우에는 두 가지 개념이 겹쳐서 나타난다. 이에 반해 식량 또는 식료품이 소량이라도 원칙적으로 고정가격으로 팔리는 일종의 공영시장에서는 장소로서의 시장만 단독으로 나타난다. 아울러 금융시장과 같이 눈에 보이지 않는 상품이 전화, 인터넷 등으로 거래되는 경우에는 수요·공급에 의해 가격이 형성되어 시스템으로서의 시장만 단독으로 나타난다.

3) 지역시장은 공동체 내부의 시장이고, 외부시장은 공동체 외부로부터의 재화의 획득과 연결된 시장이다.

위해서는 지역시장과 외부시장이 통합되고 전국적 시장이 형성되어야 한다.

시장은 또한 거래대상에 따라 크게 보아 생산물시장과 생산요소시장으로, 좀 더 세분해서 보면 생산재시장, 소비재시장, 자본·금융시장, 노동시장으로 구분할 수 있다. 그런데 사회주의 경제에서는 이들 시장이 존재하지 않으며 존재하더라도 매우 미미한 정도이다. 사회주의 경제에서 기업은 원자재, 자금, 노동력 등과 같은 투입물을 국가계획에 의해 국가 또는 다른 기업으로부터 조달(피공급, 할당)하고 생산물을 다른 기업이나 국가상업기관에 인도(공급)한다.

따라서 초보적인 형태이기는 하나 지역시장과 외부시장이 통합되고 전국적 시장이 형성되어가면 시장화가 진전되는 것으로 볼 수 있다. 동시에 생산재시장, 소비재시장, 자본·금융시장, 노동시장 등 4대 시장이 발생, 확대되고, 아울러 생산의 기본단위인 기업(또는 개인수공업자)이 원자재, 자금, 노동력의 조달과 생산물의 처리를 시장을 통해 수행하고 그 비중이 점차 커지면 시장화가 진전되는 것으로 파악할 수 있다.

한편, 제도적인 의미에서 볼 때 시장은 가격기구만을 가리키는 것이 아니다. 시장은 우리가 시장요소라고 부르는 제도적 특징들의 연결체이다. 그 요소들이란 물리적으로 존재하며 재화를 확보할 수 있는 장소, 공급자, 수요자, 관습 또는 법 등이다. 그리고 근대사회에서는 상품과 화폐가 중요성을 가진다.

상품화, 화폐화의 진전 혹은 상품화폐경제의 발달은 시장화와 밀접한 관계가 있다. 상품화, 화폐화의 진전은 시장화의 중요한 조건을 형성하면서 시장화를 촉진한다. 동시에 시장화도 상품화, 화폐화의 진전을 촉진하는 측면이 있다. 따라서 상품화, 화폐화의 진전 여부 및 그 수준은 시장화의 진전 여부 및 그 수준을 유추할 수 있는 하나의 준거가 될 수 있다.

2) 행위자의 행태 관점에서 본 시장화

이제는 관점을 조금 달리 하여, 행위자의 행태라는 관점에서 시장화의 일반적인 양상을 간단히 정리해보자. 이는 시장의 형성, 발전 등 역사적 전개 과정을 파악하는 데 도움을 준다.

우선 사람들은 어떤 이유에서든 공급자(판매자) 및 수요자(구매자)로 시장에 등장한다. 최초에는 화폐를 매개로 하지 않은 단순 물물교환일 수 있으나 점차 화폐를 매개로 한 교환으로 발전한다. 이들이 시장에 등장하는 목적은 초기에는 과부족 물자의 교환 등 비화폐적 동기였으나 점차 이윤획득 등 화폐적 동기로 발전한다. 이렇게 해서 소비재 시장이 형성된다.

이때 지리적인 이유 등 여러 가지 원인으로 인해 공급자(판매자)와 수요자(구매자)가 직접 만나지 못하는 경우에 거래를 중개하는 상인이 등장한다. 이 상인은 이곳저곳을 돌아다니는 행상일 수도 있고, 고정된 장소에서 상행위를 하는 점주일 수도 있다. 따라서 공간으로서의 시장에 참여하는 공급자(판매자)는 상품을 직접 생산했든 여타의 방법으로 취득했든, 소생산자 등 상품의 원 소유자이거나 원 소유자로부터 상품을 넘겨받은 상인이다.

상인은 지역 내 상업(근거리 상업)에 종사하는 사람과 지역 간 상업(원거리 상업)에 종사하는 사람으로 나눌 수 있다. 대부분의 경우, 전자는 거래규모가 작고 후자는 거래규모가 크다.

한편, 시장의 발달은 생산을 자극하는 효과가 있다. 즉, 안정적인 판로의 확보, 나아가 판로의 확대는 생산자들 입장에서는 생산을 확대할 충분한 유인을 제공한다. 이에 따라 소상품 생산자들의 시장 참여가 늘어나게 된다. 아울러 분업의 발생, 확대 현상도 나타난다. 즉, 소상품 생산자들은 시간이 지날수록 자신만의 전문적인 품목에 생산을 집중하게 된다. 아울러 생산자들 간의 연계도 이루어지면서 생산재시장이 형성·발전하게 된다.

시장의 발달은 다른 측면에서 보면 상인층의 형성, 확대 및 분화를 필요로 한다. 대표적인 것이 도매상과 소매상의 분화이다. 즉, 초기에는 한 사람이 도매와 소매를 겸하는 경우가 많으나 시장이 발달함에 따라 도매상과 소매상이 분리된다. 또한 특정 품목만 취급하는 전문상인과 여러 품목을 취급하는 종합상인의 분화도 나타난다. 아울러 초기에는 상인이 창고 업무와 운수 업무를 겸하게 되나 점차 창고업과 운수업을 전문으로 하는 상인이 나타나게 된다. 즉, 상업에서 창고업과 운수업이 분리된다.

시장이 발달하게 되면 신용, 나아가 금융의 필요성도 증대된다. 신규로 시장에 판매자로 참여하는 사람이든, 기존에 상행위를 하고 있던 사람이든 운영자금이 필요하고 따라서 이를 해결해줄 사람이 필요해진다. 초기에는 시장에서 판매자로 참여하는 사람 가운데 금전적인 여유가 있는 사람이 자금을 대여하는 경우가 많다. 하지만 시간이 지날수록 상행위를 통해 부를 축적한 사람이 나타나게 마련이다. 여기서 일부는 전문적인 금융업(사채 및 고리대금업)자로 전화한다. 이른바 금융시장의 출현이다.

시장화가 더욱 진전되게 되면 자본가와 노동자가 등장하게 된다. 상업을 통해 자본을 축적한 상인이 자본가로 전화하고, 반면 자신의 노동력을 상품으로 제공하는 노동자도 나타나게 된다. 이른바 노동시장의 출현인 것이다.

2. 소비재시장의 형성과 발달(1): 종합시장의 등장과 발달

1) 종합시장 도입 및 관련 조치

북한은 2003년 상업·유통분야에서 시장의 역할을 확대하는 획기적인 정책을 내놓아 주목을 끌었다. 3월 말부터 기존의 '농민시장'을 '시장'으로 명칭을 바꾸고 유통물자의 범위도 종전의 농토산물에서 한 걸음 더 나아가 공업제품으로까지 확대했다. 이에 따라 기존 농민시장의 증·개축, 그리고 시

장건물의 신축을 통해 평양은 물론 전국적으로 '시장'이 확대되었다.[4]

북한민중구출 긴급행동 네트워크(RENK)가 입수, 공개한 북한의 내각결정 제24호(2003. 5. 5)와 내각결정 제27호(2003. 5. 5)는 북한의 종합시장정책에 대해 적지 않은 정보를 제공하고 있다.

우선 종합시장의 설치·운영과 직접 관계가 있는 내용부터 간단히 살펴보자. 첫째, 기존에 존재하던 시장들을 잘 꾸리는 한편, 새로운 시장을 건설하도록 했다. 둘째, 국영기업소와 협동단체들도 종합시장에서 상품을 구매·판매할 수 있도록 했다. 셋째, 시장한도가격과 상품가격을 제대로 정해주고 이를 철저히 지키도록 했다.

그리고 얼핏 보아 종합시장과 관계가 없는 듯 보이지만 실제로는 깊은 관련이 있는 내용이 있다. 첫째, 국영상점의 운영을 활성화하기 위해 무역회사들이 상점을 운영하게 했다. 둘째, 기관·기업소들에 대해 일정한 범위의 현금유통을 허용하도록 했다.

일견 고개를 갸웃하게 된다. 앞의 세 가지는 납득할 수 있지만 뒤의 두 가지 조치들은 얼핏 이해하기 어렵다. 북한정부는 왜 이 두 가지 조치들을 새롭게 내놓았던 것일까? 자신들이 주장하고 있듯이 이들 조치가 김정일 위원장이 "농민시장을 사회주의 경제관리와 인민생활에 필요한 시장으로 잘 운영하도록 방향전환할 데 대하여 주신 방침을 철저히 관철"하는 것과 어떤 연관성이 있는 것일까? 종합시장의 등장이 단순히 기존 암시장을 합법화, 양성화한 데 그치지 않는다는 것, 그보다는 훨씬 더 큰 함의를 가지고 있을 가능성은 여기에서도 엿볼 수 있다.

---

4) 당시 북한은 전국적으로 300여 개의 종합시장을 건설하는 것을 목표로 했다. 통일부·통일연구원(2005: 31~32).

2) 종합시장에서의 상품 수급구조

종합시장에 대한 물품의 유입경로를 보기 위해서는 우선 기존 농민시장의 유통구조를 살펴볼 필요가 있다. 북한의 농민시장은 1980년대 들어 공식적으로 허용되지 않는 암거래가 늘어났고, 특히 경제난이 심화된 1990년대에 들어와 암거래가 걷잡을 수 없이 확산되면서 거대한 암시장(장마당)으로 변모하며 합법과 불법이 뒤엉키게 되었다.

기존 농민시장에서 거래되는 제품들을 공급원별로 또한 합법 여부를 고려하여 구분해보면 〈표 5-2〉와 같이 정리할 수 있다. 다만 여기서는 제품의 공급자가 그 제품을 취득하게 되는 과정(생산, 수입 등)의 합법 여부와 그 제품의 농민시장 유통의 합법 여부를 구분할 필요가 있다.

따라서 종합시장에서는 우선적으로는 공급원천이 합법이나 장마당에서의 유통이 불법이었던 제품, 즉 개인부업(개인수공업) 식료품 · 생필품(공업품), 공식부문에서 생산된 식량 · 생필품, 공식기관에 의한 수입품 등의 유통이 새롭게 허용될 가능성이 크다. 반면, 공급원천이 불법이고 장마당에의 유입도 불법인 제품의 유통이 허용될 가능성은 낮아 보인다.

하지만 현실은 다르다. 탈북자들의 증언을 종합해보면 종합시장에서 유통이 허용된 것은 기존에 농민시장에서 거래되던 품목들과 큰 차이가 없었다. 기본적으로 식량을 포함한 대부분의 소비재인 것이다. 동시에 제품의 공급자가 그 제품을 취득하게 되는 과정(생산, 수입 등)의 합법 여부도 크게 추궁하지 않은 것으로 파악되고 있다.[5] 따라서 종합시장은 무엇보다도 기존 암시장의 합법화 및 묵인이라는 측면이 강하다고 볼 수 있다.

물론 공산품이나 식량 가운데 일정 부분은 공급원천이 불법인 경우, 즉

---

5) 탈북자 C5 씨는 "일단 시장에 들어온 물건은 어디에서 온 것인지 출처를 캐지 말라는 지시가 내려왔다"고 밝히고 있다.

<표 5-2> 기존 암시장(장마당)에 대한 제품 공급경로

구분	제품의 공급원천	공급원천의 합법 여부	농민시장 유통의 합법 여부
개인 차원의 생산물	텃밭 생산 농산물	합법	합법
	개인부업 농축산물	합법	합법
	협동농장 부업생산 농축산물	합법	합법
	개인부업 식료품 · 생필품	합법	불법
	개인의 불법적 경작지 생산 농산물	불법	불법
	개인의 불법적 가축사육	불법	불법
기업(농장 포함) 차원의 생산물	공식부문 생산 식량, 공산품	합법(기업 입장)	불법
	공식부문 절취 · 유출 식량, 생필품, 원자재	불법(개인 입장)	불법
중국 등 제3국 유입품	공식기관에 의한 수입품	합법	불법
	개인 · 기관에 의한 밀수품	불법	불법
국제사회의 지원물자	개인 · 기관에 의한 절취 · 유출 물자	불법	불법

농장이나 공장, 군대에서 절취 · 유출했거나 개인 · 기관이 밀수입한 경우이
므로 국가 입장에서 이에 대한 대책이 필요한 것은 사실이다. 즉, 식량과 공
산품에 대해 공급원천을 추적해서 불법 여부를 판단하고 이를 처벌할 수 있
는 제도적 장치를 갖추는 것이 필요하고 실제로 이를 준비했던 것으로 전해
지고 있다.[6] 하지만 종합시장에 공급되는 물품에 대해서는 그 출처를 캐지
않았다고 탈북자들은 전했다.[7]

한편, 종합시장에서 거래되는 물품의 압도적 다수는 중국산 제품이었다
고 탈북자들은 이구동성으로 말했다. 북한산 제품은 찾아보기가 힘들다는

---

6) 재일조선인 학자와의 면담 결과(2003. 6).
7) 다만 물품의 불법적인 취득행위, 즉 공장 · 기업소 물품의 절취, 횡령, 그리고 불법적
인 수입, 즉 밀수 그 자체는 엄격하게 단속했다고 한다. 물론 단속이 얼마나 실효성
이 있었는지는 별개의 문제이다.

것이다.[8]

탈북자 M3 씨는 평양 만경대구역에 있는 7골 시장의 사례를 전하고 있다. 국내산 공업품은 옷, 신발, 비누, 치약, 칫솔, 화장품, 학습장, 연필 정도였다. 이것도 상당수는 개인이 부업, 즉 가내수공업으로 생산한 것들이고, 공장에서 만든 것은 비누, 치약, 칫솔, 화장품, 학습장, 연필 정도였다고 한다.

> 평양의 경우 종합시장에 나오는 북한산 제품은 식량, 식료품을 포함해 전체 물품의 10~20%를 넘지 않을 것이다(탈북자 M1 · M3 씨).

3) 가격결정 메커니즘과 가격의 성격

종합시장에서 상품이 거래되는 가격을 놓고, 그 가격의 성격을 국정가격으로 볼 것이냐 시장가격으로 볼 것이냐 하는 것은 매우 중요한 문제이다. 이는 종합시장의 성격, 즉 계획메커니즘이냐 시장메커니즘이냐 하는 문제를 판단하는 결정적인 변수이기 때문이다.

얼핏 보면 국정(고정)가격과 시장가격의 중간 형태를 취하는 듯하다. 북한의 내각결정 제27호에 의하면 해당 시 · 군 인민위원회는 쌀, 식용유, 설탕, 조미료 등 중요 품목에 대해 자체 실정에 맞게 한도가격을 정하게 되어 있다.[9] ≪조선신보≫도 "쌀, 기름을 비롯한 중요 지표 상품의 한도가격을 설정하여 수요와 공급에 따라 10일에 한 번씩 검토하여 적절한 가격을 산출

---

8) 한국산 제품도 비공식적인 형태로 가끔 거래되었다.
9) 뒤집어보면 중요하지 않은 제품은 국가가 한도가격을 설정하고 있지 않다는 것, 즉 시장가격이라는 것이다. 동시에 중요 지표 제품도 종합시장에서의 가격의 결정주체가 시 · 군 인민위원회라는 사실도 주목할 만하다. 즉, 중앙의 지도를 받기는 하나 지방 차원에서 가격결정이 이루어진다는 것, 달리 말하면 동일 제품에 대해 지방마다 가격이 달리 설정될 수 있다는 사실은 상당히 인상적이다.

하고 있다"(≪조선신보≫, 2003. 12. 22)고 전했다. 한편으로는 가격이 수요와 공급에 의해 결정되지만 또 한편으로는 당국이 가격에 대해 일정 정도의 통제(가격의 상한선 설정)를 가했다.

그런데 여기서 주목해야 할 부분은 국가가 고시하는 상품의 한도가격 결정 메커니즘이다. 가격을 결정하는 요인이 무엇이냐는 것이다. 구체적으로는 한도가격과 시장가격의 관계도 중요하다.

탈북자들의 증언 및 외부관찰자들의 관찰결과를 종합해보면 종합시장의 가격은 외형상로는 국정가격의 모습을 취했으나 실제로는 시장가격에 가까웠다. 예컨대 일본 ≪도쿄신문(東京新聞)≫에 따르면 2004년 4월 한 일본인이 촬영한 평양 통일거리시장의 입구 게시판 사진에는 쌀의 '시장한도가격'이 kg당 240원으로 적혀 있었다. 그리고 탈북자 L4 씨는 2003년 7월경 같은 시장에서 시장관리원이 상인들에게 오늘 쌀을 150원 이상으로 팔지 말라고 하는 것을 두세 차례 들었다고 밝히고 있다.[10] 따라서 시장한도가격이 9개월 만에 150원에서 240원으로 90원(60%)이나 인상되었음을 짐작할 수 있다.

당국은 종합시장에서 유통되는 제품에 대해 한도가격 혹은 가격상한선을 정해 고시했는데, 여기에는 시장에서의 수요공급 상황이 결정적인 변수로 작용한 것으로 보인다. 즉, 한도가격은 시장가격을 추수(追隨)했다. 당국은 시장의 수급상황을 보아가며 한도가격을 주기적 혹은 비주기적으로 변경한 것으로 보인다.

이는 종합시장에서의 당국의 가격지도(가격통제)가 큰 효과를 거두기 어렵고 또 실제로 그러하다는 사실에서 기인했다고 볼 수 있다. 이는 탈북자들의 증언에서도 쉽게 확인할 수 있다.[11]

---

10) L4 씨는 당시 쌀의 국정가격은 46원이었다고 밝히고 있다.
11) "내가 여러 차례 목격한 일이다. 시장관리원이 오늘은 쌀 1kg를 150원 이상에 팔지
   말라고 상인들에게 이야기했다. 그런데 시장관리원이 있으면 팔지 않다가, 가고 없

실제로 종합시장에서 당국이 지도하는 가격이 사실상 시장가격이 아니라면 여러 문제를 발생시킬 수 있다. 무엇보다도 종합시장에서의 당국의 지도가격이 시장에서의 수급상황을 제대로 반영하지 못한다면, 그리고 지도가격과 시장가격의 괴리가 발생한다면 제3의 암시장을 필연적으로 발생시키게 될 것이다. 그리고 이는 종합시장의 위축을 초래함은 물론 그 의미를 크게 퇴색시킬 것이다.

4) 시장에 대한 국가의 관리

종합시장에는 기존 장마당에서 상행위를 하던 사람이 대종을 이루었다. 상인으로서는 개인뿐 아니라 기관·기업소의 판매 관련 조직도 허용된 것으로 전해지고 있다. 종래 농민시장에는 개인만이 참여했으나, 종합시장에서는 농민이나 일반 주민뿐 아니라 국영기업소, 협동단체도 시장활동에 참여하여 제품을 판매했다. 통일거리시장의 경우 판매 매대의 약 5%는 공장·기업소의 몫으로 할당되었다고 한다(≪조선신보≫, 2003. 12. 22).

종합시장의 운영에 당국은 적극적으로 개입했다. 특히 재정수입 확보를 위해 세금 징수에 힘을 쏟았다. 시장에서 상품을 파는 국영기업소, 협동단체, 개별적 주민들은 자릿세에 해당하는 '시장사용료'를 내게 되었다. 또한 이들은 시장사용료와는 별도로 자신의 수입에 따른 '국가납부금'을 바치게 되었다. 통일거리시장의 경우, 2003년 8월 시장이 문을 열면서 정해진 시장사용료와 국가납부금이 2004년 1월과 5월 두 차례에 걸쳐 개정되었다(≪조

으면 사람들에게 170원에 팔곤 했다"(평양 출신 탈북자 L4 씨). "국가가 기준가격을 제시하더라도 꼭 그대로 지켜지지 않는다. 이득을 많이 챙겨야 한다는 것이 장사꾼의 심리이다"(탈북자 M3 씨). "국가기준가격이 잘 지켜지지 않는 대표적인 품목이 쌀과 돼지고기이다"(평양 출신 탈북자 C1 씨).

탈북자들도 실제로 두 가지 명목의 세금이 징수되었다고 밝히고 있다. 평양의 경우, 2004년 여름 시장사용료는 1만 원 안팎이었고 국가납부금은 품목에 따라 상이한데 하루에 공산품 500원, 육류 300원 등이었던 것으로 전해지고 있다(탈북자 M3 씨). 다만 함남 단천, 함북 회령 등 지방의 경우 대부분의 품목이 국가납부금이 100원 미만이었다. 함남 단천의 경우 2004년 봄 공산품은 60원, 생선, 식용유, 쌀은 40원, 농토산물 20원이었다(탈북자 H3 씨). 회령에서는 공산품이 50원, 식품류가 20~30원이었다(탈북자 C4 씨).[12]

3. 소비재시장의 형성과 발달(2): 국영상점의 시장화

1) 국영상점의 수매상점화

북한의 경우 종합시장의 도입 이후 변화가 불가피했던 부문이 국영상점일 것이다. 종전에도 상품 고갈로 국영상점은 매우 고전했는데 종합시장의 등장으로 국영상점은 고사위기에 처했다. 그런데 이에 대한 북한정부의 대응방식은 의외의 것이었다.

한마디로 말해 국영상점들을 사실상 시장으로 전환시키는 길이었다. 즉,

---

12) 종합시장이 들어섰다고 해서 모든 비공식적 거래가 근절된 것은 아니다. 시장 안에 들어오지 않고 시장 밖에서 판매를 하거나 아예 자신의 집에 상품을 쌓아두고 판매하는 사람이 적지 않다. 이유는 크게 보아 다음의 두 가지이다. 첫째, 품목의 측면이다. 종합시장에서의 매매가 금지된 품목을 거래하는 것이다. 구리, 알루미늄, 골동품, 신약, 공장원자재, 군수품 등이 여기에 속한다(탈북자 C3 · H3 · C5 씨). 한국상품도 당연히 금지품목이다(탈북자 L4 씨). 둘째, 세금의 측면이다. 국가납부금(장세)을 안 내거나 덜 내기 위해서이다(탈북자 L4 · C4 씨).

국영상점의 (위탁)수매상점화이다.[13] 이는 일부 국영상점들을 기관·기업소에 임대·분양하고 임대료를 징수하는 이른바 (위탁)수매상점으로 전환시키는 것이다. 그리고 여기서 국영상점을 임대형식으로 인수·운영하는 주체는 무역회사를 비롯한 각종 기관·기업소이다. 경우에 따라서는 일부 자금력이 있는 개인이 기관·기업소 명의를 빌려서 실질적으로 직접 운영할 수도 있다.

(위탁)수매상점 자체는 오래전부터 존재해왔다. 개인이 부업으로 만든 제품을 수매상점에 위탁해 개인에게 판매하는 것이다. 예를 들면 빗자루, 쓰레받기 같은 것이다. 여기서 거래되는 가격은 사실상 시장가격이다. 탈북자 S1 씨는 "애초의 수매상점은 농민시장과 유사한 개념"이라고 말하고 있다. 즉, 농민시장이 농민의 부업활동의 결과 생산된 생산물을 처분할 수 있게 하는 공식적 시장경제영역이었다고 한다면 수매상점은 일반 개인의 부업활동의 결과 생산된 생산물을 처분할 수 있게 하는 공식적 시장경제영역이었다고 할 수 있다.

그런데 고난의 행군을 거치면서 수매상점은 크게 변질되었다. 국가에서는 식량배급체제가 사실상 붕괴되자 수매상점에서의 개인 소유 상품매매를 허용하기 시작했다. 자기가 입던 옷이라도 팔아서 식량을 사 먹으라는 것이었다(탈북자 S1 씨). 거기에다 중국 등지로부터의 수입품 판매도 사실상 허용되었다.

우리 집에 중국 손님이 왔다고 하자. 그러면 그 손님이 나에게 선물로 중국상품을 많이 줄 수 있다. 그런데 그걸 개인이 장마당에 가지고 나가 팔지 못하게 했다. 단속을 했다. 그래서 그 물품을 수매상점에 맡길 수 있도록 했다. 대신 팔

---

13) 국영상점의 수매상점화에 대한 이하의 서술은 탈북자 C1·J3·J4·K13·K15·M1·M3·L2·S1 씨 등의 증언을 종합한 것이다.

아달라는 것이다(탈북자 K13 씨).

명목은 이런 식이지만 실제로는 장마당이 거대한 암시장화하는 데 따른 고육지책이었던 것으로 보인다. 즉, 어차피 장마당으로 들어갈 중국제품이라면 국가가 운영하는 유통망 내에 포섭하고 국가는 납부금이라도 챙기자는 것이다. 또한 북한의 공장에서 만든 소비품의 장마당 유입을 막자는 의도도 있었다. 결국 이렇게 해서 수매상점은 암시장과 별로 다를 게 없는 상황이 되었다. 수매상점의 시장화가 진행된 것이다. 그러면서 크게 활기를 띠었고 수매상점의 종사자들은 생활상의 어려움을 별로 겪지 않게 되었다.

게다가 개인자본도 유입되었다. 개인들이 자본을 투자해 상품을 중국이나 북한 내에서 구입, 수매상점에서 판매해 자금을 회수하고 이득을 챙긴 것이다. 탈북자 K13 씨가 근무했던 수매상점에는 2명의 개인이 동업형식으로 자본을 투자했고 동시에 이들은 직접 수매상점에 근무했다.

2) 무역회사 등 기관 · 기업소에 의한 수매상점화

북한의 내각결정 제24호는 "무역성, 상업성, 도 인민위원회와 해당 기관들은 지금 운영을 제대로 하지 못하고 있는 국영상점들을 임시로 상품보장을 담보할 수 있는 무역회사들에 넘겨주어 운영하도록 할 것이다"라고 밝히고 있다. 또한 "평양 제1백화점과 같은 무역회사가 단독으로 운영하기 힘든 상업망들에 대해서는 무역회사들의 요구에 따라 상점의 매대 또한 층별로 임대해주어 수입상품을 팔게도 하고 위탁판매를 비롯한 여러 가지 방법도 적용해보도록 할 것이다"라고 규정하고 있다.

더욱 놀라운 것은 가격 측면인데, 내각결정은 "무역성, 상업성, 국가제정국과 해당 기관들이 들여다 국영상점에서 파는 수입상품가격은 시장가격보다 조금씩 낮추는 원칙에서 상품가격을 조절할 수 있도록 무역회사와 판매자 사이의 협정가격으로 할 것이다"라고 규정하고 있다. 여기서 협정가격이 어떤 성격의 것인지 명확하지 않지만 기본적으로 국정가격과 시장가격 사이에 있는 것으로 파악할 수 있다.

평남 평성 출신의 탈북자 J3 씨는 평안남도 인민위원회 무역관리국이 국영상점 하나를 인수한 사례를 전하고 있다. 애초에 평성시 인민위원회 상업관리소 소속의 평성종합상점이라는 상점이 있었다. 식품, 의류 등 말 그대로 종합적으로 판매하는 곳이었으나 상점에 물건은 없고 직원들은 출근해도 할 일이 없으니까 허송세월만 보내다 돌아가곤 했다. 그런데 이 상점을 평안남도 인민위원회 무역관리국이 인수했다. 힘도 있고 돈도 있는 기관이었으므로 상점을 인수한 뒤 건물을 새롭게 꾸몄다. 그리고 수입품을 들여와 판매하기 시작했다.

한편, 무역회사의 입장에서 보면 상품을 수입해 국내 소비자에게 공급 · 판매할 수 있는 경로는 이제 두 가지가 생겼다. 하나는 도매시장을 거쳐 종합시장에 판매하는 것이고, 또 하나는 국영상점에 직접 혹은 중간상인을 거쳐 간접적으로 판매하는 것이다. 그런데 국영상점에 넘겨주는 가격이 시장가격과 괴리가 있다면 무역회사 입장에서는 국영상점보다는 종합시장에 판매하는 쪽을 선호할 것이고, 이 경우 북한정부의 의도는 실현되기 어렵다. 따라서 국영상점에서의 거래가격이 사실상 시장가격 수준이거나 이에 근접해 있어야 한다.

그렇다면 국영상점들은 전통적인 계획메커니즘이 지배하는 영역이 아니라 시장메커니즘이 침투하면서 계획과 시장이 공존하는 영역으로 바뀌게 된다. 국영상점의 일부가 시장으로 전환하게 된 것이다.

3) 개인에 의한 수매상점화

이는 국영상점이 개인의 자본을 끌어들여 중국이나 북한 국내에서 상품을 들여와 일반인에게 판매하고 이렇게 해서 얻은 수입의 일부를 국가에 납부[14]하며 나머지는 개인에게 이윤으로 돌려주고 종업원 등의 생활비로 충당하는 방식이다. 물론 공식적으로는 기관·기업소만 임대를 받을 수 있고 개인은 직접 상점을 임대받지 못한다. 그래서 개인은 기관·기업소의 명의를 빌려서 상점을 임대받아 운영한다.[15]

7·1 조치 이후에는 일부 국영상점들이 수매상점으로 전환되기 시작했다. 함북 새별군 고건원 노동자구에는 2002년(혹은 2003년)에 국영 건재상점 자리에 수매상점이 들어섰다.[16] 그러면서 각종 수입품을 들여와 판매하기 시작했다(탈북자 L2 씨). 평양 만경대구역의 경우, 광복, 갈림길, 금성 등 서너 곳에 수매상점이 있었는데 2003년에는 7골, 8골, 삼흥, 선구자, 장훈, 축전 등지에도 수매상점이 새로 생겼다고 한다(탈북자 M3 씨). 그리고 새로 생긴 수매상점은 예전에 국영상점이었던 곳이다. 물론 함북 새별군 고건원 노동자구에 있는 수매상점처럼 '수매상점'이라고 간판을 내거는 곳도 있지만 그렇지 않은 곳도 많았다. 평양 만경대구역의 8골 수매상점처럼 간판은 옛날 간판(8골 공업품상점)을 그대로 두고 공업품 상점 내의 일부 공간에 수매상점 자리를 만드는 경우도 있었다. 예컨대 1/4은 국영상점으로 놔두고 3/4

---

14) 이 경우 납부금은 판매액의 5% 정도이다(수매상점 출납원 출신인 탈북자 K13 씨의 증언).

15) 일부 국영상점들을 기관, 기업소에 임대·분양하고 임대료를 징수하는 위탁수매상점으로 전환한 사실, 그리고 일부 자금력이 있는 개인이 기관, 기업소 명의를 이용해 실질적으로 직접 운영하고 있는 사실은 통일부·통일연구원(2005: 31~33)도 확인해주고 있다.

16) 원래 수매상점은 군 인민위원회 상업부 편의봉사사업소 소속이고, 국영상점은 군 인민위원회 상업부 상업관리소 소속이다. 그리고 국영상점은 북한산 제품만 취급할 수 있으나, 수매상점은 모든 수입제품(중국산, 한국산, 일본산 등)도 취급할 수 있게 되어 있다.

은 수매상점으로 운용하는 것이다. 이때 사람들이 수매상점이 있는지 없는
지 모르니까 유리창에 조그맣게 수매상점이라고 써 붙이는 경우도 있었다.
상점 앞에 도로가 있으면 인도에 천막을 치고 사람들의 눈에 잘 띄게 하기
도 했다.

　주목할 만한 것은 평양 시내에 있는 대규모 상점들도 일부 수매상점으로
전환되었다는 사실이다. C1 씨는 동평양백화점도 절반을 개인에게 넘겨주
었으며, 평양 제2백화점도 1층의 모든 매장에 수매상점이 들어섰고 적십자
병원 앞에 있는 속칭 100미터 상점도 절반씩 개인들에게 임대해주어서 수매
상점을 만들었다고 전하고 있다.[17]

　이러한 수매상점에서는 수입품이 시장과 큰 차이가 없는 가격에 판매되
는데 대체로 시장가격보다 조금 비쌌다. 특히 주거지역에 위치한 상점은 지
리적 근접성을 강점으로 내세웠다. 다만 시장에서처럼 흥정은 하지 못했다
고 한다.

　여기서 개인자본이 들어갈 소지는 충분하다. 국가와 은행에 돈이 없으니
까 개인으로부터 돈을 빌려 물건을 들여와 판매하는 경우가 적지 않았다.

　수매상점 설치는 위에서 승인만 받으면 된다. 구역당, 구역인민위원회 승인
만 받으면 된다. 2002년 말 정도인가, 새로운 경제관리체계가 나오고 나서 몇
달 후 구역당에 지시문이 내려왔다. 국가에서 운영하던 식당들, 상점들이 지금
상품이 없어 운영하지 못하고 문 닫는 건물들을 개인들에게 임대해줘서 건물
값도 받고 이렇게 하라는 내용이었다. 우리 집에 자주 놀러 오는 구역당 간부들
로부터 들은 이야기이다. 그때부터 수매상점 같은 것이 많이 늘었다. 경제개혁
조치 나오기 전에는 작게 운영되었는데 경제개혁하면서 크게 확장을 시켰다(탈

---

17) 이러한 국영상점의 수매상점화가 어느 정도로 이루어졌는지에 대해서는 4장에서 자
　　세히 서술했다.

북자 C1 씨).

한편, 전술한 북한의 내각결정 제24호는 수매상점에 대해서도 간단히 언급하여 수매상점 실태의 한 단면을 보여주고 있다. 내각결정 제24호는 "국영상점을 활발히 운영할 것이다"라고 전제하고 이를 위해 무역회사를 통한 국영상점 운영방안에 대해 여러 가지를 규정한 뒤 맨 마지막에 수매상점에 대해 언급하고 있다. "상업성, 도 인민위원회와 해당 기관들은 주민들이 수매상점을 이용하는 것을 적극 장려하며 수매상점들에서 수매하러 오는 사람들의 신분을 확인하거나 물건의 출처를 따지는 일이 없도록 할 것이다"라는 것이다.

후반부의 내용은 매우 충격적이다. 확인은 할 수 없지만 수매상점에 대한 탈북자들의 전언을 상당 정도 뒷받침해주고 있다. 특히 앞의 〈표 5-2〉에 대한 설명에서 지적했던 것과 마찬가지로 수매상점에 유입된 제품의 상당수가 밀수 등 불법적으로 조달된 물품일 가능성을 제시하고 있다. 이와 함께 이런 불법적인 행위를 묵인하면서까지, 나아가 국영상점의 일정 수준의 시장화[18]를 용인하면서까지 국영상점의 상품공급량을 늘려 국영상점을 활성화시켜야 했던 북한정부의 고민을 읽을 수 있다.[19]

---

18) 국가기관 지도원 출신 탈북자 M2 씨는 "물자가 있어야 상점이 정상운영될 것 아닌가? 이제는 국영상점도 다 시장식으로 운영이 된다"라고 전하고 있다.

19) 탈북자 K15 씨는 국영상점의 수매상점화와 관련하여 흥미 있는 해석을 내놓았다. "국영상점이 수매상점화하면 장마당이 더 이상 번창하지 않는다. 부정부패가 적어진다. 국가에게도 이득이다"라는 것이다.

4. 생산재시장의 형성

1) 생산재시장의 실태

지금까지 고찰한 시장은 모두 소비재시장이었다. 이제는 생산재시장에 대해 간단히 살펴보기로 한다. 후술하겠지만 북한에서는 현재 생산재시장의 형성과 발전은 소비재시장에 비해 훨씬 뒤져 있다.

생산재시장에서 대표적인 것은 이른바 '사회주의 물자교류시장'이다. 김 정일 위원장의 지시에 의해 등장한 이 시장은 공장·기업소 간 과부족되는 일부 원자재, 부속품들을 유무상통하도록 하며 생산물의 일정 비율을 자재용 물자교류에 사용할 수 있도록 한 것이 골자를 이룬다. 요컨대 국가계획 시스템에 의해 정부가 기업에게 원자재 등을 보장해주는 데는 한계가 있다는 현실을 인정하고 그 공백을 시장에 의해 메우라고 허용한 것이다.

이러한 사회주의 물자교류시장을 도입한 배경, 목적 등에 대해 북한의 공식문헌인 ≪경제연구≫는 다음과 같이 밝히고 있다.

공장, 기업소들 사이의 물자교류시장을 형성하는 것은 생산과 경영활동과정에 이러저러한 원인으로 생기는 여유물자들과 국가가 기업소의 상대적 독자성과 창발성을 장려하기 위해 생산물의 일부를 자체로 처리하도록 허용한 물자들을 서로 연관된 공장, 기업소들 사이에 유무상통할 수 있게 한다. 국가계획에서는 예견할 수도 없었던 내부예비를 동원하여 기업소들로 하여금 생산과 경영활동에서 걸린 문제를 자체로 기동성 있게 풀고 생산을 정상화하며 국가계획을 수행하는 데 이바지할 수 있게 한다. …… 우리 당은 어려운 현실적 조건에서 기업소들 사이의 물자교류를 적극 보장하기 위한 일련의 조치를 강구하였다. 그것은 물자교류대상을 확대하고 물자교류의 신속성과 시기성을 보장하며 특히 교류물자전시장의 조직과 물자교류를 위한 봉사활동의 강화 그리고 물자교류에 대한 국가적 감독과 통제의 배합 등이다(리장희, 2002: 24).

생산경영단위들에서는 자재공급사업도 계획에 맞물려 생산공급하는 것을 기본으로 하면서 보충적으로 사회주의 물자교류시장을 합리적으로 이용하는 것이 필요하다. 사회주의 물자교류시장을 이용하면 공장·기업소들 사이에 여유 있거나 부족되는 일부 원료, 자재, 부속품 같은 것을 서로 유무상통하는 방법으로 해결할 수 있다(정영범, 2007b: 18).

사회주의 물자교류시장은 구체적으로 어떻게 운영되는가. 우선 공식문헌인 ≪경제연구≫로부터 부분적인 정보를 제공받을 수 있다. 각 지역별로 시장이 조직되어 있으며, 기업이 물자교류시장을 활용할 수 있는 한도가 정해져 있다는 것 등이다.

교류물자의 범위는 공장, 기업소들이 생산물의 일부를 물자교류에 쓰도록 국가계획에 맞물려주는 물자에 대해서는 해당 공장·기업소의 자재보장조건과 제품판매수입에서 자재비가 차지하는 비중, 자재수요의 긴장성 정도를 고려하여 물자분배지표의 분담에 따라 해당 계획기관이 실적생산량의 3~10% 범위에서 쓰도록 지표별로 각이하게 규정해줄 수 있다. 물자교류의 대상으로는 초과생산했거나 분배계획에 예견하지 않은 기업소 지표의 생산제품, 생산정상화 몫으로 받은 제품(계획수행률 범위), 필요 이상 여유를 가지고 있거나 규격 또는 용도가 맞지 않아 놀고 있는 물자, 이 밖에 따로 정하여 준 물자 같은 것을 포함시킬 수 있다. 지방별 물자교류시장을 합리적으로 조직운영하는 데서 중요한 것은 또한 교류물자의 소개선전사업을 강화하고 물자교류시장의 조직형식을 바로 규정하는 것이다. 물자교류형식은 공장, 기업소들 사이에 생산소비적 연계가 복잡하게 엉켜있는 조건에서 두개의 공장, 기업소가 물자를 교류하는 직접적형식과 연관된 3개 또는 그 이상의 공장, 기업소들이 다각적으로 교류하는

순환식 물자교류형식, 교류한 물자를 다른 기업소와 다시 교류하는 재교류형식
으로 진행할 수 있다(심동명, 2004: 21).

아울러 이 교류시장을 활용한 경험이 있는 탈북자들로부터도 교류시장
운영의 한 단면을 읽을 수 있다.

> 물자교류시장이라는 것은 예전에는 계획이 없으면 못 했다. 이제는 물자교
> 류신청서가 있다. 부, 위원회에 올라가서 승인되어야 한다. 물자교류신청서에
> 다 적어서 부, 위원회에 올린다. 우리 기업소 같으면 기계공업부 계획부서에 올
> 려 보낸다. 거기서 다시 국가계획위원회에 올려진다. 제품과 제품의 교환, 원자
> 재와 원자재의 교환, 제품과 원자재의 교환 그 모두 다 가능하다. 우리 기업소
> 의 경우 발전기, 시동기를 주고 종이(필기지)를 받는 식으로 교환해본 적이 있
> 다. 제품을 주고 원자재를 받은 것이었다. 이것은 당초 국가계획에는 없던 것이
> 었다. 그리고 예컨대 시동기는 얼마 하는 식으로 가격이 미리 정해져 있기 때문
> 에 교환에 문제는 없었다. 이런 것이 옛날에는 불법이었지만 이제는 합법이 되
> 었다(기업 자재담당 관리직 출신 탈북자 J5 씨).

그런데 현실적으로 더 큰 의미를 갖는 것은 명시적으로 '사회주의 물자교
류시장'이라는 틀을 거치지 않는, 시장적 거래를 통한 원자재 조달이 사실상
허용되었다는 점이다. 명확한 형태로 지정해준 것은 아니지만 기업 간에 현
금과 현물의 교환방식으로 원자재 구매를 허용한 것이다. 그리고 이 경우
가격과 물량은 공급자(판매자)와 수요자(구매자)의 협의에 의해 결정되는데
이는 시장적 거래인 것이다.

그런데 사회주의 물자교류시장은 현금의 수수를 수반하지 않는, 일종의
물물교환이다. 또한 교환비율, 즉 가격이 국가에 의해 정해져 있다. 더욱이
상부기관의 승인을 받아야 한다. 엄격히 따지면 시장거래로 파악하기 어려

운 측면이 있다.

하지만 시장적 거래를 통한 원자재 조달은 다르다. 현금의 수수를 수반한다. 가격도 수급에 따라 결정되는 명실상부한 시장가격이다. 더욱이 상부기관의 승인을 받을 필요도 없다. 결국 시장적 거래를 통한 원자재 조달은 사회주의 물자교류시장보다 한걸음 더 나아간 것으로 평가할 수 있다. 생산재시장이라고 불리기에 손색이 없다.

7·1 조치의 핵심적 요소 중 하나는 자재구입과 생산물처리에 대한 지배인의 권한 확대이다. 종전에는 자기 생산물을 마음대로 팔 수도 없었고 어디 가서 자재를 마음대로 사올 수도 없었다. 국가가 계획에 의해 정해준 대로 자재조달과 제품판매를 할 따름이었다. 그러나 7·1 조치로 사정이 달라졌다(탈북자 K7 씨).

새로운 경제관리체계 이후에는 자재를 현금을 주고 사올 수 있게 되었다. 종전에는 행표만으로 거래했는데 이제는 조건이 좋아졌다(탈북자 J5 씨).

≪조선신보≫가 소개한 락연합작회사도 원자재를 산지와의 직접적인 거래를 통해 자체적으로 확보했다. "지난 날 사회주의 경제관리에서는 원자재의 공급은 나라가 책임지게 되어 있었다. 생산자는 떠돌아다닐 필요 없이 확보된 원자재를 가지고 계획을 수행하면 되었다"(≪조선신보≫, 2003. 4. 28)는 것이다. 그런데 이제는 사정이 달라졌다. 이 회사는 수확기인 10월에 원산지에 직접 가서 원자재(고구마)를 구입했다.

≪조선신보≫는 평양대극장봉사소(식당)가 청진, 신포의 수산사업소와 직접 계약을 맺고 원자재를 현지에서 직송하고 있는 사례를 소개하고 있다. "나라의 경제관리개선조치 이후 현금 대 현물의 유통이 제도화되어 자금만 있으면 원자재가 떨어지는 일은 없었다"(≪조선신보≫, 2004. 2. 2)라고 밝힌

것은 주목할 만한 대목이다.

또 다른 형태의 생산재시장으로서 주목해야 할 것은 이른바 수입물자교류시장이다. 대표적인 것은 북한과 중국의 기업들이 공동으로 운영하는 '보통강 공동교류시장'이다. 이는 도·소매 물품시장으로서 지난 2005년 6월 문을 열었다. 이 교류시장은 북한 무역성 산하 중앙수입물자교류총회사와 랴오닝(遼寧) 태성국제무역유한공사 등 중국기업들이 공동으로 운영하며 북한의 기관과 기업에 '경제건설에 필요한 제품'을 도매 또는 소매로 판매했다(연합뉴스, 2005. 6. 24). 사실 이러한 형태의 시장은 북중 간에 처음으로 개설되는 것이다.[20] 중앙통신은 교류시장의 정확한 위치와 규모는 밝히지 않았으나 평양 보통강 주변인 것으로 보인다.

≪조선신보≫는 이 교류시장에 대해 더 자세한 정보를 제공하고 있다. 6개의 동으로 이루어진 건물 내에는 건축자재, 강재, 도색재, 농기계, 수지제품, 고무제품, 비료, 기계부속품 등 수천 종의 수입원자재들과 기계부속품, 공업제품들이 진열되어 있었다고 한다. 일부 생활소비품들도 판매하지만 기본적인 목적은 수입된 생산정상화물자의 교류이다. 생산정상화물자에는 각종 원료, 자재, 기계부속품, 공업품을 생산하는 기계제품 등이 포함된다.

중앙수입물자교류총회사 김응연 부총사장은 필요한 원료, 자재들을 직접 해외에 나가지 않아도 구입할 수 있는 수입물자교류시장의 이점에 대해 이야기했다.

국내의 공장, 기업소 관계자들이 시장을 찾아와 구입할 수도 있고 요구한 몫을 시장을 통하여 대방에 주문할 수도 있습니다. 수입물자교류시장을 통해 수

---

20) 이 시장의 개설에 깊숙이 관여했던 단둥시 정부 간부에 따르면 이 시장은 기본적으로 중국기업들이 북한에 대해 농업용 및 공업용 원자재를 판매하는 공간이다. 소비품도 판매하나 기본은 원자재 및 설비이다.

입된 물자를 가지고 국내 공장, 기업소들 간의 교류도 진행됩니다.

한편, 보통강 수입물자교류시장 이외에도 원산, 흥남, 청진, 남포 등 각 도의 중심도시들에 중앙수입물자교류총회사가 운영하는 지방수입물자교류 시장들이 있었다고 한다(≪조선신보≫, 2005. 10. 26).

2) 생산재시장과 소비재시장의 연관성

시장적 거래를 통한 원자재 조달이 원활하게 이루어지기 위해서는 몇 가 지 조건이 필요하다. 무엇보다도 기업의 현금 보유가 허용되어야 한다. 아 울러 제품의 시장판매, 따라서 시장판매를 통한 현금 확보도 허용되어야 한 다.[21) 기업이 현금을 확보할 수 있는 가장 용이하고 확실한 수단이 제품판 매를 통한 현금수입이기 때문이다. 달리 보면 생산재시장의 형성 및 발달은 소비재시장의 발달 수준에 영향을 받는다.

이러한 조건들은 7·1 조치 이후 일부는 명시적으로 또한 일부는 암묵적 으로 충족되었다. 그리고 종합시장의 등장 이후 명시적으로 허용되는 범위 가 더욱 넓어졌다.

7·1 조치 이전에는 기업들의 현금보유가 극히 제한되어 있었다. 기업 간 자재 및 생산물의 공급(거래)은 매매라는 형태를 띠기는 하나 이른바 무현금 거래였다. 그런데 7·1 조치로 기업들은 현금을 보유할 수 있는 길이 열리 게 되었다. 이른바 '계획 외 생산'과 '계획 외 유통'이라는 공간이 바로 그것 이다. 기업 스스로 자재를 조달하고 설비를 도입할 수 있도록 하기 위해서

---

21) 크게 보아서는 기업경영활동에 대한 기업의 자율성도 확대되어야 하는 것이 생산재 시장 발달의 중요한 조건이다. 7·1 조치의 핵심적 요소의 하나가 기업의 자율성 확 대라는 것은 주지의 사실이다.

였다.

> 계획목표량을 넘어서는 초과생산물을 기업 스스로 처리할 수 있게 되었다.
> 또 거기서 나온 이득금은 기업소 자금으로 활용할 수 있게 되었다(공장 중간관
> 리직 출신 탈북자 K14 씨).

≪조선신보≫는 기업들이 종합시장의 등장 이후 시장에서 자금을 조달하
는 것이 합법화되었다고 전하고 있다(≪조선신보≫, 2003. 12. 22). 이는 시장
판매 생산을 자극하는 유인으로 작용하고 있다. 기업들은 기본제품의 생산
과정에서 나오는 부산물로 인민생활필수품을 만들어 이를 종합시장에서 판
매해 현금을 조달하고 이를 국가납부를 하지 않는 '생산유지비'로 쓸 수 있
다는 것이다. 다만 시장에 내놓을 수 있는 상품은 생필품 생산의 30%를 넘
을 수 없다는 제약이 붙어 있다.

또한 7·1 조치 이후 기업 제품의 시장판매가 부분적으로 허용되었다.

> 새로운 경제관리체계 이후에는 제품을 만들어 개인이든 공장, 기업소든 제품
> 을 필요로 하는 곳에는 어디든지 팔 수 있게 되었다. 주문을 받아서 생산할 수
> 도 있게 되었다(탈북자 J5 씨).

그뿐 아니라 일부 기업에 대해서는 직접 상점을 설치하여 운영하는 것을
허용한 것으로 보인다. 탈북자 J5 씨가 근무했던 공장은 7·1 조치 이후 공
장에서 만든 생활필수품, 자동차 부속 등을 팔 수 있는 상점을 덕천 시내에
설치했다. 탈북자 M1 씨는 평양 시내에서 배터리 공장, 전선 공장이 공장
정문 옆에 자사 제품을 팔 수 있는 상점 건물을 짓고 있는 것을 목격한 바 있
다.22) 이들은 공장직매점으로 불리고 있었다.

나아가 기업들은 종합시장의 등장 이후 시장판매를 목적으로 한 생산 공

간이 확대되었다. 합법적인 소비품시장인 종합시장의 등장은 기업의 입장에서는 안정적인 판로 확보를 의미하는 것이다.[23] 이 부분에 대해서는 뒤에서 자세히 살펴보기로 한다.

5. 자본·금융시장과 노동시장의 형성

1) 자본·금융시장

북한에서 자본·금융시장은 공식적으로는 존재하지 않는다. 모두 비공식시장에서의 거래이며 동시에 사적 금융, 사채(私債)이다. 여기에는 크게 보아 두 가지의 시장이 있다. 하나는 개인과 개인 사이의 금융관계이고 또 하나는 기업과 개인 사이의 금융관계이다.

개인이 개인으로부터 돈을 빌리는 이유는 '장사'로 불리는 상행위를 수행하기 위해서가 압도적으로 많다. 그리고 돈을 빌려주는 사람은 '돈주(錢主)'로 불리는 부자들이거나 전문사채업자들이 대부분이다.

장사를 새로 시작하기 위해서는 이른바 밑천이 필요하다. 일종의 자본금으로서 지역에 따라, 상행위의 종류에 따라 상이할 수밖에 없는데 최소한 수만 원이 필요했다고 한다. 그리고 이미 장사를 하고 있는 사람들 입장에서는 일종의 운영자금이 필요할 때가 많았다.

이에 대한 이자율은 편차가 크지만 대체로 보아 월 10~20% 선이었다고

---

22) 탈북자 M2 씨도 이 사실을 확인해주고 있다.

23) 후술하겠지만, 종합시장의 등장으로 안정적인 판로가 확보되었다고 해서 기업의 생산이 크게 늘어난 것은 아니다. 극심한 원자재 부족과 전력 부족으로 인해 기업의 생산증대에는 명백한 한계가 있다.

한다. 10만 원을 빌리면 매월 1만~2만 원을 이자로 갚아야 한다는 것인데, 상당히 높은 이자율이라고 할 수 있다.

그런데 여기서 주목해야 할 것은 이자율의 결정메커니즘이다. 즉, 상환 가능성의 정도, 신용도에 따라 금리가 결정된다는 점이다. 이는 시장경제 원리가 깊숙이 침투해 있다는 단적인 예이다.

> 돈을 빌려주는 사람은 상대방의 재산 상태를 보고 돈을 빌려줄지 말지를 결 정한다. 이자율 수준도 마찬가지이다. 돈도 여유가 좀 있고, 재산도 적당히 가 지고 있는 사람은 좀 더 낮은 이자율로 돈을 꿀 수 있다. 재산도 없는 사람이 돈 을 빌리는 것은 간단치 않다. 그래서 상대에 대해 보다 높은 이자율을 제시해야 만 돈을 빌릴 수 있다(탈북자 C3 씨).

눈길을 끄는 사실은 상인들 사이에 신용에 대한 인식이 높아졌다는 점이 다.[24] 청진에서 장사를 하는 어느 도매상인은 "신용은 곧 목숨"이라는 신념 으로 살아가고 있다고 한다. 자금이 없으면 장사를 할 수 없기 때문에 자금 을 대부받기 위해서는 자신이 믿을 만한 사람이라는 것을 상대방에게 확신 을 심어주지 않으면 안 된다는 것이다. 돈을 갚을 때는 원금과 이자뿐만 아 니라 양말이나 옷과 같은 작은 선물이라도 같이 주면서 자신의 감사의 마음 과 성의를 표시하려고 노력한다. 혹시 약속한 날에 돈을 갚지 못할 경우에 는, 예를 들면, 이자의 절반이라도 갚으려고 한다.

아울러 지적해야 할 것은 상거래에서 이른바 외상거래도 행해지고 있다 는 점이다. 청진에서 개인수공업으로 의류가공업을 했던 탈북자 P1 씨는 나 진선봉에서 옷감을 구입할 때는 대개 외상으로 거래할 수 있었다고 전하고 있다.

---

24) 좋은벗들, 《오늘의 북한소식》. 창간준비 제9호(2005. 8)에서의 탈북자 면담 결과.

다음에는 기업과 개인 사이의 금융관계를 살펴보자. 이는 기본적으로 기업이 개인으로부터 돈을 빌리는 것이다. 그 역은 존재하지 않는다. 그럼 왜 기업이 개인으로부터 돈을 빌리는 것일까? 이유는 아주 간단하다. 나라에 돈이 없기 때문이다. 국영기업과 은행에 돈이 없고, 개인에게 돈이 있기 때문이다.

개인과 기업 간의 금융거래는 크게 보아 두 가지의 범주로 나눌 수 있다. 하나는 대출이고 또 다른 하나는 투자이다. 또한 돈을 빌리는 기업은 공장이거나 상점일 수도 있고 무역회사일 수도 있다. 자금은 투자자금도 있고 운영자금도 있다.

전술했던 수매상점에 개인의 돈이 들어갈 여지는 충분히 존재한다. 국가와 은행에 현금이 바닥났기 때문에 상점 관리자가 개인으로부터 돈을 빌려 물품을 구입해서 상점에 물건을 들여오고 이를 판매하는 경우이다. 평양 출신 탈북자 M1 씨는 자신의 친구가 평양 시내에서 국영상점을 운영하고 있었는데 수매상점으로 전환하기 위해 개인으로부터 5,000달러를 빌린 적이 있다고 전하고 있다.

탈북자 K13 씨에 따르면, 북한에서 인기 있는 제조업 중의 하나가 인조고기 제조업이다(후술). 그런데 이런 사업을 하기로 마음을 먹더라도 초기단계에서 자금이 없는 기업들이 적지 않다. 그래서 개인자본을 끌어들이는 경우가 종종 있다고 한다.

> 인조고기를 생산하는 기계를 개발하기 위해서는 자금이 필요하다. 콩을 사오려면 이 또한 자금이 필요하다. 또 직접 일을 할 수 있는 인력도 필요하다. 그래서 돈 있는 개인을 끌어들인다(탈북자 K13 씨).

또한 회령 출신 탈북자 C4 씨는 쌀 무역의 사례를 통해 무역업에 개인의 돈이 들어갈 수 있는 여지를 전하고 있다.

지난 2003년 언제인가 회령시장에서 쌀값이 크게 올랐을 때 중국에서 쌀이 대량으로 유입된 적이 있다. 공장·기업소들이 개인자본을 끌어들여 무역회사를 통해 중국에서 쌀을 수입해 시장에 풀어놓았다. 공장·기업소는 상당한 이득을 보았다.

2) 노동시장

4대 시장 가운데 가장 주목해야 할 것은 바로 노동시장이다. 왜냐하면 시장경제, 자본주의 경제의 핵심적 요소의 하나가 바로 임노동관계이기 때문이다. 역사적으로 보아도 자본가 및 노동자 계급의 출현은 자본주의 경제의 출발이기 때문이다.

그런데 북한에서도 이러한 임노동관계가 초보적인 형태로 나타나고 있다. 상업부문에서 상점 주인과 상점 노동자, 수산업에서 선박 소유주와 노동자, 그리고 농업부문에서 불법적인 토지 소유자와 소작인 사이에 고용과 피고용의 관계가 나타나고 있다. 개인수공업에서도 이른바 가공주와 노동자 사이에 임노동관계가 등장했다. 이러한 임노동관계는 아직까지는 대부분 비공식적인 영역에서 나타나고 있지만 일부는 합법과 불법의 경계가 모호한 경우도 있다.

〈그림 5-1〉은 탈북자 P1 씨의 사례이다. 그녀는 처음에는 비공식적으로 임가공을 해서 옷을 만들고 임금을 받았다고 한다. 그런데 이런 방식으로는 돈을 버는 데 한계가 있다고 판단해서 본인이 직접 원재료(천)를 구입해서 옷을 만들기 시작했다. 그리고 본인이 혼자 하기에는 벅찼기 때문에 자신은 재료 구입 및 견본 생산만 하고 나머지는 다른 사람에게 넘겼다.

주목할 만한 것은 자르는 사람(재단사) 1명과 가공하는 사람(미싱사) 3명을 '고용'했다는 사실이다. P1 씨와 재단사는 P1 씨의 집에서 일을 했고 미싱사들은 각자의 집에서 일을 했다. 최종 제품은 P1 씨의 집으로 다시 넘어왔고

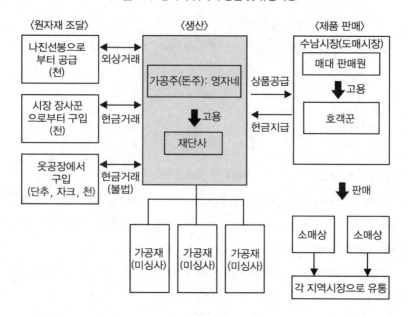

〈그림 5-1〉 영자네 옷가게 생산 및 유통과정

이를 판매원이 시장에 가지고 가서 팔았다. 그러한 식으로 분업이 이루어졌다. 또 하나 지적해야 할 것은 P1 씨이든 P1 씨에게 고용된 사람들이든 모두 공식적인 신분은 기관·기업소 직원 혹은 노동자이다. 하지만 실제로는 비공식적으로 의류생산에 종사하고 있다. 기관·기업소에는 적만 걸어두고 있는 것이다. 이러한 형태로 초보적이기는 하지만 노동력의 상품화가 이루어지고 있는데, 이는 노동시장의 싹이 트고 있는 증거로 보아도 무방할 것이다.

P1 씨가 일했던 함북 청진 수남시장의 경우, P1 씨처럼 다른 사람을 고용해서 제품을 만들어 시장에서 판매했던 사람(이른바 가공주) 가운데 의류분야의 사람은 대략 20명 정도였다고 한다.

한편, 노동시장 형성과 관련해 직장이탈에 대해 간단히 살펴보기로 하자. 7·1 조치 이전 북한정부가 가지고 있던 대표적인 고민거리의 하나가 주민들의 직장이탈이었다. 공식적인 일터에서는 월급과 배급이 제대로 나오지 않아 직장을 떠나는 사람들이 하나 둘씩 늘어났던 것이다. 물론 직장에 적은 남겨둔다. 그 상태에서 출근을 하지 않고 개인적인 상행위(장사)를 하느라 여기저기 돌아다니는 것이다. 이러한 직장이탈은 북한과 같은 유일적 사회에서는 단순히 경제적인 문제에 그치는 것이 아니라 정치적으로 큰 문제가 된다.

7·1 조치 이후 직장이탈은 가속화되었다. 특히 이른바 8·3 노동자[25]가 크게 증가했다. 8·3 노동자란 자신이 속해 있는 기업에 대해 매달 일정 금액의 현금을 바치면 개인은 직장에 출근하지 않아도 되어 자유롭게 상행위를 할 수 있는 이들을 가리킨다.[26] 기업에 납부하는 현금의 규모는 각 기업의 사정에 따라 상이하나 대개 자신의 공식 임금의 몇 배에 달하고 있다. 따라서 예컨대 자신의 공식임금의 2~3배 수준의 현금만 공장에 납부하면 1년 동안 공장에 얼굴 한 번 비치지 않아도 365일 내내 출근부에 도장이 찍힌 것으로 처리되는 것이다.

그럼 이 사람들은 대체 무엇을 하는 것일까? 실로 다양하다. 단순히 개인상업(이른바 장사)을 하는 사람들도 있고, 개인수공업, 개인서비스업을 하는 사람도 있으며, 무역업에 뛰어드는 사람도 있다. 그리고 앞에서 보았듯이 개인에게 고용되어 생활을 영위하는 사람도 있다.

한편, 국가는 각 공장들에 대해 국가에 손을 벌리지 말고 공장 스스로 벌어서 노동자들에게 월급을 주라고 지시했다. 독립채산제의 강화라고 이야기들 하지만 실제로는 자력갱생에 가깝다. 공장을 운영함에서 국가의 지원을 기대하지 말라는 것이며, 자체적으로 무슨 수를 써서라도 돈을 벌어서

---

25) 후술하겠지만 8·3 노동자는 7·1 조치 이전에도 이미 존재하고 있던 현상이다.
26) 8·3 노동자란 명칭에서 짐작할 수 있듯이 이는 8·3 인민소비품창조운동에서 유래했다.

종업원들을 먹여 살리고 국가에 일종의 세금을 납부하라는 것이다.

요컨대 노동자 입장에서는 출근을 비롯해 기업의 각종 물리적 구속으로부터 벗어나 여기저기를 돌아다니면서 자유롭게 상행위를 수행해 그 이상의 현금수입을 획득하면 되는 것이고, 실제로 그다지 어려운 일은 아니기 때문에 선호도가 높은 편이다. 기업 입장에서도 원자재 부족, 전력 부족 등으로 공장의 가동률이 낮아 인력은 오히려 남아돌아가는 상황인 데다 현금수입은 절실히 필요하기 때문에 마다할 이유가 없다. 현금수입이 필요한 공장과, 시간 및 자유가 필요한 노동자의 이해관계가 맞아떨어진 것이다.[27] 이러한 상황에서 8·3 노동자는 빠른 속도로 늘어났다.

6. 시장 형성·발달의 파급효과

1) 생산 측면

먼저 지적할 수 있는 것은 기업의 입장에서는 시장판매를 목적으로 한 생산의 공간이 확대되었다는 것이다. 내각결정 제24호는 국영기업소와 협동단체가 시장에서 상품을 사고팔 수 있다고 규정하고 있다. 합법적인 소비품 시장인 종합시장의 등장은 기업의 입장에서 보면 안정적인 판로 확보를 의미한다. 이는 그 자체로서 생산을 자극하는 효과가 있다.

특히 기업들이 시장에서 자금을 조달할 수 있는 길이 열렸고 이는 시장판매 생산을 더욱 자극하는 유인으로 작용했다. 함북 무산 출신 탈북자 K13씨는 기업들이 콩을 통해 인조고기를 만들어 시장상인들에게 판매하는 사

---

27) 8·3 노동자가 얼마만큼 광범위하게 존재하는지에 대해서는 8장 필자의 설문조사 결과 참조.

례를 소개하고 있다.

> 콩을 가지고 기름을 짜서 남는 것이 있다. 두박이라고 한다. 그걸 가지고 기
> 계에 넣어서 고기를 만든다. 이걸 인조고기라 하는데 지금 북한에서는 이것이
> 매우 인기가 있다. 원래 이것은 편의봉사사업소에서만 하게 되어 있는데 이게
> 돈벌이가 되니까 일반 공장·기업소에서도 서로 하겠다고 달려들고 있다. 그리
> 고 이것을 만들어놓으면 시장에서 장사하는 사람들이 공장으로 제품을 가지러
> 온다. 이제는 장마당에서 물건 파는 데 제약이 없으니까 공장·기업소 입장에
> 서는 많이 만들기만 하면 된다.

그런데 초기단계에 자금이 없는 기업들이 적지 않기 때문에 개인자본을
끌어들이는 경우가 종종 있었다.[28]

또 하나 지적되어야 할 것은 종합시장의 도입은 개인들의 부업생산(개인
수공업)의 확대를 초래했다는 것이다. 내각결정 제24호는 '개인들이 생산하
는 상품들'도 시장에서 팔 수 있다고 규정하고 있다. 이에 따라 개인수공업
은 종합시장의 등장으로 안정적인 판로가 확보됨으로써 확대되었다.

> 2003년 여름부터인가, 옷공장에 다니던 기능공들이 대거 공장을 빠져나갔
> 다. 임금도 제대로 안 주지, 물가는 오르지 하니까 공장에 붙어 있어서는 도저
> 히 살 수가 없었다. 이들은 집에서 놀면서 옷을 임가공하거나 나처럼 직접 옷을
> 만들어 시장에 팔아 그 돈으로 생활을 꾸렸다(탈북자 P1 씨).

---

28) "인조고기를 생산하는 기계를 개발하기 위해서는 자금이 필요하다. 콩을 사오려면
    이 또한 자금이 필요하다. 또 직접 일을 할 수 있는 인력도 필요하다. 그래서 돈 있
    는 개인을 끌어들인다"(탈북자 K13 씨).

개인이 만드는 것으로는 옷, 신발, 모자, 비누, 빵, 사탕 같은 것들이 있다. 신발을 보자. 신발을 만드는 사람은 전문기술자이다. 이 사람들에게는 신발을 만드는 기계가 있다. 원자재는 중국으로부터 넘어오거나 다른 사람들이 공장 자재를 훔쳐서 장사치들에게 판 것들이다. 그렇게 해서 집에서 신발을 만들어 시장 장사꾼들에게 넘겨준다(탈북자 M1 씨).

≪조선신보≫도 개인수공업 생산 확대 가능성을 언급하고 있다.

늙어서 사회활동의 일선에서 물러선 사람 등이 고난의 행군 시기에 가내수공업으로 빵, 탕과류 등 식료품을 개별적으로 생산하여 그것을 (농민)시장에 판매하곤 했다. 그런데 7·1 조치 이후 평양시의 각 구역에 이들이 일하는 생산기지를 꾸리고 각 상점들에 생산물을 도매로 넘기게 했다. 상점에 진열된 이것들의 가격은 시장에서의 그것보다 10원 정도 싸다(≪조선신보≫, 2003. 9. 27).

2) 무역의 측면

시장의 발달이 국내의 생산부문을 자극하는 효과는 분명 존재한다. 국내 기업과 가내수공업의 생산을 촉진하는 측면이 있지만 이는 제한적이다. 극심한 전력 부족과 원자재 부족하에서는 한계가 있다. 그 대신 무역이 급속도로 확대되고 있다. 즉, 시장의 발달이 무역의 발달에 의존한다는 것, 시장화의 진전이 국민경제의 대외의존도 확대를 수반한다는 것이 북한 상업유통 변화의 큰 특징이다.

사실 무역기관 입장에서 보면 종합시장의 등장으로 공식적으로 시장판매를 위한 수입(輸入)도 행할 수 있는 길이 열리게 되었다. 실제로 내각결정 제27호는 무역회사가 수입한 상품이 도매시장을 거쳐 (종합)시장에 판매될 수 있다고 밝히고 있다.

무역기관은 과거 공식적으로는 관련 기관, 기업소, 주민의 생산과 소비를 위한 수입, 즉 일종의 자가소비를 위한 수입을 수행했고 시장판매를 위한 수입은 음성적으로 해왔다. 그런데 이제 무역회사들은 주민들에 대한 직접 판매가 가능하게 되었다. 따라서 중국을 통한 중국상품 및 한국상품의 수입이 폭발적으로 늘었다.

실제로 북한의 2004년 무역은 수출, 수입 모두 큰 폭으로 상승했다. 수출입금액은 전년 대비 각각 31.3%, 13.8% 증가한 10억 2,000만 달러와 18억 4,000만 달러를 기록했다. 특히 중국과의 교역이 전년 대비 35.4% 증가로 2003년에 이어 높은 증가세를 나타냈다(KOTRA, 2005).

북한의 무역상사들은 (공산품의 시장거래가 허용된) 지금이 절호의 기회라 생각하고 선풍기, TV, 냉장고, 컴퓨터, 기타 가전제품을 대량 수입하고 있다는 KOTRA 따리엔 무역관의 보고도 이러한 가능성을 뒷받침하고 있다(KOTRA 따리엔 무역관, 2003).

게다가 7·1 조치 및 종합시장 도입 이후 외국과 직접 무역을 행할 수 있는 권한이 보다 많은 기관·기업소에게 주어지는 정책적 조치가 취해졌다. 이와 관련하여 주목할 만한 사실은 기관·기업소의 무역 수행에 개인자본이 들어갈 여지가 확대되었다는 것이다.

3) 상품유통의 측면

이에 대해서는 이 책의 4장에서 자세히 서술했기 때문에 여기서는 극히 간단히 언급하는 선에서 그치기로 한다.

7·1 조치 이후 시장에서 이른바 장사(상행위)를 하는 사람과 시장에 나오는 상품의 수량, 둘 다 상당히 큰 폭으로 증가했던 것으로 조사되었다. 아울러 상행위 종사자가 상품유통량보다 약간 더 늘어났다는 사실도 파악되었다. 상행위에 대한 신규 진입자의 영업규모가 종전보다는 조금 줄어든 것이

아니냐는 시사점을 얻을 수 있다.

그렇다면 어떤 종류의 상품이 많이 늘어났을까? 7·1 조치 이후 시장유통이 가장 많이 늘어난 품목은 중국산 공산품인 것으로 보인다. 그다음이 개인수공업 제품이다. 반면, 북한의 공장·기업소가 만든 제품은 시장 내에서 그 비중이 축소되고 있는 것으로 파악되고 있다. 물론 북한의 공장·기업소가 만들어 시장에 내놓는 제품들은 일부 생필품에 국한되어 있지만 그나마도 경쟁력이 갈수록 약화되고 있다고 탈북자들은 전하고 있다. 결국 7·1 조치 및 종합시장 허용 이후 북한의 시장은 양적으로 팽창했는데, 이는 시장 내 유통되는 중국산 제품의 비중 증가를 수반했다.

7. 시장 형성·발달의 배경과 조건

구소련·동구의 경험이 보여주듯이 단순히 시장이라는 공식 제도 자체만 도입한다고 해서 시장이 저절로 발달하는 것은 아니다. 시장이 발달하기 위한 제반 조건이 갖추어져야 한다. 동시에 시장의 양적 확대는 시장의 질적 변화, 즉 일종의 구조적 변화를 수반해야 지속성이 담보된다.

1) 시장의 지역적 통합 및 기능분화

시장의 발달은 시장의 지역적 통합과 기능적 분화를 수반한다. 함경북도 청진의 수남시장과 평안북도 평성시장 등은 전국 단위의 도매시장으로 변모해갔다. 그리고 중국과의 접경지대인 신의주, 혜산, 나진선봉 지역 등도 전국의 도소매상인들이 모이는 도매시장 기능을 수행하고 있다.

청진 수남시장은 나진선봉 지역을 통해 유입된 중국산 제품을 전국 각지로 유통시키는 도매시장 역할을 하고 있다.[29]

중국산 신발이나 옷이나 식품 같은 것을 돈주가 라진선봉에서 자동차로 실어와 한 사람에게 주면 이 사람들은 도매를 붙인다. 그러면 황해도나 강원도 쪽에서 운반하러 온 사람들이 한꺼번에 많이 사간다. 식초면 식초가 100병 정도 도매로 잘 빠진다고 그런다. 그래서 보면 수남장이 기본 도매장이다. 물론 라선에 가면 가격이 더 싸니까 직접 가는 사람들도 있다. 하지만 라선에 가자면 허가증을 받지 않으면 철조망을 넘고 번거롭고 힘드니까 이윤을 적게 먹더라도 수남시장에서 사가는 게 낫겠다고 하는 사람들이 꽤 있다. 그래서 수남시장이 매우 번창하게 되었다. 청진에 들렀을 때 중국에서 수남시장을 신문에 냈다는 이야기까지 들었다(청진 출신 탈북자 P1 씨).

평성시장은 라선, 함북 청진, 평북 신의주 등지에서 들어온 상품들이 북한 최대의 소비지역인 평양으로 가기 직전에 모이는 물류지역이다.[30] 물품은 평성까지만 들어오고 평양에 직접 들어오지는 못한다. 평성은 일종의 도매시장 역할을 하는 것이다.[31]

중요한 변수는 상인들의 평양 접근이 제한되어 있다는 사실이다. 일반적으로 각 지역에서 평양에 들어가기 위해서는 평양 여행허가증이 있어야 한다. 평양으로 가는 길목 직전 역인 평성역에서 일단 여행증명서 검열을 하는데 평양 여행증이 없는 대다수의 사람들은 평성역에 하차하게 된다. 여행증명서를 떼기 힘든 상인들이 평성 장마당에서 물건을 내려놓을 수밖에 없는 것이다.

---

29) 수남시장은 도매시장인 평성시장에 대해서도 도매시장 역할을 수행하고 있다(청진 출신 탈북자 Y1 씨).

30) 이하 평성시장에 대한 서술은 좋은벗들, ≪오늘의 북한소식≫, 창간준비 2호(2004. 9)에서의 탈북자 면담 결과에 의존하고 있다.

31) 다만 남포항, 원산항에서 들어오는 물품은 평양으로 직송되는 경우가 많다.

그렇지만 평성-평양 간은 도로상태가 좋다. 자동차로 한 시간 거리에 불과하다. 이 때문에 평양 상인들이 직접 평성 장마당에 가서 물건을 구입하게 된다. 평성에 가서 물품을 구입하여 평양시장에서 더 높은 가격으로 파는 것이다. 즉, 평성시장은 도매시장으로, 평양시장은 소매시장으로 기능이 점차 분화하는 양상을 보인 것이다.[32]

2) 상인계층의 등장과 발달

과거에는 본격적인 상행위 자체가 불법이었기 때문에 상인계층의 형성이 불가능했다. 그러나 이제는 종합시장의 등장으로 사정이 달라졌다.

장사에 본격적으로 뛰어들어 돈을 번 뒤, 즉 자본을 축적해 이른바 돈주들이 속속 등장하게 되었다. 그리고 이러한 돈주들은 대부분 개인상업이나 외화벌이를 통해 부를 축적한 사람들이라는 사실에 주목할 필요가 있다.

라진선봉이 열린 이후 차를 가지고 다니면서 꾸준하게 장사한 사람들은 개인 돈이 많이 불어났다. 첫 번째는 사람들 입소문으로도, 또 그 사람들 생활이 많이 펴는 것을 보고 알 수 있다. 두 번째로는 북한에서 화폐 교환한다고 야단을 쳤다. 그 당시 저금소 소장이 말하길 기업에서 돈을 들고 오는 것보다 개인이 돈 가지고 온 게 더 많더라고 했다(돈주 출신 탈북자 P1 씨).

평안남도 평성시는 전국적으로 돈주들이 제일 많은 곳에 속한다.[33] 평균

---

32) 따라서 평양시장의 물가는 평성시장 물가의 영향을 직접적으로 받는다고 할 수 있다.

33) 이하 돈주와 중간상인에 대한 서술은 좋은벗들, ≪오늘의 북한소식≫, 창간준비 3호 (2004. 11)에서의 탈북자 면담 결과에 많이 의존하고 있다.

10만 달러 이상을 소지한 돈주가 약 20~30명가량 된다. 달러가 안전하기 때문에 달러를 선호하며, 외화벌이 기관이나 기업소에서 이런 개인들에게 돈을 빌리기도 한다. 액수가 큰 경우 약 3~5% 정도의 이자를 준다. 황해도의 주요 도시에서는 약 5,000달러에서 1만 달러 정도를 소유하면 돈주 소리를 들었다고 한다.

어떤 돈주들은 국가로부터 신변의 안전을 보장받기 위해 막대한 양의 공채를 사거나 헌금을 하기도 한다. 800만~900만 원어치 공채를 산 돈주도 있고 아무런 대가 없이 많은 돈을 국가에 헌납한 돈주도 있다. 국가로부터 감사장이나 표창을 받으면 위법행위가 적발되더라도 안전할 수 있기 때문에 돈주들 사이에 기부금 경쟁이 붙기도 한다.

큰 돈주들은 직접 나서지 않고 약 5~6명가량의 대리인(중간상인)을 둔다. 이 때문에 돈주가 누구인지 밖으로 드러나지 않는 경우가 많다. 북한정부에서는 돈주와 상인들의 상태를 면밀히 파악한다. 법에 크게 어긋나지 않을 경우 관망하다가 통제가 필요할 때 단속을 한다.

큰 돈주들의 대리인 역할을 하기도 하는 중간상인들은 시장시세를 매일 알아보고 중국상품 가격과 동향을 점검한다. 북한시장에 없는 물건인데 팔릴 것 같은 물건을 외국에서 들여오거나 가급적 더 싼값에 사온다. 이들은 또 각자 5~10명가량의 소매상인들과 연결되어 있어 물건을 소매상인들에게 넘겨주는 역할도 한다.

중간상인들은 각각 무리를 지어 서비차를 빌려 평양, 평성, 원산, 남포, 청진, 라진선봉, 신의주 등 물류지역을 왕래한다. 이들은 소매상인에게 이윤을 낼 수 있을 정도의 가격에 물건을 팔고, 소매상인들은 여기에 다시 가격을 붙여 시장에 내다 판다.

3) 상품화 · 화폐화의 진전

7·1 조치를 평가할 때 핵심적 요인으로 빼놓을 수 없는 것이 상품화 · 화폐화의 진전이다.[34] 우선 지적할 수 있는 것이 계획 외 생산이다. 당초 자신의 기업의 계획에 예정되어 있지 않은 제품을 생산하는 경우, 더욱이 자신의 기존 생산품과는 전혀 관계없는 제품을 신규생산하는 경우가 이에 해당된다. 사회 전체적으로 보면 상품에 속하는 제품의 범위가 확대되고, 따라서 팔기 위한 생산, 즉 상품생산이 확대 · 발전하는 것이다.

과학기술의 상품화도 지적되어야 한다. 과학기술적 성과의 가치를 가격으로 평가하고 이를 지적상품의 형태로 거래하는 것이다. 2003년에는 내각결정으로 지적제품유통규정이 제정되었다. 이에 따라 공장 · 기업소에서는 기술적 문제의 해결을 위해 외부기관의 도움을 받을 경우 일정 보수(대가)를 지불하게 되었다. 종전에는 무료였는데 이제는 유료화된 셈이다. 게다가 과학기술적 성과가 특정 생산현장에 투입되어 효과를 거두게 되면 이익의 30%가 과학자들에게 환원되도록 되었다(≪조선신보≫, 2004. 1. 1; 2004. 3. 6; 2004. 8. 28).

또한 농기계작업소가 농장에 나가서 농기계를 수리해주거나 기업소 노동력이 협동농장에 지원을 나가거나, 편의봉사관리소에서 기존 직원이 신입직원에게 재봉, 이발 등의 기술을 가르쳐주면 이제는 금전적 보상을 받게되었다(탈북자 C3 · H2 · K13 씨).

탈북자 K16 씨는 "새로운 경제관리체계가 들어와서 기관거래뿐만 아니라개인 간 거래에서도 보수가 없이 무보수로 기술을 제공한다든가 노력을 파는 것은 없어졌다. 보수가 없는 것이 거의 없다고 봐야 한다"라고 밝히고 있

---

34) 윤덕룡 · 이형근은 7 · 1 조치가 화폐화에 초점을 둔 개혁이라고 주장한 바 있다(윤덕룡 · 이형근, 2002).

다. ≪조선신보≫가 김일성종합대학 경제학부 교수들과의 인터뷰 기사에서 7·1 조치와 관련, "모든 것을 돈으로 계산하고 평가하는 체계의 확립"(≪조선신보≫, 2002. 11. 22)이라고 표현한 것은 눈길을 끄는 대목이다.

한편, 7·1 조치로 인한 번 수입 지표의 등장, 철저한 독립채산제의 실시, 소비재 무상급부제의 사실상의 폐지, 이에 따른 현물임금에서 화폐임금으로의 전환은 결국 화폐기능의 변화를 의미한다. 무엇보다도 화폐의 가치저장기능이 복원되었다. 일반 노동자의 입장에서 보면 이제 임금은 생존을 위한 절대적인 중요성을 부여받게 되었고 이에 따라 화폐를 모아야 할 강력한 유인이 발생한 것이다.

더욱이 앞에서 보았듯이 기업의 현금보유가 허용되었다. 각종 원자재를 시장적 거래를 통해 조달하기 위해, 또한 종업원들의 생활비를 기업 스스로 마련하기 위해 기업은 화폐를 축장(蓄藏)해야 할 필요성에 직면하게 되었다.

무현금유통이 그렇게 많지 않다. 경제시스템 자체가 잘 돌아가지 않고 운영이 잘되지 않으니까 그렇다. 원자재를 구입하고 종업원에게 식량을 공급하고 하는 그런 것은 대부분 현금거래가 된다. 그러니까 기업으로서는 70~80%는 현금거래이다. 그 나머지가 아마 행표나 기타 은행을 통한 결제체계를 통해서 된다고 볼 수 있다(국가기관 중간관리자 출신 탈북자 K1 씨).

그럼 기업들은 어떤 방식으로 현금을 확보하는가? 첫째, 자신의 생산품의 시장판매를 통해서이다. 둘째, 돈 많은 개인으로부터의 대여이다. 주로 투자자금 형식으로 자금을 빌리는 것이다. 셋째, 개인이 기업에 적을 걸어둘 수 있게 해주고 그 대가로 매달 일정 금액의 현금을 거두는 것이다.[35]

---

35) 이 경우 개인은 그 기업의 적을 취득하고, 출근을 비롯해 각종 의무로부터 면제되고 자유롭게 상행위를 할 수 있게 된다. 이미 기업에 적을 두고 있는 사람들도, 앞에서

전통적인 사회주의 경제에서 화폐는 수동적인 역할을 수행할 수밖에 없었다. 이는 북한도 예외는 아니었다. 그런데 이제 북한에서 화폐는 점차 능동적인 역할, 본연의 역할을 수행하는 방향으로 가고 있다. 결국 화폐화가 진전되고 있다고 평가할 수 있다.

4) 교통 · 통신의 발달

전국에 흩어져 있는 각 지역시장이 전국적 시장으로 통합되기 위해서는 여러 단계를 거쳐야 한다. 그중에 가장 먼저 진행되어야 할 것이 각 지역시장의 연계이다. 그리고 여기서는 수송 문제가 결정적인 역할을 수행한다.

그동안 북한의 장거리 대중교통수단은 열차가 거의 유일했다. 그러나 장기화된 경제난의 영향으로 기차 운행이 오랫동안 차질을 빚었다. 예전에 비해 사정이 나아졌다고 하나 여전히 전력 부족, 기관차와 철로의 노후화 문제 등으로 원활한 운행이 어려운 상태이다.

이러한 가운데 열차를 제외한 교통수단으로 각광을 받은 것이 일명 '서비차'이다.[36] 이는 군대, 안전부, 보위부, 공장 등 각 기관, 기업소에 소속된 트럭, 자동차 등의 차량이다. 서비차란 영업용으로 공인된 차가 아니라 각 직장 단위에 소속된 차량들인데 차비를 받고 사람들을 대도시 중심으로 특정 지역까지 이동시켜주는 역할을 한다.

개인들의 장사가 활발해지면서 북한주민들의 이동수단에 대한 필요성은 높아졌다. 이런 이유로 고난의 행군 시기 이전에도 기업소 단위의 화물차를 서비차로 이용했던 사례들은 있었지만, 서비차가 본격적으로 등장한 것은

살펴보았던 8 · 3 노동자라 하여 유사한 방식으로 운영하고 있다.

36) 이하 서비차와 평양 운림운송합영회사에 대한 서술은 좋은벗들, ≪오늘의 북한소식≫, 창간준비 6호(2005. 2)에서의 탈북자 면담 결과에 의존하고 있다.

고난의 행군 시기이다. 서비차는 이동을 하려는 개인들이 자구책으로 마련한 교통수단이다.

예컨대 통행증이 있을 경우 '청진-평양' 열차 운임비는 1,200원 정도인데 서비차를 이용할 때는 이보다 3~4배가량 비싸다고 한다. 서비차가 열차보다 훨씬 기동력이 있지만 연료비 때문에 운임비가 비싼 편이다. 그럼에도 이용자는 크게 증가하고 있다.

이와는 달리 2003년 4월에 등장한 평양 운림운송합영회사의 장거리 버스는 열차의 불안정한 운행을 보완해줄 합법적인 운송수단으로 볼 수 있다. 평양 보안성 산하 운림운송합영회사는 각 주요 도시 간 장거리 버스를 운행하고 있다.[37] 그렇다고 해서 국가가 투자하고 운영·조직·관리하는 회사는 아니다. 국가의 승인하에 개인자본을 투입하고, 중국 북경의 한 운송회사와 합영하여 건립한 것이다. 대신 수입의 일부를 국가에 바치게 되어 있다.

버스 운행지역은 평양을 중심으로 신의주, 해주, 함흥 방면이 대표적이다. 각 방면에 직통으로 가는 버스는 아직 없다. 본사는 평양 낙랑구역 거리에 위치하고 신의주, 해주, 함흥, 청진에 각 분사(분회사)가 있다. 다만 청진은 거리가 현저하게 멀어 다른 세 방면에 비해 연결이 원활하지 못한 상태이다. 한편, 해주에서 사리원까지 버스비가 2,500원이면 서비차는 1,800~2,000원 선이다. 서비차는 화물차이기 때문에 손님을 끌기 위해서 요금이 더 저렴하다. 합법적으로 운영되는 버스보다 더 싸야 사람들이 타기 때문이다. 그렇지만 주로 돈이 없거나 바쁜 사람들이 서비차를 이용하고, 이왕이면 대부분은 버스를 타고 싶어 한다. 서비차는 무연탄, 시멘트 화물차들이 많아서 올라타면 석탄가루나 시멘트가루가 옷에 묻기 때문에 돈을 좀 더 내

---

37) 국가가 운영해온 각 주요 지역 여객사업소, 운송여객사업소 등은 고난의 행군 시기에 국가로부터 유류를 비롯한 거의 모든 공급이 끊어지면서 지금은 최소한의 운행만 하는 상태이다.

더라도 버스를 타려고 한다.

지역 간 시장의 연계 및 통합에서 또 하나 중요한 역할을 하는 것이 전화, 즉 통신의 발달이다. 전화는 애초에 국가행정의 수요를 충족시키기 위해 설치되었다. 유선전화의 경우, 당 및 행정기관, 협동농장, 공장·기업소 등지에 사무용 전화가 설치되었으며, 공중전화는 남한의 우체국에 해당하는 체신소 등에 설치되었다. 가정용 전화는 국가권력기관 고위층의 집에만 놓였으나 최근에는 부유한 일반 주민들도 놓을 수 있게 되었다.

탈북자들의 증언을 종합하면 대체로 2003년부터 평양, 함흥, 청진 등 대도시들을 중심으로 일반인들도 돈만 있으면 자신의 집에 가정용 전화를 설치할 수 있게 되었다고 한다. 당시 전화 개설 비용은 4만~6만 원 선으로 전해진다. 일반 근로자의 한 달 월급이 2,000~2,500원이었으니 시장경제활동을 통해 어지간히 돈을 모은 사람이 아니면 엄두를 내기 어려웠을 것이다. 하지만 상행위를 통해 어느 정도 돈을 모은 사람은 가정용 전화를 통해 시장에 보다 적극적으로 참여하고, 또한 매출과 수익을 늘릴 수 있는 기회가 열리게 되었다.

또한 2000년대 들어서는 이동전화도 보급되기 시작했다. 태국의 록슬리(Loxley) 사와 조선체신회사의 합작회사인 동북아전신전화회사(NAET&T)는 1998년 나진선봉에 이동전화 회선을 최초로 개설한 데 이어 평양시 4개소에 기지국을 설치하여 2002년 11월부터 평양시와 라선시에서 이동전화 서비스를 시작했다. 이어 2003년 9월에는 북한 전역에 40여 개의 이동통신 기지국을 완공하고 평양과 각 도 소재지와 주요 도로 지역을 중심으로 이동전화를 개통했다.[38] 당시 북한의 이동전화 사용자는 약 2만 명 선으로 전해지고 있다(박문우, 2009: 100~103).

---

38) 다만 2004년 4월에 발생한 용천역 폭발사고 이후 개인 이동전화 사용을 금지했고, 2008년 12월부터 다시 이동전화 사용을 허가했다.

가정용 전화, 이동전화가 있으면 예컨대 자유롭게 시외전화를 할 수 있게 된다. 이 경우 각 지역의 상품 수급상황, 가격 등에 대한 정보를 신속하게 취득할 수 있으며, 이에 따라 지역 간 상품 과부족, 가격차를 해소해 경제적 이득을 취하기 위한 상행위의 유인이 발생한다. 또한 전화가 있고, 여기에 수송수단까지 결합되면 상품의 공간적 이동이 훨씬 수월해지는데 서비차 기사 등에게 상품 수송을 의뢰하고 거래 상대방에게 전화로 연락을 하면 상인 자신이 직접 이동하지 않아도 된다. 통신의 발달이 상품 유통을 촉진하는 것은 매우 당연한 일이다.

5) 법 제도의 정비

북한정부는 상속법 제정(2002. 3)을 통해 "국가가 법적으로 개인소유의 재산에 대한 상속권을 보장해준다"라고 명시적으로 규정하여 개인의 재산권을 국가가 보호할 것임을 천명했다. 동시에 상속재산 범위에 주택, 승용차, 가정용품, 화폐 등을 포함시키고 더욱이 개인부업경리에 의한 재산도 포함시킨 것은 특기할 만하다. 즉, 직장뿐만 아니라 개인수공업, 개인서비스업, 기타 시장 관련 상행위를 통해 벌어들인 수입도 인정하겠다는 것이다. 이는 직장에서든 다른 곳에서든 열심히 일을 하면 돈을 벌어 재산을 불릴 수 있고 이를 자식에게 물려줄 수 있다는 것을 분명히 함으로써 주민들의 근로의욕을 고취하고 시장경제활동을 촉진하겠다는 의도로 해석된다.

동시에 사유재산권 보호를 위해 형법을 개정(2004. 4)하여 소유권 침해에 대한 처벌 규정을 강화했다. 개인재산을 강제로 뺏을 경우 10년 이하의 노동교화형에 처하던 것을 "정상이 무거운 경우 10년 이상의 노동교화형에 처한다"라고 규정했다. 절도, 공갈, 사기, 횡령, 파손 등 개인의 재산과 관련된 범죄에 대한 처벌도 강화했다.

또한 상업법 개정(2003. 6)은 다소 불법적인 경제활동이 개입되는 것을 감수하고서라도 시장경제적 상업활동을 활성화해 상품의 공급 및 유통을 확대하겠다는 북한정부의 의지를 담았다. 상업법은 종전의 "상업 기관·기업소는 수매상점을 지역별로 꾸리고 주민이 여유로 갖고 있는 물건을 수매받아야 한다"라는 규정을 고쳐 "수매하는 자의 신분을 확인하거나 물건의 출처를 따지지 말아야 한다"라는 규정을 신설했다. 북한에서는 1990년대 경제위기 이후 수매상점이 사실상 암시장화했다는 사실을 고려한다면 상기의 규정은 매우 충격적인 것이다. 즉, 개인이 상품을 취득하는 과정 자체가 불법인 경우, 특히 농장이나 공장, 군대에서 절취·유출했거나 개인·기관이 밀수입한 경우까지 수매상점에서 시장경제적 상업활동의 형태로 유통되는 것을 허용하겠다는 것이기 때문이다(〈표 5-2〉 참조).

그렇다면 북한정부는 왜 이렇게 법제도를 정비한 것일까? 첫째, 시장경제활동 자체를 제도화하는 것이다. 이를 통해 시장경제활동을 촉진하겠다는 의도였다. 즉, 시장경제활동을 국가가 법률의 틀 속에서 보호하고 장려한다는 의미이다. 이러한 제도화는 경제주체의 입장에서는 안정성과 예측가능성을 의미한다. 즉, 어떠한 형태의 활동은 가능하고 어떤 것은 가능하지 않은지 행위주체 스스로가 예측할 수 있게 된다. 이는 경제주체가 법으로 허용된 영역의 시장경제활동에 보다 적극적으로 참여하게 하는 유인이 될 수 있다. 실제로 북한의 경우 종전의 시장경제활동은 비공식적인 영역, 특히 불법적인 영역에서 이루어졌는데 이를 공식적인 영역, 합법적인 영역에서의 활동으로 완전하게 전환시켜주지 못한 상태, 따라서 불법과 합법의 경계가 모호한 상황에서는 상부로부터의 지시보다는 법률의 형태로, 그것도 구체적인 내용을 담은 법률로 시행하는 것이 보다 효과적이다. 주민들이 안심할 수 있다는 이야기이다.

둘째, 시장이 제대로 기능할 수 있도록 생산자와 소비자가 시장경제활동을 영위하게끔 제반 여건을 갖추어주는 것이다. 이 또한 시장경제활동을 촉진하겠다는 의도였는데 포괄적으로 보면 시장을 창출해가기 위한 과정이다. 즉, 구소련·동구의 경험이 보여주듯이 단순히 시장이라는 공식 제도 자체만 도입한다고 해서 시장경제가 저절로 활성화되는 것이 결코 아니다. 예컨대 시장화의 진전은 상품화, 화폐화의 진전을 전제조건으로 한다. 동시에 재산권의 보호, 즉 소유관계의 변화도 요구한다. 또한 시장에서의 각종 거래에 관한 질서와 안전보장 문제도 요구한다. 시장이 제대로 작동하고 기능하기 위한 제반 제도적 장치를 함께 창출해야 하고 게다가 기업, 가계 등 개별 경제주체가 이에 적응하면서 사고와 행위를 바꾸어나가야 한다.

셋째, 이러한 과정은 중간관리기관 및 실무자들의 자의성을 배제하는 한편 중간관리자들의 부정부패를 방지하겠다는 의도도 담았다. 실제로 제반 경제활동에서 합법과 불법이 뒤엉켜 있으나 그 경계가 애매모호한 경우에는 중간관리자의 자의성, 나아가 부정부패를 야기할 가능성이 충분히 존재한다. 따라서 법률로 합법과 불법의 경계를 명확하게 해야 할 필요성이 절실하게 제기되었을 것이다.

8. 결론: 부분적 시장화[39]

북한에서는 국민경제 내에 존재할 수 있는 모든 형태의 시장이 형성되어 있다고 할 수 있다. 물론 이들은 모두 초보적인 수준의 시장이다. 그리고 이 중에서 가장 발달된 것은 소비재시장이며 그다음이 생산재시장이다. 물론 둘 다 공식적 경제영역에서이다. 노동시장과 자본·금융시장은 공식적으로는 존재하지 않는다. 하지만 비공식적인 영역에서는 존재한다. 그리고 공식적 영역에서도 사실상의 시장이 존재한다.

---

39) 이 장의 서두에서 밝혔듯이 이 장에서의 서술은 2003~2004년 시점의 북한을 대상으로 한 것이다.

또한 시장의 형성과 발전은 단순히 유통부문만의 변화에 국한되지 않는다. 기업, 개인수공업 등 생산부문에 파급효과를 불러왔다. 동시에 대외경제관계의 변화도 초래했다. 시장메커니즘이 작동하는 시장화의 성격을 지녔다고 평가해야 할 것이다.

아울러 시장의 형성과 발전은 일시적이라고 보기 어렵다. 여타 부문의 변화, 특히 일종의 구조적 변화를 수반한다는 점에 주목해야 한다. 또한 시장화의 진전이 한편으로는 북한정부의 의도에 의해, 또 한편으로는 북한정부의 의도와 무관하게 탄력을 받았다는 사실도 주시해야 한다. 시장의 지역적 통합 및 기능분화, 상인계층의 등장과 발달, 상품화·화폐화의 진전, 교통·통신의 발달 등 시장화의 부대조건의 발달을 배경으로 시장의 확대·발전이 뚜렷하게 나타났다. 양자는 서로 상승작용을 일으키면서 발전했다.

다만 북한에서 시장의 양적·질적 발달이 어느 수준에 달했는지에 대해서는 정확하게 파악하기 힘들다. 아울러 소비재시장은 매우 발달했으나 생산재시장, 자본시장, 노동시장은 그에 미치지 못하리라는 것은 짐작할 수 있다. 따라서 북한에서의 시장의 형성과 발달 수준을 '시장화'라고 표현하는 것은 약간 무리가 있을 수 있다. 그렇다고 방향성은 부정하기 어렵다. 그래서 그 성격을 '부분적 시장화' 정도로 규정하기로 한다. 그렇다고 한다면 정도와 수준의 차이는 있으나, 현존 사회주의 국가들의 경험으로부터 공통적으로 발견되는 시장화로서의 보편성은 충분히 인정된다고 할 수 있다.

다만 북한의 부분적 시장화는 여타 현존 사회주의 국가들의 경험과는 구별되는 특수성도 가졌는데, 다음과 같은 점들을 생각해볼 수 있다.

첫째, 북한의 시장화는 여타 사회주의 국가와는 달리 개혁의 대내외 정치적 조건의 미성숙이라는 조건하에서 진행되었다. 무엇보다도 국내 정치적 리더십의 불변이라는 조건과 대외관계의 미개선(특히 미국과의 관계)이라는 조건이 중요하다. 이는 북한 시장화의 제한성과도 밀접한 관계가 있다.

둘째, 북한의 시장화는 여타 사회주의 국가와는 달리 국내의 개혁 압력이 결정적 요인이었다고 할 수 있다. 여기에서 핵심적 요소는 암시장(second economy)의 창궐 및 이의 경제적·사회적 파급효과이다. 북한은 공식 경제가 사실상 붕괴된 상태에서 비공식부문이 급팽창했고, 적어도 주민생활과 관련된 소비재부문에서는 공식 경제를 보완한 것이 아니라 대체했다.

셋째, 북한의 시장화는 방임적 시장화였다. 달리 말하면 시장화는 기업과 가계 등 하위 경제주체들의 자력갱생 차원에서 추진되고 있다. 기업에게 자율성을 부여하고 시장경제적 활동을 용인하되, 국가는 기업에 대해 생산에 필요한 노동, 자본, 원자재 등을 공급해주지 않겠다는 것이다. 물론 북한정부가 지향하는 것은 관리가능한 시장화이다. 즉, 시장화를 확대하되 국가가 관리할 수 있는 수준의 것으로 묶어두겠다는 것이다. 혹은 시장화를 확대하되 이에 상응해서 국가도 시장화에 대한 관리시스템을 확충하겠다는 것이다. 이는 정치적으로는 기존 사회질서 동요, 기강해이를 막겠다는 것이고, 경제적으로는 개별 경제주체들로부터 각종 세금을 철저하게 징수하겠다는 의도이다. 그러나 시장에 대한 국가의 관리에는 일정 정도 한계가 있다.

넷째, 북한의 시장화는 그 배경에 있는 국가의 이중전략이라는 차원에서 진행되었다. 핵심적인 기업 및 산업에 대해서는 국가의 계획경제 틀 속에서, 아니 정확하게는 계획경제의 틀을 뛰어넘어 직접적인 명령과 강제를 통해 확실하게 장악·관리하는 한편, 여타의 기업들에 대해서는 시장에 맡기는 방식으로 국가가 손을 떼는 것이다. 즉, 국가가 직접적으로 관리·통제하는 기업 및 산업과, 국가가 방임하는 기업 및 산업을 명확하게 분리하는 것이다. 전자는 중공업부문으로 대표되는 국가기간산업이고 후자는 경공업부문 등 주민생활과 직접 관련되는 소비재부문이다. 다만 방임하는 기업·산업에 대해서도 세금은 철저하게 징수하도록 했다.

다섯째, 북한의 시장화는 일반적인 부족(shortage)의 문제뿐만 아니라 재정난, 인플레이션 등 거시경제적 불안정이라는 조건하에서 시작되었다. 사실 북한정부의 입장에서는 부족의 문제보다 재정난, 인플레이션이 더 큰 고민거리였다. 제반 경제정책의 목표가 여기에 맞추어졌을 가능성이 크다. 한편, 북한의 시장화가 거시경제적 불안정이라는 조건하에서 시작되었다는 사실은 북한의 시장화가 성과를 거두기 위해서는 북한정부가 상정했던 것보다 훨씬 험난한 과정을 거쳐야 함을 시사한다.[40]

---

[40] 필자 개인적으로는 북한의 경제개혁이 다른 현존 사회주의 국가들의 보편적 경험만으로는 도저히 설명되지 않는, 이른바 제3의 길을 걷고 있는 것이 아닌가 하는 생각이 든다. 북한경제개혁의 보편성과 특수성에 대한 보다 면밀한 검토가 필요하다 하겠다.

6장
북한의 시장화 수준 평가

　북한경제 연구에서 7·1 경제관리개선조치가 차지하는 비중에 대해서는 새삼 언급할 필요조차 없다. 이 조치가 등장했을 2002년 당시만 해도 여기 저기서 논의가 활발하게 이루어졌다. 하지만 시간이 흐를수록 논의의 질은 둘째 치고, 양적으로 현저하게 줄어들었다. 물론 가장 큰 요인은 북한경제 현황에 대한 자료 부족이라고 할 수 있다.

　이에 따라 사실을 모아서 축적하고 정리하는 작업이 무엇보다도 중요한 과제로 다시 떠오르고 있다. 그럼으로써 다소 활력을 잃어가고 있는 북한경 제개혁 연구에 다시 불씨를 지필 필요가 있다.

　이 장에서는 북한의 시장화에 대한 정량적 분석을 시도한다. 물론 아직도 북한경제라는 연구대상은 정량적 분석을 시도하기에는 문제가 많다. 통계 자료가 턱없이 부족하기 때문이다. 그럼에도 정량적 분석을 더 이상 미룰 수는 없는 노릇이다. 북한경제개혁에 대한 논의가 일정 수준을 넘어서지 못 하는 이유는 정량적 분석의 결여에 있기도 하다.

1. 선행연구 검토

1) 북한의 시장화 수준 평가에 대한 연구

북한의 시장화 수준 평가에 관한 선행연구는 모두 북한의 시장경제규모 추정에 초점을 맞춘 연구들이다. 여러 연구가 있으나 대표적인 것이 남성욱·문성민(2000), 박석삼(2002), 이석(2005)의 연구이다. 이들의 추정작업 대상은 시장경제부문, 사경제부문, 비공식부문 등으로 용어상으로는 다소 차이가 있으나 실제로는 큰 차이가 없다.

남성욱·문성민(2000)의 경우 북한이 국제기구에 제공한 통계자료, 북한 공식 발표 자료, 국내외 기관의 발표 추정치, 탈북자 증언(간접) 등의 자료를 사용했다. 이를 토대로 지출 측면에서의 국민소득 추정방식을 원용해 시장경제부문의 규모를 추정했는데, 이들은 1998년 북한 명목GNI의 27.1%가 시장경제부문이라고 주장했다.

박석삼(2002)의 경우 탈북자 84명에 대한 설문조사를 통해 북한주민의 가계소비지출규모, 유통현금규모, 민간보유외화규모 등을 추정했다. 특히 북한가계의 암시장(장마당)에서의 소비지출규모를 이용해 사경제규모를 추정했는데, 그는 사경제부문의 비중이 3.6%라고 주장했다.

이석(2005)의 경우 전기소비량, 수송용 석유소비량이라는 거시경제통계[1]를 이용해 북한의 비공식부문의 규모를 추정했다. 그는 절대규모보다는 추세에 무게중심을 두었는데 전기소비량을 이용할 경우 비공식부문의 대GDP 비중은 1996년 46.5%에서 2000년 31.1%로 줄었고, 수송용 석유 소비량을 이용할 경우 비공식부문의 대GDP 비중은 1998년 7.0%에서 2000년 4.8%로 감소했다고 주장했다.

------

1) 전기소비량은 미국 에너지성 통계, 수송용 석유 소비량은 IEA 통계이다.

한편, 이들 선행연구는 북한의 시장화 수준에 대한 선구자적 연구성과로서 높이 평가되고 있다. 그럼에도 몇 가지 측면에서 보완의 여지가 있다.

첫째, 시장경제규모의 절대적 크기이든 시기별 변화(추세)이든 북한의 시장경제규모 추정 그 자체에만 관심을 두고 있다. 시장경제의 진전 양상, 시장화의 내부구조 등에는 주목하지 않고 있다. 달리 보면 글의 논리구조가 지나치게 단순하다.

둘째, 추정방법 자체도 각각 한계성을 지니고 있다. 물론 가장 큰 원인은 자료의 절대적인 부족이다. 각 변수들 간의 안정성이 확인되지 않은 상태이며, 중간의 매개변수 혹은 연결고리들에 대한 고려가 철저하지 못하다. 추정에 추정을, 또한 가정에 가정을 더한 결과라고 할 수 있다.

셋째, 대상시기는 7·1 조치 이전으로 되어 있다. 남성욱·문성민(2000)은 1998년, 박석삼(2002)은 1995~2001년, 이석(2005)은 1983~2000년을 대상으로 하고 있다.

2) 사회주의 국가들의 시장화 수준 평가에 대한 연구

사회주의 국가들의 시장화 수준과 관련해서는 방대한 연구성과가 존재한다. 체제전환 이전에는 주로 2차 경제(second economy, 혹은 비공식부문 경제)의 규모와 내부구조에 연구의 초점이 맞추어졌다. 체제전환 이후에는 체제이행의 진전 수준이 주된 연구대상이었다.

체제전환기 구소련·동구의 시장화 수준 평가에 대한 연구로는 EBRD의 「트랜지션 리포트(Transition Report)」 시리즈가 대표적이다. IMF, 세계은행(World Bank)과 함께 구소련·동구의 체제전환과정을 사실상 주도한 EBRD는 1994년부터 매년 구소련·동구의 체제전환에 대한 연간보고서(annual report)로서 「트랜지션 리포트」를 발간해오고 있다. 그리고 「트랜지션 리포트」는 구소련·동구의 시장화 수준 평가에 대한 가장 체계적이고 포괄적인 연구성과로 평가받고 있다.

중국의 시장화 수준 평가에 대한 연구로는 나카가네 카츠지(2001), 가토 히로유키(加藤弘之, 1997), 황린(黃磷, 1997), 베이징사범대학 경제 및 자원관리연구소(北京師範大學經濟與資源管理硏究所, 2003) 등이 있다.

나카가네 카츠지(2001)의 경우에는 가격자유화의 정도를 통해 시장화의 수준 및 진전도를 평가했다. 그에 따르면, 시장화란 한 측면에서 보면 지령성계획에 의한 자재배분의 비율이 낮아지고 시장조절에 의한 자재배분의 비율이 높아지는 과정이다.[2] 또 다른 측면에서 보면 가격결정에서 정부고정가격의 비중이 작아지고 시장가격의 비중이 커지는 과정이기도 하다.[3]

가토 히로유키(加藤弘之, 1997)의 경우 중국경제를 전통부문, 계획부문, 시장부문의 세 부문으로 나누고 다음 두 개 지표의 종합으로 시장화의 정도를 수량화했다. 즉, 전통부문에 대한 근대부문의 비율을 시장화의 제1지표로 정의하고, 계획부문에 대한 시장부문의 비율을 시장화의 제2지표로 명명한 뒤 이들 두 개의 지표로 시기별 변화를 추적한 결과 1990년대 들어 현저하게 시장화가 진전되었음을 입증했다.

베이징사범대학 경제 및 자원관리연구소(北京師範大學經濟與資源管理硏究所, 2003)의 경우 서방세계가 제시한 경제적 자유도의 개념과 측정방식을 원용해 중국의 시장경제 발전 정도를 계량화했다.

---

2) 재화와 서비스, 생산요소의 배분방법은 형식적으로 말하면 지령성계획, 지도성계획, 시장조절의 세 가지로 나누어진다. 지령성계획이란 일종의 법률적 성격을 가지며 계획이 달성될 수 있도록 자재를 우선적으로 배분하는 시스템이다. 이에 비해 지도성계획이란 계획의 달성이 기대되기는 하나 지령성계획과는 달리 의무적인 것이 아니다. 또한 가격에도 세 가지 종류가 있다. 정부고정가격, 정부지도가격, 시장가격이 그것이다.

3) 물론 배분제도와 가격제도는 일 대 일로 대응하지 않는다. 즉, 지령성계획으로 배분된 재화의 가격이 곧 정부고정가격인 것은 아니다.

2. 연구방법

1) 개념틀

이 장에서는 북한의 시장화 수준을 평가해보기 위해 EBRD의 「트랜지션 리포트」 개념틀을 원용하고자 한다. 사실 EBRD 경제학자들은 구소련·동구 각국의 체제전환과정에 깊숙이 관여했기 때문에 이 틀은 이론적·현실적으로 매우 유용하다.[4] 또한 북한과 여타 사회주의 국가들의 경험을 비교하기 위해서도 이 개념틀이 유용하다. 왜냐하면 「트랜지션 리포트」 스스로가 매년 구소련·동구의 각국에 대해 다각도로 비교·평가하고 있기 때문이다. 북한과 구소련·동구와의 비교를 위해서는 가급적이면 동일한 개념틀과 방법론을 사용해야 한다.

한편, 북한의 시장화 수준을 평가하고 이를 여타 사회주의 국가들과 비교하는 데 '체제전환'의 개념틀을 사용하는 것은 비현실적이라는 비판도 있을 수 있다. 북한은 현재 공식적으로는 체제전환에 착수하지 않았다. 더욱이 체제전환을 추진하기 위한 법적·제도적 기반도 갖추어져 있지 않다.

다만 이 장에서는 체제전환의 법적·제도적 측면보다는 체제전환의 현실적 측면, 특히 개별 경제주체들의 경제행위에 주목하고자 한다.[5] 사실 현실의 차원에서는 체제전환 초기에 이른바 개혁기의 현상과의 명확한 구분이 쉽지 않다. 더욱이 북한의 현 단계 시장화는 이른바 개혁기의 현상과 체제

---

4) 물론 국제금융기구의 시각, 이른바 신고전과 경제학자들의 시각이 강하게 반영되어 있고, 따라서 우리의 입장에서 이를 전적으로 수용하기 어렵다는 점은 아무리 강조해도 지나치지 않다.
5) 물론 체제전환의 총체적인 모습을 파악하기 위해서는 현실적 측면과 법·제도적 측면을 다 함께 고찰해야 한다.

〈표 6-1〉 체제전환지표 분류체계

체제전환요소	범주	범주에 대한 설명
대규모 사유화	4	기업지배구조에 대한 지지를 반영하는 사유화 계획에 의해 50% 이상의 국유기업 자산이 민간으로 넘어갔음.
	3	대규모 국유기업 자산의 25% 이상이 사유화되었거나 매각이 진행 중임. 하지만 기업지배구조와 관련된 주요 쟁점들이 해결되지 않은 상태임.
	2	고도의 포괄적 프로그램이 실행될 준비가 거의 다 끝났음. 일부는 매각 완료.
	1	거의 이루어지지 않음.
소규모 사유화	4	포괄적이고 잘 설계된 프로그램이 실시되었음.
	3	거의 포괄적인 프로그램이 실시되었음. 하지만 설계라든지 중앙의 감독 부족 등의 면에서 중요한 이슈들이 해결되지 않은 상태로 남아 있음.
	2	상당 부분 사유화가 이루어짐.
	1	거의 이루어지지 않음.
기업 구조조정	4	기업지배구조를 실질적으로 개선시킬 수 있는 프로그램이 작동 중. 기업 차원에서의 강한 금융적 규율. 대규모 기업집단 해체.
	3	기업지배구조를 개선할 수 있는 구조적 틀이 만들어짐[예컨대 엄격한 신용 및 보조금 정책 그리고(혹은) 파산법의 강력한 시행을 수반하는 사유화를 통해]. 혹은 기업집단을 해체하기 위한 강력한 행동이 취해짐.
	2	적당히 엄격한 신용 및 보조금 정책. 파산법의 미약한 시행. 기업집단을 해체하기 위한 행동이 거의 없음.
	1	엄격하지 않은 신용 및 보조금 정책이 기업 차원에서 금융적 규율을 약화시킴. 기업지배구조를 개선하기 위한 다른 조치들이 거의 없음.
가격자유화와 경쟁	4	포괄적인 가격자유화와 가격경쟁. 반독점법 시행 중.
	3	포괄적인 가격자유화와 가격경쟁.
	2	가격통제는 여러 중요한 제품군에 남아 있음.
	1	대부분의 가격은 정부에 의해 공식적으로 통제됨.
무역 및 외환 시스템	4	수출입 쿼터 거의 없음. 정부부처나 종전의 국유무역독점체에 의한 수출입에 대한 심각하고 직접적인 간섭 없음. 거의 모든 경상계정이 단일환율에 의해 태환 가능. 관세의 불균등성 거의 없음.
	3	수입 쿼터 거의 없음. 거의 모든 경상계정이 단일환율에 의해 태환 가능.

체제전환요소	범주	범주에 대한 설명
	2	수입 쿼터 거의 없음. 거의 모든 경상계정이 원칙적으로 태환 가능. 하지만 환율제도는 충분히 투명하지 않음. 아마도 복수의 환율 존재.
	1	광범위한 수입통제 혹은 외환에 대해 매우 제한적인 합법적 접근.
은행 개혁	4	제대로 기능하는 은행 간 경쟁, 빈틈없는 감독.
	3	은행 자본재구성, 감사·감독체계의 구축 등의 면에서 실질적인 진전 있음. 사적 은행의 엄연한 존재. 완전 금리자유화. 저렴한 재융자에 대한 특혜적 접근 거의 없음.
	2	금리가 신용배분에 중요한 영향을 미침.
	1	이원적 은행제도 이상의 진전 없음.

자료: EBRD(1994).

전환기의 현상이 혼재되어 있다는 점에 주목해야 한다.

이 장의 개념틀을 좀 더 구체적으로 설명하면 다음과 같다.[6] 체제전환(transition)이란 명령경제로부터 시장지향적 경제로의 진행을 가리킨다. 이는 제도적 변화(institutional change)와 밀접한 관계가 있다. 그렇다면 체제전환의 핵심요소(key ingredients)를 어떻게 정리할 것인가?

체제전환의 핵심요소로서 6대 개혁(〈표 6-1〉 참조)을 생각할 수 있다. 대규모 사유화, 소규모 사유화, 기업구조조정, 가격자유화와 경쟁, 무역 및 외환시스템 개혁, 은행 개혁 등이 바로 그것이다.

그런데 이들 6개 부문의 개혁속도는 동일하지 않다. 부문별로 개혁의 진척 정도가 상이하다는 데 주목해야 한다. 거의 모든 국가들은 〈표 6-1〉에 나와 있는 모든 영역(6개)에서 개혁을 시작하는데 이 가운데 진전이 빠른 것은 가격 및 무역 부문의 개혁과 소규모 사유화이다.

반면, 더디게 진행되는 것은 은행 개혁, 기업구조조정, 그리고 대규모 사

---

6) 이 개념틀은 EBRD(1994: 3~15)의 서술내용을 필자가 북한에 적용할 것을 염두에 두고 재구성한 것이다.

유화이다. 체제전환이 합리적이고 효율적으로 이루어진다면 대규모의 근본적 제도개혁에 시간이 많이 소요되는 것은 그리 놀라운 일이 아니다. 시장이 만들어지고 개혁되고 소규모 기업이 사유화되는 것은 더 빨리 이루어질 수 있다.

한편, 체제전환은 다양한 차원을 가지고 있지만 그 본질은 사적 부문 활동(private sector activity)의 확대에 있다. 사적 소유기업은 시장경제의 기본 요소이다.

그런데 여기서 소유권(ownership) 개념에 대한 재인식이 필요하다. 소유권은 매우 다양한 차원의 것으로서 거기에는 통제, 접근, 판매 등이 있다. 여기서 중요한 것은 비용과 세금을 제한 잉여소득, 즉 순익(net profits)에 대한 권리이다.[7] 사적 소유권(private ownership)이 어떠한 요소로 이루어져 있는가라는 문제에 대해서는 협소한 시야를 가지지 않는 것이 매우 중요하다.

---

7) 코르나이(J. Kornai)에 따르면 소유권은 세 가지 범주로 나뉜다. 잔여소득권(right to residual income), 양도권(right to alienation), 통제권(right to control)이 그것이다. 첫째, 잔여소득권은 어떤 자산을 소유함으로써 발생할 수 있는 소득에 대한 처분권을 가리킨다. 자산으로 인해 발생한 소득 가운데 비용을 제한 나머지 소득에 대한 권리라는 의미에서 잔여소득권이라 칭한다. 둘째, 양도권이란 예를 들면 화폐수입을 얻기 위해 자산을 판매하거나 임대할 수 있는 권리, 그리고 그것을 타인에게 선물로 주거나 유산으로서 남길 수 있는 권리를 가리킨다. 셋째, 통제권이란 자산의 이용, 예컨대 관리, 감독, 의사결정과 관련된 권리이다. 가장 단순한 예는 사적 영역의 소규모 기업에서 소유자가 생산품목, 생산가격, 종업원의 고용과 해고 등에 대해 결정할 수 있다는 것이다(Kornai, 1992: 64~66 참조). 따라서 EBRD의 「트랜지션 리포트」에서의 소유권 개념은 코르나이가 말한 소유권의 세 가지 범주 가운데 잔여소득권에 가까운 개념이다. 달리 말하면, 양도나 통제가 불가능하더라도 잔여소득에 대한 권리만 가지고 있으면 소유권으로 볼 수 있다는 것이다. 후술하겠지만 EBRD는 법적으로 소유권이 있느냐 아니냐 하는 것은 큰 의미가 없다고 보고 있다. 이는 북한의 시장화 수준을 평가할 때 매우 중요한 요인으로 작용할 것이다.

사적 기업(private firm)이 무엇을 의미하는가에 대한 유일한 대답은 없다.

재산권(property rights)과 거버넌스를 이해하고자 할 때 우선적으로, 그리고 유일하게 법률적 구조를 관찰하고자 하는 것은 중대한 오류이다. 실제로 많은 나라에서 규율의 강제는 매우 약하고, 투명성은 거의 없고, 경쟁과 파산법이 존재하지 않은 상태에서 오랜 기간 자본주의가 발달해왔음에 주목해야 한다.

이제는 사적 부문에 대한 측정의 문제를 생각해보자. 사적 기업으로부터 나오는 산출이 국민경제에서 차지하는 비중이야말로 체제전환에서 최초의, 그리고 아마도 가장 중요한 지표일 것이다. 이는 여러 가지 방식으로 측정할 수 있는데, 예를 들면 총산출(total output), 혹은 사적 기업 생산물의 총부가가치이다. 또 다른 것으로는 총고용을 생각할 수 있다.

사적 산출(private output)의 개념을 고찰해보자. 어떤 기업이 국유, 국영이라면 전통적 견해로는 순산출이 국가생산으로 분류될 것이다. 하지만 국유 공장이 사적 기업에게 임대되었다고 가정해보자. 이 경우 모든 순생산은 사적인 것으로 분류될 것이다. 또한 국유기업으로부터 원자재 등을 구입하거나 국유기업에 대해 제품을 판매하는 사적인 협력업체(sub-contractor)의 활동도 마찬가지로 사적 활동으로 분류될 것이다.

그런데 상기의 순산출(net output)을 정확하게 식별하고 측정하는 것은 매우 어려운 일이다. 협동조합 혹은 재산권이 제대로 정의되지 않은 실체의 존재를 고려해야 한다. 또한 이른바 지하경제(shadow economy)도 마찬가지이다. 예컨대 국유기업에서 일하는 노동자가 자신의 개인적 목적을 위해 기업설비를 사적으로 사용하는 경우인데, 사실 이런 행위는 체제전환 국가들에서 광범위하게 행해지고 있다. 체제전환국에서는 사적 부문이든 공적 부문이든 국민경제 전체의 산출에 대한 측정은 현실적으로 상당히 어려운 작업이다.

대신 고용을 개념화하고 측정하는 것이 상대적으로 용이하다. 그리고 1인당 생산이 체계적으로 변화하지 않는다고 하면 전체 고용에서 사적 부문이 차지하는 비중은 GDP에서의 사적 부문의 비중을 대신할 지표가 될 수 있을 것이다. 그러나 이행기 경제에서는 많은 사람들이 그들의 국가적 과제만 달성한다면 효과적으로 사적 부문이 될 수 있는 직업이나 직장을 가지고 있다. 따라서 이 지표도 정확성의 면에서 한계가 있음은 부정하기 어렵다.

한편, 이 장에서는 체제전환의 핵심요소인 6대 개혁 가운데 소규모 사유화, 가격자유화, 기업구조조정 등 3대 개혁에 초점을 맞추어 조사하기로 한다. 북한의 경우 대규모 사유화와 은행 개혁은 진전된 바가 거의 없기 때문에 조사대상에서 제외했다. 무역 및 외환시스템은 상당히 진전되었을 것으로 예상되나 탈북자 설문조사로는 파악하기 어렵다는 특성이 있다.

2) 설문조사

이 장에서는 북한의 실태를 파악하기 위해 탈북자에 대해 필자가 설문조사를 실시한 결과를 활용하고자 한다. 이 설문조사는 탈북자 개인의 경험 및 주변에 대한 인식에 초점을 맞추고 있다. 한 가지의 설문조사 결과를 주로 활용하고 나머지 두 가지는 보조적으로 이용할 것이다. 편의상 세 가지 설문조사를 A, B, C로 부르기로 한다.[8]

설문조사 A는 북한의 시장화 수준 평가에 초점을 맞추어 2005년 12월에 실시한 것이다. 이는 2002년 7월 이후, 즉 7·1 조치 실시 이후 북한을 이탈한 주민 121명을 대상으로 실시한 것이다. 설문조사 B, C는 다른 주제의 연구를 목적으로 각각 2005년 9~10월, 2004년 6~8월에 실시한 것이다.[9] 설문

---

8) 설문조사 A, B, C에 응했던 탈북자(모집단)가 중복되는 경우는 거의 없다.
9) 당초 설문조사 B는 4장의 연구를 위해, 설문조사 C는 8장의 연구를 위해 실시한 것이다.

<표 6-2> 설문조사 대상 탈북자 인적사항

구분		응답자 수	비율
출신지역 (최종 거주지역)	함경북도	89	73.6
	비함경북도	32	26.4
	합계	121	100.0
출신지역 (최종 거주지역)	국경지역	72	60.5
	비국경지역	47	39.5
	합계	119	100.0
연령	20대	46	38.7
	30대	57	47.9
	40대	16	13.4
	합계	119	100.0
소득 수준	저소득(2,000원 이하)	25	33.8
	중소득(2,000원 이상 2만 원 미만)	21	28.4
	고소득(2만 원 이상)	28	37.8
	합계	74	100.0
최종 거주지역의 거주기간	5년 이하 거주	38	31.9
	6년 이상 거주	81	68.1
	합계	119	100.0
성별	남	43	35.5
	여	78	64.5
	합계	121	100.0
학력	고등중학교 졸업	99	84.6
	전문학교 졸업	7	6.0
	대학교 졸업	10	8.5
	기타	1	0.9
	합계	117	100.0
군 복무 여부	군 복무	22	18.3
	군 미복무	98	81.7
	합계	120	100.0
당원 여부	당원	13	11.0
	비당원	105	89.0
	합계	118	100.0

조사 B는 7·1 조치 이후 북한을 이탈한 주민 165명을 대상으로, 설문조사 C는 1990년대 말과 2000년대 초에 북한을 이탈한 주민 165명을 대상으로 한 것이다. 이 글에서는 설문조사 A를 주로 활용하고 B, C는 보조적으로 이용할 것이다. 특별히 명기하지 않는 한 설문조사는 A를 가리킨다.

한편, 설문 대상자의 인적사항을 간단히 정리한 것이 〈표 6-2〉이다. 설문조사 대상자의 특징의 하나는 출신지역(최종 거주지역)이 다소 편중되어 있다는 점이다. 함경북도가 전체의 73.6%이고 비(非)함경북도가 26.4%에 불과하다.

또 국경지역[10)]이 전체의 60.5%, 비(非)국경지역이 39.5%를 각각 차지하고 있다. 또 다른 특징은 전반적으로 사회의 기층 민중이 다수를 점하고 있다는 것이다. 군 복무자가 전체의 18.3%, 당원이 11.0%에 불과하다. 학력도 고졸자가 전체의 84.6%에 달한다. 연령으로는 30대가, 성별로는 여성이 다수를 차지하고 있다. 설문 대상자가 대표성의 측면에서 문제가 있는 것은 부정하기 어렵다. 이는 조사 결과의 해석에 주의를 요할 필요성을 강하게 제기한다.

3. 시장화 수준 평가

이제부터는 설문조사 결과를 정리하기로 한다. 대상시기는 모두 7·1 조치 이후로 설정한다. 요컨대 여기에서는 대체로 2003~2004년 시점의 북한

---

10) 국경지역은 문자 그대로 국경에 있는 지역이다. 여기서는 시·군을 기준으로 구분했다. 한편, 함북 은덕군의 경우, 국경지역이 아니지만 타 지역에서 은덕군으로 가기 위해서는 국경지역인 무산시를 경유해야 하므로 국경지역에 포함시켰다(탈북자 K5 씨의 조언).

의 시장화 수준에 대한 평가를 시도한다.

1) 가격자유화

(1) 공업부문의 가격자유화 수준

우선 시장가격 판매제품의 비중을 조사했다. 즉, 공장·기업소가 생산한 제품 가운데 국가계획에 의하지 않고 독자적으로 다른 공장·기업소나 개인, 장마당(종합시장)에 판매하는 제품의 비중, 다시 말해 국정가격이 아니라 시장가격(자율가격)에 의해 판매하는 제품의 비중을 대상으로 했다. 이를 생산재와 소비재로 나누어 조사했는데[11] 조사결과는 〈표 6-3〉과 〈표 6-4〉에 요약·정리되어 있다.

생산재의 경우에는 시장가격 판매제품의 비중이 90%라고 응답한 사람이 가장 많았고(10명, 21.7%) 그다음이 10%와 50%라는 응답이었다(각각 6명, 13.0%). 평균으로 보면 시장가격 판매제품이 전체의 53.5%를 차지했다. 소비재의 경우, 시장가격 판매제품의 비중이 10% 및 90%라고 응답한 사람이 가장 많았고(각각 9명, 18.0%), 그다음이 50% 및 60%라는 응답이었다(각각 6명, 12.0%). 평균으로 보면 시장가격 판매제품이 전체의 53.3%를 차지했다.

이 문제를 조금 다른 각도에서 접근해보자. 이제는 제품의 판매가 아니라 원자재 구매의 관점에서 고찰한다. 공장·기업소가 원자재를 조달하는 경로는 크게 보아 네 가지이다. 첫째, 국가계획에 의해 수입 원자재를 공급받는다. 둘째, 국가계획에 의해 북한산 원자재를 공급받는다. 셋째, 공장·기업소가 자체적으로 수입 원자재를 구입한다. 넷째, 공장·기업소가 자체적으로 북한산 원자재를 구입한다. 그런데 여기서 앞의 두 가지가 계획에 의

---

11) 7·1 조치 이후에도 공장·기업소에서 직접 근무했거나 당정기관에서 공장·기업소를 감독하는 업무를 담당했던 사람들만 답하도록 요청했다.

<표 6-3> 공업부문의 가격자유화 수준(1)

구분		0%	10%	20%	30%	40%	50%	60%	70%	80%	90%	100%	합계
공장생산 생산재 중 시장가격 판매 비중	응답자 수 (명)	3	6	2	3	5	6	3	1	4	10	3	46
	비율(%)	6.5	13.0	4.3	6.5	10.9	13.0	6.5	2.2	8.7	21.7	6.5	100
공장생산 소비재 중 시장가격 판매 비중	응답자 수 (명)	3	9	2	2	2	6	6	5	1	9	5	50
	비율(%)	6.0	18.0	4.0	4.0	4.0	12.0	12.0	10.0	2.0	18.0	10.0	100
공장 전체의 원자재 조달 결제 중 현금결제의 비중	응답자 수 (명)	4	3	1	6	1	1	0	3	2	8	2	31
	비율(%)	12.9	9.7	3.2	19.4	3.2	3.2	0	9.7	6.5	25.8	6.5	100

<표 6-4> 공업부문의 가격자유화 수준(2)

(단위: 명, %)

설문 문항	응답자 수	평균	표준편차	최소값	최대값
공장생산 생산재 중 시장가격판매 비중	46	53.5	32.6	0	100
공장생산 소비재 중 시장가격판매 비중	50	53.3	33.5	0	100
7·1 조치 이후 공장의 원자재 조달경로로서 국가계획에 의한 수입산 공급의 비중	19	54.6	29.1	18	100
7·1 조치 이후 공장의 원자재 조달경로로서 국가계획에 의한 북한산 공급의 비중	15	42.1	33.8	1	100
7·1 조치 이후 공장의 원자재 조달경로로서 공장 자체적인 수입산 구입의 비중	16	53.1	35.5	5	100
7·1 조치 이후 공장의 원자재 조달경로로서 공장 자체적인 북한산 구입의 비중	16	39.1	39.9	5	100
공장 전체의 원자재 조달결제 중 현금결제 비중	31	51.9	36.0	0	100

한 조달, 뒤의 두 가지가 시장을 통한 조달에 속한다.

설문조사 결과에 따르면 계획에 의한 조달과 시장에 의한 조달이 거의 비슷하거나 전자가 약간 많게 나타났다. 평균으로 보았을 때는 국가계획에 의한 수입산 공급의 비중이 54.6%, 국가계획에 의한 북한산 공급의 비중이

42.1%였다. 시장에 의한 수입산 구매의 비중은 53.1%, 시장에 의한 북한산 구매의 비중이 39.1%였다. 계획에 의하든 시장에 의하든 공장·기업소가 원자재를 조달할 때 북한산보다는 수입산의 비중이 다소 높다는 사실에 주목할 필요가 있다.

이러한 상황은 공장·기업소의 현금결제 비중을 통해서도 추론할 수 있다. 국가계획에 의한 공장·기업소 간 원자재 공급은 기본적으로 행표 등 무현금결제로 이루어지게 되어 있다. 따라서 현금결제는 공장·기업소 간 시장적 거래(7·1 조치 이전에는 비공식적 거래)를 나타내는 것이다.

설문조사 결과에 따르면, 공장·기업소의 현금결제 비중은 평균 51.9%로 나타났다. 분포로 따지면 90%(8명, 25.8%)가 가장 많았고 그다음이 30%(6명, 19.4%)였다. 한편, 설문조사 B에서는 현금결제 비중이 '60% 이상'이 32명(39.0%)으로 가장 많았고 그다음이 '10% 이하'(16명, 19.5%), '50% 정도'(13명, 15.9%), '30% 정도'(11명, 13.4%)였다.[12] 설문조사 A와 B를 함께 고려하면 공장·기업소의 원자재 조달에서 현금결제, 따라서 시장적 거래의 비중이 상당히 높다는 사실을 엿볼 수 있다.

결국 생산재 및 소비재의 시장가격판매 비중의 평균치(각각 53.5%, 53.3%)는 전혀 근거 없는 수치가 아니라는 시사점을 얻을 수 있다.

(2) 농업부문의 가격자유화 수준

우선 시장가격 판매제품의 비중을 고찰해보자. 즉, 농장이 생산한 농산물 가운데 국가계획에 의하지 않고 독자적으로 다른 공장·기업소나 개인, 장마당(종합시장)에 판매하는 제품의 비중, 다시 말해 국정가격이 아니라 시장가격(자율가격)에 의해 판매하는 제품의 비중이다. 이를 식량과 비식량으로 나누어 조사했는데[13] 조사결과는 〈표 6-5〉와 〈표 6-6〉에 요약·정리되어

---

12) 설문조사 B에서는 현금결제 관련 설문에 대한 응답자가 총 82명이었다.

있다.

식량의 경우, 시장가격판매 농산물의 비중이 100%[14]라고 응답한 사람이 가장 많았고(6명, 18.2%), 그 다음이 70%와 80%라는 응답이었다(각각 4명, 12.1%). 평균으로 보면 시장가격판매 제품이 전체의 56.1%를 차지했다. 비식량의 경우, 시장가격판매 농산물의 비중이 80%라고 응답한 사람이 가장 많았고(7명, 18.4%), 그다음이 40%와 100%라는 응답이었다(각각 6명, 15.8%). 평균으로 보면 시장가격 판매제품이 전체의 66.3%를 차지했다.

이 문제를 조금 다른 각도에서 접근해보자. 공산품과 마찬가지로 제품의 판매가 아니라 원자재 구매의 관점에서 접근할 수 있다. 농장이 원자재를 조달하는 경로는 크게 보아 네 가지이다(공장과 동일). 첫째, 국가계획에 의해 수입 원자재를 공급받는다. 둘째, 국가계획에 의해 북한산 원자재를 공급받는다. 셋째, 농장이 자체적으로 수입 원자재를 구입한다. 넷째, 자체적으로 북한산 원자재를 구입한다. 그런데 앞의 두 가지가 계획에 의한 조달, 뒤의 두 가지가 시장을 통한 조달에 속한다.

농산물의 경우, 공산품과는 달리 수입산이든 북한산이든 시장에 의한 조달이 계획에 의한 조달보다 다소 많다고 볼 수 있다. 평균으로 보았을 때 국

---

13) 7·1 조치 이후에도 농장에서 직접 근무했거나 당정기관에서 농장을 감독하는 업무를 담당했던 사람들만 답하도록 요청했다.

14) 시장가격판매 식량이 100%라는 응답이 가장 많다는 사실은 일견 놀랍다. 아마 응답자들의 착각에 기인한 것이 아닌가 싶다. 식량은 국가에 우선적으로 수매되고 농장원 사이에 분배되며 그 나머지(혹은 분배 전에)가 시장에서 판매되는 것이다. 그런데 2002년 이후에는 상당수 농장에서 국가 수매의 형태를 취하지 않고 농장의 토지 수확량의 일정 부분을 군대에 넘겨주고 나머지는 농장이 사실상 자율적으로 처분하는 식으로 운영되고 있다고 한다. 이 경우 응답자들의 착각이 발생할 수 있다. 그렇다고 한다면 시장가격판매 비중에 대한 설문결과는 분명 과대평가되었다고 볼 수 있다.

<표 6-5> 농업부문의 가격자유화 수준(1)

구분		0%	10%	20%	30%	40%	50%	60%	70%	80%	90%	100%	합계
농장생산 식량 중 시장가격 판매 비중	응답자 수(명)	3	2	3	3	2	2	2	4	4	2	6	33
	비율(%)	9.1	6.1	9.1	9.1	6.1	6.1	6.1	12.1	12.1	6.1	18.2	100
농장생산 비식량 농산물 중 시장가격 판매 비중	응답자 수(명)	1	0	1	3	6	3	1	5	7	5	6	38
	비율(%)	2.6	0	2.6	7.9	15.8	7.9	2.6	13.2	18.4	13.2	15.8	100

<표 6-6> 농업부문의 가격자유화 수준(2)

(단위: 명, %)

설문 문항	응답자 수	평균	표준편차	최소값	최대값
농장생산 식량 중 시장가격판매 비중	33	56.1	34.1	0	100
농장생산 비식량 농산물 중 시장가격판매 비중	38	66.3	26.8	0	100
7·1 조치 이후 농장의 원자재 조달경로로서 국가계획에 의한 수입산 공급의 비중	11	42.4	28.0	10	100
7·1 조치 이후 농장의 원자재 조달경로로서 국가계획에 의한 북한산 공급의 비중	7	30.0	21.6	10	70
7·1 조치 이후 농장의 원자재 조달경로로서 농장 자체적인 수입산 구입의 비중	8	47.5	24.3	20	80
7·1 조치 이후 농장의 원자재 조달경로로서 농장 자체적인 북한산 구입의 비중	7	50.0	25.8	10	80

가계획에 의한 수입산 공급의 비중이 42.4%, 국가계획에 의한 북한산 공급의 비중은 30.0%에 불과했다. 반면, 시장에 의한 수입산 구매의 비중이 47.5%, 시장에 의한 북한산 구매의 비중은 50.0%에 달했다. 또한 수입산 원자재를 조달할 경우에는 시장에 의한 것과 계획에 의한 것의 비중 차이가 그다지 크지 않았으나(5.1%포인트 차), 북한산 원자재 조달 시에는 시장에 의한 것과 계획에 의한 것의 비중 차이가 상당 정도(20.0%포인트 차)에 달했음

은 주목할 만하다.

결국 식량 및 비식량 농산물의 시장가격판매 비중의 평균치(각각 56.1%, 66.3%)는 전혀 근거 없는 수치는 아니다. 다만 설문 대상자들의 착각 등으로 약간 과대평가되었을 가능성은 존재한다.

2) 소규모 사유화

(1) 공장, 기업소, 식당, 서비스업체의 소규모 사유화

앞에서 언급했듯이 사유화에서 소유권의 개념을 '순익에 대한 권리'로 파악하는 것이 긴요하다. 북한에서는 공장, 기업소, 식당, 서비스업체[15] 등을 개인에게 명시적으로 임대하거나 묵시적으로 운영을 맡기는 경우가 비일비재하다. 이러한 경우는 소규모 사유화가 이루어진 것으로 해석할 수 있다. 북한에서 공장, 기업소, 식당, 서비스업체의 소규모 사유화 수준에 대한 설문조사 결과는 〈표 6-7〉과 〈표 6-8〉에 정리되어 있다.[16]

지방산업공장, 중앙공업 공장·기업소는 사유화 수준이 낮은 상태인 것으로 조사되었다. 지방산업공장의 경우 사실상 개인이 운영하는 공장의 비중에 대해서는 0% 및 10%라는 응답이 압도적이었다(각각 15명, 37.5%). 평균으로 보더라도 11.5%에 불과했다. 중앙공업의 공장·기업소도 비슷한 추세를 나타냈다. 사실상 개인이 운영하는 공장의 비중에 대해서는 0%라는 응답이 압도적이었다(20명, 51.3%). 그다음이 10%, 20%의 순이었고, 평균치도

---

15) 서비스업체는 북한 용어로 편의봉사업이라 하는데 목욕탕, 이발소, 미장원, 각종 수리소, 가라오케, 당구장 등을 가리킨다.

16) 이하에서 서술할 소규모 사유화, 사적 부문의 고용, 기업구조조정에 대해서는 탈북자 본인이 북한에서 최종적으로 거주했던 시·군의 상황에 대해 응답해줄 것을 요청했다. 설문 대상 탈북자 가운데 최종 거주지역에 6년 이상 거주했던 사람의 비중은 68.1%에 달하고 있다.

<table>
<tr><th colspan="2">구분</th><th>0%</th><th>10%</th><th>20%</th><th>30%</th><th>40%</th><th>50%</th><th>60%</th><th>70%</th><th>80%</th><th>90%</th><th>100%</th><th>합계</th></tr>
</table>

〈표 6-7〉 소규모 사유화 수준(1)

구분		0%	10%	20%	30%	40%	50%	60%	70%	80%	90%	100%	합계
지방산업공장 중 사실상 개인운영 비중	응답자 수 (명)	15	15	6	2	0	0	1	1	0	0	0	40
	비율(%)	37.5	37.5	15.0	5.0	0	0	2.5	2.5	0	0	0	100
중앙공업공장 중 사실상 개인운영 비중	응답자 수 (명)	20	9	6	1	1	0	0	1	1	0	0	39
	비율(%)	51.3	23.1	15.4	2.6	2.6	0	0	2.6	2.6	0	0	100
(국영)상점 중 사실상 개인운영 비중	응답자 수 (명)	7	19	4	5	10	5	1	5	7	5	5	73
	비율(%)	9.6	26.0	5.5	6.8	13.7	6.8	1.4	6.8	9.6	6.8	6.8	100
식당 중 사실상 개인운영 비중	응답자 수 (명)	8	7	6	3	9	9	3	5	10	7	13	80
	비율(%)	10.0	8.8	7.5	3.8	11.3	11.3	3.8	6.3	12.5	8.8	16.3	100
서비스업체 중 사실상 개인운영 비중	응답자 수 (명)	11	8	10	6	6	11	1	8	6	4	4	75
	비율(%)	14.7	10.7	13.3	8.0	8.0	14.7	1.3	10.7	8.0	5.3	5.3	100
무역회사 중 사실상 개인운영 비중	응답자 수 (명)	15	7	5	7	4	3	4	2	1	4	3	55
	비율(%)	27.3	12.7	9.1	12.7	7.3	5.5	7.3	3.6	1.8	7.3	5.5	100

〈표 6-8〉 소규모 사유화 수준(2)

(단위: 명, %)

설문 문항	응답자 수	평균	표준편차	최소값	최대값
지방산업공장 중 사실상 개인운영 비중	40	11.5	15.1	0	70
중앙공업공장 중 사실상 개인운영 비중	39	11.0	18.0	0	80
(국영)상점 중 사실상 개인운영 비중	73	40.1	32.8	0	100
식당 중 사실상 개인운영 비중	80	54.4	34.2	0	100
서비스업체 중 사실상 개인운영 비중	75	41.5	31.2	0	100
무역회사 중 사실상 개인운영 비중	55	32.9	32.3	0	100

11.0%에 불과했다. 다만 사유화가 전혀 이루어지지 않은 것은 아니라는 점에도 주목할 필요가 있다.

공장·기업소와는 달리 식당, 상점, 서비스업체, 무역회사는 사유화가 일정 정도 진전된 것으로 파악되었다.[17] 사유화가 가장 진전된 분야는 식당이었다. 식당의 개인운영 비중에 대해서는 100%라는 응답이 가장 많았고(13명, 16.3%), 그다음이 80%였다(10명, 12.5%). 평균치는 54.4%로 나타났다.

상점, 서비스업체도 상당 정도 사유화가 진전되었다. 상점 중 개인이 운영하는 상점의 비중에 대해서는 10%라는 응답이 가장 많았고(19명, 26.0%), 그다음이 40%(10명, 13.7%)였다. 평균치는 40.1%로 나타났다. 서비스업체 중 개인운영 업체의 비중에 대해서는 0%와 50%라는 응답이 가장 많았고(각각 11명, 14.7%), 그다음이 20%(10명, 13.3.%)과 10%, 70%(각각 8명, 10.7%)였으며, 평균치는 41.5%로 나타났다.

외화벌이사업소 등 무역회사의 사유화 진전도 눈에 띈다. 무역회사는 전혀 사유화되지 않았다는 응답이 많기는 하다(15명, 27.3%). 하지만 평균치로 보면 32.9%에 달하고 있다.

평균치만 놓고 보면 식당, 상점, 서비스업체, 무역회사의 경우 사유화 수준이 30%를 웃돌고 있다. 특히 식당은 50%를, 상점과 서비스업체는 40%를 상회하고 있다는 점이 인상적이다.

(2) 사적 부문의 고용 수준

북한에서 소규모 사유화의 진전 정도는 사적 부문의 고용수준에서 보다 선명하게 드러나고 있다.[18] 우선 주목해야 할 것이 이른바 8 · 3 노동자의 비중이다. 공장, 기업소 내 8 · 3 노동자의 비중은 30%가 가장 많았고(16명,

---

17) 체제전환국가들의 경험에 의하면, 체제전환 초기에 사유화가 가장 빨리 이루어지는 부문은 계획경제시대에 가장 낙후되어 있던 서비스부문이다. 그런 점에서 보면 북한도 예외는 아니다.

18) 탈북자에 대한 설문조사 결과도 사적 고용에 대한 응답이 여타의 항목에 비해 표준편차도 적고, 정규분포에 가까운 양상을 보이고 있다. 달리 보면 탈북자의 입장에서 가장 용이하고, 또 정확하게 실태를 파악할 수 있는 분야가 주변 사람들의 고용상태 등 일상생활에 관한 것이라는 추론을 가능하게 한다.

〈표 6-9〉 사적 부문 고용수준(1)

구분		0%	10%	20%	30%	40%	50%	60%	70%	80%	90%	100%	합계
공장·기업소 내 8·3 노동자 비중	응답자 수(명)	5	4	11	16	11	12	12	8	6	2	0	87
	비율(%)	5.7	4.6	12.6	18.4	12.6	13.8	13.8	9.2	6.9	2.3	0	100
공장·기업소 내 파트타임식 시장경제활동 종사자 비중	응답자 수(명)	5	14	5	7	6	10	6	5	6	5	4	73
	비율(%)	6.8	19.2	6.8	9.6	8.2	13.7	8.2	6.8	8.2	6.8	5.5	100
주부 가운데 시장경제활동 종사자 비중	응답자 수(명)	2	1	1	1	2	8	12	11	26	25	8	97
	비율(%)	2.1	1.0	1.0	1.0	2.1	8.2	12.4	11.3	26.8	25.8	8.2	100
농장원 중 시장경제활동 종사자 비중	응답자 수(명)	6	6	5	18	10	11	4	6	8	3	2	79
	비율(%)	7.6	7.6	6.3	22.8	12.7	13.9	5.1	7.6	10.1	3.8	2.5	100
공장·기업소 노동자 중 시장경제활동 종사자 비중	응답자 수(명)	4	4	6	11	3	11	12	12	13	7	6	89
	비율(%)	4.5	4.5	6.7	12.4	3.4	12.4	13.5	13.5	14.6	7.9	6.7	100
당정기관 일꾼 중 시장경제활동 종사자 비중	응답자 수(명)	8	10	10	16	4	2	1	4	4	2	0	61
	비율(%)	13.1	16.4	16.4	26.2	6.6	3.3	1.6	6.6	6.6	3.3	0	100
전문직·관리직 중 시장경제활동 종사자 비중	응답자 수(명)	6	6	10	13	4	7	3	4	4	2	2	61
	비율(%)	9.8	9.8	16.4	21.3	6.6	11.5	4.9	6.6	6.6	3.3	3.3	100
군인 중 시장경제활동 종사자 비중	응답자 수(명)	8	12	12	7	5	4	4	1	1	2	0	56
	비율(%)	14.3	21.4	21.4	12.5	8.9	7.1	7.1	1.8	1.8	3.6	0	100
모든 성인남녀 중 시장경제활동 종사자 비중	응답자 수(명)	1	2	2	2	3	6	13	18	25	18	5	95
	비율(%)	1.1	2.1	2.1	2.1	3.2	6.3	13.7	18.9	26.3	18.9	5.3	100
모든 성인남녀 중 시장경제활동을 전혀 하지 않는 사람의 비중	응답자 수(명)	6	36	20	15	3	3	0	5	1	1	1	91
	비율(%)	6.6	39.6	22.0	16.5	3.3	3.3	0	5.5	1.1	1.1	1.1	100

<표 6-10> 사적 부문 고용수준(2)

설문 문항	응답자 수	평균	표준편차	최소값	최대값
공장·기업소 내 8·3 노동자 비중	87	42.8	22.8	0	90
공장·기업소 내 파트타임식 시장경제활동 종사자 비중	73	44.2	30.4	0	100
주부 가운데 시장경제활동 종사자 비중	97	73.8	20.9	0	100
농장원 중 시장경제활동 종사자 비중	79	43.3	26.2	0	100
공장·기업소 노동자 중 시장경제활동 종사자 비중	89	56.1	27.6	0	100
당정기관 일꾼 중 시장경제활동 종사자 비중	61	30.8	25.1	0	90
전문직·관리직 중 시장경제활동 종사자 비중	61	38.0	27.1	0	100
군인 중 시장경제활동종사자 비중	56	27.5	23.3	0	90
모든 성인남녀 중 시장경제활동 종사자 비중	95	70.5	20.9	0	100
모든 성인남녀 중 시장경제활동을 전혀 하지 않는 사람의 비중	91	23.1	20.5	0	100

18.4%), 그다음이 50%와 60%(각각 12명, 13.8%), 그다음이 20%와 40%였다(각각 11명, 12.6%). 평균치로는 42.8%에 달했다.[19]

주민들을 몇 가지 범주로 나누어볼 때 주부의 시장경제활동 참여가 가장 높은 수준임을 알 수 있다. 주부 가운데 시장경제활동 종사자의 비중에 대해서는 80%, 90%가 압도적으로 많았다(각각 26명, 26.8%와 25명, 25.8%). 평균치는 무려 73.8%를 기록했다. 전체 주부 인구의 3/4이 시장경제활동을

---

19) 설문조사 C에서 2000년대 초에 북한을 이탈한 탈북자 51명을 대상으로 자신의 공장 전체 노동자 중에서 8·3 노동자가 차지하는 비율을 물어보았더니 40% 정도라는 응답이 21명(41.2%)으로 가장 많았다. 그다음이 10% 정도(11명, 21.6%), 5% 정도(9명, 17.6%), 30% 정도(5명, 9.8%), 20% 정도(5명, 9.8%) 순이었다. 평균으로 따지면 공장 전체 노동자 중에서 8·3 노동자가 차지하는 비율은 24.4% 정도였다. 그런데 7·1 조치 이후 8·3 노동자는 더 늘어난 것으로 전해지고 있다.

수행한다는 것이다.

노동자와 농장원의 시장경제활동 참여도 활발하다. 모두 40%를 상회하고 있는데 노동자의 시장경제활동 참여가 더 활발하다. 평균치로 보아 노동자는 56.1%, 농장원은 43.3%이다. 당정기관 일꾼, 관리직·전문직, 군인의 경우, 시장경제활동 참여자의 비중이 낮은 편인데, 다만 이는 어디까지나 상대적인 것으로서 모두 25%를 상회하고 있다. 관리직·전문직(38.0%), 당정기관 일꾼(30.8%), 군인(27.5%)의 순으로 시장경제활동 참여도를 나타냈다.

모든 성인남녀에서 시장경제활동 종사자의 비중은 매우 높은 편이다.[20] 80%라는 응답이 가장 많았고(25명, 26.3%), 그다음이 70% 및 90%였다(각각 18명, 18.9%). 평균치는 70.5%를 기록했다. 성인남녀 10명 가운데 7명이 시장경제활동에 참여한다는 것이다. 뒤집어보더라도 유사한 응답결과가 나왔다. 모든 성인남녀 가운데 시장경제활동을 전혀 하지 않는 사람의 비중은 평균 23.1%로 나타났다.

3) 기업구조조정

7·1 조치의 핵심적 요소의 하나가 철저한 기업 독립채산제의 실시이다. 국가보조금의 축소, 은행대출의 엄격화도 같은 맥락에서 이해될 수 있다. 이는 자연스럽게 기업구조조정 확대로 이어졌다. 물론 7·1 조치 이전에도 기업구조조정은 사후적으로 불가피하게 이루어진 측면이 있으나 7·1 조치 이후 대폭 확대되었다.

지방산업공장 가운데 공장 통폐합과정에서 없어지거나 아예 가동을 중

---

20) 설문조사 B는 7·1 조치 이후 이른바 '장사'하는 사람이 얼마나 늘었는지 물어보는 문항이 포함되어 있다. "80% 이상 늘었다"는 응답이 67명(45.0%)으로 가장 많았고, 그다음이 "70% 정도"(40명, 26.8%)였다.

〈표 6-11〉 기업구조조정 수준(1)

구분		0%	10%	20%	30%	40%	50%	60%	70%	80%	90%	100%	합계
지방산업공장 중 통폐합과정에서 없어지거나 가동 중단한 비중	응답자 수 (명)	4	6	3	6	6	3	2	20	8	11	2	71
	비율(%)	5.6	8.5	4.2	8.5	8.5	4.2	2.8	28.2	11.3	15.5	2.8	100
중앙공업 공장·기업소 중 통폐합과정에서 없어지거나 가동 중단한 비중	응답자 수 (명)	7	7	2	2	3	2	6	6	5	9	3	52
	비율(%)	13.5	13.5	3.8	3.8	5.8	3.8	11.5	11.5	9.6	17.3	5.8	100

〈표 6-12〉 기업구조조정 수준(2)

(단위: 명, %)

설문 문항	응답자 수	평균	표준편차	최소값	최대값
지방산업공장 중 통폐합과정에서 없어지거나 가동 중단한 비중	71	56.9	29.3	0	100
중앙공업 공장·기업소 중 통폐합과정에서 없어지거나 가동 중단한 비중	52	51.7	34.3	0	100

〈표 6-13〉 7·1 조치 이후의 기업구조조정(1)

구분		(1) 매우 그렇다	(2) 조금 그렇다	(3) 중간 정도이다	(4) 그렇지 않은 편이다	(5) 전혀 그렇지 않다	합계
7·1 조치 이후 공장·기업소가 통폐합되거나 문 닫는 경우가 많아졌다	응답자 수 (명)	38	23	10	13	0	84
	비율(%)	45.2	27.4	11.9	15.5	0	100
7·1 조치 이후 공장·기업소에 대한 국가보조금이 축소 되었다	응답자 수 (명)	31	25	9	3	5	73
	비율(%)	42.5	34.2	12.3	4.1	6.8	100
7·1 조치 이후 공장·기업소에 대한 은행대출이 종전보다 어려워졌다	응답자 수 (명)	51	13	12	3	1	80
	비율(%)	63.8	16.3	15.0	3.8	1.3	100

〈표 6-14〉 7 · 1 조치 이후의 기업구조조정(2)

(단위: 명, %)

설문 문항	응답자 수	평균	표준편차	최소값	최대값
7 · 1 조치 이후 공장 · 기업소가 통폐합되거나 문 닫는 경우가 많아졌다	84	1.976	1.097	1	4
7 · 1 조치 이후 공장 · 기업소에 대한 국가보조금이 축소되었다	73	1.986	1.161	1	5
7 · 1 조치 이후 공장 · 기업소에 대한 은행대출이 종전보다 어려워졌다	80	1.625	0.960	1	5

단한 공장은 전체의 절반을 넘고 있다. 70%라는 응답이 가장 많았고(20명, 28.2%), 그다음이 90%, 80%의 순이었는데 평균치로는 56.9%를 나타냈다.

중앙공업의 공장 · 기업소는 지방산업공장보다 덜하기는 하지만 기본적으로 동일한 상황이다. 공장 통폐합과정에서 없어지거나 아예 가동을 중단한 공장은 전체의 절반(51.7%)에 달하고 있다.

또한 7 · 1 조치 이후 공장 · 기업소에 대한 국가보조금이 축소되었으며 은행대출도 어려워졌다. 특히 은행대출이 종전보다 상당히 어려워졌다.

4) 북한과 구소련 · 동구와의 비교

북한의 시장화 수준, 달리 말하면 체제이행의 진전도를 구소련 · 동구와 직접적으로 비교하는 것은 무리가 있다. 무엇보다도 구소련 · 동구와는 달리 북한은 본격적인 제도개혁, 특히 이른바 시장지향적 개혁(market-oriented reform)에 착수한 것이 아니기 때문이다. 하지만 북한에서 나타난 현상은 체제전환기 구소련 · 동구에서 나타났던 현상과 부분적으로 일치한다. 기업구조조정도 그러하거니와 소유권의 변화도 그러하다. 이는 매우 주목할 만한 사실이다.

이 장에서 북한과 구소련 · 동구의 비교는 크게 보아 두 가지 측면에서 시도한다. 하나는 체제전환지표 분류체계(〈표 6-1〉 참조)에 따라 북한의 체제

〈표 6-15〉 구소련·동구에서 체제이행의 진전도(1990/91/92/93년)

구분	소규모 사유화	기업구조조정	가격자유화
불가리아	1/1/1/1.67	1/1/1/1	−/2/2/2
체코	1/3/4/4	1/2/2/3	−/2/2/2
에스토니아	1/1/2/3	1/1/2/3	−/−/1/2
헝가리	1/1/2/3	1/2/3/3	1/2/2/2
라트비아	1/1/2/3	1/1/2/2	−/−/2/2
폴란드	3/3/4/4	2/2/2/3	−/2/2/2
루마니아	1/1/2/2	1/1/1/2	0/1/1/2
아르메니아	1/1/2/2	1/1/1/1	−/−/−/2
러시아	1/1/2/3	1/1/1/1	−/0/2/2

자료: EBRD(1994).

전환 진전도를 계량적으로 평가하여[21] 타국과 비교(〈표 6-15〉 참조)하는 것
이고, 또 하나는 북한의 사적 고용의 규모를 추정하여 타국과 비교(〈표 6-16〉
참조)하는 것이다.

우선 지표로 본 북한의 체제전환 진전도를 보자. 소규모 사유화, 기업구
조조정, 가격자유화 등 3개 항목에 대해 평가를 시도해보자. 다소 소극적으
로 평가한다면 세 항목 모두 등급(범주) 1에 해당된다. 중도적으로 평가한다
면 세 항목 모두 등급(범주) 1.5에 해당된다. 보다 적극적으로 평가한다면 세
항목 모두 등급(범주) 2에 해당된다.

그렇다면 2003~2004년 무렵 북한의 시장화는 아주 거칠게 말해 루마니
아, 불가리아와 아르메니아 등 일부 CIS국가의 1992·1993년 수준과 유사
하다. 그리고 러시아의 1991·1992년 수준과, 헝가리의 1990·1991년 수준
과 유사하다고 할 수 있다. 다만 항목별로 약간의 편차가 발생한다. 소규모

---

21) EBRD에서도 통계자료가 부족하고 통계시스템이 제대로 정비되어 있지 않은 체제
  전환 초·중기에는 구소련·동구 각국의 체제전환 진전도 평가를 위한 등급 부여
  (〈표 6-1〉)를 최종적으로는 EBRD 경제학자들이 수행했음을 상기할 필요가 있다.

〈표 6-16〉구소련·동구에서 사경제부문의 규모(1993~1994년)

국명	개혁조치의 시행	사적 부문의 크기
불가리아	1987년에 사적 부문 활동 허용범위 확대. 1991년에 가격통제 철폐, 보조금 철폐, 이자율 자유화 등 포괄적 프로그램 실시.	GDP의 30~50%가 사적 부문에서 창출. 주로 소매/무역/서비스 부문. 약 30%의 노동력이 사적 부문에 고용(1993/1994년).
체코	1990년에 시장지향적 개혁 시작. 1991년 1월에 포괄적 프로그램 채택.	GDP의 60% 정도가 사적 부문에서 창출. 협동조합과 협회를 제외하면 사적 부문의 고용은 전체의 47%를 차지(1993년 말).
에스토니아	구소련 시절 1989년 1월에 개혁 프로그램 실시. 1991년 8월 독립 후 시장개혁은 가속화.	GDP의 50% 이상이 사적 부문에서 창출되었고 고용도 유사한 상황(1993년 말).
헝가리	1988년에 보다 포괄적인 시장개혁에 착수.	사적 부문이 GDP에서 차지하는 비중은 50% 이상일 것으로 추정. 사적 고용(협동조합 제외)은 총 고용의 42%(1993년 말).
라트비아	1991년에 독립 후 가격자유화 가속화. 1992년 중반에 거시안정화에 초점을 둔 포괄적 프로그램 실시.	사적 부문이 GNP에서 차지하는 비중은 55%(1994년). 사적 고용은 50%(1993년).
폴란드	1989년에 보다 포괄적인 시장지향적 개혁에 착수.	사적 부문이 GDP에서 차지하는 비중은 50% 이상. 사적 고용은 46%(1993년).
루마니아	1990년 11월 급진적인 가격자유화에 착수. 1991~1992년에 소규모 사유화, 수입자유화, 보조금 축소 등 점진적이고 심화된 개혁 실시.	사적 부문이 GDP에서 차지하는 비중은 31%(정부 추정). 사적 고용은 42% (1993년).
아르메니아	1992년 1월에 포괄적 개혁 프로그램 채택.	사적 부문이 GDP에서 차지하는 비중은 40%. 사적 고용은 35%(1993/1994년).
러시아	1992년 1월에 포괄적 개혁 프로그램 채택.	사적 부문이 GDP에서 차지하는 비중은 50% 이상. 사적 고용도 비슷한 수준(1993/1994년).

자료: EBRD(1994).

사유화와 가격자유화는 다른 사회주의 국가들과 진전도가 비슷하지만 기업
구조조정은 북한이 상대적으로 빠른 편이다. 이러한 추세는 체제전환의 일
반적인 패턴과도 약간 상이한 것이다.

물론 상기의 결과는 소규모 사유화, 기업구조조정, 가격자유화 등 3개 항목에 국한시켜 평가한 것이다. 대규모 사유화, 무역 및 외환 시스템, 은행개혁 등 여타의 3개 항목까지 포함한다면 북한의 체제이행 진전도는 조금 낮아질 수도 있다.

한편, 북한의 사적 고용 규모를 살펴보자. "북한의 전체 성인남녀 중 시장경제활동 참여자가 전체의 70% 정도"라는 설문조사 결과의 수용을 전제로 하고 논의를 전개한다. 이 경우 시장경제활동에 대한 이른바 풀타임 종사자와 파트타임 종사자를 구별할 필요가 있다. 풀타임 종사자는 주로 이른바 8 · 3 노동자 및 주부 등이고 파트타임 종사자는 공장 · 기업소 노동자, 농장원, 당정기관 일꾼, 전문직 · 관리직, 군인 등이 속할 것이다. 하지만 파트타임 종사자의 범주에 속한다 해도 실제로는 시장경제활동에 전념하는 사람도 있고, 또 파트타임 종사자도 시장경제활동 투입시간이 상이할 것이기 때문에 추정에 많은 어려움이 있다. 보다 정확한 수치를 도출하기 위해서는 북한의 직업별 인구통계가 필요한데 이는 입수하기가 어렵다. 아주 거칠게 보아 북한의 사적 고용 인구는 30~50% 정도일 것으로 추정된다. 이는 소극적인 평가와 적극적인 평가를 병행한 결과이다.

이를 구소련 · 동구와 비교해보자. 북한에 대한 소극적인 평가의 경우, 즉 사적 고용인구가 전체의 30% 정도라고 한다면 이는 불가리아, 아르메니아의 1993년 수준과 유사하다. 보다 적극적으로 평가하여 사적 고용 인구가 전체의 50% 정도라고 한다면 이는 체코, 폴란드, 러시아 등 상당수 체제전환국가의 1993년 수준과 유사하다. 중간적 평가, 즉 40%라면 헝가리, 루마니아의 1993년 수준에 해당된다.

한편, 지표(등급)에 의한 체제전환 진전도 평가와 사적 고용 규모에 의한 평가는 완전히 정합적인 것은 아니다. 구소련 · 동구를 다룬 〈표 6-15〉, 〈표 6-16〉이 그러하고 앞에서 북한을 구소련 · 동구와 비교했을 때도 이 점을 염두에 두어야 한다.

4. 요약 및 결론

이 장의 분석결과는 매우 잠정적인 것이다. 데이터를 탈북자 설문조사 결과에 의존한다는 방법의 면에서도, 설문대상자 수가 절대적으로 부족하다는 기술적인 면에서도 한계가 있음은 부정하기 어렵다. 이러한 점을 전제로 한 상태에서 이 글의 논의를 간략히 정리해보기로 한다.

이 장은 법·제도적 측면에서가 아니라 현실적 측면에서 북한의 시장화에 접근했다. 이 경우 소규모 사유화, 기업구조조정, 가격자유화 등 3개의 체제전환지표를 통해 보면 2003~2004년 무렵 북한의 시장화는 루마니아, 불가리아와 아르메니아 등 일부 CIS국가의 1992·1993년 수준과 유사하다고 볼 여지가 많다. 그리고 러시아의 1991·1992년 수준과 헝가리의 1990·1991년 수준과 유사하다.

또한 사적 고용 규모 면에서는 소극적으로 평가하면 불가리아, 아르메니아의 1993년 수준과 유사하고, 보다 적극적으로 평가하면 체코, 폴란드, 러시아 등 상당수 체제전환국가의 1993년 수준과 유사하며, 중간적 평가라면 헝가리, 루마니아의 1993년 수준에 해당된다.

따라서 크게 보아 북한의 시장화 수준은 2003~2004년에 이미 구소련·동구의 체제전환 초기 수준에 도달했다고 볼 수 있다. 그것도 경우에 따라서는 체제전환을 막 시작한 단계가 아니라 체제전환에 착수해서 1~2년 정도 경과한 시점에 해당되었다고 볼 수 있다. 이는 소규모 사유화, 기업구조조정, 가격자유화 등 3개 지표를 종합적으로 고려했을 때보다도 사적 고용 규모 하나만 놓고 볼 때 더욱 그러하다. 사실 개별 지표들에 대한 분석결과는 북한의 시장화가 우리가 상상했던 것보다는 훨씬 진전되어 있을 가능성을 시사하고 있다.

아울러 북한의 시장화 추세는 체제전환의 일반적인 패턴과 다소 상이한 모습이 있음도 주목할 필요가 있다. 예컨대 소규모 사유화와 가격자유화는 다른 사회주의 국가들과 진전도가 비슷하지만 기업구조조정은 북한이 상대적으로 빠른 편이다. 물론 북한이 본격적인 체제전환에 착수하지 않았기 때문에 이러한 현상은 당연한 것일 수 있다. 결국 법·제도가 아니라 현실의 차원에 초점을 맞추어본다면 북한은 다른 사회주의 국가들의 경제개혁기의 모습과 체제전환 초기의 모습을 동시에 지니고 있다고 할 수 있다. 그리고 이는 이른바 북한식 경제개혁의 핵심적 요소의 하나로 평가할 수 있다.

제4부

국가와 기업·노동의 관계

북한에서는 주인-대리인 문제가 광범위하게, 더욱이 중첩적으로 발생했다. 계획당국과 기업 간, 계획당국과 중간관리기관 간에 대리인 문제가 발생했고 이 배후에는 기업과 중간관리기관 간의 다양한 교섭과 담합, 기업 내 경영자와 노동자 간의 담합마저 존재했다. 이러한 사태가 초래된 가장 큰 원인은 감시와 유인체계의 마비에 있다고 보아야 할 것이다.

일반적으로 국민경제는 크게 나누어 다음의 3가지 주체(player)로 구성된다. 첫 번째는 개인 혹은 가계를 들 수 있는데, 소비자이자 저축자이며 노동력의 공급자이기도 하다. 두 번째는 기업을 들 수 있는데, 이는 생산자이면서 유통도 담당한다. 개인이 생산활동이나 상업활동을 하는 경우는 개인이 아닌 기업으로 나타난다. 세 번째는 정부 및 공공부문을 들 수 있는데, 시장에 주체로 참가할 때에는 소비자이자 투자자로, 때로는 시장이라는 게임의 심판자로도 등장한다. 요컨대 국민경제에서 기업은 유일한 생산의 담당자이다. 물론 정부 및 공공부문에서도 생산이 이루어지기는 하나 이는 부차적이다.

사회주의 경제이론에서는 국민경제의 생산과 분배, 유통과 소비가 통일적으로, 또한 계획에 의해 이루어지게 되는데 이 중 생산의 역할이 결정적이다. 그리고 사회주의 국가의 경제운용에서 핵심적 지위를 차지하고 있는 것이 이른바 '경제관리'인데, 이는 넓게 보면 국민경제에서 생산과 직간접으로 관련된 모든 경제활동을 관리하는 것이고, 좁게 보면 기업을 비롯한 개별 생산단위들을 관리하는 것이다. 따라서 사회주의 국가에서 기업을 어떻게 관리·운영할 것인가 하는 문제는 경제운용에서 핵심적 과제의 하나이다.

사회주의 경제의 현실에서 기업은 당국의 입장에서 보면 문제투성이요, 골칫덩어리였다. 기업들은 공식 제도대로, 또한 정책당국의 의도대로 움직이지 않았다. 그리고 이는 사회주의 경제시스템의 기능 저하를 가져온 주된 요인의 하나로 작용했다. 사회주의 경제운용상에 나타난 제반 문제점에 대처하기 위한, 이른바 경제개혁조치가 거의 예외 없이 기업관리·운영의 효율성 제고를 담지 않을 수 없었던 것도 바로 그 때문이다.

북한이라고 해서 예외가 될 수는 없었다. 1970~1980년대에 나타난 기업관리·운영상의 낭비와 비효율은 심각한 수준이었다. 더욱이 북한은 1990년대 경제위기로 그러한 문제점이 증폭되었다. 2002년에 등장한 7·1 조치는 이러한 문제점에 대한 대응이라는 측면이 있다. 7·1 조치로 기업관리시스템은 일부 개선된 것 같지만 문제는 여전히 산적해 있다.

한편, 기업관리시스템에 포함되기는 하지만 별도의 고찰을 필요로 하는 것이 인센티브 구조이다. 인센티브란 조직의 목표 실현과 일치하는 방향으로 조직 성원의 노력을 끌어내기 위해 취하는 모든 수단을 가리킨다. 실제로 일국의 경제개발 과정에서 인센티브의 역할은 매우 중요하다. 예컨대 축적을 생산으로 전화(轉化)하는 과정에서 기업 내 인센티브는 성과를 담보하는 결정적 변수의 하나로 작용한다. 인센티브는 크게 보아 기업 차원의 인센티브와 노동(자) 차원의 인센티브로 나누어볼 수 있다.[1]

그리고 북한을 포함한 사회주의 국가들의 경제운용에서 커다란 고민거리

---

1) 사실 노동 인센티브의 문제를 고찰할 때 기업시스템의 정리 및 평가는 불가결하다. 국가와 노동의 관계는 기업을 매개로 하지 않고는 성립할 수 없다. 직접적으로 노동을 관리하는 것은 국가라기보다는 국가의 위탁을 받은 기업이다.

의 하나는 바로 인센티브 구조 문제였다. 자신들이 나름대로 설계한 인센티브 구조가 제대로 작동하지 않았기 때문이다. 즉, 조직 구성원의 노력을 조직의 목표 실현과 일치하는 방향으로 끌어내는 데 큰 어려움을 겪었다. 이 문제에 대처하기 위해 여러 가지 방안을 내놓았으나 결국 뚜렷한 성과를 거두지 못했다.

이 장에서는 이상과 같은 문제의식에서 출발하여 북한의 기업관리시스템과 인센티브 구조를 정리하고자 한다. 특히 7·1 조치 이전의 시스템과 이후의 시스템으로 나누어 고찰하고자 한다.

1. 7·1 조치 이전의 기업관리시스템과 인센티브 구조

1) 기업관리시스템

(1) 기업관리의 공식 제도

북한 기업은 기본적으로 국유기업이다. 물론 협동적 소유기업도 존재하나 매우 적은 수이다. 따라서 국가가 기업을 관리하는 것은 당연한 일이다. 북한에서는 국가소유제의 기반하에 중앙의 행정당국이 의사결정 권한을 갖고 계획에 의해 자원을 배분하는 중앙집권적 계획제도가 성립되어 있다. 이 제도는 1958년에 '생산수단에 대한 사회주의적 개조'가 끝나고 1961년에 '대안의 사업체계'가 도입된 후 1964~1965년에 '계획의 일원화·세부화'가 도입됨으로써 완성되었다.[2]

북한의 국가적인 기업관리기구는 단순화시켜서 보면 '중앙의 계획당국

---

2) 대안의 사업체계 및 계획의 일원화·세부화에 대한 간단한 설명으로는 이 책의 22~23쪽을 참조.

〈그림 7-1〉 북한의 기업관리기구

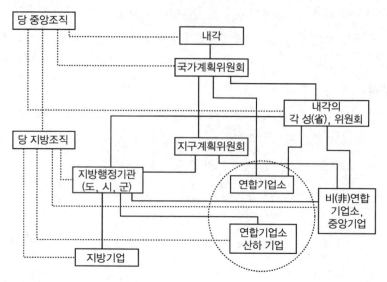

주: 북한의 기업관리기구를 극히 간략하게 나타낸 것이다. 1985년 연합기업소 제도가 전면적
　　으로 도입된 이후 오늘날까지 이러한 틀이 유지되고 있다. 실선은 행정의 지도관계, 점선
　　은 당의 지도관계이다.
자료: 양문수(2001b).

(국가계획위원회)-정부의 산업 관련 각 부처(省, ministry)-(연합기업소)3)-기업'
이라는 피라미드식 위계제(hierarchy) 구조로 되어 있다. 〈그림 7-1〉에 나타
나 있듯이 위계제의 정점에는 경제 전체를 통제하는 중앙의 계획당국이 있
고 위계제의 최말단에는 생산단위인 기업이 있다. 사실 사회주의 경제는 국
민경제 전체를 하나의 거대한 공장과 같이 운용하고자 했는데, 북한이라고
해서 예외는 아니다. 계획당국은 국가의 목표를 달성하기 위한 계획안을 작

---

3) 북한은 1985년에 연합기업소 도입을 중심으로 경제관리제도를 재편했다. 북한의 연
　합기업소는 일종의 기업연합체로서 생산활동상 혹은 관리경영상 밀접한 관계를 가
　지고 있는 여러 기업들을 수직적 · 수평적으로 통합해 하나의 경영단위로 만든 기업
　조직형태이다.

성하여, 이를 모든 기업에 대해 '계획과제(계획지표)'로서 내려 보내고 이의 실행·달성을 명령하며 기업의 계획과제 수행상황을 관리·감독한다.

요컨대 기업활동에 관한 의사결정은 중앙의 계획당국에 집중되어 있다. 즉, 기업이 무엇을 얼마나 생산해야 하는가, 누구에게 생산물을 판매해야 하는가, 투입재를 누구로부터 얼마만큼 입수해야 하는가, 설비투자를 얼마나 해야 하는가, 노동력을 얼마나 고용해야 하는가에 대한 의사결정과 이러한 모든 거래가 행해지는 가격·임금 등에 관한 의사결정이 중앙에 집중되어 있다. 이러한 의사결정은 위로부터 아래로 명령·지령의 형태로 전달된다.

이와 함께 계획당국은 기업에게 생산활동에 필요한 원자재, 설비 및 자금을 제공한다. 그리고 계획당국은 기업이 생산한 제품을 어디에 공급할 것인가도 지정한다. 기업의 생산활동으로 이윤이 발생하면 국가에 상납하고 적자가 나면 국가가 메워준다. 기업의 자주권, 자율성은 없다고 해도 과언이 아니다. 기업은 단순한 생산현장에 지나지 않는다. 중앙으로부터 내려오는 명령·지령을 수행하는 수동적이고 피동적인 존재이다. 사람으로 따지면 머리는 없고 몸통만 있는 셈이다. 다만 중앙은 계획명령에 대한 기업의 적절한 경영상의 반응을 유도하기 위해 화폐적·비화폐적 보상을 마련해두었다.

(2) 기업관리의 현실: 1990년대 이전

사회주의 경제에서는 현실세계에서의 기업의 움직임이 공식적인 제도가 의도하는 것과 판이하게 다르다. 구소련, 동구, 중국 등의 경험을 보면, 기업은 공식적인 제도 혹은 정책당국의 의도대로 움직이지 않았다. 북한의 경우도 별반 다를 것이 없었다.

북한의 계획당국이 개별 기업에게 요구한 것은 자신들의 명령에 복종하는 것, 즉 자신들이 부과한 과제를 충실히 이행하는 것이었다. 노동자들을 잘 다독거려 열심히 일하게 하고 자재·설비를 절약하고 기술혁신에 적극적으로 나서며 제품의 질을 높이고 생산성을 제고하여 최소의 비용으로 생산과제(계획목표)를 달성하거나 혹은 초과달성하는 것이었다.

그러나 현실세계에서 기업이 보여준 행동양태는 계획당국이 기대했던 것과는 전혀 달랐다. 그러한 기업들의 행동양태를 정리하면 다음과 같다. 첫째, 계획 관련 행정기관에 대해 생산능력은 낮춰 보고하고 생산에 필요한 자재에 대해서는 부풀려서 요구한다. 둘째, 생산에 필요한 양 이상으로 자재를 기업 내에 유보하고 사장(死藏)시킨다. 셋째, 생산물 조합을 자의적으로 선택한다. 즉, 수요자가 어떠한 품목이 필요한가에 대해 관심이 없다. 넷째, 제품을 만들어도 수요자가 필요로 하는 시기에 필요한 양만큼 공급하는데에는 관심이 없다. 다섯째, 제품의 양이 중요하며, 제품의 품질과 생산비용에 대해서는 관심이 없다. 여섯째, 신기술 도입 및 개발의욕이 결여되어 있다. 일곱째, 기업 간의 자재를 비공식적으로 거래한다. 여기에는 암시장에서의 거래도 포함된다.[4]

기업들은 생산실적, 구체적으로는 각자의 생산량 목표 달성에 급급했다. 다른 기업, 나아가 국민경제 전반에 악영향을 미칠 수 있다는 것을 알면서도 상기의 행동을 취했다. 결국 국민경제 전체적으로 엄청난 낭비와 비효율이 초래되었고 계획경제시스템의 기능 저하를 가져왔다. 이는 일종의 부메랑이 되어 경제 전체의 자원을 고갈시키고 개별 기업들 각각의 생산목표 달성을 어렵게 했다.

(3) 기업관리의 현실: 1990년대 이후

경제난의 골이 깊어지는 1990년대에 들어서면서 공식적 제도와 현실 간

---

4) 1990년대 이전 북한기업들의 행동양식에 대해 자세한 것은 예컨대 양문수(2001b)의 제4장을 참조.

의 괴리는 매우 심각한 수준에 이르게 되었다. 이러한 현상의 배경에는 경제난에 따른 자재의 부족과 자재공급의 불안정성 심화가 있다. 중앙집권적 계획경제를 물리적으로 뒷받침하는 중앙집권적 자재공급체계가 약화되면서 북한의 기업에는 전술했던 일곱 가지 행동양태가 더욱 현저해졌다. 게다가 다음과 같은 특징적인 행동패턴조차 보이게 되었다.

첫째, 계획 작성에서 기업이 상당 정도 자율성을 획득하게 되었다. 우선 계획과제, 특히 생산량 목표의 설정 및 계획과제의 수정과정에서 해당 기업의 의견이 종전보다 많이 반영되었다. 더욱이 계획품목의 선정에서부터 가격의 결정까지 기업의 자율성이 확대되었다. 이는 국가가 기업의 실적을 평가하는 기준으로 현물계획뿐만 아니라 현금계획도 중요시하게 된 데 따른 것이다. 국가가 계획대로 원자재를 공급해주지 못하는 상황에서 기업에게 생산량 목표를 달성하라고 다그치는 데는 한계가 있기 때문이다. 달리 보면 기업 내부에서 지배인의 권한이 다소 강화되었다고 할 수 있다. 국가 배급제가 사실상 붕괴되고 기업이 종업원의 생계를 책임지게 된 상황에서 생산의 지속 여부는 종업원들의 생존과 직결되었다. 이에 일부 지배인들은 불법을 무릅쓰고 비공식적 거래를 통해 공장을 계속 운영하려고 했고 일부 당비서들은 이러한 불법을 묵인했다.

둘째, 시장과 관련된 기업의 경영활동이 확대되었다. 공식적인 자재공급 체계가 제 기능을 하지 못함에 따라 기업들은 다양한 방식의 비공식적 거래를 통해 자재를 조달했다. 여기에는 기업 간에 남아도는 원자재를 서로 교환하는 것도 있고 제품을 주고 필요한 자재를 받는 것도 있다. 암시장을 통한 조달도 빈번히 이루어졌다.

또한 국가계획에 의해 지정된 공급처 이외의 대상에 대해 생산물을 비공식적으로 판매하게 되었다. 생산물의 판매처는 다른 기업이거나 개인이 중심이 되는 암시장이었다. 그리고 이 경우에는 대개 국정가격이 아니라 수요와 공급에 의해 결정되는 시장가격이 적용된다. 이렇게 하는 이유는 국가가 자재를 제대로 공급해주지 않고 식량배급마저 줄어들면서 기업 입장에서는 스스로의 힘으로 자재와 식량을 조달해야 하기 때문이다. 이 경우 기업이 가진 유일한 자원인 생산물을 비공식적인 방법으로 처분해야 하고 이는 기본적으로 구매와 판매의 형태로 이루어진다.

상기의 기업 행동양태는 중앙공업에서도 관찰되지만 지방공업에서 더 확연하게 나타난다. 전술한 기업행동들의 근저에 자재공급의 부족 심화, 중앙집권적 자재공급체계의 약화가 있었다는 사실을 상기하면 이해가 쉬울 것이다.

이들 기업 행동양태는 달리 보면 비공식적인 시장화 및 분권화의 진전이라고 정리할 수 있다. 그리고 이는 북한의 (공업)기업관리체계의 양대 기둥인 대안의 사업체계와 계획의 일원화·세부화가 크게 약화되었음을 의미한다.

사실 중앙이 기업의 자재공급 문제를 제대로 해결하지 못한다는 것은 계획의 실행수단을 보장해주지 못한다는 의미이다. 그러면서도 중앙이 기업에 계획달성을 요구하게 되면 기업활동에 대한 중앙의 장악력과 통제력은 현저히 약화되고 계획실행을 위한 실질적인 권한은 상당 정도 기업에 넘어가지 않을 수 없게 된다.

2) 인센티브 구조

(1) 독립채산제: 기업에 대한 인센티브

북한에서 독립채산제의 역사는 꽤 길다. 실시범위는 명확하지 않으나 1946년부터 도입되었다. 이후 1952년, 1973년, 1984년에 독립채산제 관련 규정이 개정되면서 실질적으로는 어떻든 명목적으로는 확대 및 강화되어 왔다.

독립채산제[5]란 국영기업소가 자신이 벌어들인 수입으로 자신의 지출을 충당하고 나아가 이익을 내어서 이를 국가에 바치도록 하는 것이다. 그러나 이는 '완전한 독립채산제'의 개념이고 실제로 국가가 기업에게 요구하는 것은 보다 완화된 형태의 독립채산제이다. 북한에서 독립채산제의 핵심적인 내용은 기업의 이익금을 국가와 기업 사이에 어떻게 분배할 것인가, 요컨대 분배비율의 문제이다. 바꾸어 말하면, 기업은 이윤의 일부를 기업 내에 유보하여 이를 고정자본 투자, 유동자금, 보너스 등에 쓸 수 있는데 기업이 제도적으로나 실제로 어느 정도까지 자유롭게 쓸 수 있는가 하는 것이 관건이다. 따라서 독립채산제는 기업(경영자 및 노동자)에 대한 인센티브, 즉 물질적 자극과 직결되는 문제이다.[6)]

1980년대 중반 혹은 후반까지 독립채산제는 공식제도와 현실 간에 상당한 괴리가 있었던 것으로 보인다. 즉, 실제로는 기업에게 인정되는 유보이윤은 매우 적고, 기업이윤의 대부분은 국가예산에 흡수되었다. 독립채산제는 명목에 지나지 않았다고도 할 수 있다. 기업에 대해 물질적 자극이나 일정한 자율성을 주는 것보다 국가수입의 증대가 우선시되었다. 실제로 기업에게 요구된 것은 "국가재산을 귀중히 다루고 관리하며 절약투쟁을 벌여" 이익을 내고 이를 국가에 바치는 것이었을 터이다.

한편, 탈북자들에 따르면 독립채산제 기업으로 지정되었지만 여러 가지 국가의 제한조치로 인해 실제로는 독립채산제가 적용될 수 없었던 경우가 적지 않았다고 한다. 예를 들면, 기업의 은행계좌와 국고를 형식적으로는 별개의 것으로 하고 있었지만 실제로는 기업의 은행계좌에 들어가는 돈을 국가가 자유롭게 쓸 수 있게 되어 있었다.

---

5) 독립채산제와 대비되는 개념은 예산제이다. 예산제란 기업이 국가예산으로부터 자금을 받아 그 돈으로 기업을 운영하는 기업관리·운영방법이다.

6) 독립채산제는 이와 함께 국가가 기업에 어느 정도의 권한을 부여하고 있는가, 즉 기업의 상대적인 자율성 문제와도 밀접한 관계가 있다.

그런데 1980년대 말에서 1990년대 초부터는 사정이 바뀌었던 것으로 보인다. 즉, 이때부터 공식제도상이 아닌 실제로 독립채산제가 본격적으로 이전보다 넓은 범위에서 실시되기 시작한 것으로 파악된다. 기업이 계획을 초과달성하면 그만큼 기업운영자금을 늘릴 수 있었고 경영자의 결심에 따라서는 종업원에게 개인의 업적에 따라 차등적으로 보너스를 줄 수도 있게 되었다. 그러나 국가의 자금 부족 혹은 자재의 극단적인 부족으로 그 효과가 제한적일 수밖에 없었다.[7]

(2) 노동 인센티브

노동 인센티브에는 여러 가지 범주가 있다. 그중에서 대표적인 것이 물질적 자극과 정신적 자극이다. 물질적 자극은 보다 나은 성과를 낸 사람에 대해 물적 재화를 더 많이 획득할 수 있는 권리를 부여함으로써 바람직한 행동을 장려하는 보상체계이다. 이에 반해 정신적 자극은 참여자의 사회에 대한 책임에 호소하고 물적 재화에 대한 추가적 제공 없이 참여자의 사회적 지위를 상승시켜주는 보상체계라 할 수 있다.[8]

인센티브에 대한 북한정부의 기본적인 입장은 정신적 자극을 우선하는 것이다. 이는 "노동에 대한 정치적·도덕적 자극을 앞세우면서 거기에 물질

---

7) 물론 사회주의 기업에서 독립채산제는 당초부터 제한적인 의미밖에 지닐 수 없는 것도 사실이다. 그 이유는 첫째, 거시경제의 왜곡된 가격구조가 독립채산제와 같은 계산의 의의를 반감시키고, 둘째, 이러한 계산의 결과는 기업의 현재 및 장래에 거의 영향을 미치지 않기 때문이다. 기업의 장래 생산목표가 일반적으로 현행 이윤의 함수가 아니기 때문이다.

8) 정신적 자극은 근로자들 속에서 대인사업, 정치사업을 우선하여 주체사상교양을 비롯한 혁명교양, 계급교양 등의 사상교양사업을 강화하면서 노동의 결과에 대해 정치적 평가를 내리는 정치적 방법으로 실현된다. 정치적 평가에는 모범집단에게 '3대혁명 붉은 깃발'을 주는 것, 모범개인에게 명예칭호와 국가표창을 주는 것 등이 있다.

적 자극을 옳게 결합시켜나가는 것은 사회주의 경제를 관리·운용하는 데 있어 우리 당이 견지하고 있는 일관된 방침"이라는 김일성의 교시를 보더라도 잘 알 수 있다. 물론 물질적 자극을 무시한 것은 아니나, 북한은 "노동의 질과 양에 따른 분배라는 사회주의적인 분배원칙을 엄수하면 물질적 자극은 충분하다"라고 지속적으로 주장[9]해왔다.[10]

정신적 자극을 우선으로 하는 노동 인센티브 시스템은 얼마나 성과를 거두었을까? 동서냉전의 상황에서는 '남조선 괴뢰정권'과 '미 제국주의'와의 대결상태가 북한에 대한 커다란 위협요인으로서 상정되고 선전되었다. 이들은 공업화를 위한 주민동원에 중요한 역할을 했다. 즉, 북한주민들에게 애국심, 책임감 등을 불러일으켰으며 나라를 위해 희생을 감수하는 자세까지 갖추게 했다. 대략 1960년대까지는 정신적 자극이 일정한 성과를 거두었다고 하는 것이 일반적인 의견이다. 그러나 주민들의 기대와는 달리 생활은 오히려 더 나빠졌기 때문에 의욕은 떨어졌고 정신적 자극의 효과는 시간이 흐를수록 약화되었다.

1980년대 후반부터 정책당국은 물질적 자극의 도입에 보다 적극적으로 나서게 되었다. 이는 새로운 제도를 도입한 것이 아니라 기존에 있던 제도들을 '실천'하기 시작한 것이다. 도급제가 '실제로' 실시되었다고도 할 수 있다. 이때부터 생산실적 또는 계획의 달성 정도가 임금과 연동하여 움직였다는 것이 탈북자들의 일치된 증언이다.

그러나 이 또한 뚜렷한 성과를 거두지 못했다. 이는 첫째, 물질적 자극이 제한된 범위 내에서 실시되었고, 둘째, 평등주의적 경향을 요구하는 노동자들에 대해 기업 경영자는 담합적인 태도를 취해 '평가'가 형식적으로 이루어

---

9) 예를 들면, 김일성(1970: 377~378) 참조.

10) 그런데 문제는 사회주의적인 분배원칙조차 실제로는 제대로 지켜지지 않았다는 것이다.

졌으며, 셋째, 주민들에 대한 상품공급이 매우 부족해 화폐수입이 증대되어도 큰 의미가 없었고, 넷째, 암시장에서의 인플레이션으로 화폐의 구매력이 극단적으로 감소했기 때문이다. 이에 따라 노동 의욕의 저하는 불가피했다.

(3) 인센티브 구조 와해의 원인

7·1 조치 이전 북한의 인센티브 시스템은 와해되었다고 해도 과언이 아니다. 그렇다면 와해의 원인은 무엇일까? 얼핏 보면 북한의 기존 인센티브 구조의 최대 문제점은 물질적·금전적 유인이 거의 존재하지 않았다는 데 있다고 주장할 수도 있다. 하지만 과연 그러할까?

구소련의 인센티브 구조는 물질적 자극과 정신적 자극의 적절한 혼합이 특색이다. 물질적 자극의 실시에서 중국이나 북한보다는 훨씬 더 적극적이었다. 특히 구소련에서는 기업 경영자의 목표달성 및 초과달성에 대해서는 보너스의 지급이라는 형태로 금전적 인센티브를 제공하고자 했다. 그렇다고 해서 앞에서 보았던 경제 전체의 낭비와 비효율을 초래하는, 기업의 비공식적인 행동이 구소련에서 나타나지 않은 것은 결코 아니었다. 즉, 구소련은 보너스라는 물질적 자극으로도 기업을 바람직한 행동으로 이끌지 못했던 것이다. 결국 북한 인센티브 시스템의 와해의 원인은 사회주의 경제시스템과의 관련성 속에서 찾을 수밖에 없다.

몬티아스(J. M. Montias)에 따르면, 조직 내에서 말단의 개별 경제행위자가 상부로부터 주어지는 목표를 달성하도록 유도하기 위한 인센티브 구조가 효율적으로 작동하기 위해서는 다음과 같은 세 가지 전제조건을 만족시켜야 한다(Montias, 1976).

첫째, 경제행위의 결과(outcome)에 대해 보상을 받는 행위자는 행위의 선택을 통해 결과에 영향을 미칠 수 있어야 한다. 즉, 행위(투입)와 결과(산출)의 연계 정도, 달리 보면 행위에서 결과에 이르기까지의 제 연쇄(chain) 혹은 제반 여건의 문제이다.

둘째, 상부의 지시자는 하부의 행위자가 적합한 경제행위를 수행하고 있는지 여부를 점검할 수 있어야 한다. 즉, 효율적인 감시·감독을 위한 체계이다.

셋째, 행위자에게 지시자로부터 주어지는 인센티브로서의 보상이 행위를 제약할 정도로 충분히 의미가 있다고 인식되어야 한다. 즉, 바람직한 행위유도를 위한 보상 수준이다.

따라서 이들 전제조건이 제대로 충족되지 못하면 인센티브 구조가 제대로 작동할 수 없는 상황이 초래된다. 북한의 경우, 기존 인센티브 구조의 와해는 크게 보아 2단계로 진행되었다. 첫 번째 단계는 중앙집권적 계획경제 고유의 문제점이 발현되는 1980년대까지이고, 두 번째 단계는 공식 경제가 크게 위축되고 비공식부문이 급격히 확대되는 1990년대로 파악될 수 있다.11) 그리고 두 가지 단계 모두 몬티아스가 말한 인센티브 구조의 효율적 작동을 위한 전제조건의 미충족이라는 틀로써 설명할 수 있다.

먼저 1990년 이전의 시기를 살펴보자. 첫째 조건과 관련해서는 자원의 희소성을 반영하지 못하는, 즉 왜곡된 국정가격체계는 기업 및 노동자의 능력, 능률, 노력의 정도와 기업실적의 연계성을 약화시켰다. 사회주의 특유의 기업관리시스템도 마찬가지이다. 기업실적은 인센티브와 별로 관계가 없는 여타의 요인에 의해 결정되는 측면이 컸다. 기업실적은 계획당국과의 교섭을 통해 얼마나 계획목표치를 낮출 수 있느냐, 또 얼마만큼 투입재의 양을 늘릴 수 있느냐에 주로 의존했다. 기업들은 노동자의 바람직한 행위를 유도하기보다는 노동력의 양을 늘리는 데 더 많은 신경을 썼다.

둘째 조건과 관련해서는 또한 중앙집권적 계획경제에서 공통적으로 관찰

---

11) 오승렬은 몬티아스의 개념틀을 정보유통과 거래비용의 측면에서 해석하여 이를 이용해 북한의 1990년대 인센티브 구조의 기능 마비를 설명하고 있다(오승렬, 1999: 66~69 참조).

되는 계획실행상의 불확실성 및 불안정성으로 인해 감독기능의 저하를 가져왔다. 당 및 행정상의 중간감독기관들은 기업의 비공식적 행동을 제대로 감독하기 어려웠다.

셋째 조건과 관련해서는 정신적 자극의 우선, 배급제를 비롯한 생필품의 무상급부, 고용의 보장 등이 노동에 대한 경제적 보상이라는 개념과는 무관한 것이었다. 그나마도 일상적인 소비재의 부족현상은 경제행위에 대한 충분한 보상을 불가능하게 했다. 사실 노동시장이 존재하지 않은 상황에서 경제행위자의 행동에 결정적 영향을 미칠 정도의 충분한 보상은 존재하기 어렵다.

이러한 것들이 전반적인 인센티브 구조의 기능을 제약하는 요인으로 작용했다. 그리고 1990년대에 들어와서는 아래의 요인들까지 겹치면서 북한의 인센티브 구조는 사실상 와해되었다.

첫째, 극심한 원자재 및 에너지 부족현상은 개별 행위자를 무력하게 만들었다. 인센티브의 차원을 넘어서는 이른바 물리적 제약이다. 따라서 개별 행위자가 아무리 노력한들 경제의 실적에 별다른 영향을 미치기 어려운 상황이 초래되었다. 여기서 인센티브 구조는 존재 이유를 상실하게 되었다.

둘째, 중앙의 계획당국을 포함한 관리자는 하위의 경제행위자가 목표를 달성하기 위해 투입한 노력 등 행위양태를 점검할 수 있어야 하지만, 극심한 경제난으로 인한 자재공급 및 생산여건의 불확실성, 비공식부문 경제(암시장)의 확산에 따른 주민들의 직장이탈 보편화 등으로 정보 획득의 한계성이 드러나면서 그 기능이 상실되었다. 또한 부족현상의 악화와 비공식부문 경제의 확산으로 인해 중간관리자에 대한 인센티브 구조 역시 그 기능을 상실하게 되었으며, 중간관리자와 하부 경제행위자의 이해관계가 일치하게 됨으로써 상호 담합하게 되는 주인-대리인(principal-agent) 문제가 보편적 현상으로 나타나게 되었다.

셋째, 국가배급망 및 국가공급체계의 붕괴, 암시장의 확산, 암시장에서의 극심한 인플레이션은 고용과 임금으로 대표되는 경제적 보상의 의미를 상실시켰다. 주민들은 생존 자체를 위해 직장에서 이탈해 개인부업 및 합법·불법적 상거래 행위 등으로 나아갔다.[12]

2. 7·1 조치 이후의 기업관리시스템과 인센티브 구조

1) 기업관리시스템

(1) 기업의 자율성 확대

7·1 조치 이후 기업관리·운영과 관련된 변화로는 우선 기업의 자율성 확대를 꼽을 수 있다. 물론 앞에서 보았듯이 7·1 조치 이전에도 1990년대 경제위기 속에서 기업의 자율성은 실질적으로 확대되었다. 다만 1990년대 기업 자율성 확대는 비공식적인 영역의 것, 즉 불법이지만 국가가 묵인해 준 것이었고, 7·1 조치에서는 공식적인 영역의 것, 즉 국가가 이를 공식 승인해주었다는 차이가 있다.

7·1 조치 이후 기업의 자율성 확대는 생산 품목 선정 및 가격제정, 원자재 조달, 판매 활동 등 폭넓은 영역에서 이루어졌다. 이는 2001년 10월 3일 김정일 위원장이 당과 내각의 경제일꾼에게 내린 지시문건 "강성대국 건설의 요구에 맞게 사회주의 경제관리를 개선강화할 데 대하여"[13]에 토대를 두고 있다.

---

12) 앞에서 보았듯이 1980년대 말 혹은 1990년대 초부터 독립채산제 및 물질적 자극이 강화되었으나 그 효과가 제한적이었던 것은 상당 정도 원자재 및 에너지 부족, 배급제 및 소비재 공급체계의 붕괴, 암시장에서의 인플레이션 등에 기인한다.

13) 이 요지는 ≪중앙일보≫, 2002년 8월 2일자에 보도된 바 있다.

우선 계획 작성에서 국가적으로 중요도가 떨어지는 지표에 대해서는 국가계획위원회가 아니라 해당 기관·기업소에서 계획화하도록 했다. 특히 지방경제부문의 경우 도·시·군 자체 실정에 맞추어 계획화하도록 했다. 이에 따라 기업은 계획의 작성과 실행에서 상당한 자율성을 획득했다.

기업의 자율성 확대는 기업 내부조직의 변화를 야기한다. 즉, 기업 내에서 당비서의 권한은 약화되고 지배인의 권한은 강화되었다. 물론 지배인의 권한이 강해졌다 해도 이는 어디까지나 상대적인 의미에서이다. 명목상 강화되었다고 해도 실제로는 개별 기업 사정에 따라 달라질 소지는 얼마든지 있다. 아울러 기업 내 당위원회의 지도가 없어진 것은 결코 아니며 종전과 마찬가지로 당의 지도를 받되, 지배인의 권한이 다소 강화된 것이다. 그렇다고 해도 이러한 변화의 의미는 결코 작지 않다.[14]

자재공급과 관련해 눈길을 끄는 것은 계획을 기본으로 하면서도 '사회주의 물자교류시장'을 조직·운영토록 한 점이다. 공장·기업소 간 과부족되는 일부 원자재, 부속품들을 유무상통하도록 하며 생산물의 일정 비율을 자재용 물자교류에 사용할 수 있도록 했다. 탈북자들의 증언과 ≪경제연구≫ 등 공식문헌을 종합해보면 물자교류시장은 실제로 작동하고 있는 것으로 보인다.

---

14) 공장 중간관리직 출신의 탈북자 J5 씨는 "당위원회의 집체적 지도가 지배인 유일관리제와 유사한 제도로 바뀌었다"라고 말하고 있다. 또한 합영회사 관리직 출신의 K7 씨는 7·1 조치의 핵심적 요소의 하나가 당위원회의 집체적 지도에서 지배인 유일관리제로의 변화라고 밝히며 지배인은 크게 보아 노력관리 권한과 자재구입 및 생산물 처분 권한을 새롭게 획득했다고 말했다. 탄광 중간관리직 출신의 탈북자 C3 씨는 자신의 소속 탄광지배인으로부터 "지배인의 권한이 강화되었다. 생산에 대해서는 생산단위의 책임자가 기본적인 권한을 가지게 되었다"라는 말을 들었다고 밝혔다. 이후 서술하는 탈북자 증언에서의 탈북자는 모두 7·1 조치 이후 북한에서 나온 사람들이며 증언은 모두 필자와의 면담 결과이다.

기업의 자율성은 2004년 이후 더욱 확대된 것으로 보인다. 2004년부터는 7·1 조치의 후속조치로서 일부 기업을 대상으로 생산계획 수립, 임금 결정, 노무관리 등에 대한 기업의 자율성을 확대하는 조치가 실시되었다. 이 조치는 농업 시범개혁과 마찬가지로 15개 단위를 대상으로 시범적으로 시행되었다. 다만 2005년 이후 여타의 기업으로 확대 시행된 정황은 보이지 않는다.[15]

우선 국가계획위원회는 기업에 대해 중요 지표, 전략 지표에 대해서만 '현물 계획'으로 하달하고 나머지에 대해서는 '금액계획'으로 하달하여 기업에 대해 경영상의 융통성을 부여했다. 이에 따라 국가가 지정한 중요 물자, 전략 물자를 생산하지 않는 기업은 생산품목 및 수량에서부터 그 제품의 판매가격, 원자재 조달, 판매처 등에 대해 자율적으로 의사 결정할 수 있는 권한을 가지게 되었다.

국가는 아울러 7·1 조치를 통해 기업이 임금을 국가가 정해준 상·하한 선 내에서 자율적으로 결정하도록 허용한 데 이어 2004년에는 일부 기업에 대해 임금의 상한선을 폐지하고 국가납부금 이외의 나머지 이윤에 대해서는 기업 스스로 처분할 수 있는 권한을 부여했다.

(2) 기업의 시장 관련 활동 증가

또 하나 특기할 만한 것은 시장을 매개로 한 기업활동이 공식적으로 허용되면서 기업의 시장 관련 활동이 증가했다는 점이다. 이 또한 기업의 자율성 확대와 마찬가지로 7·1 조치 이전에도 존재했지만 이는 비공식적인 영역에서의 현상이었고, 7·1 조치로 합법성을 획득했다는 차이가 있다. 실제로 기업의 자율성 확대와 시장 관련 활동의 증가는 동전의 양면과 같은 관계이다.

---

15) 자세한 것은 통일부·통일연구원(2005: 24~28), 한기범(2009: 169~171) 참조.

주목해야 할 것의 하나는 '번 수입 지표'의 도입으로 인한 변화이다. 이는 단순히 기업의 경영실적을 평가하는 방법이 바뀌었다는 것 이상의 의미를 지닌다. '번 수입'은 기업의 총판매수입에서 노동보수를 제외한 생산원가를 뺀 것으로 자본주의 용어로 '이윤+임금'에 해당한다. 특히 번 수입 지표의 도입은 기업에 대해 계획 외 수입을 벌어들일 수 있는, 즉 계획 외 생산과 계획 외 처분(시장판매)[16]을 할 수 있는 합법적인 공간을 제공한 것이다[17]. 시장을 통한 기업경영을 부분적으로 허용한 것인데, 무엇보다도 시장을 통한 원자재 조달 및 제품의 시장판매가 허용[18]되었다. 바로 여기에 7·1 조치의 획기성이 있다.[19]

사실 이러한 측면만 놓고 보면 번 수입 지표는 기존의 금액지표(총생산액)의 연장선상에 있다. 특히 기업이 총생산액 목표를 달성하기 위해 8·3 인민소비품 생산의 규정과는 달리 부산물·폐기물 등이 아닌 일반 자재를 비공식적 방법으로 조달해서 제품을 생산하여 8·3 인민소비품으로 상부에

---

16) 탈북자 K7 씨에 따르면 7·1 조치가 실시되고 나서 종합시장이 등장하기까지의 몇 달 동안 국영 위탁수매상점 등에서 시장가격으로 제품을 합법적으로 판매할 수 있게 되었다고 한다.

17) 번 수입 지표가 계획 내 경제활동뿐 아니라 계획 외 경제활동까지 포함하고 있음은 공식문헌들이 확인해주고 있다. 예컨대 번 수입에 대해 설명하는 어느 문헌에서는 "번 수입의 구성요소에 계획수행 과정에 얻은 번 수입에 계획 외 번 수입까지 포함시키도록 함"이라고 명기하고 있다(장성은, 2002: 40).

18) 물론 엄밀히 따지면 기업 생산물의 시장 판매는 종합시장이 허용된 2003년 3월에야 완전히 합법화된다. 7·1 조치 직후는 합법적인 시장이 존재하지 않는 상태였기 때문에 기업 생산물의 시장 판매는 수매상점 등과 같이 제한된 영역에서만 허용되었다.

19) 기존에 8·3 인민소비품 생산이 기업의 부산물·폐기물, 지방의 차원에서 모은 유휴원료·자재를 사용해 이루어졌으나 번 수입 지표는 이러한 자재가 아니더라도 기업이 국가에 의존하지 않고 자력갱생의 차원에서 스스로 조달한 자재이면 무조건 수용하겠다는 것이다(탈북자 J5 씨, K14 씨).

보고하곤 했던 비공식적 행위들을 공식적으로 허용했다고 할 수 있다.

하지만 번 수입의 의미는 이것에 그치지 않고 더 큰 내용을 담고 있는데, 무엇보다도 기업 입장에서는 판매에 신경 쓰지 않으면 안 되게 되었다는 것이다. 종전에는 무조건 만들기만 하면 그만이었으나 이제는 소비자가 구매해주지 않으면 아무 소용이 없게 되었다. 제품의 질에 대한 관심이 비약적으로 높아지지 않을 수 없다. 다소 과장된 표현을 쓴다면 판매자시장(sellers' market)에서 구매자시장(buyers' market)으로의 전환이 이루어진 것이다.

7 · 1 조치의 핵심적 요소 중 하나는 자재구입과 생산물처리에 대한 지배인의 권한 확대이다. 종전에는 자기 생산물을 마음대로 팔 수도 없었고 어디 가서 자재를 마음대로 사올 수도 없었다. 국가가 계획에 의해 정해준 대로 자재조달과 제품판매를 할 따름이었다. 그러나 7 · 1 조치로 사정이 달라졌다(탈북자 K7 씨).

새로운 경제관리체계 이후에는 자재를 현금을 주고 사올 수 있게 되었다. 종전에는 행표만으로 거래했는데 이제는 조건이 좋아졌다. 그리고 제품을 만들어 개인이든 공장, 기업소이든 제품을 필요로 하는 곳에는 팔 수 있게 되었다. 주문을 받아서 생산할 수도 있게 되었다(탈북자 J5 씨).

시장을 통한 원자재 조달의 경우, 새롭게 도입된 사회주의 물자교류시장이 중요한 역할을 수행했다.

제품과 제품의 교환, 원자재와 원자재의 교환, 제품과 원자재의 교환, 그 모두 다 가능하다. 우리 기업소의 경우 발전기, 시동기를 주고 종이(필기지)를 받는 식으로 교환해본 적이 있다. 이런 것이 옛날에는 불법이었지만 이제는 합법이 되었다(탈북자 J5 씨).

한편, ≪조선신보≫는 기관·기업소가 자신이 보유하고 있는 현금을 활용해 국가의 도움 없이 원자재 문제를 자체적으로 해결한, 즉 시장거래를 통해 원자재를 확보한 사례들을 소개하고 있다. 평양대극장봉사소(식당)는 산지의 기관·기업소와 직접 계약을 맺고 수산물을 구매했으며, 인민봉사총국 락연합작회사도 산지와의 직접적인 거래를 통해 고구마, 밤을 자체적으로 확보했다(≪조선신보≫, 2003. 4. 28, 2004. 2. 2).

그뿐 아니라 일부 기업에 대해서는 직접 상점을 설치하여 운영하는 것을 허용한 것으로 보인다. 탈북자 J5 씨가 근무했던 공장은 7·1 조치 이후 공장에서 만든 생활필수품, 자동차 부속 등을 팔 수 있는 상점을 덕천 시내에 설치했다. 탈북자 M1 씨는 평양 시내에서 배터리공장, 전선공장이 공장 정문 옆에 자사 제품을 팔 수 있는 상점 건물을 짓는 것을 목격한 바 있다. 탈북자들은 북한에서 이들 상점을 공장직매점으로 부르고 있었다고 전하고 있다.

기업들은 종합시장의 등장 이후 시장판매를 목적으로 한 생산공간이 대폭 확대되었다. 합법적인 소비품시장인 종합시장의 등장은 기업의 입장에서는 안정적인 판로 확보를 의미하는 것이다. 이는 그 자체로서 생산을 자극하는 효과가 있다. 상점 출납원 출신 탈북자 K13 씨는 기업들이 콩을 가공해 인조고기를 만들어 시장상인들에게 판매한 사례를 소개하고 있다.

아울러 기업의 현금보유가 허용되었다는 점도 주목할 만하다. 7·1 조치 이전에는 기업들의 현금보유가 극히 제한되어 있었다. 기업 간 자재 및 생산물의 공급(거래)은 매매라는 형태를 띠기는 하나 이른바 무현금거래였다. 그런데 7·1 조치로 기업들은 현금을 보유할 수 있게 되었다. 기업 스스로 자재를 조달하고 설비를 도입할 수 있도록 하기 위해서였다.

계획목표량을 넘어서는 초과생산물을 기업 스스로 처리할 수 있게 되었다. 또 거기서 나온 이득금은 기업소 자금으로 활용할 수 있게 되었다(공장 중간관리직 출신 탈북자 K14 씨).

기업들로서는 종합시장의 등장 이후 시장에서 자금을 조달할 수 있는 길이 열렸고 이는 시장판매 생산을 더욱 자극하는 유인으로 작용했다. 기업들이 기본제품의 생산과정에서 나오는 부산물로 인민생활필수품을 만들어 이를 종합시장에서 판매해 현금을 조달하고 이를 국가납부를 하지 않는 '생산유지비'로 쓸 수 있다는 것이다. 다만 시장에 내놓을 수 있는 상품은 생필품 생산의 30%를 넘을 수 없다는 제약이 붙어 있었다.

(3) 경쟁의 개념 도입

또 다른 변화는 공식 경제의 영역에서도 경쟁의 개념이 도입되었다는 것이다. 이는 기업의 자율성 확대 및 시장 관련 활동 증가에 필연적으로 수반되는 현상이다. 기본적으로 계획경제에서는 경쟁이라는 개념이 성립되기 어렵다. 시장화의 진전에 따라 새롭게 등장한 경쟁의 개념은 상품의 질, 판매, 수익성 등에 대한 관심 제고를 통해 기업의 효율성 향상을 강제하는 효과가 있다.

우선 기업들은 신규 생산제품, 나아가 신규 진출업종에 대해서도 자율적으로 결정할 수 있게 되었다. 심지어는 기존에 자신의 기업이 하던 일과는 직접적인 관계가 없거나 전혀 상관이 없는 새로운 업종에 진출하는 것이 가능하게 되었다. 이러한 업종에서는 경쟁이 발생하고 격화되리라는 것은 불문가지이다.

≪조선신보≫는 두 가지 예를 제공하고 있다. 하나는 락연합작회사로서 원래 재일동포 상공인과 공동으로 발포제를 생산하던 회사였다. 7·1 조치 이후 2003년 겨울 평양의 통일거리에 군고구마와 군밤을 판매하는 16개의 조립식 매대를 설치·운영해 주민들의 호평을 받았다. 상품의 질 제고가 성공의 비결이었다(≪조선신보≫, 2003. 4. 28). 또 하나는 조선무관세회사로서

원래 북한을 방문한 해외동포나 외국 고객을 대상으로 호텔과 식당, 상점 등을 운영하던 회사인데 이 회사가 재일동포기업인 동아연합기업과 공동투자로 대동단추회사를 신규로 설립하여, 2004년 9월부터 대량생산체제에 돌입했다(≪조선신보≫, 2004. 8. 11). 3차 산업에 속해 있던 기업이 2차 산업에 신규 진출한 셈이다. 앞에서 보았던 인조고기 생산도 마찬가지로 이 사업이 돈벌이가 되니까 일반 공장·기업소에서도 서로 하겠다고 달려들었다.

기업의 생산품을 종합시장에서 판매할 수 있게 한 것은 기업의 시장판매용 생산을 자극할 수 있으나 문제는 간단하지 않다. 시장에는 중국 등지에서 수입된 외국 제품이 있기 때문이다. 외국산과의 경쟁은 불가피하나 대개 공산품은 수입제품이 품질 면에서 북한산보다 앞선다. 더욱이 시장에서는 개인들이 수공업방식으로 만든 제품도 있다. 물론 공장에서 만든 것보다는 품질이 떨어지지만 대신 저렴한 가격을 무기로 하고 있다.

시장에 나오는 비누는 크게 보아 세 가지 종류이다. 중국산 비누, 북한 공장에서 만든 비누, 북한 개인이 만든 비누이다. 여기서 가장 인기가 있는 것은 중국산이다. 중국산이 외관도 낫고 질도 좋다. 그다음이 북한산인데 공장에서 만든 것이 개인이 만든 것보다 낫다. 그래서 가격도 차이가 난다. 중국산은 100~120원 선인데 국내산은 70~80원 정도,[20] 개인이 만든 것은 25~30원 정도이다 (평양 출신 탈북자 M3 씨).

북한정부도 공식적으로 경쟁의 필요성을 역설하고 있다. 예컨대 김정일 위원장은 2003년 8월 3일 평양화장품공장을 현지지도하면서 "신의주화장품공장과 제품의 질에서 경쟁을 벌여 인민의 사랑을 받는 공장이 되어야 한

---

20) 똑같은 제품이 국영상점에서 팔릴 때는 30~50원이라고 한다. 동일한 제품에 대해 두 가지의 가격이 존재하는 셈이다.

다"라고 지시했다(≪조선신보≫, 2003. 9. 23).

또한 한 북한정부 관계자는 북한을 방문한 한국 기자에게 "일 잘하는 기업소나 협동농장을 뽑아 경쟁상대보다 국가가 더 많이 지원하는 식으로 혁신을 꾀하고 있다"라면서 "당국은 업종별로 기업소들을 경쟁시킨 뒤 생산성과 창발성이 뛰어난 기업소를 골라 국가가 집중 지원하거나 외자를 우선적으로 배분해 다른 기업소와 차별화하는 방안을 검토하고 있다"라고 밝힌 바 있다(신석호, 2004: 72).

(4) 이윤 및 수익성의 중요성 증대

번 수입 지표의 등장으로 기업 입장에서는 원가, 비용에 대한 관심이 크게 높아졌다. 종전에는 원가가 아무리 많이 들더라도 물건을 만들어내기만 하면 되었으나 이제는 수익성, 나아가 전반적인 경영의 효율성까지 고려하지 않으면 기업을 꾸려나갈 수 없게 되었다.[21]

국가 스스로도 기업에 대해 이윤의 중요성을 강조하기에 이르렀다. 국가는 2004년 4월 재정법을 개정하면서 기업 경영에서 이윤의 중요성을 보다 명시적으로 내세웠다. 즉, 종전에는 기업 경영활동의 질적 척도로서 원가만을 내세웠으나 2004년부터는 여기에 순소득(이윤)을 추가했다. 즉, 종전의 재정법(34조)에서는 "원가는 경영활동의 질을 규정하는 기본지표이다"라고 했으나 개정 재정법에서는 "원가와 순소득은 경영활동의 질을 규정하는 기본지표이다"라고 바뀌었다. 여기에서 한 걸음 더 나아가 개정 재정법은 "기관, 기업소, 단체는 경영활동과 과학기술을 하나로 결합시켜 노동생산능률

---

21) 결국 기업의 자율성 확대, 번 수입 지표의 도입, 지배인의 권한 강화 등과 같은 조치들은 북한의 기업관리체계의 양대 축인 대안의 사업체계와 계획의 일원화·세부화가 와해되었음을 공식적으로 인정한 것이나 다름없다. 여기에도 7·1 조치의 획기성이 있다.

을 높이고 원가를 체계적으로 낮추어 순소득을 늘려야 한다"라며 '순소득 증대'를 기업경영의 최종 목표로 제시했다(통일부·통일연구원, 2005: 26 참조).

한편, 북한의 공식문헌인 ≪경제연구≫에 대해 장기간의 종단분석을 시도하면 흥미로운 결과를 도출할 수 있다. 즉, 이윤에 대한 북한정부의 인식과 태도가 어떻게 달라졌는지 발견할 수 있다. 북한은 과거 오랜 기간 기업의 경영활동 결과를 평가하는 기준(혹은 지표)으로서의 이윤에 대해 매우 부정적인 견해를 가지고 있었다. ≪경제연구≫에서도 이윤에 대한 비판적 논조의 구절은 여기저기서 쉽게 찾아볼 수 있었다.

사회주의적 생산에서는 아무리 이윤을 많이 내였다고 하여도 인민들의 수요에 맞는 생산물을 생산하지 못하였을 때에는 생산의 경제적 효과성이 높은 것으로 인정할 수 없다. 사회주의 국영기업소의 경영활동 결과를 금액지표를 위주로 하여 평가하는 것을 반대하는 이유도 여기에 있는 것이다(김재서, 1988: 18).

사회주의적 생산의 효과성기준을 이윤으로 내세우는 것은 부당하다(한득보, 1992: 10).

이윤본위제는 우선 사회주의 경제가 인민을 위하여 복무하는 경제로 될 수 없게 한다. …… 이윤본위제는 사람들에게 개인이기주의를 조장시킨다(박경옥, 1996: 50).

자본주의적 방법은 이윤지표를 '만능지표'로 삼으며 현물지표는 이윤지표에 종속된다. 이윤지표를 '만능지표'로 삼으면 인민들의 물질생활 향상에 절실히 필요한 사용가치 증대에 기여할 수 없다. …… 이윤지표를 '만능지표'로 삼는 경제는 돈벌이를 목적으로 하게 되며 …… (리명호, 1998: 50).

그런데 언제부터인가 변화가 보이기 시작했다. 즉, 지표로서의 이윤의 중요성을 언급하거나 기업계획 수행실적을 평가하는 여러 지표에 자연스럽게 이윤을 포함시키기 시작했다. 또 한편으로는 지표로서의 이윤을 부정적으로 평가하는 글 자체가 자취를 감추었는데, 이는 ≪경제연구≫에서는 1999년부터인 것으로 보인다. 그리고 이윤을 긍정적으로 평가하고 기업경영실적 평가지표로서의 이윤의 중요성을 논할 때 대개는 실리주의라는 포장을 씌웠다.

실리주의로 나가는 데서 다음으로 중요한 것은 일군들이 경제적 공간을 튼튼히 틀어쥐고 기업관리를 과학적으로 하는 것이다. 실리보장에서 일군들이 경제적 공간을 틀어쥔다는 것은 원가와 가격, 이윤 등을 정확히 따지면서 타산을 바로 하여 원가를 낮추고 이윤을 높일 수 있는 방도를 찾아 끊임없이 실현해나간다는 것을 의미한다(리상우, 1999: 33).

현 시기 강성대국 건설의 요구에 맞게 계획사업의 체계와 방법을 더욱 개선 완성해 나가는 데서 나서는 중요한 문제는 다음으로, **질적 지표, 화폐지표의 계획을 중시하는 것이다.** …… 계획과제를 금액으로 표시하는 원가, **이윤** 등과 같은 화폐지표를 홀시하게 되면 …… 경제적 효과성이 높아지는 것이 아니라 낮아지고 나라와 인민에게 이익을 주는 것이 아니라 손실을 줄 수 있다(강웅철, 2002: 12).

경영활동과정에 원가, **이윤**, 생산액, 번 수입 등 여러 가지 지표가 이용된다(오선희, 2003: 27).

물론 7·1 조치 이후 기업 계획수행 평가지표로서 '번 수입 지표'가 새롭게 등장한 사실로부터도 커다란 변화의 흐름을 감지할 수 있다.

그러나 더 큰 변화는 이후에 다시 새롭게 등장한 '사회순소득' 지표이다. 일각에서는 북한이 이제는 더 이상 '번 수입 지표'를 사용하지 않는다고 주장[22]하고 있으나 이는 아직 확인되지 않고 있다. 다만 ≪경제연구≫ 하나만 놓고 보면 2007년 이후부터는 사회순소득 및 순생산액, 특히 사회순소득을 가장 중요한 지표로 사용하고 있는 것으로 보인다. 개별 기업 차원에서의 사회순소득은 "판매수입에서 생산물의 원가를 공제한 나머지"로 규정되는데, 이는 사실상 이윤과 동일한 것으로 보아야 한다.

> "공장, 기업소들에 계획을 줄 때 생산량만 주지 말고 이윤과제와 외화과제도 주는 것이 좋을 것 같습니다"(김정일 선집 13권, 24페이지). 사회주의원칙을 확고히 지키면서 가장 큰 실리를 얻기 위한 경제관리방법을 해결하는 데서 중요한 것은 실리지표인 **사회순소득 지표**를 잘 이용하는 것이다(최송렬, 2008: 28).

위의 글을 보면 김정일 위원장의 발언을 앞에 내세워 사회순소득 지표의 중요성을 강조하고 있다. 이 구절로부터도 사회순소득이 이윤과 동일함을 암시받을 수 있다. 사회순소득이 이윤이라는 사실을 직접적으로는 말하지 못하고, 이윤과제도 필요하다는 김정일 위원장의 발언을 내세워 사회순소득이 무엇이고 왜 중요한지를 간접적으로 설명한 것이다. 더욱이 이 지표가 얼마나 중요한지에 대해서도 분명하게 제시하고 있다.

> 지난 시기에는 계획사업에서 **생산계획만 위주로** 보면서 실리를 보장하기 위한 사업에 응당한 주의를 돌리지 못했다. 그때에는 계획과제가 주로 생산과 건

---

22) ≪민족 21≫의 기자 출신인 이경수는 전 조선대학교 교수 강일천 씨가 자신과의 인터뷰에서 "번 수입 지표를 더 이상 사용하지 않는다"라고 밝혔다고 전하고 있다(이경수, 2008: 22).

설의 현물적 규모로만 주어지고 계획수행평가와 통제사업도 **현물지표**를 기본
으로 하여 진행되었다. 경제활동의 질적 측면을 반영하는 **화폐지표**들이 일부
설정되기는 하였으나 그것은 현물지표의 부족점을 보충하는 **부속지표**로 취급
되었으며 많은 경우에 **계산지표**로 이용되었다(정영범, 2007a: 16~17).

그러나 이제는 크게 변했다.

사회순소득계획을 현물생산계획과 같이 생산계획지표로 규정하여야 공업생
산기업소들이 현물생산계획과 함께 생산순소득계획을 어김없이 수행하는 엄격
한 규율을 세울 수 있으며 …… (최송렬, 2008: 28).

화폐지표는 단순히 현물지표의 부속지표, 보조적 지표가 아니라 최소한
현물지표 정도의 중요성, 때로는 그 이상의 중요성을 가지게 되었다. 그리
고 화폐지표 가운데 이윤이 가장 중요하게 되었다. 자신들이 불과 십여 년
전까지 그렇게 비난해 마지않던, 바로 그 이윤지표가 이제는 가장 중요한
지표로 되었다는 것은 엄청난 변화임에 틀림없다. 더욱이 이른바 개혁의 후
퇴기라고 불리는 2008년 시점에도 공식문헌에서 이윤의 중요성을 역설하고
있다는 점 또한 주목할 만하다.

2) 인센티브 구조

(1) 독립채산제

7·1 조치의 또 다른 핵심요소는 철저한 독립채산제의 실시이다.[23] 사실

---

23) 북한의 김용술 무역성 부상은 2002년 9월 2일 도쿄에서 개최한 경제정책 설명회에서
경제관리개선조치의 골자를 첫째, 기업소·공장들이 철저한 독립채산제를 실시하는

북한을 비롯한 사회주의 경제에서 크나큰 고민거리 중 하나가 기업운영상의 낭비와 비효율이다. 이 문제에 대처하기 위해 국가가 경제관리제도상의 변화를 도모한 것이 독립채산제의 실시 및 강화이다.

우선 번 수입 지표를 도입했다. 이는 앞에서도 밝혔듯이 기업의 실적평가에서 종전보다는 금액지표를 중시하고, 더욱이 생산과 경영상의 효율성, 수익성의 문제를 중시하지 않을 수 없게 되었기 때문이다. 그리고 이는 철저한 독립채산제의 실시를 의미한다(조동호 외, 2002: 266). 사실 기업의 경영실적에 대해서는 주로 현물지표로 평가하면서 기업에 대해서는 독립채산제를 철저히 실시하라고 요구하는 것은 어불성설이다. 기업이 적극 호응할 리가 없기 때문이다. 그것을 이번에는 바로잡겠다는 것이다.

그리고 이 조치의 원활한 시행을 위해 2001년 말 시점으로 기업의 부채를 동결하는 등 모든 기업의 손익상태를 제로로 조정했다고 한다. 향후 몇 년 동안 기업이 제대로 경영을 하는지 여부가 기업의 장부에 그대로 드러나게 하겠으며, 이를 토대로 기업경영실적을 평가하겠다는 취지로 보인다.

또한 북한은 이번에 가격체계를 조정했다. 그런데 이 조치는 가격에 대한 국가보조를 폐지하고 가격을 수요와 공급 등을 고려하여 현실화하는 내용도 담고 있다. 이는 철저한 독립채산제가 실시될 수 있는 기반을 마련한다는 의미를 가진다. 사실 가격의 왜곡상태는 독립채산제의 실시에 커다란 제약요인으로 작용한다. 기업이 나름대로 경영합리화 차원에서 원가를 따지고 비용을 절약하고자 해도 수익을 맞추는 데 한계가 있기 때문이다. 가장 중요한 변수의 하나인 가격 문제는 기업경영에 결정적인 영향을 미치지만 가격 자체는 기업의 의사결정 권한 내에 있지 않다. 기업의 책임에 한계가 있다는 것이다.

아울러 노동에 대한 인센티브 강화, 특히 임금이 현물임금에서 화폐임금

것, 둘째, 가격과 생활비(임금)를 대폭적으로 조정한 것이라고 밝힌 바 있다.

으로 바뀐 것 또한 보다 철저한 독립채산제의 실시를 제도적으로 뒷받침하는 조치라는 의미를 지닌다(김연철, 2002: 16). 종전에는 개별 기업이 아니라 국가 차원에서 임금을 지급했는데 이는 식량을 비롯한 각종 기초 소비재에 대한 저렴한 공급(배급)과 결합된 사실상의 현물임금이었다. 그리고 이는 기업의 생산비용, 나아가 이윤에 대한 정확한 계산을 어렵게 했고 따라서 독립채산제의 성과를 제약하는 또 하나의 요인으로 작용했다.

앞에서 언급했던 계획 작성에서 기업의 자율성 확대도 독립채산제 실시 강화를 위한 기반 조성이라는 의미가 있다. 사실 독립채산제의 강화를 부르짖었던 1984~1985년 《로동신문》에서는 기업의 독자성, 자립성의 확대를 주장하는 논의가 나타났다. "기업소의 자립성이 강화되고, 계획 작성사업을 기업소가 주도적으로 진행시켜 기업소 자체가 세우는 계획지표의 범위가 넓어지면 (가격, 이윤, 원가와 같은) 경제적 공간의 이용 의의는 한층 더 커진다"(《로동신문》, 1985. 8. 4) 등과 같은 논조였다.

물론 독립채산제의 강화는 그동안 여러 차례 있어왔다. 하지만 7·1 조치에서는 독립채산제 그 자체도 내용적으로 강화되었고 무엇보다도 독립채산제가 제대로 실시될 수 있도록 몇 가지 여건을 갖추어 놓았다[24]는 점에서 종전과 뚜렷이 구별되는 특징이 있다.

(2) 노동 인센티브

7·1 조치는 노동 인센티브 시스템의 면에서 종전의 정책 변화와 유사하면서도 확연히 구별되는 몇 가지 요소가 있다.

무엇보다도 이 가격인상조치는 분배제도의 급진적인 변혁을 의미한다는

---

24) 물론 한계는 있다. 가격을 자유화한 것이 아닌 만큼 가격의 왜곡이 완전히 해소된 것은 아니다. 그리고 아무리 번 수입 지표로 평가한다 해도 협동생산이라는 사회주의 경제의 특성상 현물지표의 중요성을 완전히 무시할 수는 없다.

사실에 주목해야 한다. 특히 간과해서는 안 될 것은 모든 가격이 동일한 비율로 인상된 것이 아니라는 점이다. 모든 가격이 평균적으로는 25배 인상되었지만 평균보다 많이 오른 품목이 있고 적게 오른 품목도 있다. 소비재의 경우 가격의 대폭적인 인상은 주민들이 여태까지 무상에 가까운 매우 저렴한 가격으로 공급받았던 재화·서비스에 집중되었다. 전기, 주택, 식료품, 교통 비용 등은 수십 배나 올랐고 쌀, 옥수수 등 식량가격은 수백 배나 오르는 기록적인 인상률을 나타냈다(1장의 〈표 1-9〉 참조).

종전에는 노동자, 사무원의 실질생계비에서 식량값이 차지하는 몫은 불과 3.5%도 되지 않았다.[25] 또 전기료, 수도료를 포함한 주택사용료도 생계비에서 차지하는 비중이 3% 정도에 불과했다(강일천, 2003: 5~6). 부식물 등은 소속 직장에서 후방공급사업이라 하여 매우 저렴한 가격으로 공급받았다. 게다가 교육, 의료 등은 국가에서 무상으로 제공받았다. 그런데 7·1 조치로 사정이 완전히 달라졌다. 이제는 근로자들의 실질생계비에서 식량값이 차지하는 몫이 50% 정도에 이르게 되었다.[26] 전기료, 수도료를 포함한 주택사용료도 생계비에서 차지하는 비중이 크게 높아지게 되었다.

사실 여태까지 국가가 식량, 주택 등 생활에 필수적인 재화·서비스를 무상에 가까운 저렴한 가격으로 제공해왔던 것은 국가가 주민들의 최소한의 생활을 보장해준다는 정책기조에 따른 것이다. 하지만 이러한 정책은 노동인센티브의 측면에서는 부정적으로 작용한다는 결점이 있다. 기본생활은 보장되기 때문에 굳이 열심히 일하지 않아도 되었다. 하루만 일하면 한 달

---

25) 7·1 조치에 대한 조선 노동당 내부문건. 이 요지는 ≪조선일보≫, 2002년 10월 16일자에 보도된 바 있으며 전문은 ≪월간조선≫ 2002년 12월호에 게재되었다. 이는 7·1 조치의 본격적인 시행을 앞두고 일선 당정기관 간부와 군인들에 대한 강연 및 학습자료용으로 작성된 것으로 보인다.
26) 7·1 조치에 대한 조선 노동당 내부문건.

식량을 사 먹을 수 있었기 때문에 구태여 애써 일하지 않고 살고, 일할 수 있는 가정부인들이 사회에 진출하지 않고, 또한 "사람들 사이에 건달풍이 조장되고 근로자들의 노력적 열성이 떨어지게 되는" 현상이 만연해졌다.

따라서 임금이 노동에 대한 인센티브로서 제 기능을 수행할 수 있기 위해서는 무엇보다도 주민들의 기본생활과 관련된 재화·서비스를 거의 무상으로 공급해온 기존의 분배제도를 폐기해야 할 필요가 있었다. 이러한 필요성에서 비롯된 것이 바로 7·1 조치의 시행이었다. 이는 국가는 이제 더 이상 모든 주민의 기본생활을 보장하지 않는다는 의지의 표현이기도 했다. 7·1 조치 내부문건이 "앞으로 절대로 공짜는 없다"라고 강조한 것도 바로 이 때문이다. 주민들 입장에서는 이제 오로지 자신의 소득으로 자신과 가족의 생계를 해결하고 책임져야 하는 완전히 새로운 환경에 놓이게 되었다. 자신이 어떠한 형태로든 벌지 않으면 자신과 가족의 생존조차 불가능하게 되는 절박한 상황에 처한 것이다. 노동자와 그 가족의 생계가 전적으로 임금에 의존하게 되었고, 따라서 직장에서의 노동은 자신과 가족이 생존할 수 있기 위한 필수조건이 되었다. 노동 인센티브 시스템이 제 기능을 발휘할 수 있는 제도적 기반이 이런 식으로 마련된 것이다.

또한 7·1 조치를 통한 임금인상에서 가장 두드러진 현상은 임금을 직종별·계층별로 차등인상한 것이다. 즉, "사회와 집단을 위해 실지 일을 더 많이 하는 사람들을 우대하는 원칙에서" 사무원보다는 노동자, 기술자, 과학자들의 임금을 더 많이 올렸다. 일반 노동자들의 임금은 평균 18배 인상했으나 비생산부문 및 당정기관의 인력에 대해서는 17배 인상에 그쳤다. 반면 생산현장에서 일하는 기사와 해당 기술 자격직제에서 일하는 연구사, 설계원, 대학교원 등 전문가들의 임금은 19배나 인상했다.

눈에 띄는 것은 노동자 가운데서도 탄광, 광산을 비롯해 어렵고 힘든 부문에서 일하거나 국가전략물자를 생산하는 노동자에 대해서는 임금을 20~25배로 올려준 사실이다. 특히 탄광, 광산의 굴진공, 채탄·채광공의 임금을 6,000원으로 가장 높게 했다. 노동자, 사무원의 평균 임금 2,000원보다 무려 3배나 많게 책정한 것이다.

하지만 이러한 것들은 기본임금에 해당되는 것이다. 기본임금 외에 추가적인 임금, 즉 상금·장려금 등까지 고려해야 한다. 게다가 북한에서는 종전부터 노동자들에 대한 기본적인 임금지불형태로서 도급지불제를 실시하는 것이 원칙으로 되어 있다. 노동의 질과 양에 따른 분배를 실현한다는 취지에서이다. 그런데 7·1 조치로 도급제가 더욱 강화된 것으로 보인다.

≪조선신보≫(2002년 10월 11일자)는 탄광에서 누진도급지불제[27]가 어떻게 강화되었는지 소개하고 있다. 7·1 조치 이후 노동정량계획의 70%만 달성하면 기본임금의 전액이 지불되고 그 이상의 실적을 올리면 누진임금이 지급되었다. 그리고 계획을 120% 이상 수행했을 경우 120%를 초과하는 생산실적에 대해서는 5배의 누진임금이 지급되었다.[28] 종전에는 계획을 100%

---

27) 도급지불제에는 여러 범주가 있으나 대표적인 것이 단일도급지불제와 누진도급지불제이다. 전자는 생산한 제품의 수량 또는 수행한 작업량(시간)에 따라 고정된 도급단가에 의해 임금을 계산·지불하는 방식이다. 즉, 단가가 고정되어 있으며 생산계획(또는 작업계획)의 달성 정도에 상관없이 실제로 수행한 작업실적이 임금계산의 기초로 된다. 후자는 노동정량을 넘쳐 수행한 정도에 따라 누진적으로 높아지는 도급단가에 의해 임금을 계산·지불하는 방식이다. 즉, 도급단가가 고정되어 있지 않고 달라지며, 주어진 노동정량을 100% 했느냐 초과달성했느냐 하는 것이 임금계산에 직접적인 영향을 준다. 북한에서 누진도급지불제는 채취공업, 금속공업, 화학공업, 건설부문 등 국민경제발전에서 특별히 중요한 위치에 있으며 노동과정에서 육체적 및 정신적으로 힘이 많이 드는 부문에서 일하는 노동자들을 우대하기 위해 적용하고 있다. 『재정금융사전』(평양: 사회과학출판사, 1995), 365, 371~372, 446~447쪽.

28) ≪조선신보≫는 2·8 직동청년탄광에서 일하는 김유봉 씨의 중대에서는 매달 계획을 300% 달성해 탄부들이 기본임금 이외에 2만~3만 원의 누진임금을 받았다고 전하고 있다.

달성해야 기본임금을 전액 받을 수 있었고 120% 이후에 지급되는 누진임금도 2배 수준에 불과했다. 즉, 7·1 조치로 누진도급지불제의 누진비율이 대폭 상향조정되면서 누진도급지불제가 크게 강화된 것이다. 많이 일한 사람과 계획을 초과달성한 사람에 대해 보수를 더 많이 주게 된 셈이다.

또한 앞에서도 밝혔듯이 7·1 조치로 '번 수입에 의한 평가'방식이 새롭게 도입되었다. 이에 따라 계획을 초과달성하여 더 많은 수익을 거둔 공장·기업소는 그에 상응하는 분배를 받게 되었다. 아울러 공장·기업소의 수익이 많아지면 노동자들도 기본임금보다 더 많은 액수를 받게 되었다. 기업의 계획수행 정도 및 기업이 벌어들인 이윤의 크기와 노동자들의 임금을 구체적으로 어떤 방식으로 연계하게 되었는지는 잘 알 수 없지만 양자의 연동 정도가 훨씬 강해졌을 것임은 충분히 짐작할 수 있다. 따라서 노동자와 기업은 공동운명체로 묶이게 되었고 북한 측 표현을 빌면 노동자들은 "기업의 일에 주인의식을 가지고 임하게 되었다"고 할 수 있다.

이에 따라 '많이 하면 많이 받을 뿐 아니라 적게 하면 적게 받는' 원칙에 보다 철저하게 되었다. 즉, 자신이 열심히 일하고 자신의 기업이 계획목표를 달성 및 초과달성하면 임금을 많이 받겠지만 자신이 열심히 일하지 않거나 자신의 기업이 계획목표를 달성하지 못하면 임금을 적게 받을 수밖에 없는 상황에 처한 것이다. 특히 실적에 따라서는 기본임금을 훨씬 웃도는 금액을 받을 수도 있지만 반대로 기본임금에 크게 미치지 못하는 액수를 손에 쥐게 되는 경우도 발생할 수 있게 되었다. 요컨대 긍정적인 물질적 인센티브도 확대·강화되었지만 부정적인 물질적 인센티브도 본격화되었다고 할 수 있다. 바로 이 점이 종전과는 뚜렷이 구별되는 특징이다.

결국 종합적으로 보면 노동에 대한 인센티브 시스템을 강화하고자 한 시도가 7·1 조치가 처음은 아니다. 앞에서 보았듯이 북한정부는 특히 경제난이 심각해진 1980년대 말 이후에 물질적 자극의 도입에 적극 나섰다. 하지만 7·1 조치는 종전과 결정적인 차이가 있다. 노동에 대한 인센티브 시스템 그 자체가 내용적으로 확대되었을 뿐 아니라 분배제도, 배급제 등의 측면에서 대수술을 단행하여 이 시스템이 제대로 작동할 수 있는 제도적 기반을 마련했다는 점에서 획기적인 변화라 하지 않을 수 없다.

3) 평가

(1) 기업관리시스템 변경의 성과와 한계

7·1 조치와 같은 경제개혁, 특히 기업관리시스템 변경과 같은 미시경제적 개혁은 기본적으로 (공식적) 제도의 문제이다. 그런데 북한의 경우 제도 이전의 문제를 우선적으로 생각해야 한다. 극심한 원자재 부족, 에너지 부족, 암시장의 창궐 및 암시장에서의 인플레이션 등 거시경제적 문제가 바로 그것이다. 실제로 탈북자들은 7·1 조치로 인한 기업관리시스템의 변경이 뚜렷한 성과를 거두지 못한 주된 요인으로 원자재 부족, 에너지 부족 등 거시경제적 요인을 꼽고 있다.

북한의 경우에는 어떠한 경제개혁적 조치를 논하더라도 거시경제적 문제를 분리해서 생각할 수 없다. 거시경제적 문제와 함께 풀어나가지 않는 한 어떠한 제도적 변경, 즉 경제개혁도 그 성과는 제한적이지 않을 수 없다. 이는 다른 나라의 경제개혁과 구별되는 북한의 특수성이라고도 할 수 있다.

사실 구소련, 중국, 동구 등 사회주의 국가들이 본격적인 경제개혁에 착수할 당시 거시경제적 상황이 매우 어려웠다고 하나 현재의 북한 정도는 아니었다. 북한은 지금 경제의 재생산조차 불가능할 정도이다. 국민경제의 순환구조는 사실상 파괴되었다. 그리고 구소련, 동구에서 흔히들 암시장이라 하는 2차 경제가 발달되었다고는 하나 북한 정도는 아니었다. 북한은 현재 2차 경제가 1차 경제를 상당 정도 대체하거나 잠식한 상태이다.

(2) 기업관리시스템 변경의 파급효과: 비공식적·비계획적 계약관계의 확대

7·1 조치로 기업에 대해 권한만 확대된 것이 아니라 의무도 확대되었음에 유의해야 한다. 보다 철저한 독립채산제가 실시된다고 하면 기업의 존폐 여부는 기업 스스로에게 달리게 된다. 더욱이 기업이 국가재정에 납부해야 하는 국가기업이득금(국가납부금)의 의무는 보다 강화되었다. 게다가 기업에는 자신의 노동자들에게 임금, 식량 등을 제공해야 할 의무, 즉 노동자들을 먹여 살려야 할 의무가 부여되었다. 그런데 국가는 기업에 대해 그러한 의무를 수행할 수 있는 수단, 즉 원자재와 자금을 충분히 공급한다는 보장이 없다. 하지만 7·1 조치 이후로 기업은 현금만 있으면 생산에 필요한 원자재를 언제든지 획득할 수 있게 되었다. 그리고 7·1 조치로 상당수 기업들은 현물계획이 아니라 금액계획이 더 중요해졌다. 이렇게 해서 기업은 현금 수입을 확보·확대해야 할 절박한 필요성, 강력한 유인이 발생한 것이다.

한편, 개인 차원의 시장경제활동 가운데 합법화된 영역은 아직 크지 않다. 종합시장에서의 매대 장사꾼을 제외하고는 시장에 대한 접근 가능성이 매우 제한되어 있다. 특히 개인이 각종 생산수단을 소유하는 것은 법으로 강력하게 금지되어 있다. 이러한 생산수단은 기관, 기업소, 단체만 소유할 수 있다. 그러다 보니 개인이 실질적으로 자신이 소유한 생산수단을 통해 시장경제활동을 하기 위해서는 특정 기관·기업소의 명의를 빌릴 필요성이 생긴다. 아울러 기관·기업소는 명의를 빌려주고 그 대가로 현금수입을 확보할 유인이 생겼다. 이렇게 해서 양자의 이해관계가 맞아떨어지면서 기업의 명의 대여를 둘러싸고 개인과 기업 간에 비공식적·비계획적 계약관계[29]가 발생, 확산되었다.[30]

---

29) 비공식적 계약관계라는 개념은 이석기(2009)에서, 비계획적 계약관계라는 개념은 박일수(2006)에서 빌린 것이다.

30) 개인과 기업 간의 비공식적·비계획적 계약관계의 진전은 대부분 실질적인 소규모

이는 크게 보아 기업 내부의 개인과 기업의 계약관계, 기업 외부의 개인
과 기업의 계약관계로 나누어진다. 전자는 이른바 8·3 노동자이고, 후자는
개인에 대한 기업의 명의 대여, 금융 및 투자 유치 등으로 이루어진다. 8·3
노동자는 자신이 속해 있는 기업에 대해 매달 일정 금액의 현금을 바치면
개인은 직장에 출근하지 않아도 되어 자유롭게 상행위를 할 수 있다.[31] 현
금수입이 필요한 기업과, 자유와 시간이 필요한 개인의 이해관계가 맞아떨
어지는 것이다.[32]

후자의 경우, 기업이 개인에 대해 명의를 대여할 수 있는 대상은 그 범위
가 꽤 넓다. 상점, 식당, 목욕탕, PC방 등과 같은 사업체일 수도 있고, 버스,
선박 등과 같은 사업수단 및 해당 사업일 수도 있다. 아울러 개인 자신이
될 수도 있다. 이들을 몇 가지 사례와 함께 조금 더 구체적으로 살펴보기로
하자.

7·1 조치 이후 상점은 운영주체에 따라 국가가 운영하는 국영상점과 기
관·기업소가 운영하는 '일반상점'으로 이원화되었다. 일반상점은 기존 국
영상점을 기관·기업소에 임대하여 자율운영토록 한 '(수매)위탁상점'과 기
관·기업소가 개설한 '직매장'으로 구분된다. 그리고 개인 명의의 상점 운영
은 불허되지만 일부 자금력이 있는 개인이 기관·기업소 명의를 이용하여
직접 운영하는 사례도 발생하고 있다.

식당 운영도 유사하다. 식당도 국가가 운영하는 국영식당과 기관·기업
소가 경영하는 '합의제 식당'으로 이원화되었다. 그런데 개인이 수익금 일부

사유화의 진전과 밀접한 관계에 있다.

31) 8·3 노동자에 대해서는 이미 5장에서 자세히 설명했기 때문에 여기서는 간단히 언
급하는 선에서 그친다.

32) 8장에서도 보겠지만 8·3 노동자는 경제위기를 거치면서 늘어나기 시작했고, 7·1
조치 이후 급증한 것으로 전해지고 있다.

를 '국가납부금' 명목으로 제공하는 조건으로 식당을 인수해 기관·기업소 명의로 운영하는 것이 사실상 허용되었다. 아울러 자금력을 갖춘 개인들이 기관·기업소 명의로 맥주집, 가라오케, 목욕탕, PC방 등을 운영하는 사례도 발생하고 있다(통일부·통일연구원, 2005: 33~34; 한기범, 2009: 205).

탈북자들의 증언에 따르면, 예컨대 청진시에서는 포항구역 청송동에 오락실을 겸한 컴퓨터 상점이 문을 열어 10여 대의 컴퓨터를 가지고 일반인을 대상으로 게임, 문서 작성 및 출력 등의 영업을 하고 있으며, 같은 구역 남강1동에서는 비디오 관람방이 개업하여 주로 북한영화를 상영하고 또한 빠찡코 기계를 설치하여 영업을 하고 있다는 사례가 전해지고 있다. 아울러 청진시 신암구역 역전동에는 신식 목욕탕이 개업했는데 그 내부에는 안마소, 당구장, 노래방도 같이 운영된다고 한다. 또한 해주시의 경우, 7·1 조치 이후 개인이 국가로부터 식당을 임대받아 운영하는 현상이 나타나기 시작해 2005년 8월 말에 약 50개의 식당이 운영된 것으로 전해지고 있다(김영수 외, 2006: 52~53).

또한 시장의 발달에 따라 여객 및 화물 수송에 대한 수요가 증가하면서 기업이 개인에 대해 일정한 대가를 받고 운송사업권을 부여하는 사례도 늘고 있다. 즉, 차량을 보유할 수 있는 권한을 가진 기관·기업소가 버스를 구매해 운송사업을 하고자 하는 개인에게 자신의 명의를 빌려주는 것이다. 그러면 이 개인은 자신의 자금으로 버스를 구입해 해당 기관·기업소에 버스를 등록시키고 여객수송사업을 영위한다. 선박의 경우도 유사하다. 개인이 선박을 구입해 특정 기관·기업소의 부업선 명목으로 해당 기관·기업소에 적을 걸어둔 뒤 이 선박을 가지고 고기잡이 사업을 하고 일정 대가를 그 기관·기업소에 제공하는 것이다.

기관·기업소가 개인에 대해 명의를 대여할 수 있는 대상으로 빼놓을 수 없는 것이 개인 자신이다. 즉, 기관·기업소가 대가를 받고 특정 개인을 자신의 기관·기업소에 소속시키는 것이다. 이 경우 순수하게 개인만 소속시킬 수도 있고, 개인이 소유한 생산수단과 함께 소속시킬 수도 있다. 개인의 입장에서는 기업, 특히 외화벌이사업소 같은 곳에 적을 걸어두면 상행위, 특히 무역업을 하기가 훨씬 수월하다. 개인 차원이 아니라 기업 명목으로 상행위를 하면 되는 것이다(탈북자 L3 씨).

한편, 기업의 현금 수요가 크게 늘었지만 기업 스스로 현금을 확보할 능력이 없는 경우, 개인 자금을 끌어올 필요가 있다. 이 경우 개인은 기업에 대해 순수하게 자금을 대여해서 이자수입만 챙길 수도 있고, 직접 자금을 투자해 운영수익을 분배받을 수도 있다.

(3) 인센티브 강화조치의 성과와 한계

북한경제에 인센티브가 작동할 수 있는 구조를 창출하기 위한 7·1 조치도 원래의 의도대로 작동하기 어려운 측면이 많이 존재한다. 우선 7·1 조치가 인센티브 문제를 해결하기에는 북한이 처해 있는 환경이 매우 열악하다.

물론 7·1 조치가 북한주민들의 노동의욕을 높이는 데 일정 정도 기여했다는 사실에 이의를 제기하는 사람은 별로 많지 않을 것이다. 사실 2002년 7월 이후 북한을 방문하는 사람들은 이구동성으로 북한주민들의 태도가 크게 달라졌다고 지적하고 있다. 돈을 벌겠다는 의지가 여실히 느껴진다는 것이다.

이러한 인센티브 강화조치로 공급증대 가능성이 있는 것은 부정할 수 없다. 하지만 북한과 같이 경제적 자원이 사실상 고갈된 상태에서는 외부에서 자원을 투입하지 않는 한 공급능력 증대는 명백한 한계가 있다.

임금지급 문제만 놓고 보아도 그렇다. 지역과 기업에 따라 다소 편차가 있겠지만 2002년 7월 이후 2~3개월은 인상된 임금이 100% 지급되었다. 하지만 이후 9~10월부터는 일부 대규모 기업소를 제외하고는 대부분 임금이 제대로 지급되지 않은 것으로 알려지고 있다.[33] 7·1 조치의 시행과 함께 국가는 기업에 대해 일시적으로 대부형식의 임금지불재원을 제공했으나

2~3개월 후에는 중단했다. 그렇다면 임금지급은 기업의 책임으로 남는데 전력난, 원자재난으로 공장이 제대로 돌아가지 않는 상황에서 기업이 임금으로 지급해야 할 자금을 확보하기는 어렵다.

그런데 7·1 조치 이후 임금이 노동자들의 생계에 결정적 중요성을 가지게 되면서 임금의 정상지급 여부는 노동자들의 근로의욕 및 직장이탈과 직접적인 관련을 가지게 되었다. 즉, 임금이 제대로 지급되던 때에는 노동자들의 생산의욕도 높아졌는데 임금이 제대로 지급되지 않으면서 노동자들의 의욕도 다시 낮아지고 직장이탈도 하나 둘씩 늘기 시작했다는 것이다. 7·1 조치 이전의 상태로 돌아간 것이다.

또 하나는 인플레이션의 가능성이다. 만성적인 물자부족의 경제에서는 재화와 물자의 공급이 부족하여 소비자가 원하는 만큼 소비를 할 수 없기 때문에 돈이 있어도 생필품을 구입할 수 없는 화폐과잉현상(monetary over-hang)이 지속된다. 이 경우 물가 및 임금의 동시적인 인상조치가 노력투입을 자극하는 인센티브로 작동하기에는 한계가 있다. 즉, 임금인상으로 인해 화폐공급이 증가하는데 물자부족이 지속되는 경우, 비공식부문 경제에서 심각한 인플레이션 현상이 발생하거나,[34] 아니면 더 많은 임금을 획득하기

---

33) 평남 덕천시의 중앙공업에서 근무했던 J5 씨는 7, 8, 9월은 임금을 전액 지급받았고 이후는 50% 정도만 받았다. 함북 온성군의 지방탄광에서 일했던 C3 씨는 7, 8월만 전액 지급받았고 9월에는 40% 정도만 받았다. 강원 원산시의 지방산업공장에서 일했던 K14 씨는 7, 8월은 100%, 9월은 80%, 10월은 50%였고 그 이후는 임금지급이 중단되었다고 밝히고 있다.

34) 실제로 암시장에서는 인플레이션이 다시 발생한 것으로 전해지고 있다. 예컨대 ≪중앙일보≫ 2002년 12월 5일자는 신의주, 무산 등 공급이 제대로 이루어지지 않는 지역 출신의 탈북자들의 말을 인용해 이 지역의 암시장에서 식량가격이 2~3배로 폭등했고 운동화, 양복천 등도 1.5배 정도로 올랐다고 전하고 있다. 또한 ≪워싱턴포스트≫ 2003년 1월 26일자도 북한주민과 기업인 및 현지에서 활동하는 구호기관 관계자들의 말을 인용하여 북한 전역의 암시장에서 3개월간 쌀값이 50%나 올랐으며 다

위한 노력보다는 비공식부문에서 물자를 확보하기 위한 노력으로 집중될 가능성이 있다.

또 다른 한편에서는 시장메커니즘의 본격적인 도입 없이 인센티브 구조가 확보되기 어렵다는 점이 지적되기도 한다. 즉, 소유권 개혁과 노동이동 및 직업선택의 자유가 없는 개선조치가 기업의 효율성과 생산능력 제고로 이어질 수 있을 것인가라는 의문이 제기된다. 1960~1970년대 동유럽의 분권화 시도와 시장메커니즘의 도입이 실패한 이유는 소유권 개혁이 없었기 때문이라는 것이다. 소유권이 보장되지 않을 경우 노동 인센티브가 작동하지 않을 수도 있다. 기업의 분권화가 이루어져도 정부는 여전히 세금, 보조금, 임금 등으로 간접적으로 기업을 통제하게 되고 실질적인 연성제약 문제의 해결은 불가능하다는 것이다.

한편, 7·1 조치의 성과와 한계의 문제를 앞에서 말한 몬티아스의 인센티브 구조가 효율적으로 작동하는 세 가지 전제조건과 연관시켜 검토해보자. 7·1 조치의 실시로 첫 번째 조건, 즉 행위와 결과의 비례관계와 세 번째 조건, 즉 경제적 보상의 문제가 종전보다는 나아졌다. 하지만 이들 조건은 충분하게 갖추어진 것이 아니라 일부만 충족되었을 따름이었다. 제도적으로도, 거시경제적으로도 그러했다. 더욱이 두 번째 조건, 특히 감시·감독의 문제는 7·1 조치에서는 고려의 대상도 아니었다. 결국 7·1 조치는 인센티브 구조의 효율적 작동을 위한 조건 마련이라는 면에서 보면 종전보다 개선되기는 했지만 여전히 미흡했다는 시사점을 얻을 수 있다.

른 생필품 가격은 무려 3배나 폭등하는 등 인플레이션이 심각한 상황이라고 전했다.

3. 요약 및 결론

기업개혁은 기본적으로 공식적인 미시경제적 제도의 문제이다. 기업관리·운영과 관련된 제반 낭비와 비효율을 제거하여 기업의 생산성을 향상시키는 것이 기본 목적이다. 그런데 북한의 경우에는 미시경제적 개혁조치를 논할 때 거시경제적 문제를 분리해서 생각할 수 없다. 거시경제적 문제와 함께 풀어나가지 않는 한 어떠한 미시적 제도변경, 경제개혁적 조치도 그 성과는 제한적이지 않을 수 없다. 무엇보다도 7·1 조치가 이를 극명하게 보여주고 있다. 이는 북한의 경제개혁이 다른 나라의 경제개혁과 구별되는 특수성이라고도 할 수 있다.

물론 거시경제적 문제와 미시경제적 문제는 '닭과 달걀의 문제'에 비유될 수 있다. 무엇이 우선이라고 하기 어렵다는 의미에서 상호 인과관계에 있다. 기업의 효율성 제고 등 미시경제적 문제는 물자부족, 재정난, 인플레이션 등 거시경제적 문제의 해결을 위한 전제조건이고, 역으로 거시경제적 문제는 미시경제적 문제의 해결을 위한 전제조건이다. 그럼에도 현재 북한의 상황은 거시경제적 제약이 너무나 심각해 이를 우선적으로 고려하지 않고는 어떤 문제도 풀기 어려운 실정이다.[35]

한편, 7·1 조치는 국가가 비공식적 영역에서 이루어지는 기업행동의 일부를 공식적으로 승인하여 기업의 실제 행동양식과 공식적 제도의 괴리를 축소하고자 한 측면이 있다. 하지만 7·1 조치 이후 기업의 자율성과 시장 관련 활동이 더욱 확대되면서 공식적 제도와 현실의 괴리는 다시 커지고 있

---

35) 따라서 북한은 미시경제적 개혁에 앞서 거시경제의 불안정성을 제거 혹은 완화하기 위한 정책을 우선적으로 추진해야 한다. 혹은 거시경제적 안정성 확보와 미시적 제도개혁을 동시에 추진하거나 미시적 제도개혁조치 가운데 거시경제적 불안정성 제거에 도움이 되는 정책을 우선적으로 고려할 필요가 있다.

다고 보아야 할 것이다.[36]

7·1 조치는 달리 보면 계획과 시장의 병존에 대한 실험에 착수한 것이다. 여기서 계획과 시장은 보완적일 수 있다. 반면, 대립적일 가능성, 즉 갈등을 일으킬 소지도 존재한다. 예컨대 기업의 입장에서는 지표별 계획에 대해서는 크게 관심을 두지 않으면서 현금수입을 늘리기 위해 시장판매 목적의 생산에만 열을 올릴, 또 이를 위해 여러 가지 비공식적 행동을 전개할 개연성이 존재한다. 또한 기업의 경제활동 가운데 상당수는 합법과 비합법이 뒤섞여 있거나 그 구별이 모호한 것이 될 가능성이 크다.[37] 특히 기업은 국가가 정한 각종 한도를 넘어서서 시장과 관련한 비공식적 행동을 서슴지 않거나 기업과 개인 간의 비공식적·비계획적 계약관계를 확대할 공산이 크다. 국가 또한 이러한 기업행동을 예상할 수 없는 것이 아니므로 감독과 통제의 고삐를 늦추지 않으려 할 것이다. 하지만 8장에서 자세히 보겠지만 이러한 감독과 통제가 성과를 반드시 거둔다는 보장은 없다.

---

36) 자세한 것은 예컨대 이석기(2009: 143-144) 참조.

37) ≪조선신보≫ 2003년 12월 22일자는 기업들이 기본제품의 생산과정에서 나오는 '부산물'로 인민생활필수품을 만들어 이것의 30%를 종합시장에서 판매해 현금을 조달하고 이를 국가납부를 하지 않는 생산유지비로 쓸 수 있다고 전했다. 그런데 종전에 8·3 인민소비품 생산을 보면 규정과는 달리 기업의 부산물·폐기물 등이 아닌 일반자재를 비공식적 방법으로 조달해서 제품을 생산하여 8·3 인민소비품으로 상부에 보고하고 상부는 이를 묵인하는 경우가 비일비재했다. 종합시장 판매생산도 대체로 그러한 전철을 밟았다고 할 수 있다.

　기업에 대한 제도경제학적 해석은 자본주의 기업뿐만 아니라 사회주의 기업, 특히 경제개혁 및 체제전환이라는 극심한 환경변화에 노출된 사회주의 기업의 행동을 분석하고 그 발전방향을 가늠하는 데 매우 유용한 접근법으로 평가받고 있다. 그럼에도 구소련, 동구, 중국의 경우와는 달리 북한의 기업에 대해서는 제도경제학적 분석이 거의 이루어지지 않았다. 이는 결국 북한기업에 대한 기존 연구가 경제학적 기준에서 보면 질적인 면에서 적지 않은 문제점을 안고 있었음을 시사한다.

　한편, 현실적으로는 지난 2002년 7·1 경제관리개선조치 이후 북한 기업에 대한 보다 체계적인 연구의 필요성이 증대되고 있다. 이 조치는 북한의 경제개혁을 위한 첫걸음으로 평가받을 수 있는데, 핵심적 요소의 하나는 기업의 자율성 확대이다. 따라서 향후 북한의 경제개혁이 본격화될 것에 대비해서 최근 북한 기업의 행동 및 운영시스템, 나아가 7·1 경제관리개선조치 이후의 변화에 대해 보다 체계적으로 정리해두는 것이 정책적으로도 매우 중요한 과제이다.

북한의 경우 경제개혁 및 체제전환과정에서 기업시스템과 관련된 핵심적 과제의 하나는 기업지배구조(corporate governance)의 문제일 것이다. 지금까지는 체제전환과정에서 기업시스템의 재정비의 핵심적 요소로 사유화(privatisation)가 인식되어왔으나 체제전환국의 경험이 보여주는 것은 사유화가 필요충분조건이 아니라는 것이다. 특히 중국의 경험이 보여주듯이 경우에 따라서는 사유화보다는 기업지배구조 구축 문제에 논의의 초점을 맞추어야 할 것이다.

이와 관련하여 주식시장의 도입과 결합된 국유기업의 사유화를 통해서 효율적인 기업지배구조를 창출할 수 있을 것이라는 신고전파 경제학의 사고는 비판의 여지가 있다. 제도경제학적 접근은 이행기에 다양한 대안적인 기업지배구조 모델이 존재하며, 각 국가의 발전단계, 제도와 전통의 역사를 고려하지 않고 각 기업지배구조 모델을 평가 · 적용하는 것은 의미가 없다고 주장하고 있다. 북한의 경우 바람직한 기업지배구조의 구축을 모색할 때 이러한 제도경제학적 접근이 보다 유용할 것으로 보인다.

이 연구의 과제는 주로 1990년대 이후를 대상으로 북한의 기업지배구조를 분석하는 것이다. 기업지배구조의 실태를 파악 · 정리하고 이러한 기업지배구조가 발생 · 유지되는 원인과 배경을 분석할 것이다. 아울러 이러한 기업지배구조의 의미도 정리해보고자 한다. 동시에 이 구조가 이른바 7 · 1 경제관리개선조치 이후 어떻게 변화하고 있는지도 살펴보고자 한다. 방법론적으로는 제도경제학적 방법, 특히 주인-대리인 이론을 활용할 것이다.

1. 전제적 논의

1) 분석틀

이 연구는 기업지배구조 일반에 대한 기존의 제도경제학적 연구성과 가운데 주인-대리인(principal-agent) 이론을 활용하여 분석을 진행하고자 한다. 주인-대리인 관계는 1인 이상의 사람(주인)이 자신의 이익을 위해 대신 행동해줄 것을 요구하면서 다른 사람(들), 즉 대리인을 고용하는 명시적 또는 암묵적인 계약에 의해 성립한다. 따라서 주인-대리인 문제란 대리인이 주인의 이익을 위해 행동하지 않을 때를 가리키는 것이다. 대개는 양자의 이해관계가 엇갈릴 수 있는 경우에 발생한다.

주인-대리인 이론은 모든 형태의 교환에 적용될 수 있지만 흔히 위계적인 관계를 분석하는 데 이용된다. 특히 주인이 어떤 권리, 예컨대 자원을 사용할 수 있는 권리를 대리인에게 위임하여 주인의 이익을 위해 대리인이 일하도록 하고 그 대신 보상금을 지급하는 형태의 공식적 또는 비공식적인 계약에 얽매이게 하는 관계를 분석하는 데 이용된다. 그래서 흔히 기업을 둘러싼 문제에 주인-대리인 이론이 활발하게 연구되었다(유동운, 1999).

이러한 주인-대리인 문제의 이론 틀은 사회주의 국가, 기업, 경영자, 노동자의 관계를 설명하는 데에도 유용한 분석도구를 제공해준다. 사실 사회주의 경제에서 주인-대리인 문제는 중첩적으로 발생한다. 즉, 국가와 기업, 국가와 중간적 감독기관, 중간적 감독기관과 기업 사이에 다양한 협상과 담합이 존재한다.

실제로 고전적 사회주의 경제 및 경제개혁, 체제전환단계에서의 기업, 특히 기업지배구조에 대해 그라닉(D. Granick), 리(K. Lee), 첸(Y. Qian) 등이 주인-대리인 이론을 원용해 논의를 전개했다(Granick, 1983, 1990; Lee, 1991; Qian, 1996).

<표 8-1> 설문조사 대상 탈북자의 인적사항

구분		응답자 수(명)	비율(%)
출신지역 (최종 거주지역)	함경북도	100	60.6
	비(非)함경북도	65	39.4
	합계	165	100.0
성별	남성	69	42.1
	여성	95	57.9
	합계	164	100.0
연령	20대 이하	20	12.1
	30대	77	46.7
	40대	48	29.1
	50대 이상	20	12.1
	합계	165	100.0
학력	고등중학교 졸업	117	74.5
	전문학교 졸업	22	14.0
	대학교 졸업	18	11.5
	합계	157	100.0
탈북 시기	7 · 1 조치 이전	103	62.8
	7 · 1 조치 이후	61	37.2
	합계	164	100.0
당원 여부	당원	38	25.9
	비당원	109	74.1
	합계	147	100.0

2) 연구방법

이 글은 문헌조사와 현장조사를 병행한다. 다만 기업지배구조라는 연구 주제의 특성상 현장조사의 중요성이 크다. 물론 주지하다시피 북한 기업에 대한 직접적인 현장조사는 사실상 불가능하다. 따라서 탈북자를 대상으로 한 조사로 대신할 수밖에 없다. 필자는 2004년 6월부터 2005년 10월까지 165명의 탈북자를 대상으로 인터뷰와 설문조사를 실시했다. 이들은 기본적으로 북한의 기업에서 일을 한 적이 있는 사람들이다. 이들의 인적사항은 〈표 8-1〉에 간단히 정리했다.

2. 기업지배구조의 변화

1) 1990년대 경제위기와 기업지배구조의 변화

1990년대 경제위기 속에서 기업지배구조에 관한 공식적 제도와 현실 간의 괴리는 더욱 확대되었다.[1] 중앙집권적 계획경제를 물리적으로 뒷받침하는 중앙집권적 자재공급체계가 경제위기를 거치면서 사실상 붕괴됨에 따라 북한의 기업들은 자력갱생을 통해 국가계획을 수행하고 기업 스스로 생존할 것을 강요받았다.

이에 따라 기업들은 계획 작성 및 수행 과정에서 상당 정도 자율성을 획득하게 되었고, 기업 내부에서는 지배인의 권한이 강화되었다. 아울러 원자재 조달에서 제품의 판매에 이르기까지 기업의 제반 경영활동에서 시장과의 연관성이 다양한 방식으로 크게 높아졌다. 이러한 기업들의 행동양태는 달리 보면 비공식적인 시장화 및 분권화의 진전이라고 정리할 수 있다. 그리고 이는 북한의 (공업)기업관리체계의 양대 기둥인 '대안의 사업체계'와 '계획의 일원화·세부화'가 사실상 붕괴되었음을 의미한다. 북한의 공식문헌인 ≪경제연구≫도 이러한 변화를 인정하고 있다.

비교적 경제의 규모가 작고 구성부문들 상호간 경제적 연계가 단순하였던 지

---

[1] 경제위기 이전과 이후의 기업지배구조에 대한 개관으로서는 이 책의 7장과 이석기 (2003)를 참조.

질문/응답	매우 그렇다	조금 그렇다	그렇지 않은 편이다	전혀 그렇지 않다	합계
1990년대에 대안의 사업체계의 핵심요소인 당위원회의 집체적 지도는 형식적인 것에 지나지 않게 되었다.	67	53	26	5	151(명)
	44.4	35.1	17.2	3.3	100.0(%)
1990년대에 대안의 사업체계의 또 다른 핵심요소인 중앙집권적 자재공급체제는 사실상 붕괴되었다.	86	49	10	3	148(명)
	58.1	33.1	6.8	2.0	100.0(%)

난 시기에는 계획사업이 전적으로 중앙의 국가계획기관에 의하여 진행되었다. 그러나 생산의 사회적 성격이 비상히 강화된 오늘 종전의 낡은 틀에 매달려 중앙에서 모든 것을 다 틀어쥐고 계획화하는 사업체계와 방법을 가지고서는 계획사업에서 성과를 기대할 수 없다(강웅철, 2002: 9).

위대한 장군님께서 이러한 실정을 깊이 헤아리신 데 기초하여 국가계획위원회에서는 경제건설에서 전략적 의의를 가지는 지표들, 국가적으로 반드시 틀어쥐고 해결하여야 할 중요지표들을 계획화하고 그 밖의 소소한 지표들과 세부규격지표들은 해당 기관, 기업소들에서 계획화하도록 하여야 한다고 가르치시었다(정영범, 2007b: 17).

아울러 이러한 변화는 〈표 8-2〉의 탈북자 설문조사 결과에서도 뚜렷이 나타나고 있다. 1990년대 경제위기 속에서 대안의 사업체계의 핵심요소인 당위원회의 집체적 지도는 형식적인 것에 지나지 않게 되었느냐는 물음에 "매우 그렇다"로 답한 사람이 67명(44.4%)으로 가장 많았고, 그다음이 "조금 그렇다"로 53명(35.1%)이었다. "매우 그렇다"와 "조금 그렇다"를 다 합치면 전체의 79.1%에 달한다. 대안의 사업체계의 또 다른 핵심요소인 중앙집권

질문/응답	매우 그렇다	조금 그렇다	그렇지 않은 편이다	전혀 그렇지 않다	합계
1990년대 공장·기업소 운영을 둘러싸고 지배인과 당비서는 자주 갈등을 빚었다.	60	56	28	10	154(명)
	39.0	36.4	18.2	6.5	100.0(%)
1990년대 공장·기업소의 경제활동에 대해 당비서보다 지배인의 권한이 강화되었다. 물론 기본적으로는 당비서의 권한이 더 세지만 지배인의 권한이 종전보다는 커졌다.	33	54	43	26	156(명)
	21.2	34.6	27.6	16.7	100.0(%)
1990년대 공장·기업소 내에서 직장장, 작업반장의 권한이 종전보다 강화되었다.	34	72	33	18	157(명)
	21.7	45.9	21.0	11.5	100.0(%)
1990년대 공장·기업소의 지배인과 간부들은 공장·기업소의 원자재, 설비, 생산제품을 국가소유가 아니라 자신들의 소유인 것처럼 생각하고 취급하는 경우가 있었다.	54	65	22	6	147(명)
	36.7	44.2	15.0	4.1	100.0(%)
1990년대 공장·기업소를 가동시키기 위해 지배인이 사업을 하거나 불법적인 행위를 해서 자재를 조달하는 것을 공장·기업소 노동자들은 환영했다.	49	48	39	17	153(명)
	32.0	31.4	25.5	11.1	100.0(%)

적 자재공급체제는 사실상 붕괴되었느냐는 물음에 대해서는 "매우 그렇다"가 86명(58.1%)이었고, "조금 그렇다"가 49명(33.1%)이었다. 둘을 합치면 전체의 91.2%에 달한다.

사실 중앙이 기업의 자재공급 문제를 제대로 해결하지 못한다는 것은 계획의 실행수단을 보장해주지 못한다는 의미이다. 그러면서도 중앙이 기업에 대해 계획달성을 요구하게 되면 기업활동에 대한 중앙의 장악력과 통제력은 현저히 약화되고 계획실행을 위한 실질적인 권한은 상당 정도 기업에게 넘어가지 않을 수 없다.

이제 조금 다른 측면에서 접근해보자. 1990년대 경제위기 속에서 북한 기업의 지배구조에는 어떤 변화가 발생했는지 살펴보기로 하자(〈표 8-3〉 참조).

우선 기업의 경제활동에 대해 당비서보다 지배인의 권한이 강화되었느냐는 물음에 대해 "매우 그렇다" 21.2%, "조금 그렇다" 34.6% 응답이 나왔다. 아울러 직장장, 작업반장의 권한이 종전보다 강화되었다는 주장에 대해 "매우 그렇다" 21.7%, "조금 그렇다" 45.9%라는 반응이 나왔다. 기업 내에서 실질적인 분권화가 어느 정도 진전되었음을 보여주고 있다.

그런데 이러한 분권화에서 끝나는 것은 아니다. 예컨대 공장·기업소의 지배인과 간부들은 공장·기업소의 원자재, 설비, 생산제품을 국가소유가 아니라 자신들의 소유인 것처럼 생각하고 취급하는 경우가 있었냐는 질문에 대해 "매우 그렇다" 36.7%, "조금 그렇다" 44.2%로 응답했다. 둘을 합치면 "그렇다"는 대답이 무려 전체의 80.9%에 달한다. 게다가 공장·기업소를 가동시키기 위해 지배인이 사업을 하거나 불법적인 행위를 해서 자재를 조달하는 것을 공장·기업소 노동자들은 환영했다는 주장에 대해 "매우 그렇다" 32.0%, "조금 그렇다" 31.4%로 전체의 63.4%가 인정했다.

요컨대 1990년대 기업지배구조 변화는 내부자 통제(insider control) 현상으로 압축된다. 내부자 통제란 기업의 법적 소유권은 기업 외부자에게 귀속되어 있으나 외부통제 메커니즘의 소멸로 기업 내부자가 기업에 대한 통제권을 상당 정도 획득하여 자신들의 이해를 강력하게 주장하고 관철시키는 상황을 가리킨다.

2) 7·1 조치 이후의 기업지배구조 변화

앞에서 보았듯이 7·1 조치 이후 기업운영의 변화 가운데 가장 큰 변화는 기업의 자율성 확대를 꼽을 수 있다. 동시에 시장을 매개로 한 기업활동이 공식적으로 허용된 것도 매우 중요한 변화이다.

〈표 8-4〉 7·1 조치 이후의 기업지배구조 변화(1)

질문/응답	매우 그렇다	조금 그렇다	그렇지 않은 편이다	전혀 그렇지 않다	합계
7·1 조치 이후 공장·기업소의 경제활동을 둘러싸고 당비서보다 지배인의 권한이 강화되었다.	20	20	15	6	61(명)
	32.8	32.8	24.6	9.8	100.0(%)
7·1 조치 이후 중앙이나 지방의 당 정기관으로부터의 간섭, 감독, 통제가 줄어든 반면, 공장·기업소의 자율성은 확대되었다.	15	32	10	2	59(명)
	25.4	54.2	16.9	3.4	100.0(%)
7·1 조치 이후 공장·기업소 내에서 직장장, 작업반장의 권한이 종전보다 강화되었다.	15	27	12	6	60(명)
	25.0	45.0	20.0	10.0	100.0(%)

그런데 기업의 자율성 확대는 기업 내부조직의 변화를 야기한다. 즉, 기업 내에서 당비서의 권한은 약화되고 지배인의 권한은 강화되었다. 물론 지배인의 권한이 강해졌다 해도 이는 어디까지나 상대적인 의미에서이다. 명목상 강화되었다고 해도 실제로는 개별 기업 사정에 따라 달라질 소지는 얼마든지 있다. 아울러 기업 내 당위원회의 지도가 없어진 것은 결코 아니며 종전과 마찬가지로 당의 지도를 받되, 지배인의 권한이 다소 강화된 것이다. 그렇다고 해도 이러한 변화의 의미는 결코 작지 않다.

〈표 8-4〉는 기업의 자율성 확대, 지배인 권한 확대 등의 변화를 잘 보여주고 있다. 우선 7·1 조치 이후 기업의 경제활동에 대해 당비서보다 지배인의 권한이 강화되었느냐는 물음에 대해 "매우 그렇다" 32.8%, "조금 그렇다" 32.8%의 응답이 나왔다. 그리고 공장·기업소의 자율성의 확대에 대해서는 전체의 25.4%가 "매우 그렇다"라며 확인해주었고, 54.2%가 "조금 그렇다"는 답을 주었다. 아울러 직장장, 작업반장의 권한이 종전보다 강화되었다는 주장에 대해 "매우 그렇다" 25.0%, "조금 그렇다" 45.0%의 반응이 나왔다. 기업과 상부기관 사이에, 그리고 기업 내에서 실질적인 분권화가 진전

<표 8-5> 7 · 1 조치 이후의 기업지배구조 변화(2)

질문/응답	매우 그렇다	조금 그렇다	그렇지 않은 편이다	전혀 그렇지 않다	합계
7 · 1 조치 이후 공장 · 기업소는 국가로부터 직접적인 강제가 없는 한, 지표별 계획달성보다 액상계획(혹은 번 수입 지표)의 달성에 더 신경을 쓰게 되었다.	32	22	3	1	58(명)
	55.2	37.9	5.2	1.7	100.0(%)
7 · 1 조치 이후 공장 · 기업소는 국가계획의 달성보다는 돈벌이에 더 신경을 쓰게 되었다.	50	6	4	-	60
	83.3	10.0	6.7	-	100.0(%)
7 · 1 조치 이후 공장 · 기업소의 지배인과 간부들은 공장 · 기업소의 원자재, 설비, 생산제품을 국가소유가 아니라 자신들의 소유인 것처럼 생각하고 취급하는 경향이 더 두드러졌다.	22	28	8	3	61(명)
	36.1	45.9	13.1	4.9	100.0(%)
7 · 1 조치 이후 공장 · 기업소는 중앙이나 지방에 대한 납부금을 가급적이면 적게 내기 위해 상부의 당정기관과 사업을 벌였고 실제로 그렇게 해서 납부금을 깎을 수 있었다.	9	27	11	6	53(명)
	17.0	50.9	20.8	11.3	100.0(%)

되고 있음을 보여주고 있다.

그런데 이러한 분권화에서 끝나는 것은 아니다. 그 이상의 사태가 전개되고 있다. <표 8-5>를 살펴보자. 우선 7 · 1 조치 이후 공장 · 기업소는 국가로부터 직접적인 강제가 없는 한 지표별 계획달성보다 액상계획(혹은 번 수입 지표)의 달성에 더 신경을 쓰게 되었느냐는 질문에 대해서 "매우 그렇다" 55.2%, "조금 그렇다" 37.9%로 대답했다. 더욱이 7 · 1 조치 이후 공장 · 기업소는 국가계획의 달성보다는 돈벌이에 더 신경을 쓰게 되었느냐는 질문에 대해서는 "매우 그렇다"가 전체의 83.3%로 압도적으로 많았다.

게다가 7 · 1 조치 이후 공장 · 기업소는 중앙이나 지방에 대한 납부금을

<표 8-6〉 7 · 1 조치와 8 · 3 노동자(1)

질문/응답	크게 늘었다	조금 늘었다	별 차이가 없다	조금 줄었다	크게 줄었다	합계
7 · 1 조치 이후 공장 · 기업소 내 8 · 3 노동자가 늘었는가, 아니면 줄었는가?	35	15	3	4	2	59(명)
	59.3	25.4	5.1	6.8	3.4	100.0(%)

〈표 8-7〉 7 · 1 조치와 8 · 3 노동자(2)

질문/응답	5% 정도	10% 정도	20% 정도	30% 정도	40% 정도	합계
자신이 북한을 떠나던 시점에 공장 · 기업소 내 8 · 3 노동자는 전체 인원의 몇 % 정도였는가?	9	11	5	5	21	51(명)
	17.6	21.6	9.8	9.8	41.2	100.0(%)

주: 7 · 1 조치 이후 북한을 이탈한 사람들을 대상으로 한 설문임.

가급적이면 적게 내기 위해 상부의 당정기관과 사업을 벌였고 실제로 그렇게 해서 납부금을 깎을 수 있었느냐는 질문에는 "매우 그렇다" 17.0%, "조금 그렇다" 50.9%로 반응했다. 아울러 7 · 1 조치 이후 공장 · 기업소의 지배인과 간부들은 공장 · 기업소의 원자재, 설비, 생산제품을 국가소유가 아니라 자신들의 소유인 것처럼 생각하고 취급하는 경향이 더 두드러졌다는 주장에 대해서는 "매우 그렇다" 36.1%, "조금 그렇다" 45.9%로 전체의 82.0%가 공감대를 표시했다.

기업 지배인과 중간간부, 노동자의 관계 변화의 또 하나의 측면은 이른바 8 · 3 노동자의 급증현상이다. 〈표 8-6〉, 〈표 8-7〉에 나타나 있듯이 7 · 1 조치 이후 8 · 3 노동자는 크게 늘었다. 그리고 8 · 3 노동자가 차지하는 비중에 대해서는 40% 정도라는 대답이 41.2%로 가장 많았고, 그다음이 10% 정도라는 대답(21.6%)이었다.

결국 7 · 1 조치 이후에도 북한 기업지배구조 변화의 최대 특징은 내부자 통제 현상의 심화라고 평가할 수 있다. 외부에 의한 통제 메커니즘의 소멸로 인해 기업 내부자가 기업에 대한 통제권을 상당 정도 획득하고 지배인, 중간간부, 노동자 등 내부 구성원들은 서로 담합을 해서 자신들의 이해를 관철시키는 현상이 더욱 뚜렷해진 것이다.

3) 파급효과

내부자 통제가 문제시되는 것은 기업 내부자가 자신들의 이해를 강력하게 주장하고 관철시키기 때문이다. 사회주의 국유기업의 경우, 이른바 공유자산의 침식 문제가 발생하기 때문이다. 물론 북한에서 기업 내부자들이 침식할 만한 공유자산의 기반이 얼마 정도 있는가에 대한 의문이 없는 것도 아니다. 하지만 다소 초보적인 수준에서나마 공유자산의 침식 문제가 발생한 것은 부정하기 어렵다. 예를 들면, 불법적으로 자재를 조달하기 위해 뇌물의 재원을 마련하는 과정에서 나타날 수 있다. 사실 뇌물의 재원을 마련하는 방법은 여러 가지이다. 그중의 하나가 이른바 '이중장부'이다.

지배인과 부기장(簿記長)이 마음이 맞으면 이중장부는 만들 수 있다. 물론 이렇게 조달한 자금을 자재확보를 위한 뇌물의 재원으로 썼다 해도 검열 때 적발되면 처벌받는다. 나도 이중장부를 조금 가지고 있었다(공장 관리직 출신 탈북자 N2 씨).

가장 대표적인 방법은 생산실적 자체를 누락시키는 것이다. 실제로 생산한 실적에서 일정 부분은 누락시키고 보고하는 것이다. 즉, 생산실적을 축소보고하는 것이다. 그렇게 해서 확보한 생산물은 임의로 판매해서 현금수입으로 전환시킨다. 그리고 이 돈을 가지고 자재를 비공식적으로 조달하기 위한 재원으로 활용한다. 그런데 지배인이 생산물 누락을 어떻게 결정하는가 하면, 기업소의 내부 결정이 제일 중요하다. 지배인 혼자서는 절대로 못 한다. 반장 같은 사람을 끼고서 한다(공장 관리직 출신 탈북자 K19 씨).

사적으로 축재를 하는 것은 지배인 경우는 거의 불가능하다. 외화벌이나 자재담당 쪽은 사적으로 축재를 하는 경우도 있지만, 지배인의 경우는 아래 사람을 끼지 않고는 축재를 하지 못한다. 물론 착복은 한다. 다만 얼마나 과도하게 하는가 하는 문제이다. 모두 다 하는 것인데, 과도하게만 하지 않으면 된다. 너나 나나 할 것 없이 다 같은 짓을 하는 것인데 과도한 경우에 법이 적용되는 것이다(탈북자 K19 씨).

또한 보다 노골적인 방법이 동원되는 경우도 자주 있다.

옷 공장의 간부들은 소련제 재봉기를 시장에 가져가서 팔아먹기도 한다. 개인수공업자들에게 판다. 대개 한 대당 1만 5,000원, 2만 원 정도 받는다. 다만 재봉틀 모두를 파는 것이 아니라 재봉틀 머리 부분만 판다. 공장이 생산이 제대로 되지 않으니까 기계가 다 놀 것 아닌가. 그러니까 팔아먹어도 큰 지장이 없다. 예를 들어 조금 마모되었으면 쓰지 못한다고 하면서 서류를 꾸민다. 서류상으로는 '기계가 망가져서 폐기처분했다'고 적는다. 그리고 개인들이 가지고 있던 헌 기계, 못 쓰는 기계를 공장에 집어넣으면 된다. 그렇게 해서 새 기계는 개인한테 가고, 헌 기계는 공장으로 간다. 공장 입장에서는 온전한 기계를 못 쓰는 기계로 바꾸는 셈이다. 어처구니없는 일이다. 그 과정에서 개인적인 착복이 이루어지는 것이다(탈북자 P1 씨).

김책제철소 같은 큰 기업소에는 대형 급동실이 있다. 체육관 안에 있다. 운동을 해서 땀을 많이 흘리면 이걸 이용해서 시원한 음료수를 먹으라고 국가에서 만든 것이다. 그런데 이것이 그렇게 운용이 되지 않고 개인수공업들을 대상으로 장사를 한다. 여기도 먹고 살자니까 어쩔 수 없다. 김책제철소도 한여름엔

이걸로 돈 번다. 한여름에 제철소는 국가에서 전기를 받게끔 되어 있으니까. 그러면 청진시 주민들이 원료를 지고 와서 몇 백 미터 줄을 서서 자기 것을 급동실의 어느 칸 어느 구역에 다 넣고 간다. 예컨대 얼음과자 같으면 2~3시간만 기다리면 다 언다. 그러면 그것을 꺼내어가서 팔러 다닌다(탈북자 P2 씨).

3. 기업지배구조 변화의 원인과 조건

1) 주인-대리인 문제

기업지배구조 변화의 원인과 조건을 규명하는 데는 주인-대리인 문제의 틀이 유용하다. 주인-대리인 문제는 양자 간에 정보의 비대칭성(information asymmetry)이 존재하는 경우에 성립한다. 즉, 주인과 대리인 사이에 정보량에 차이가 발생할 경우, 대리인은 주인의 이익에 반하는 기회주의적 행동(opportunistic behavior)을 하기 쉽다(Gregory & Stuart, 2004: 284).

정보의 비대칭성은 달리 보면 대리인 행동, 대리인 노력에 대한 관측 불가능성의 문제이다. 즉, 주인은 대리인 및 그 주변상황에 대해 충분하게 파악할 수 없다는 것이다.

관측 불가능성을 야기하는 요인은 여러 가지가 있다. 예컨대 확률적인 요인이다. 대리인이 이루어내는 성과는 대리인의 노력에 의한 것도 있지만 노력과 무관한, 이른바 확률적 요인에 의한 것도 있다. 사실 주인이 제대로 관찰할 수 있는 것은 결과뿐이다. 그런데 그 결과의 도출과정에서는 외적 교란요인(예컨대 날씨의 갑작스런 변화)이 작용할 개연성이 충분히 있다. 따라서 관찰된 결과의 참된 원인이 무엇인지, 결과에 대해 대리인이 책임져야 하는 영역은 어디까지인지 판단하기가 매우 어려운 경우가 종종 있다(Furubotn & Richter, 2000: 22~23).

관측 불가능성은 대리인의 인위적인 행위에 의해서도 초래된다. 원래 사회주의 경제에서 정보는 수직적으로 유통된다. 기업 등 말단에서 '보고'라는 형태로 정보가 상부에 제공되고 '명령'이라는 형태로 하부로 시달된다. 따라서 상부기관 입장에서는 감독 대상, 즉 해당 기업에 관한 정보에서 그 기업에 일정 정도 의존하지 않을 수 없다. 달리 보면 해당 기업은 자신의 정보에 관한 한 상부기관보다 우위에 있다. 따라서 대리인(기업)이 자신에게 유리한 방향으로 정보를 왜곡할 가능성은 충분히 존재한다.

예컨대 해당 기업의 진정한 생산능력과 원자재 소요량에 대해서는 그 기업의 경영자만이 정확하게 파악하고 있다. 상부기관은 이들에 대해 짐작만 할 뿐이다. 이 경우 기업은 자신에게 유리한 방향으로 정보를 왜곡할, 즉 생산능력은 축소해 보고하고 필요한 원자재량은 부풀려 보고할 가능성이 농후하다.

한편, 주인-대리인 이론에서 우리는 주인이 대리인을 감시할 때 주인이 대리인을 벌할 수 있는 힘(power)을 가지고 있어서 대리인에 대해 계약을 집행할 능력이 있음을 상정하고 있다.

이러한 주인-대리인 문제를 해결하기 위해 주인 입장에서는 대리인의 행동을 감시하기 위한 수단을 마련하든지 아니면 대리인이 자동적으로 주인의 이익을 추구하게끔 인센티브 시스템을 설계해야 한다. 여기서 주인이 감시를 선택할 것인지 유인책을 선택할 것인지는 감시의 비용과 실행 가능성에 의존한다. 감시의 비용이 많거나 감시메커니즘이 제대로 작동하지 않는다면 자극체계의 중요성이 높아진다. 반면 대리인에게 인센티브를 제공하지 않는 주인은 대리인이 자신의 이익을 위해 열심히 일하도록 자신이 직접 철저하게 감시하는 수밖에 없다. 그러나 현실세계에서는 감시와 자극메커니즘의 적절한 결합이 선택된다.

한편, 북한의 기업관리기구 내에는 여러 가지 주인-대리인 관계가 성립한다. 대표적인 것이 중앙의 계획당국과 기업의 관계로 주인은 계획당국이며 대리인은 기업(특히 경영자)이다. 즉, 계획당국(주인)은 기업(대리인)에게 명령과 지시를 내리고 기업의 행동을 감시하고 일정한 성과판단 기준에 의해 보상을 주거나 처벌을 내린다. 또한 국가계획위원회와 성, 위원회 사이에도 주인-대리인 관계가 성립한다.

그런데 현실의 세계에서는 내부자 통제 현상이 나타난다. 이는 기본적으로 기업에 대한 외부 감독기관의 감독·통제가 효과적으로 이루어지지 않는 상황, 기업 내부자의 영향력이 크게 확대된 상황으로 보인다. 중간관리기관 및 감독기관의 기업에 대한 감독·통제기능의 실효성은 크게 약화되었고 관료적 통제도 약화되는 반면, 기업과 중간관리기관 간의 이해관계 일치에 의한 담합의 가능성은 증대되는 것으로 파악된다.

왜 이러한 일이 일어나는가? 주인-대리인 문제의 틀을 이용하면 결국 감시와 유인의 문제로 압축된다.

2) 감시의 문제

(1) 감시기능의 마비

〈표 8-8〉에도 나타나 있듯이 1990년대 기업에 대한 외부기관의 감시기능은 마비되기 시작했다. 특히 지배인이 사업을 하거나 불법적 행위를 해서 자재를 조달하는 것 등 여러 가지 불법적인 행위를 묵인해왔다.

설문조사 결과 지배인의 이러한 불법적인 행위를 공장, 기업소 내 당비서[2]가 눈감아주었는가에 대해 "매우 그렇다" 28.8%, "조금 그렇다" 47.7%로

---

2) 이석기(2003)도 지적하고 있듯이 기업 내 당비서는 순수한 기업 내부자로 보기 힘들다. 당비서는 한편으로는 기업 내부자인 동시에 다른 한편으로는 지배인에 대한 감시·감독의 역할도 수행하고 있다. 이 경우 당비서는 주인으로서의 중앙당이 기업 내부에 설치한 감시기구(공장당위원회)의 대표자(대리인)라는 성격도 가지고 있다.

<표 8-8> 1990년대 기업에 대한 감시기능의 마비

질문/응답	매우 그렇다	조금 그렇다	그렇지 않은 편이다	전혀 그렇지 않다	합계
검찰 등 각종 외부 검열기관, 중앙의 성, 위원회, 관리국 등은 공장·기업소가 경제활동을 수행하면서 법과 규정을 잘 지키는지 여부를 감시·감독하게 되어 있지만 1990년대 경제위기 속에서 이러한 감시·감독은 제대로 이루어지지 않았다.	39	63	26	21	149(명)
	26.2	42.3	17.4	14.1	100.0(%)
1990년대에 지배인이 사업을 하거나 불법적 행위를 해서 자재를 조달하는 것을 공장·기업소 내 당비서가 눈감아주었다.	44	73	26	10	153(명)
	28.8	47.7	17.0	6.5	100.0(%)
1990년대에 지배인이 사업 또는 불법적 행위로 자재를 조달하는 것을 시·군 행정경제위원회, 시당, 군당, 도당에서 눈감아주었다.	28	83	27	10	148(명)
	18.9	56.1	18.2	6.8	100.0(%)
1990년대에 지배인이 사업 또는 불법적 행위로 자재를 조달하는 것을 각종 검열기관, 성, 위원회, 관리국 등에서 눈감아주었다.	25	68	33	12	138(명)
	18.1	49.3	23.9	8.7	100.0(%)

응답했다. 또한 시·군 행정경제위원회, 시당, 군당, 도당에서 눈감아주었다는 설문에 대해서는 "매우 그렇다" 18.9%, "조금 그렇다" 56.1%로 응답했다. 각종 검열기관, 성, 위원회, 관리국 등에서 눈감아주었다는 설문에 대해서는 "매우 그렇다" 18.1%, "조금 그렇다" 49.3%의 응답으로 나타났다. 결국 당비서이든 시·군 행정경제위원회, 시당, 군당, 도당이든, 그리고 각종 검열기관, 성, 위원회, 관리국이든 기업에 대한 감시·감독을 제대로 하지 않았음을 잘 보여주고 있다.

(2) 원인

그렇다면 왜 감시기능이 마비되는 것일까? 가장 큰 이유는 감시비용의 증가라고 할 수 있다. 즉, 상부기관이 해당 기업의 경영활동을 제대로 감시하기 위해 필요한 금전적·비금전적 비용이 크게 늘어난 것이다. 그리고 감시비용이 증가한 이유는 크게 보아 두 가지로 압축된다. 정보 비대칭성의 심화와 중간감독기관의 무력화이다.

첫째, 정보의 비대칭성의 심화는 1990년대 경제위기의 산물이기도 하다. 앞서 언급했듯이 해당 기업이 중앙의 계획당국에 대해 제공하는 정보를 왜곡할 가능성은 충분히 존재한다. 더욱이 경제위기로 인해 기업경영 여건이 매우 불안정해지면 그렇게 될 소지는 더욱 커진다.

사실 경제위기 이전에는 기업의 제반 활동조건을 중앙이 보장해주었다. 중앙이 기업에 내리는 명령을 기업이 수행할 수 있는 수단에 대해서는 결코 충분하지는 않았지만 기본적으로 중앙이 책임져주었다. 그러나 경제위기로 사정이 바뀌었다. 극심한 에너지난, 원자재난으로 인해 에너지, 원자재, 설비에 대해 중앙은 더 이상 책임을 지지 않게 되었다. 기업에 대해 자력갱생, 자체해결을 강력히 요구하게 되었다.

사실 중앙의 계획당국은 기업이 목표를 달성하기 위해 투입한 노력 등 행위양태를 점검할 수 있어야 하지만, 극심한 경제난은 이를 매우 어렵게 한다. 자재공급 및 생산여건의 불안정성과 불확실성, 비공식부문 경제(암시장)의 확산에 따른 주민들의 직장이탈 보편화 등으로 정보 획득의 한계성이 드러나게 된다. 이제 중앙은 기업의 구체적인 활동내역을 종전보다 더욱 모르게 되었다. 알려고 하더라도 유효하고 정확한 정보에 접근하기가 어려워졌다. 왜냐하면 기업에게 중앙에 제공하는 정보를 왜곡하려고 하는 유인이 더 커졌기 때문이다.

사회주의가 중앙통제라는데, 실은 내부거래라든가 등등 일반인들은 전혀 모르는 것이 많다. 실무자들만 아는 것이다. 이것은 기업이 나름대로 살길을 만드는 것이다(공장 관리직 출신 탈북자 K19 씨).

상부로부터 실태조사를 하기 위해 온 사람은 아무리 전문가라고 하더라도 우리들보다 공장의 실태를 정확히 알 수 없다(공장 관리직 출신 탈북자 N2 씨).

둘째, 중간감독기관의 무력화이다. 계획당국(주인)은 정보 비대칭성의 문제에 대처하기 위해 여러 차원의 중간관리기관(예컨대 공업성, 지방행정기관, 기업 내 당조직 등)을 동원해 기업(대리인)을 감시하고자 한다. 하지만 이 경우에도 중간관리기관 역시 독자적인 이해관계를 가지게 되면서 중앙의 계획당국에 대해 대리인으로서 행동하게 된다. 이런 경향은 경제위기로 인해 더욱 뚜렷하게 나타났다.

시(市)행정경제위원회의 지방공업부의 계획과는 연간의 계획을 총화해 내년도 계획을 받기 위해 도(道)행정경제위원회에 간다. 그때 뇌물이 될 만한 것을 잔뜩 가지고 간다. 일종의 로비활동이다. 그러면 도는 뇌물을 많이 가져온 시·군에 대해서는 보다 적은 계획을 주고 그렇지 않은 시·군에게는 계획을 많이 준다(지방기관 중간관리직 출신 탈북자 Y2 씨).

이것은 하부 행정기관이 기업을 대신해 상부 행정기관과의 교섭에 임한 예이다. 지방행정기관은 기업에 대한 감독기관으로서의 임무를 가지고 있으나, 기업의 계획이 달성되었다는 보고서를 제출할 수 있느냐 없느냐에 자신의 이해가 달려 있다. 감독기관을 평가하는 기준과 기업을 평가하는 기준이 같은 이상, 즉 양쪽 다 기업의 계획달성 정도에 의해 평가를 받는 만큼 상기의 현상은 불가피하다.

기업 내 당조직, 특히 당비서도 기업에 대한 감독자로서의 역할을 수행하는 데 한계가 있다. 지배인, 당비서는 매월 시·군당에 가서 실적총화를 한다. 계획을 달성하지 못한 기업은 경영자뿐만 아니라 당비서도 질책을 받는다. 물론 계획목표 미달성에 대한 책임은 당비서보다는 지배인이 훨씬 더 크다. 하지만 당비서는 계획목표 미달성에 대한 책임으로부터 완전히 자유로울 수는 없다. 지배인과 당비서는 마찰을 빚을 가능성이 크고, 또 실제로 마찰이 적지 않으나 양자는 기업의 계획목표 달성 그 자체에 대해서는 어느 정도 이해관계가 일치한다. 따라서 감독자를 평가하는 기준과 감독대상자를 평가하는 기준이 동일한 이상, 감독 대상에 대한 감시·감독이 철저하게 이루어지는 데는 명백한 한계가 있다(Berliner, 1957: 262). 나아가 더욱이 중간감독기관들은 중앙이 알지 못하는 구체적인 정보를 가지고 있기 때문에 중앙이 알지 못하는 방법으로 기업을 도와줄 수 있는 입장에 있다. 이러한 경향은 기업의 경영활동 여건이 불안정하게 되는 경제위기 시기에 가장 두드러지게 나타난다.

중간감독기관의 무력화는 기업의 국가계획목표 달성을 위한 불가피한 측면도 있지만 개인적 착복이라는 측면, 즉 비리의 차원도 동시에 가지고 있다. 국가계획 수행을 위한 불가피성이든 개인적 착복의 목적이든 기업으로서는 감독기관에 대한 뇌물공여는 피하기 어렵다. 여기서 비리가 개입될 소지가 있다. 이 또한 기업의 비공식 행동이 활발해지는 경제위기 국면에서 두드러지게 나타난다.

암시장이라고 하면 장마당에 나와 있는 물건만이 암시장이 아니다. 불법제품은 때로는 내놓고 때로는 감추어놓고 팔 수 있다. 예컨대 기업소가 불법으로 강재를 기업소 내에 쌓아둘 수 있다. 그때 보위부는 돈 먹고 눈감아준다. 그래서 고객은 그 기업소까지 와서 버젓이 트럭으로 물건(강재)을 싣고 떠난다(공장 중간관리직 출신 탈북자 J5 씨).

한편, 이러한 이유들로 경제위기 이후 감시의 비용이 대폭 증가하게 되는 것과는 대조적으로 감시의 필요성(감시의 편익)은 오히려 감소하게 된다.[3] 사실 주인이 감시를 하는 목적은 대리인을 벌하거나 계약조건의 이행을 강제하기 위해서이다. 그런데 제대로 감시를 하고 이 결과에 입각해 대리인을 벌하는 것이 오히려 문제를 더 복잡하게 할 수 있고,[4] 특히 경제위기 국면에서는 국가에 마이너스 효과를 가져올 수 있다.

경제위기 이전에도 존재했지만 경제위기로 더욱 현저해진 이른바 기업의 비공식적 행동[5]을 상정해보자. 이들 비공식적 행동은 계획경제 내 기업 생산·재생산조건의 불안정성과 불확실성하에서 기업이 다름 아닌 국가계획을 달성하기 위해 취하는 행동임을 주목할 필요가 있다. 설령 국가계획을 달성하지 못했다 해도 공장을 운영해서 종업원들에게 식량 일부나 급여 일부를 제공한다는 의의가 있다. 국가가 하지 못하는 일을 기업이 대신해주는 것이다. 그러니 그 과정에서 다소 불법을 저지른다 해서 이를 처벌하는 데는 한계가 있다. 오히려 부작용이 더 클 수도 있다. 다음의 탈북자 증언은 시사하는 바가 매우 크다.

감시·감독을 잘하면 북한이 훨씬 더 찌그러진다. 감시·감독을 느슨하게 해놓아야 공장이 운영되면서 직원들이 출근도 하고 월급도 받고 그런다. 기업의 각종 불법적 자재조달행위를 모조리 막아놓으면 공장이 돌아가지 못한다. 국가 스스로 막았다가 다시 열어줄 수밖에 없었던 것이다. …… 국가가 배급도 못 주는데, 공장 지배인이 직원들에게 월급 주고 그런 게 어디냐. 대단하지 않느냐(공장 관리직 출신 탈북자 K19 씨).

---

3) 감시의 효과, 편익이 감소한다는 것은 달리 보면 대리인을 벌하고 대리인에 대해 계약조건의 이행을 강제할 주인의 힘이 약화된다는 것을 의미한다. 이는 경제위기로 계획경제가 사실상 붕괴된 데 따른 것이기도 하다.

4) 어떠한 지배인이더라도 비록 정도 차이는 있지만 법률을 위반하고 있다. 따라서 이론적으로 따질 경우 감시·감독을 제대로 실시한다면 모든 기업의 경영자가 처벌받아야 한다.

5) 7장에서 서술한 일곱 가지 행동패턴 참조.

한편, 7·1 조치 이후 기업에 대한 감시비용은 더욱 증가했다. 생산, 구매, 판매 등 기업활동 전반에 대한 기업의 자율성이 높아졌고, 계획이 아니라 시장을 통한 활동이 확대되었다. 주목해야 할 사실은 7·1 조치 이전에는 이런 것이 비공식적인 영역에서 이루어졌으나 7·1 조치 이후에는 공식적인 영역에서 이루어지게 되었다는 사실이다. 더욱이 이러한 기업활동에 대해 중앙은 자원을 제공하지 않으며, 이는 기업의 자력갱생 차원에서 이루어졌다. 중앙과 기업 사이의 정보의 비대칭성은 더욱 심화되고 따라서 감시비용이 더욱 증가하는 것은 매우 자연스러운 현상이다. 게다가 중앙이 기업활동에 대해 부분적으로 방임하는 측면도 있다. 결국 이는 감시의 필요성 감소로 이어졌다.

3) 유인의 문제[6]

유인의 문제도 마찬가지이다. 기업에 대한 유인체계, 인센티브 체계는 제대로 작동하지 않았다. 독립채산제는 기업(경영자 및 노동자)에 대한 인센티브, 즉 물질적 자극과 직결되는 문제이다. 7·1 조치로 독립채산제는 한층 강화되었다. 번 수입 지표의 등장은 철저한 독립채산제의 실시를 의미한다. 북한은 또한 7·1 조치로 국가보조금을 폐지하고 일부 가격을 수요와 공급 등을 고려하여 현실화했다. 이 또한 철저한 독립채산제가 실시될 수 있는 기반을 마련한다는 의미를 가지고 있다. 또한 7·1 조치로 임금이 임금으로서의 기능을 다하게 된 것, 특히 임금이 현물임금에서 화폐임금으로 바뀐 것 또한 보다 철저한 독립채산제의 실시를 제도적으로 뒷받침하는 조치이다.

7·1 조치로 독립채산제가 종전과는 비할 바 없이 강화되기는 했지만, 그

---

6) 유인의 문제, 즉 기업 및 노동에 대한 인센티브 구조 문제는 7장에서 자세히 서술했기 때문에 여기에서는 간단히 언급하는 선에서 그치기로 한다.

렇다고 해도 한계는 있었다. 가격을 자유화한 것이 아닌 만큼 가격의 왜곡이 완전히 해소된 것이 아니다. 그리고 아무리 번 수입 지표로 평가한다 해도 협동생산이라는 사회주의 경제의 특성상 현물지표의 중요성을 완전히 무시할 수는 없다. 게다가 자원고갈이라는 거시경제적 조건이 제약요인으로 작용했다.

한편, 7·1 조치는 노동 인센티브 시스템의 면에서 종전의 정책 변화와 확연히 구별되는 몇 가지 요소가 있다. 무엇보다도 분배제도의 급진적인 변혁을 수반하고 있다. 이에 따라 노동자는 자신과 가족의 생계를 전적으로 임금에 의존하게 되었고, 직장에서의 노동은 자신과 가족이 생존할 수 있기 위한 필수조건이 되었다.

또한 7·1 조치에서 두드러진 현상의 하나는 임금을 직종별·계층별로 차등인상한 것이다. 도급제 또한 대폭 강화했다. 기업의 계획수행 정도 및 기업이 벌어들인 이윤의 크기와 노동자들의 임금의 연동 정도는 종전과 비교가 되지 않을 정도로 훨씬 강해졌다.

7·1 조치는 인센티브 측면에서 종전과 상당한 차이가 있다. 노동에 대한 인센티브 시스템 자체가 내용적으로 확대되었을 뿐 아니라 분배제도 등의 측면에서 대수술을 단행하여 시스템이 제대로 작동할 수 있는 제도적 기반을 마련한 것이다.

이러한 인센티브 강화 조치로 공급이 늘어날 가능성이 있는 것은 부정할 수 없다. 하지만 북한과 같이 경제적 자원이 사실상 고갈된 상태에서는 외부에서 자원이 투입되지 않는 한 공급능력 증대는 명백한 한계가 있다. 더욱이 임금 및 국가공급 소비품의 정상적 지급이 점차 어려워지고 시장에서 인플레이션이 다시 진행되면서 노동 인센티브 시스템은 그 기능이 다시 약화되었다.

4. 요약 및 결론

북한의 기업지배구조는 1990년대 경제위기를 거치면서 내부자 통제(insi-der control) 경향이 나타나고 있다. 물론 이러한 현상은 경제위기 이전에도 존재하고 있었다. 하지만 1990년대 경제위기를 거치면서 본격적으로 등장했고, 7·1 조치 이후에 심화되는 양상을 나타냈다.

북한에서는 주인-대리인 문제가 광범위하게, 더욱이 중첩적으로 발생했다. 계획당국과 기업 간, 계획당국과 중간관리기관 간에 대리인 문제가 발생했고 이 배후에는 기업과 중간관리기관 간의 다양한 교섭과 담합, 기업 내 경영자와 노동자 간의 담합마저 존재했다. 이러한 사태가 초래된 가장 큰 원인은 감시와 유인체계의 마비에 있다고 보아야 할 것이다.

감시체계기능이 마비된 가장 큰 원인은 감시비용의 증대에 있다고 할 것이다. 그리고 감시비용이 증가한 것은 중앙과 기업 간 정보 비대칭성의 심화와 중간감독기관의 무력화에 원인이 있다. 여기에 감시의 필요성(편익)이 감소된 것도 부수적으로 작용했다. 그래서 감시가 느슨해지고 형식적으로 이루어지게 되었다.

그런데 7·1 조치는 유인체계의 측면에서는 종전보다 훨씬 진전된 요소를 가지고 있다. 독립채산제도 그러하고 기업·노동에 대한 인센티브 시스템도 마찬가지이다. 시스템이 작동할 수 있는 제도적 기반이라는 면에서 진전을 이루어냈지만 여전히 한계는 존재했다. 제도적 여건의 면에서, 특히 자원 고갈이라는 거시경제적 제약요인이 컸다.

반면, 7·1 조치는 감시체계의 측면에서 오히려 후퇴한 측면이 있다. 기업에 대한 감시비용은 더욱 증가했다. 기업의 자율성이 높아졌고 시장을 통한 활동이 확대되었는데, 이것들은 이제 공식적인 영역에서 이루어졌다. 더욱이 이러한 기업활동은 대체로 중앙과는 무관하게 기업의 자력갱생 차원에서 이루어지게 되었다. 중앙과 기업 사이의 정보 비대칭성은 더욱 심화되고 따라서 감시비용이 더욱 증가한 것은 매우 자연스러운 현상이다.

한편, 경제개혁 단계에서 기업의 효율성을 제고하기 위한 핵심적 조치의 하나가 기업분권화이다. 따라서 북한의 현재 조건에서는 아무런 제도적 보완장치를 설치하지 않은 상태에서 단순히 기업분권화만 추진하면 내부자 통제 문제, 경영자와 노동자의 담합 문제, 그리고 이에 따른 공유자산의 침식(개인적 유용) 문제가 매우 심각하게 발생할 가능성이 높다. 실제로 7·1 조치 이후 북한의 사태 전개는 이를 잘 보여주었다.

따라서 기업분권화와 기업지배구조 개선을 동시에 추진해야 한다는 정책적 시사점을 얻을 수 있다. 기존의 당 조직 중심의 통제감독시스템에서 탈피하여 효율성이 담보된, 행정적인 위계적 통제시스템에 의한 감시와 평가가 이루어지는 지배구조를 구축할 필요성이 강하게 제기된다.

제5부

중앙과 지방의 관계

우리는 흔히 1990년대 하면 경제위기의 시대로 이해하곤 한다. 물론 그러한 인식이 잘못된 것은 아니다. 다만 1990년대의 현재적 의미를 제대로 이해하기 위해서는 경제위기가 초래한, 아니 강제한 변화에 주목해야 할 것이다. 지방경제라는 창(窓)이 1990년대 북한의 변화에 대해 우리에게 시사하는 바는 지방경제 그 자체의 변화보다도 지방경제 운용체계 변화가 몰고 온 파급효과이다.

이 장에서는 북한의 자립적 지방경제의 형성 및 발전과정을 규명해보고
자 한다. 시기적으로는 경제위기 직전까지의 시기, 즉 1990년대 이전으로
설정한다.[1] 또 지역별 자립적 지방경제는 군사적 측면과 경제적 측면을 동
시에 내포하고 있으나 이 글에서는 경제적 측면에 초점을 맞추기로 한다.

자립적 지방경제란 지방적 차원에서의 자력갱생을 의미한다. 북한 경제
개발 전략의 핵심적 요소의 하나가 자력갱생이다. 그런데 이 자력갱생은 국
가적 차원, 지방적 차원, 기업적 차원 등 세 가지 차원으로 나뉜다. 여기서
는 지방적 차원에 주목한다.

물론 자력갱생이라 하여 모든 것을 지방 스스로 하라는 것은 분명 아니
다. 지방주민들의 생활에 필요한 것을 가능한 한 많이 자체해결하라는 것이

---

[1] 북한에서 자립적 지방경제는 1990년대의 경제위기 이후 북한경제에서 차지하는 위
   상이 더욱 높아지면서 재구조화의 과정을 겪게 된다. 1990년대 이후에 대해서는 10
   장에서 서술한다.

다. 각 지방의 경제적 자립도를 최대한 높이라는 의미라고 볼 수도 있다. 그리고 자립적 지방경제에서 생산재는 논외이다. 소비재 가운데서도 전자제품과 같은 사치품 및 준사치품은 제외된다. 또 소비재 중에서도 식량은 별개이다. 이런 것들은 모두 중앙이 보장해준다. 즉, 자립적 지방경제는 지방 주민들의 생활에 필요한 상당수 생필품의 생산 및 공급을 지방 스스로 해결하는 시스템이라 할 수 있다.

그리고 북한의 자립적 지방경제의 기본 단위는 시·군이다. 물론 도 단위에서도 느슨한 형태로 자립적 지방경제가 운용되고 있다. 하지만 도는 경제 운용에서 중앙과 시·군의 관계를 조정하고 지방의 자립적 경제가 제대로 기능할 수 있도록 지원하는 가교 역할을 수행한다.

북한의 자립적 지방경제에 대한 연구는 북한의 지방경제 및 북한주민의 경제적 생활에 대한 연구이다. 장마당이 북한 주민생활의 비공식적 측면이라고 한다면 자립적 지방경제는 주민생활의 공식적 측면이라 할 수 있다.[2]

연구사적으로 볼 때 북한의 자립적 지방경제를 직접적인 대상으로 한 연구는 매우 적었고 그나마도 대개는 구체성이 결여된 것이었다. 특히 개별 시·군을 대상으로 한 지역별 자립적 지방경제에 대한 연구는 아예 없었다고 할 수 있다.

북한의 자립적 지방경제를 다룬 선행연구는 크게 보아 다음의 두 가지 유형으로 나눌 수 있다.

첫째, 북한의 자립적 지방경제 전반에 대한 포괄적인 연구이다. 이 분야에서는 김병로(1999)가 사실상 유일한 연구성과라 할 수 있다. 그는 북한의 지역자립체제라는 개념을 가지고 이 체제의 역사적 형성 및 변화과정, 내부구조 등에 대해 정리했다. 다만 생산, 유통, 무역, 재정 등 이 체제의 운용구조에 대해 다소 피상적인 분석에 그치고 있다. 더욱이 개별 시·군에 대한

---

2) 물론 양자는 특히 1990년대 이후에 연관성이 크게 높아졌다.

구체적인 정보가 없는 상태에서 북한의 자립적 지방경제 전반에 대해 정리해보려고 했기 때문에 일부 논리구조가 취약한 편이다.

둘째, 북한의 자립적 지방경제를 구성하는 하나의 요소에 주목하는 일종의 미시적 연구이다. 대표적인 것이 지방공업의 역사, 관리체계, 작동구조 등을 다룬 연구인데, 이석기(1998), 최신림(1998)이 대표적이다. 하지만 이들 연구 역시 개별 시·군의 지방공업공장에 대한 구체적인 정보가 부족한 상태에서 북한의 지방공업 전반에 대한 분석을 시도하고 있기 때문에 논의를 좀 더 진전시킬 소지를 남겨두고 있다.

또 지방 차원에서의 상업활동에 대한 연구는 전무하다고 해도 과언이 아니다. 사실 북한의 상업 전반에 대한 연구도 빈약하다. 이 분야에서는 홍성국(1996)의 연구가 대표적인데, 그는 주로 전국 차원에서의 상업을 다루고 있을 뿐 지방 차원의 상업에 대해서는 극히 간단히 언급하는 데 그치고 있다.

아울러 협동농장의 지방적 차원의 활동에 대해서도 연구가 거의 이루어지지 않았다. 북한의 농업 전반에 대한 연구는 상당히 많지만 협동농장의 내부구조, 운영방식에 대한 연구는 매우 적다. 일본조선연구소(日本朝鮮研究所, 1967), 김기대 외(金己大ほか, 1983) 등은 북한의 협동농장에 대한 대표적인 연구성과들로 평가받지만 이들은 협동농장의 지방적 차원의 활동에 대해서는 다루고 있지 않다.

이처럼 자립적 지방경제에 대한 선행연구가 빈약한 것은 무엇보다도 지방 차원의 움직임에 대한 자료 확보가 어려웠다는 사실에 기인한다. 결국 개별 도시의 자립적 지방경제에 대한 연구는 탈북자 인터뷰에 의해 자료를 확보하는 것이 무엇보다도 중요하다. 따라서 여기서는 필자의 탈북자 인터뷰 결과를 이용하기로 한다.[3] 다만 탈북자의 증언은 신뢰성과 대표성[4]의

---

3) 탈북자 면담은 1998년 3월과, 2002년 9월부터 2003년 12월 사이에 각각 실시되었다.
4) 특히 이 글에 사용된 필자의 탈북자 면담 결과는 대표성의 면에서 문제가 있는 것은

<표 9-1> 면담조사 탈북자의 인적사항

면담자	출생연도	탈북연도	주된 거주지역	주요 경력
탈북자 C6 씨	1950	1998	평북 신의주	전문직
탈북자 C7 씨	1954	1994	평북 신의주	공장 생산직
탈북자 H4 씨	1934	2000	함북 청진	협동농장 관리직
탈북자 H5 씨	1953	1999	평북 신의주	공장 생산직
탈북자 J6 씨	1952	1998	함북 청진	공장 생산직
탈북자 K3 씨	1942	1999	양강 혜산	무역회사 관리직
탈북자 K17 씨	1938	1998	양강 혜산	전문직
탈북자 K18 씨	1951	1998	평북 구장	국가기관 중간관리직
탈북자 K19 씨	1954	1998	함남 덕성	국가기관 관리직
탈북자 K20 씨	1968	1997	함남 함주	공장 생산직
탈북자 L5 씨	1959	1998	함북 청진	국가기관 중간관리직
탈북자 L6 씨	1934	1997	양강 혜산	국가기관 생산직
탈북자 L7 씨	1966	1997	양강 혜산	공장 생산직
탈북자 P3 씨	1965	1997	양강 혜산	국가기관 중간관리직
탈북자 P4 씨	1970	1999	평북 구장	국가기관 중간관리직
탈북자 Y2 씨	1961	1997	평남 순천	지방기관 중간관리직

분명하다. 16명 가운데 10명이 청진, 신의주, 혜산 등 3개 도시에 편중되어 있다. 이러한 사실은 이 글의 논의에 일정한 한계성을 부여한다. 또한 북한정부는 자립적 지방경제의 구축에서 시(市), 즉 도시보다는 군(郡), 즉 농촌에 더 큰 의미를 부여했다. 따라서 북한의 자립적 지방경제를 서술함에 군의 사례보다 시의 사례를 더 많이 제시하는 이 글의 논의는 일정 정도 한계를 가질 수밖에 없다. 다만 여기서 규명하고자 하는 것이 북한의 자립적 지방경제의 형성과 발전의 개괄적인 '메커니즘'이라고 한다면 이러한 한계성은 조금 완화되는 것이 아닐까 한다. 군의 자립적 지방경제는 시의 자립적 지방경제에 비해 중앙공업의 기반이 미약하기 때문에 전반적으로 취약한 것은 사실이지만 이는 정도의 문제일 뿐이다. 시의 자립적 지방경제도 취약성을 안고 있다. 예컨대 중앙공업의 기반이 튼튼한 청진시의 자립적 지방경제나 중앙공업의 기반이 약한 혜산시의 자립적 지방경제는 기본적인 운용메커니즘이나 성과의 면에서 뚜렷한 차이를 발견하기 어렵다.

면에서 문제점이 없는 것이 아니므로 개별 탈북자 증언에만 입각해 논리를 전개하는 것은 다소 위험하다. 다른 탈북자의 증언 및 공식문헌 등과 크로스 체크해서 검증을 한 다음에 이용하는 것이 연구상의 오류를 최소화하는 방법이다. 여기서는 탈북자 인터뷰 결과와 함께 북한의 공식문헌도 자료로서 활용한다. ≪로동신문≫을 비롯해 김일성 저작집, 경제사전 등 북한 측의 문헌에도 개별 지역의 자립적 지방경제에 대해 단편적이나마 언급된 것이 있으므로 이러한 측면에서도 자료를 수집·활용할 수 있다.

이 장에서는 먼저 이 글의 분석틀에 대해 간단히 정리하고 자립적 지방경제의 구성요소를 살펴본다. 이어서 자립적 지방경제의 형성 및 발전과정을 세 개의 시기(1958~1969, 1970~1983, 1984~1989)로 나누어서 살펴보기로 한다. 그 후에 자립적 지방경제를 평가하고 결론에서 논의를 정리할 것이다.

1. 분석틀

북한 도시의 자립적 지방경제에 대해서는 경제발전론적 관점과 비교경제체제론적 관점을 적절히 결합하면 보다 체계적으로 이해할 수 있다. 먼저 경제발전론적 관점에서는 경제개발 전략이라는 개념을 상정한다. 한 국가의 경제개발 전략이란 경제개발 목적과 그 목적을 실현하기 위한 수단·정책의 체계를 총칭하는 것이다.

북한에서는 경제개발의 목적이 무엇이었을까? 북한체제의 장기적인 목표는 '사회주의의 건설'과 '체제의 생존'으로 요약할 수 있다. 따라서 경제개발의 목적은 군사력의 확보·강화와 경제발전으로 정리할 수 있다. 이러한 목적을 달성하기 위해 북한이 취해온 수단·정책, 즉 제도, 조직, 자원배분 정책 등은 다음과 같은 것들로 압축된다. 중앙집권적 계획제도, 자력갱생, 정신적 자극 우선, 고(高)축적·강(强)축적, 중공업 우선 발전전략이 바로 그

것이다. 즉, 중앙집권적 계획제도라는 제도적 기반하에 소비희생의 강제저축 메커니즘을 통해 높은 수준의 자본축적을 달성한 뒤 이 자본을 중공업에 우선적으로 투자해 경제성장을 도모하는 것이다. 그리고 이러한 경제성장은 국가적으로는 자력갱생의 방식에 의해, 동시에 정신적 자극을 위주로 사람들을 동원함으로써 달성하고자 하는 것이다.

이 장에서 다루려는 자립적 지방경제는 자력갱생, 중공업 우선 발전전략과 밀접한 관련이 있다. 자력갱생에 대해 북한의 공식문헌은 "자국의 혁명을 기본적으로 자기의 주체적 역량에 의거해 이루고자 하는 철저한 혁명적 입장이며 자국의 건설을 자국인민의 노동과 자국의 자원에 의해서 추진하고자 하는 자주적 입장"이라고 설명하고 있다. 자력갱생론은 자립적 민족경제 건설의 원칙으로 이어진다. 자국인민의 힘과 자국의 자원을 동원하여 자신의 기술과 자금에 의거해 자립적 민족경제를 건설하자는 것이다.5)

그런데 이러한 자력갱생론은 국가적 차원의 것이다. 그리고 북한의 자력갱생론은 국가적 차원 이외의 것도 있다. 지방적 차원과 기업적 차원이 바로 그것이다. 그리고 여기서 고찰하고자 하는 자립적 지방경제는 지방적 차원의 자력갱생과 사실상 같은 개념이다. 즉, 지방주민들의 생활에 필요한 재화·서비스를 가능한 한 지방 스스로 해결하라는 것이다.

자립적 지방경제는 우선순위에 입각한 선택적 성장정책,6) 특히 중공업 우선 발전전략과도 밀접한 관련이 있다. 그런데 북한에서의 자립적 지방경제는 주민들의 생활에 필요한 재화, 즉 경공업 제품을 생산할 때 중앙의 부

---

5) 『경제사전 2』(평양: 사회과학출판사, 1985), 206쪽.
6) 사실 사회주의 경제는 우선순위에 입각한 선택적 성장정책을 취해왔다. 사회주의 건설에서 가장 중요하다고 생각되는 경제의 특정 부문, 바꾸어 말하면 '성장의 엔진'으로 설정된 섹터에 중점적으로 자원을 투입하여 그 섹터의 성장을 극대화하는 것이다. 경제발전론적 관점에서 본다면 불균형성장(unbalanced growth)론에 가깝다.

담을 덜고 이를 지방에 떠넘기겠다는 것이다. 중앙은 주로 중공업에 전념하겠다는 것이기도 하다. 요컨대 중앙적 차원의 자원배분 및 경제개발 전략이라는 면에서 보면 주민의 경제적 생활과 직접적 관련이 있는 경공업은 국방 등과 직접적 관련이 있는 중공업보다 우선순위에서 더욱 밀리게 된 셈이다.

한편, 북한 도시의 자립적 지방경제는 비교경제체제론적 관점에서도 접근할 수 있다. 구체적으로는 사회주의 경제의 '분권화(分權化, decentralization)'라는 틀이 유용하다.

북한의 계획관리제도는 ① 경제의 자원배분에 관한 주된 결정이 중앙에 집중되어 있고, ② 계획관리기구가 위계제(hierarchy)적인 성격을 가지며, ③ 의사결정은 상부에서 하부로 명령·지령적인 형태로 전달된다는 것 등에 비추어볼 때 브루스(W. Brus)가 말한 집권제의 요소를 모두 갖추고 있다 (Brus, 1971: 108~117). 즉, 북한은 기본적으로 구소련, 중국과 마찬가지로 집권적 계획시스템이다.

그런데 이러한 집권적 계획경제시스템은 경제를 운용할 때 여러 가지 비효율과 낭비 등의 문제점을 보이게 되었다. 이러한 제반 문제에 대처하기 위해 구소련, 동구, 중국 등은 경제운용방식을 바꾸어보려고 여러 가지 시도를 했다. 그런데 중앙집권적 시스템이 발생시킨 문제에 대한 대처방향은 결국 비집권화(非集權化), 즉 분권화가 되지 않을 수 없다. 다만 분권화를 논할 때는 '기업분권'과 '지방분권'을 구별할 필요가 있다. 전자는 생산단위인 기업에 의사결정(decision making) 권한을 부여하는 것이다. 후자는 지방정부 내지는 지역적 기관이라는 중앙의 하급 행정단위에 의사결정 권한을 부여하는 것이다.

따라서 북한의 자립적 지방경제시스템은 북한 사회주의 경제의 '분권화', 특히 '지방분권화'[7])라는 개념틀로 파악할 수 있다. 따라서 연구사적으로 볼

---

7) 물론 북한에서의 지방분권화는 자립적 지방경제의 추진만 있는 것이 아니다. 전반적

때 북한의 자립적 지방경제에 대한 연구는 북한의 지방분권화의 특징을 추출하는 연구라는 의의도 있다고 할 수 있다. 아울러 이는 2002년부터 가시화된 북한의 경제개혁 움직임, 나아가 북한의 체제이행과의 관련성에 대한 고찰이라는 의의도 가진다.

2. 자립적 지방경제의 구성요소

1) 농업부문

북한의 자립적 지방경제가 가지는 특징의 하나는 북한의 행정구역 편성에서 뚜렷하게 나타난다. 즉, 각 시·군은 농업지대와 공업지대를 다 함께 가지고 있다는 것이다. 일반적으로 시는 공업과 상업이 주를 이루는 도시지역이며, 군은 농업을 위주로 하는 농촌지역이다. 따라서 시는 도시행정단위인 구역·동으로 구성되며, 군은 농촌행정단위인 읍·리로 구성된다.

그런데 북한은 도시행정단위인 시에 농업지대인 리를 포함시키고, 농촌행정단위인 군에 공업지대인 노동자구를 포함시켰다. 농업지대와 공업지대를 한데 묶어 하나의 행정단위 내에 포함시킴으로써 행정단위별로 농업과 공업의 연계하에 자급자족할 수 있는 체제를 구축하고자 한 것이다.

평양특별시만 하더라도 광역도시의 행정단위인 구역 이외에 중화군, 강남군, 강동군, 상원군 등 4개의 농업지역(군)을 편입시켰다. 또 18개 구역 가

인 국민경제관리 차원에서의 지방분권화 개혁도 있다. 이는 1950년대 말과 1980년대 초에 이루어졌는데, 이른바 국민경제에 대한 부문별 관리체계 내에서의 지역별 관리체계적 요소의 확대, 혹은 부문별 관리체계에서 지역별 관리체계로의 전환을 도모한 것이었다. 자세한 것은 양문수(2001a) 참조.

운데 중구역, 보통강구역, 모란봉구역, 대동강구역 등 도심에 위치한 구역은 농업지대(리)가 없지만 그 외의 지역은 협동농장을 포함하고 있다. 사동구역, 대성구역, 만경대구역 등 시 외곽에 위치한 구역은 적게는 1개(대성구역), 많게는 14개(순안구역)의 협동농장을 가지고 있다.

청진시의 경우 7개 구역으로 구성되어 있는데 포항구역과 수남구역 등 2개 구역은 농업지대를 갖추고 있지 않지만 나머지 청암, 신암, 송평, 라남, 부윤 등 5개 구역은 모두 다 농업지대(리)를 보유하고 있다. 예컨대 신암구역은 11개 동과 2개 리로, 송평구역은 12개 동과 4개 리로 구성되는 등 이들 5개 구역은 적게는 1개(부윤구역), 많게는 7개(청암구역)의 농업지대(리)를 보유하고 있다.

농촌지역의 군은 농업지대인 리와 공업지대인 노동자구로 구성된다. 물론 평안남도 증산군, 평안북도 선천군, 함경북도 화대군 등과 같이 지리적인 특성상 농업이나 수산업이 주를 이루기 때문에 노동자구와 같은 전문공업지대가 발달하지 못한 지역도 있다. 그렇다고 해도 군 소재지인 읍에 지방공업을 중심으로 공업시설이 집중되어 있기 때문에 농업과 공업의 복합 생산구조를 갖추고 있다고 할 수 있다.

도시지역에서 농업의 기본 임무는 도시주민들에게 주로 배추, 무 같은 남새(채소)를 공급하는 것이다. 사실 북한의 실정에서는 배추, 무 정도만 있으면, 특히 겨울철에는 부식의 절반 이상은 해결된다고 보아야 한다. 주민들 입장에서는 식량 정도는 아니라 해도 생계를 유지하는 데 결정적인 중요성을 지닌 품목인 것이다. 북한에서는 식량은 중앙의 차원에서 배급이 이루어지지만 채소는 지방의 차원에서 배급이 이루어진다는 점이 눈길을 끈다. 양정사업소에서 10년간 일했던 탈북자 L5 씨는 입쌀은 주로 황해남도 연안 등지에서, 잡곡은 함경북도 경원, 길주에서 가져와 자신의 구역 내 주민들에게 공급했다고 밝혔다. 반면 채소는 전량 청진시로부터 공급받았다고 한다.

2) 공업부문

공산품, 생필품의 생산은 주로 공업부문이 담당한다. 북한의 공업은 중앙공업과 지방공업으로 나뉘어 있다. 중앙공업은 말 그대로 중앙 차원, 전국적 차원에서의 수요를 충당하기 위한 것이고 지방공업은 지방 차원에서의 수요를 충족시키기 위한 것이다. 중앙공업은 특정 지역에 소재하고 있더라도 자재의 조달, 생산제품의 판매 등 일련의 기업활동이 전국적 차원에서 전개된다. 즉, 전국적 의미를 가지는 중·대규모 공장으로 구성된다. 주로 중화학공업과 채취공업(광업), 전력, 그리고 섬유, 신발 등 일부 경공업분야에 건설되어 있다.

청진시에는 많은 중앙공업공장들이 소재하고 있다. 청진시는 북한에서 대표적인 중화학공업도시이다. 철강, 기계, 화학 등 중화학공업이 발달되어 있으며 경공업의 기반도 잘 갖추어진 편이다. 청진시의 대표적인 공업부문은 김책제철연합기업소, 청진제강소 등의 공장으로 대표되는 금속공업이다. 그다음으로는 라남기계 등의 기계공업부문이며 청진화학섬유공장 등의 화학공업도 발달되어 있다. 이와는 달리 혜산은 중앙공업의 기반이 튼튼하지 못하다. 혜산에 소재한 대표적인 공업은 채취공업이다. 혜산은 시의 평균 고도가 700m에 이르며 시 면적의 74%가 산림으로 덮여 있는 산악도시라는 지리적 특성이 강하게 반영되어 있다.

한편, 북한에서 지방공업은 중앙공업보다 규모가 훨씬 작은 공장들로 이루어져 있다. 종업원이 100명을 넘는 경우가 그리 많지 않다. 북한의 지방공업은 내각의 경공업성(省)이 총괄하고 있다. 그 아래에는 도 인민위원회 지방공업총국, 시·군 인민위원회 지방공업부가 있다. 개별 지방산업공장의 지도감독책임은 1차적으로는 시·군 인민위원회 지방공업부에 있다. 하지만 실제로 개별 지방산업공장과 시·군 인민위원회 지방공업부는 공동운명체에 가까운 사이이다.

지방공업은 식료품, 의류, 일용품 등 경공업제품을 주로 생산한다. 기계, 화학 등과 같은 중화학공업도 있지만 매우 적다. 지방산업공장의 업종별 구성은 정확하게 파악되고 있지 않지만 1980년대 초에 확인된 3,305개 지방산업공장의 업종별 구성은 일용품공업 31.7%, 섬유 및 의류공업 19.6%, 식료공업 16.2%, 기타 32.0%로 나타난 바 있다(북한연구소, 1983: 833).

청진의 경우, 경제위기 이전에 구역마다 여러 가지 식료품을 생산하는 공장들이 있었다. 그 가운데서 맛내기간장, 된장, 고추장 등을 생산하는 청진장공장과 콩, 강냉이를 원료로 식용유를 전문 생산하는 청진기름공장이 식료품생산에서 큰 몫을 담당하고 있었다. 일용품 생산에서 기본은 철제일용품으로 부엌세간, 전기용품, 가정용공구류 등을 생산했다.[8]

혜산의 경우, 1979년에 영예군인일용품공장, 화학공장, 시계공장, 고무제품공장, 고기가공공장, 가죽공장 등 18개의 지방산업공장이 있었던 것으로 전해지고 있다(≪로동신문≫, 1979. 9. 17).

한편, 북한의 각 지역의 공업부문을 살펴볼 때 빼놓을 수 없는 것이 각 기업, 가정에 조직된 생활필수품 직장·작업반, 가내작업반, 부업반, 가내축산반 등과 같은 소조직이다. 이는 1984년에 등장한 '8·3 인민소비품창조운동'과 관련이 있다. 북한정부는 생활필수품 부족을 타개하기 위해 생활필수품 직장·작업반, 가내작업반에서 기업의 부산물·폐기물, 지방 차원에서 모은 유휴원료·자재를 이용해 소비품을 생산하도록 대대적인 운동을 전개해왔다. 또 이들 소조직은 1989년 8월에 정무원이 승인한 「가내작업반·부업반 관리운영 및 가내편의봉사사업에 관한 규정(잠정)」과도 직접적인 관련이 있다. 이 규정으로 인해 이들 소조직이 '식료품 가공·생산'을 할 수 있는 길이 열렸다.

이상과 같은 지방산업공장, 가내작업반 등 소조직의 활동은 생산에 필요

---

8) 『조선대백과사전 21권』(평양: 백과사전출판사, 2001), 87쪽.

한 원료·자재, 설비, 노동에 관해서 국가(중앙)가 전혀 지원을 해주지 않는, 즉 지방 차원에서 '자력갱생' 혹은 '자체해결'하게 되어 있다는 점에 큰 특징이 있다. 북한의 자립적 지방경제를 각 지역별, 시·군별로 고찰해야 할 필요성은 바로 이런 점에서 단적으로 나타난다.

3) 상업부문

북한에서는 농산물이든 공산품이든 전국 차원에서 유통되는 것과 지방 차원에서 유통되는 것이 병존한다. 상업의 경우 도매상업은 중앙에서, 소매상업은 지방에서 관리하는 원칙을 세워놓고 있다. 지방에는 도 도매소와 2~3개 시·군의 상품공급을 관할하는 지구도매소가 있다. 또 각 시·군에 시·군 상업관리소가 있으며 그 밑에 각종 국영상점, 급양관리소가 있다. 북한에서 상업은 기능적으로는 소비품상업, 사회급양, 수매로 나뉜다.

탈북자 K18 씨는 신의주와 평안북도의 상업체계를 다음과 같이 설명하고 있다. 신의주와 평안북도의 경우 도에 중앙도매소와 도 도매소가 각각 있다. 여기서 중앙공장(예컨대 신의주 방직공장)에서 나온 제품은 중앙도매소로 들어가고,[9] 지방공장에서 생산된 제품은 도 도매소로 들어간다.

신의주는 도 도매소, 시 지구도매소, 시 상업관리소의 계통으로 되어 있다. 이 경우 신의주시 시 지구도매소는 중앙도매소나 도 도매소에서 상품을 직접 받을 수 있는 권한이 있고, 신의주시 시 상업관리소는 상품을 직접 받

---

9) 그런데 신의주시에는 공장이 많이 몰려 있기 때문에 신의주에서 생산된 제품이라고 해서 신의주시에서만 쓰이는 것은 아니다. 평안북도만 놓고 보면 각 군에 지방공장이 없는 곳이 많다. 생활필수품인 신발을 만드는 공장은 지방에 거의 없다시피 하다. 그렇기 때문에 중앙공장에서 생산한 것이 중앙도매소에 들어갔다가 다시 도 도매소로, 이어 지구도매소로 이동하고 이것이 상업관리소로 옮겨진다.

지 못하고 신의주시 시 지구도매소를 거쳐서만 상품을 받을 수 있게 되어 있다. 동시에 신의주시 시 상업관리소는 자기 산하에 상점들이 많아서 상점들에 상품들을 다 공급해주어야 하지만, 신의주시 시 지구도매소는 상점에다 직접 줄 권한이 없다. 물론 신의주시 시 지구도매소나 시 상업관리소나 지역적으로는 대상범위가 같지만 상품분배의 원칙에서는 상이하다.

탈북자 K3 씨는 보천군의 예를 들어 지방주민들이 상품을 공급받는 경로를 설명하고 있다. 이는 크게 보아 중앙공업제품, 도내 타 지역의 지방공업제품, 자신의 거주지역의 지방공업제품으로 나뉜다. 중앙공업제품은 예컨대 평양의 중앙도매소 → 양강도 도 도매소 → 양강도 지구도매소[10] → 보천군 상업관리소 → 보천 군내 각 상점의 경로로 공급되었다. 도내 타 지역의 지방공장에서 생산된 제품은 양강도 도 도매소 → 양강도 지구도매소 → 보천군 상업관리소 → 보천 군내 각 상점으로 공급되었다. 그리고 보천 군내 지방공업에서 생산된 제품은 보천군 상업관리소 → 보천 군내 각 상점의 경로로 공급되었다.

3. 자립적 지방경제의 형성: 1958~1969년

1) 지방공장의 1차 건설 붐

북한이 지방공업을 독자적인 경제적 범주로서 설정하고 본격적으로 발전시키기 시작한 것은 1958년부터라고 할 수 있다. 북한은 1958년 6월 당중앙위원회 전원회의에서 "대규모 중앙공업공장들의 건설에 계속 힘을 돌리면

---

10) 탈북자 K3 씨는 적어도 1960~1970년대에는 양강도에 지구도매소가 단 하나뿐이었다고 기억하고 있다.

서 동시에 전 인민적 운동으로 지방공업을 발전시키는 병진정책"을 채택했다. 이와 함께 "지방의 모든 원천을 동원하여 전 인민적 운동으로 인민소비품 생산을 발전시킬 것"을 결정하고 이를 위해 "매개 시·군에 한 개 이상의 중소규모 지방공업공장들을 건설할 과업"을 제시했다.

이 결정이 내려진 지 불과 3개월 만에 1,000여 개의 지방산업공장들이 신설되었다. 그리고 그 다음해인 1959년에 전국적으로 지방공장의 수는 2,000여 개에 달했다. 그런데 1967년에도 지방공장의 수는 2,000여 개로 보고되고 있다. 즉, 북한의 지방공장은 1950년대 말에 집중적으로 건설되고 1960년대에는 거의 새로 건설되지 않았던 것으로 파악된다.

신의주시의 경우, 일제시대에는 5개의 공장밖에 없었으나 해방 이후 공업화과정에서 1960년 4월까지 20여 개의 국영공장과 39개의 지방산업공장, 기업소들이 새롭게 건설되었다(≪로동신문≫, 1960. 4. 17). 물론 지방공업의 1차 건설 붐이 일었던 1958년 이전에도 신의주 고무공장, 신의주 철공장, 신의주 식료공장, 신의주 일용품공장 등의 지방산업공장은 이미 존재하고 있었다(≪로동신문≫, 1957. 1. 14).

또한 보천군의 경우, 1958년 이전에는 지방공장이 전혀 없었는데 1958년 6월 전원회의 결정 이후 제일 먼저 식료공장을 만들었고 그다음에 방사공장, 목재공장 등을 건설했다(탈북자 K3 씨).

평안북도는 1958년 6월 전원회의 결정 이후 불과 5~6개월 만에 22개의 식료품공장, 15개의 일용품공장, 16개의 농기구공장, 14개의 제지공장을 비롯해 130여 개의 각종 지방공장을 건설했다. 즉, 1개의 군에 평균 5개의 공장을 새로 지은 셈이다. 이렇게 지방공업이 급속히 발전함으로써 1960년 7월 평안북도 내 공업총생산액 중에서 지방공업이 차지하는 비중은 34.8%를 나타냈다. 이 중에서 식료품 및 일용품 생산비중은 36.6%였고 도내 상품유통부문에 대한 각종 상품공급의 비중은 51.9%에 달했다(≪로동신문≫, 1960. 7. 31).

2) 지방공장 원료기지의 건설

북한에서 원료기지는 "공업발전에 필요한 여러 가지 원료를 생산하는 부문들과 기업소들의 총체"로 정의된다.[11] 지방공업에서 원료기지 가운데 중요한 것이 이른바 재배원료기지이다. 즉, 지방의 농경지에서 여러 원료를 재배해 식료공업을 비롯한 경공업의 원료를 보장하는 것이다.

북한정부는 1958년 지방공장을 대대적으로 건설할 때부터 각 시·군은 자체의 원료기지를 확보해야 한다고 강하게 요구했다. 김일성 주석은 1962년 8월 8일 지방당 및 경제일군 창성연석회의에서의 결론에서 지방산업공장들이 튼튼한 원료림기지를 가지는 것이 무엇보다도 중요하다며 식료공장들은 50~100정보씩 원료림기지를 마련해 살구, 딸기, 추리, 앵두 같은 과실들을 많이 생산함으로써 청량음료의 원료로 적극 활용하라고 지시했다.

탈북자 K3 씨와 P4 씨는 1960년대에 원료기지사업소가 설치되었다고 밝히고 있다. 원료기지사업소는 각 시·군 행정경제위원회 지방산업부의 지도감독을 받으면서 자신의 산하에 있는 여러 개의 원료기지를 관리하는 역할을 수행한다. 때로는 원료를 직접 가공해 식료공장에 원료로 공급하기도 한다. 혜산시의 경우, 원료기지사업소는 1962년에 설치되었다. 여기서는 주로 원료기지에서 감자를 재배한 뒤 이를 원료기지사업소에서 가공해 전분을 만들어 식료공장에 원료로 제공했다. 그러면 식료공장에서는 물엿도 만들고 당면도 만들었다. 그리고 1960년대의 원료기지는 시·군 행정경제위원회에서 기존 협동농장의 농경지 일부를 각 원료기지로 떼어주는 식이었다고 한다. 혜산시의 경우, 춘동리와 노중리 두 곳의 협동농장의 땅 일부를 원료기지로 떼어주었다고 탈북자 K3 씨는 기억하고 있다. 다만 이 시기의 원료기지 건설은 다소 제한적이었다. 지방마다 원료기지 건설이 본격화된

---

11) 『경제사전 2』(평양: 사회과학출판사, 1985), 731쪽.

것은 1970년대에 들어서였다(탈북자 C6 · L7 씨).

3) 도시 내 농장의 채소전문농장화

도시 안에 있는 농장들이 지방적 차원에서 도시주민들에게 채소를 배급제 방식으로 공급하게 된 것은 대체로 1960년대부터인 것으로 전해지고 있다(탈북자 H4 · L5 · K17 씨).

혜산시의 경우, 1961년에 행정구역을 재편하면서 농업지대를 상당 정도 포함시킴으로써 농업과 공업의 연계하에 자급자족할 수 있는 체제를 구축하고자 했다. 즉, 당시 시가 확장되면서 이웃해 있는 운흥군의 노중리, 운총리, 신장리, 장안리 등이 혜산시로 신규 편입되었다. 그리고 이들 농장은 원래 알곡을 주로 생산하는 농장들이었으나 시로 편입된 이후에는 남새 전문으로 바뀌었다(탈북자 K17 씨).

청진 시내 협동농장에서 일한 적이 있는 탈북자 H4 씨는 채소분배가 시 협동농장경영위원회의 기본임무라고 밝히고 있다. 즉, 청진시 행정경제위원회에서 청진시 협동농장경영위원회에 각 지역별 기관, 기업소별 인원 등에 대한 정보를 제공하고 채소를 분배해줄 것을 요청하면 청진시 협동농장경영위원회는 청진시 당위원회의 지도감독하에 채소분배계획을 작성한다는 것이다.

그리고 청진시 협동농장경영위원회는 관내 각 협동농장들에게 채소의 생산 및 분배계획을 할당한다. 예를 들면, 청암구역 무슨 리는 포항구역 내 어느 공장의 채소를 담당하라는 식이다(탈북자 L5 씨). 1979년부터 10년간 청진 무궤도전차공장(버스공장) 무궤도직장에서 일했던 탈북자 J6 씨는 공장은 수남구역에 있었는데 채소는 송평구역에 있는 용호협동농장에서 공급받았다. 다만 농장에 어느 정도 노동력을 제공해야 했다.

일 년에 적어도 서너 번은 농장에 가서 일해야 했다. 모판을 만들 때 한 번, 김 맬 때 한두 번, 가을철에는 배추에 볏잎 묶어주러 한 번 ……. 만약 씨 뿌린다고 했을 때는 농장에서 비료, 부식토, 모판 등을 다 준비한 다음에 공장에 연락을 한다. 그러면 공장에서는 계획을 세워서 한꺼번에 많은 사람을 보내는 경우도 있고, 순차적으로 몇 명씩 보내는 경우도 있다. 그리고 수확할 때는 공장에서 농장에 사람을 보내 직접 실어온다(공장 생산직 출신 탈북자 J6 씨).

그리고 J6 씨의 경우, 배추를 1인당 많을 때는 100kg, 적을 때는 20~50kg 정도 공급받았다. 무는 많을 때가 30kg 정도였다. 물론 가격을 지불해야 한다. 그러나 국정가격이기 때문에 매우 저렴했다. H4 씨는 배추가 kg당 10전, 무가 kg당 12전이라고 기억하고 있었다. 결국 주민들은 이러한 방식에 의해 월동용(김장용) 채소를 확보하게끔 되어 있었다.

4. 자립적 지방경제의 제도화: 1970~1983년

1) 지방공장의 2차 건설 붐

1970년대에 들어와 지역별 자립적 지방경제는 한 차원 발전된다. 그 시발점은 1970년 지방산업공장의 2차 건설 붐이었다. 같은 해 2월 김일성 주석은 전국지방산업일군대회에서 "모든 군들에 지방산업공장들을 새로 몇 개씩 더 꾸리기 위한 군중적 운동을 힘차게 벌일 것"을 주창했다. 이에 따라 1970년 한 해 동안 전국적으로 1,760여 개의 지방공장들이 새롭게 건설되었다. 1958년 지방공장들을 대중운동방식에 의해 대대적으로 건설했던 북한은 12년 후인 1970년 다시 한 번 똑같은 방식으로 지방공장 건설 드라이브 정책을 편 것이다.

그리고 1980년의 지방공장 수는 각 시·군 평균으로 18개이며 전국적으로는 약 3,600개로 전해지고 있다. 1959년 10월 2,000여 개였고 1970년에 1,760여 개가 새로 건설되었으므로 1960년부터 1969년까지, 또한 1971년부터 1980년까지 지방공장의 신규 건설은 거의 없었다고 추정할 수 있다. 아울러 1990년대 초에는 각 군 평균 20개 혹은 25개 정도인 것으로 전해지고 있다. 1980년대에도 지방공장들이 별로 늘지 않았다는 것이다(이석기, 1998: 5~9).

청진시의 경우, 1958년에도 지방공장이 많이 건설되었지만 1970년에는 더 많이 신설되었다. 물론 1958년에 1,000여 개, 1970년에 1,760여 개 신설이라는 전국적 추세에 비추어보아 당연한 측면도 있지만, 청진의 경우 1960년 10월에 기존의 청진시에 라남시와 부령군 일부 지역이 합쳐지면서 도시가 확대되고 7개 구역체제로 행정구역이 재편된 영향도 무시하지 못한다. 즉, 1970년대 초에 각 구역별로 지방공장들이 많이 건설되었는데 특히 식료공장이 구역마다 건설되었다(탈북자 L5 씨).

청진시 송평구역에서는 1970년 2월 김일성의 교시가 내려진 이후 불과 2~3개월 만에 영예군인화학공장, 철제일용품공장, 수지일용품공장 등 7개의 소규모 지방산업공장이 새롭게 건설되었다(≪로동신문≫, 1970. 9. 14). 또한 포항구역에서는 모두 10개의 지방산업공장 및 분공장들을 신규 건설하기로 계획했는데 1970년 9월 현재 3개의 지방산업공장과 여러 개의 분공장들을 새로 만들었다(≪로동신문≫, 1970. 9. 20).

2) 도영공장의 건설

북한에서 지방산업공장은 도영공장, 시영공장, 군영공장으로 나뉜다. 탈북자 K19 씨는 도영, 시영공장은 지시체계와 계획화에서도 명확히 구분된다고 한다. 이 가운데 도영공장은 문자 그대로 도 차원에서 운영되는 공장이다. 예를 들어, 도의 곡산공장에서 생산된 것이 모든 시·군에 다 배당된다. 물엿을 보내면 시·군에서 받아서 사탕 등을 만든다. 북한에서 도영공장이 언제부터 있었는지는 확실하지는 않지만 대체로 1970년대에 많이 건설되었던 것으로 추정된다.

예컨대 김일성 주석은 1976년 4월 28~29일에 행한 연설에서 "지난 날 도들에서 자전거공장도 하나씩 꾸리고 텔레비전 수상기공장과 라디오공장도 꾸렸으며 그밖에 많은 공장들을 건설해 놓았습니다"라고 되돌아보았다. 또 같은 연설에서 도마다 강철을 몇 만 톤씩 생산할 수 있는 강철공장도 만들어놓았다고 회고했다. 그러면서 그는 앞으로 지방공업을 발전시키려면 중앙공업에 의존하지 말고 도 자체로 중소화학공장을 만들어 탄산소다와 가성소다를 비롯한 기초화학제품을 생산해 각 군에 공급해주어야 한다고 지시했다(김일성, 1986: 74~75).

이에 앞서 1975년 4월 8일에 행한 연설에서는 '도영공장'이라는 표현을 직접 사용했다. "현대적 가정용품들을 생산하는 지방산업공장들과 소다공장, 포장용기공장, 단능기계공장 같은 중요한 지방산업공장들은 도영공장으로 잘 꾸리는 것이 좋습니다"라고 했다. 또 도영지방산업공장들을 건설하는 데 필요한 자금은 지방예산뿐만 아니라 국가예산에서도 쓸 수 있다고 하면서도 최대한 도 자체 자금으로 해결하기 위해 투쟁할 것을 주문했다(김일성, 1985: 235~236).

물론 김일성 주석의 이러한 지시들이 얼마만큼 충실히 이행되었는지는 아직 정확히 확인되지 않고 있다. 다만 탈북자 K3, K18, K19, P3 씨 등은 도영공장의 존재를 확인시켜주고 있다. 양강도에서 지방공업을 관리하는 일을 했던 P3 씨는 1990년대 초 혜산시에 종합기계공장, 맥주공장, 도자기공장 등 5개의 도영공장이 있었다고 전하고 있다.

3) 원자재 자력갱생의 확대

탈북자 C6 씨는 1970년부터 원료기지 건설이 크게 확대되었다고 전하고 있다. 무엇보다도 각 도마다 물엿을 생산하는 곡산공장이 생겨났다.[12] 평안 북도에서는 의주에 생겼다. 이에 대해 C6 씨는 쿠바에서 수입하는 설탕의 가격이 크게 올라 북한 내에서 자체적으로 옥수수를 가공해 물엿을 만들기로 하고 도에 하나씩 곡산공장을 짓게 되었다고 설명하고 있다. 종전에는 설탕 같은 것은 중앙이 수입해서 각 지방에 나누어주기도 했다.

또한 종전에는 식료공장의 원료에 대해 상당 부분을 중앙이 제공해주었다. 예컨대 신의주 내에 있는 협동농장에서 생산한 옥수수에 대해 몇 톤은 중앙에 올려보내고 나머지 몇 톤은 지방에서 소비해 식료공장의 원료로 사용하라고 했다. 그런데 지방으로 돌아오는 몫이 줄어들기 시작했다. 그리고 지방에 대해서는 원료기지에서 조달해 모자라는 분을 보충하라고 지시가 내려왔다.

한편, 지방공업은 지방중소공장에서 생산되는 원료, 중앙공업에서 나오는 부설물·폐설물 등을 이용해 원자재를 자력갱생하게 되어 있었고 이는 1970년대에 들어와서 강화되었다. 여기서는 수매가 중요한 역할을 수행한다. 특히 주민들이 파고무, 파철, 파지, 파유리 등을 수집해 오면 위탁수매소, 일용수매상점 같은 곳이 이를 수매해 공장에다 넘겨준다. 일종의 재활용인 것이다.

> 파유리를 유리공장에 넘기면 재생돼서 나오고, 종이는 종이공장에 넘겨서 재생해서 쓴다. 파철은 강철공장에 넘긴다. 지방에도 강철공장이 있을 수 있고, 없으면 타 도에 넘긴다. 중국에서도 와서 사간다. 이러한 수매가 지방공장 운영

---

12) 이것이 바로 앞에서 서술한 도영공장이다.

에 어느 정도 도움이 된다(탈북자 K17 씨).

탈북자 C6 씨는 신의주 종합섬유공장이 원료를 자급자족하는 예를 소개하고 있다. 이 공장은 주로 기저귀나 속옷을 생산하는 곳인데 중앙으로부터의 원료공급이 줄어듦에 따라 지방 차원에서 원료를 해결해야 했다. 갈(대), 파섬유, 옥수수대, 아마같이 동원할 수 있는 것은 모두 동원해서 지방에서 심고 채취해서 섬유를 만들었다. 옷의 질이 좋지 않아도 수요는 충족시켜야 하니까 어쩔 수 없었다고 한다.

4) 지방예산제의 실시

북한에서 중앙예산은 화폐자금을 전국적 규모에서 형성·분배·이용하는 것인 데 비해 지방예산은 지방행정기관들이 지방의 살림살이를 자체적으로 해결하는 데 필요한 자금을 마련하고 이용하는 제도이다. 특히 북한에서는 시·군이 중앙의 부담을 덜어주기 위해 자체적으로 수입과 지출을 충당하는 것이 원칙으로 되어 있다. 이는 1973년부터 도입된 지방예산제도에 근거를 두고 있다.

지방예산의 수입원천은 거래수입금, 국가기업이익금, 중앙과 도 예산소속 기관·기업소들이 납부하는 지방유지금, 국가재산 판매 등으로 이루어진다. 지방예산으로 지출되는 부분은 지방적 의의를 가지는 인민경제, 사회문화에 대한 지출 등이다. 즉, 지방산업 및 농촌경리, 지방상업, 탁아소, 유치원, 진료소 등에 자금이 지출되고 지방기관들의 유지비에도 쓰인다.

앞에서도 밝혔듯이 지방예산제는 지방이 자체적으로 벌어서 자기 지방의 살림살이를 꾸려나가는 '자력갱생'의 원칙을 구현하고 있다. 게다가 국가에 일정한 이익을 납부하는 데 대한 '의무'를 지고 있는데 이는 수입초과분을 중앙예산에 들여놓는 형태로 실현된다.

북한이 이러한 제도를 도입한 목적에 대해 김일성 주석은 다음과 같이 밝히고 있다.

그전에는 중앙에서 큰 공장들이 벌어들인 이익금을 가지고 도(道)들에 국가보조금을 나누어주어 (지방에 있는) 교원, 의사, 정무원들의 노임을 주도록 하였습니다. 그러다 보니 국가에서 많은 재정적 부담을 지었으며 나라의 경제건설에 더 많은 자금을 돌리지 못하였습니다. …… 지방예산제를 실시한 다음부터는 국가에서 큰 공장들과 대학, 병원 같은 것을 건설하는 데 더 많은 자금을 돌릴 수 있게 되었습니다(김일성, 1985: 225).

우리나라에서는 지방예산제를 실시하기 전에는 지방들의 살림살이에 필요한 자금을 다 중앙예산에서 보장하였습니다. 그러나 지방예산제를 실시하기 시작하여 몇 해 지나서부터는 모든 지방들에서 자체의 수입으로 지출을 보장하고 있으며 많은 돈을 더 벌어서 국가에 들여놓고 있습니다(김일성, 1983: 338~339).

그렇다면 지방은 어떻게 해서 종전보다 세입을 늘려야 할까? 김일성 주석은 지방예산제를 발전시키기 위해서는 무엇보다도 지방공업을, 그 외에 농업, 수산업, 인민봉사사업, 수매사업 등을 발전시켜야 한다고 했다. 즉, 이것들이 지방 세입의 주된 원천인 셈이다.[13]

탈북자 K19 씨는 "1973년 이전에는 지방공장에서 나오는 이익금의 100%를 중앙에 다 바쳤다고 하면 1973년부터는 총이익금에서 예를 들면 75%는 중앙으로 가고 나머지 25%가 지방으로 가게 된 셈"이라고 설명했다. 즉,

---

13) 가장 큰 것은 지방산업공장이 생산한 제품에 부과되는 거래수입금과 지방산업공장의 이익금이다. 따라서 지방산업공장이 보다 많은 상품을 생산하고 또 지방의 차원에서 보다 많은 제품이 유통될수록 지방예산수입이 늘어나게 된다(손철준, 1992: 16).

시·군으로서는 지방공장의 생산이 더 늘어야만 지방공장으로부터 거두어 들이는 돈, 즉 자신들의 재정수입이 더 늘어나게 된 것이다. 시·군당이나 시·군 행정경제위원회는 지방산업공장들의 생산실적, 계획수행실적에 직접적인 이해관계가 걸리게 된 셈이다.

5) 무역의 부분적 분권화

북한에서 무역은 오랫동안 '국가독점'의 원칙에 의해 수행되었다. 북한은 이를 '국가 유일 무역체계'라 부르고 있었는데 이는 국가가, 혹은 국가의 감독하에 해당 기관이 대외무역을 수행하는 체계이다. 여기서는 무역의 자유화·분권화는 허용되지 않았다.[14] 이 체계에서 국가는 모든 무역기관의 활동범위와 규범을 정해주며 이들의 사업을 통일적으로 장악한다.

북한에서 무역은 일련의 계획하에 수행되며 무역계획은 국민경제계획의 일환으로 국가계획위원회에 의해 수립된다. 무역계획의 집행은 노동당의 지시에 따라 무역부가 담당하며 실무적인 차원의 무역업무는 무역부 산하의 각종 국영무역상사가 수행한다. 그리고 무역상사들은 생산기업과는 엄격히 분리·독립되어 있고 또한 활동분야별로 전문화되어 있다.

그런데 1970년대 말에서 1980년대 초에 걸쳐 무역부문에서 분권화와 관련된 움직임이 나타나기 시작했다. "이 시기에 무역부를 비롯하여 모든 생산부문의 부·위원회에 무역회사를 조직하여 직접 거래를 하는 권한을 부여, 각 도의 행정구역단위에도 지방무역의 형태로 변경무역이나 그 밖의 무역을 수행하는 권한을 주었다"[15]라고 한다. 다만 "무역부는 모든 수출입거

---

14) 『경제사전 1』(평양: 사회과학출판사, 1985), 465쪽.

15) 북한의 사회과학원 세계경제·남남협력연구소의 김정기 부소장이 1988년 5월에 평양에서 열린 "조선관계 전문학자의 국제과학토론회"에서 "조선의 대외경제관계에

래에 관한 가격의 결정, 검열·통제, 수입의 허가 등에 대해 직접적인 권한을 장악하고 있다"라고 되어 있다. 무역의 '국가독점' 원칙의 완화, 즉 무역의 부분적인 분권화가 이루어졌음을 엿볼 수 있다. 이렇게 해서 1970년대 말, 1980년대 초부터 무역부문이 지역별 자립적 지방경제의 새로운 구성요소로 등장했다.

실제로 김일성 주석은 1980년 7월 28일 청진시와 함경북도 경제부문 일군협의회에서 행한 연설을 통해 청진시와 함경북도에 다른 나라와 무역을 할 수 있는 권한을 부여하겠다고 밝혔다. 이들 지역은 앞으로 중앙의 무역부에만 의존하지 말고 지방무역, 변경무역을 적극 수행하라는 것이다. 담배, 미역, 다시마, 명태, 도자기 같은 것을 생산하여 다른 나라에 수출하고 콩을 수입해 주민들에게 두부를 만들어 공급하고 닭공장과 오리공장에 단백질 먹이를 공급해주어 알과 고기를 더 많이 생산하라는 취지에서다(김일성, 1987: 232).

또 혜산시와 양강도는 1980년대 초에 중국과 직교역을 하기 위해 교량을 설치하는 등 지방 차원에서 무역을 확대하기 위해 노력했다. 즉, 무역의 활성화를 위해 중국의 장백세관과 북한의 혜산세관 사이에 길이 200m가량의 교량(혜산다리)을 양국이 합동으로 설치했다. 북한 측에서는 양강도가 나서서 자재와 노동력을 제공했다. 그전까지는 양강도의 수출원천(고사리, 고비, 오미자 등)을 모두 중앙에 올려 보냈으나 교량이 설치되고 나서는 소량의 교역은 양강도가 직접 수행하게 되었다(탈북자 P3 씨).

다만 1980년대에는 지방 차원의 무역이 활성화되었다고 보기는 힘들다. 지방행정기관에 주어진 권한도 제한적이었다. 지역별 자립적 지방경제에서 무역이 수행한 역할도 그다지 크지 않았다. 지방 차원의 무역이 활성화되면서 지역별 자립적 지방경제의 운용에 큰 역할을 하게 된 것은 1990년대에

관하여"라는 제목으로 보고한 내용. ≪月刊朝鮮資料≫, 1990年 4月號, 62쪽.

들어서였다.

5. 자립적 지방경제의 확대·발전: 1984~1989년

1) 8·3 인민소비품창조운동

1984년에 등장한 '8·3 인민소비품창조운동'은 북한의 경제관리 역사에서 보면 획기적인 것이다. 이는 북한이 생활필수품 부족을 타개하기 위해 진행시킨 소비품 생산증대운동이다. 즉, 각 기업, 가정에 조직된 '생활필수품 직장·작업반', '가내작업반'에서 기업의 부산물·폐기물, 지방 차원에서 모은 유휴원료·자재를 이용해 소비품을 생산하는 것이다.

이 운동의 직접적인 계기는 김정일 위원장이 1984년 8월 3일 평양에서 열린 전국경공업제품대회의 전시장을 둘러보고 "주민들에 대한 상품공급사업을 개선할 데서 제기되는 몇 가지 문제에 대하여"라는 제목의 담화를 발표한 것이다. 그는 여기에서 다음의 두 가지를 지시했다. 첫째, 생활필수품의 생산을 위해 각 기업과 가정에 '생활필수품 직장·작업반', '가내작업반', '부업반' 등의 조직을 다수 설립해 소비품 생산에 보다 많은 힘을 쏟도록 했다. 이러한 조직들은 이미 1950년대부터 존재해왔던 것인데 김 위원장은 이들 조직들의 수를 늘리도록 지시한 것이다. 둘째, 이러한 조직에서 생산된 소비품을 소비자에게 직접 판매하는 '직매점'을 평양의 각 지역에 설립하도록 했다. 이 '직매점'은 종래 존재하지 않았던 것인데 김 위원장의 지시 이후 전국으로 확대되었다.

1989년 5월, 정무원은 「8월 3일 인민소비품 생산 및 처리에 관한 규정(잠정)」(이하 '8·3 규정'이라 함)을 승인했다(≪민주조선≫, 1989. 5. 27). 그리고 이 운동의 5주년이 되는 1989년 8월 3일에 북한정부는 운동의 성과와 관련하여 직매점 판매액이 매년 20.8%씩 늘고 있으며 1988년에는 국영상업망의 소비품유통액의 9.5%에 달했다고 발표했다(《로동신문》, 1989. 8. 3).[16]

그런데 이러한 8·3 인민소비품창조운동은 생산에 필요한 원료·자재, 설비, 노동을 국가(중앙)가 보장하는 것이 아니다. 즉, 지방 차원에서 '자력갱생' 혹은 '자체해결'하게 되어 있다는 점에 큰 특징이 있다. 국가계획에 들어가 있지 않은 제품을 생산하는 것으로서 중앙의 계획경제의 범주 밖에 존재하는 경제적 활동이다.

8·3 인민소비품창조운동이 자립적 지방경제의 운용에서 획기적인 것은 비록 제한적이기는 하지만 자립적 지방경제의 구성요소에 해당 지역에 소재한 중앙공업공장이 공식적으로 편입되었기 때문이다. 즉, 중앙공업공장이 생산한 여타 제품은 전국적 차원에서 유통되지만 8·3 인민소비품만은 전국적 차원이 아니라 지방적 차원에서 유통된다는 것이다. 전 국민을 대상으로 한 생산이 아니라 자신의 지역주민들을 위한 생산이 이루어지는 것이다.

1987년부터 4년 동안 신의주 내 공장의 8·3 인민소비품 작업반에서 일한 적이 있는 L7 씨는 자신의 경험을 다음과 같이 소개하고 있다. 그 작업반에서는 법랑철기공장에서 쓰다 남은 것을 가져와서 재활용해 바께스(양동이)를 만들었다.

먼저 자투리(철판 조각)를 가지고 와서 선별을 한다. 쓸 수 있는 것과 쓸 수 없는 것을 구분을 한다. 그다음에는 절단을 한다. 그리고 나서 스포트 용접기로 쭉 붙여서 판을 크게 만든다. 그런데 바께스 만드는 기구(형판)가 있다. 거기에

---

16) 탈북자들의 증언을 종합해보면 1980년대 후반부터인지 1990년대 초부터인지 명확하지는 않으나, '8·3 인민소비품'의 생산·판매에서 지방 및 기업의 단계에까지 적지 않은 자율성이 주어진 것으로 보인다.

바께스 모양을 그렸다. 가져온 철판 조각들을 거기에 맞추어 붙이는 것이다. 다 붙인 다음에는 녹슨 부분의 녹을 없앤다. 그러고 나서는 도장을 한다. 그리고 건조를 해서 바깥에 고리를 만들어 완성한다.

그런데 이렇게 만들어지는 8 · 3 제품이 비용이 더 많이 들어갈 수도 있다고 한다.

예를 들어, 원단에서는 한 번 기계로 잘라서 프레스로 붙이면 되는데 이런 것은 실어다 잘라다 붙이고, 손이 엄청 많이 필요하다. 그러니까 버리지 않고 쓰는 것은 좋은데 지금 생각해보면 왜 그런 것을 했나 하는 생각도 든다.

2) 원료 및 연료의 자급자족 강화

1980년대 중반에 원료기지가 더욱 확대되었다. "1982년경에 새땅 찾기를 해서 원료기지를 보충하라는 김일성의 지시가 있었다"(탈북자 K3 · Y2 씨)고 한다. 원료기지는 주로 야산을 개간하는 것이다. "산을 한 면을 다 벗긴다. 그러면 산 자체가 거대한 밭이 된다"(탈북자 Y2 씨). 그리고 "힘이 있는 기관은 트랙터나 불도저를 동원해 야산을 개간하기도 한다"(탈북자 L6 씨). 하지만 대개는 식료공장 사람들이 농장에 가서 농장 사람들과 교섭을 해서 트랙터 같은 기계를 빌려 쓴다. 그리고 일은 공장 사람들이 해야 한다. 개간이 끝나면 밭을 가꾸어야 하는데, 한 번 가면 몇 달씩 일하는 경우도 있다고 한다.

그리고 기존의 협동농장에서 떼어주는 경우도 있다. 농장에서 불모지를 개간하면 어느 공장에 원료기지로 제공하기도 한다(탈북자 L5 씨).

식료공장의 원료기지에 심는 것은 옥수수가 대부분이다. 콩도 심지만 콩은 옥수수에 비해 단위면적당 수확량이 적다. 이 옥수수로 간장, 된장을 만든다. 물론 특정 간부들에게 공급되는 간장, 된장은 콩으로 만든 것이지만 일반 주민들에게는 옥수수로 만든 것이 공급된다(탈북자 L5 씨).

탈북자 L6 씨의 부인은 혜산시 사회급양관리소가 운영하는 어느 식당에서 일하고 있었는데 1987년 식당마다 원료기지를 보충하라는 지시가 내려왔다. 물론 1987년 이전에도 원료기지가 있었지만 자력갱생이 강화되면서 원료기지의 지시가 보다 분명해졌다. 이 식당은 혜산시 연봉2동 원료기지를 만들어 콩, 감자 등을 심었다. 그렇다고 대대적으로 한 것은 아니었다.

L7 씨는 시 행정경제위원회 상업관리소가 관리하는 원료기지를 소개하고 있다. 운총리에 혜산비행장이 있었는데 이 비행장이 폐쇄되면서 활주로 자리만 남기고 나머지 지역은 다 원료기지로 개발했다. 이 원료기지에는 옥수수, 콩, 밀, 보리, 감자 등을 심었다. 상업관리소는 여기서 나오는 원료를 각 기업소에 공급했다. 예를 들어, 옥수수를 식당에 공급해주어 국수를 만들게 했고 식료공장에도 공급해 장을 생산하게 했다. 그리고 여름철 김맬 때와 같이 사람 손이 많이 필요할 때에는 상업관리소 직원뿐 아니라 학생, 일반인들까지 동원했다.

P3 씨는 양강도가 도의 자체 탄광을 개발한 사례를 소개하고 있다. 종전에는 양강도 지방공업총국이 중앙의 차원에서 석탄을 공급받았다. 양강도 밖의 지역, 즉 평안남도 덕천탄광으로부터 공급받은 것이다. 석탄은 도자기를 구울 때나 식료공장에서 술을 정제할 때 많이 필요하다. 그러다가 1980년대 중반에 덕천탄광으로부터 공급이 줄어들면서 양강도 차원에서 자체 탄광을 가지기로 하고 혜산에 탄광을 새롭게 개발했다. 그래서 1980년대 말에 본격적으로 탄이 나오기 시작했다. 그리고 탄광개발에 필요한 설비와 자재들은 90% 정도는 도가 자체적으로 해결했다. 특수한 설비나 굴착기 같은 것들만 중앙으로부터 지원받았을 뿐이다. 이러한 도 차원의 자체 탄광개발로 지방공장 가동과 주민들의 땔감 확보에 숨통이 조금 트이게 되었다는 것이다.

6. 자립적 지방경제에 대한 평가

1) 지역별 자력갱생의 달성 정도

자립적 지방경제에 대한 평가는 문자 그대로 자립적 지방경제가 구축되었느냐 하는 것부터 출발해야 할 것 같다. 달리 보면 북한정부의 의도대로 지역별로 자력갱생이 어느 정도 가능했느냐 하는 문제이기도 하다. 그리고 여기서의 핵심은 원자재를 중앙의 도움 없이 지방 차원에서 얼마나 자급할 수 있었느냐 하는 것이다.

탈북자 C6 씨, K17 씨가 지적하듯이 초기에 지방공장을 짓는 데에는 나름대로 지방 차원의 자력갱생이 가능했던 것으로 보인다.

> 지방공장을 처음 지을 때 자재와 노력은 지방 자체로 할 수 있는 것은 자체로 했다. 양강도에는 나무가 많으니까 자체 조달이 가능했다. 시멘트도 지방 차원에서 조달할 수 있었다. 시멘트, 나무만 있으면 지방공장 정도는 다 지을 수 있다. 기계 같은 것만 중앙에서 공급받았다(탈북자 K17 씨).

또 C6 씨는 "집을 만들 때도 철근을 넣지 않고 싸리를 넣고 하는 식으로 했을 정도로 지방자재를 많이 썼다. 꼭 철근을 넣어야 한다는 법은 없으니까 창의력을 발휘해서 지방자재를 많이 쓰도록 요구받았다"라고 말하고 있다. 그리고 앞에서 서술했듯이 각 지방마다 원료기지를 조성해서 옥수수 등을 재배해 식료공장의 원료를 확보한 것이나, 파지·파철 등을 수매해 재생해서 지방공장의 원료를 조달한 것 등은 지방 차원에서의 원자재 조달이 불가능하지는 않았음을 보여주는 예들이라 할 것이다.

그렇지만 지방 차원의 원자재 조달은 명백한 한계가 있었다.

예를 들어, 신발공장에서 신발을 생산하려면 고무와 천이 필요하다. 그런데 고무는 지방에서 1%도 나오는 게 없다. 천도 지방에서 나오는 게 없고 중앙에서 받아와야 한다. 또 베어링을 만든다고 하자. 여기에는 강재도 필요하고 각종 연마기구도 필요한데 이런 것들은 지방공업에서는 받을 수 없고 중앙공업에서 받아야 하는 것이다(탈북자 K18 씨).

공장 관리직 출신인 K19 씨는 보다 구체적인 예를 제시하고 있다.

원자재 조달에서 지방에서 자력갱생 가능성이 큰 것은 가구공장, 과일가공공장이다. 하지만 화학부문, 기계부문, 금속부문은 중앙에 대한 의존도가 높을 수밖에 없다. 예를 들어, 철제일용품공장, 주물공장은 100% 중앙공업에서 받아야 한다. 수출피복공장은 천을 중앙에서 받아야 하니까 중앙의존도가 높다. 제지 같은 경우 지방산업공장들의 원료는 다 지방에서 충당한다. 옥수수 껍질 같은 것을 원료로 쓸 수 있다. 그런데 가성소다, 표백제는 중앙공업에서 받아야 한다. 즉, 이런 경우 기본 주원료는 지방의 것으로 쓰지만 가성소다, 표백제, 피대, 전동기 등은 중앙에서 공급받아야 하는 것이다. 식료공장 같은 경우도 완전 자급은 불가능하다. 식료공장은 기본 원료를 도에서 받아오는데 도의 곡산공장 자체가 중앙공업에 의존하니까 최종적으로는 중앙공업이 돌아가야 한다. 설탕도 무역이고, 밀가루도 100% 수입밀가루를 쓴다. 그리고 된장, 간장을 발효시키려면 화학공장에서 가성소다, 염산을 들여와야 한다.

이렇듯 지방이 자체적으로 지방공장의 원자재를 조달하기에는 분명한 한계가 있었다. 사실 1970·1980년대에 김일성 주석이 여러 차례에 걸쳐 지방공장들이 스스로 원료 문제를 해결할 생각은 않고 중앙공장의 지원만 바라고 있다고 꾸짖은 것(김일성, 1983: 448, 1985: 234~237, 1987: 72)은 바로 위와 같은 상황의 반영인 것이다. 그리고 지방공업공장에 대해 중앙의 공장이 지원을 해야 한다고 지시를 내리거나, 도영공장을 많이 건설하라고 지시한 것도 다름 아니라 지방 차원의 원자재 자급자족이 용이하지 않다는 사실의 반증이라 할 수 있다.

지방공업을 만든 취지는 지방에서 원료나 설비를 자체로 해결하라는 것이 다. 하지만 북한에서는 지방에서 원료나 설비를 자체로 해결할 수 있는 기술적, 경제적 토대가 마련되어 있지 않다(탈북자 K18 씨).

2) 자립적 지방경제의 성과 및 파급효과

그렇다고 해서 자립적 지방경제가 성과가 전혀 없었다고 평가하는 것은 적절하지 못할 것 같다. 예컨대 김일성 주석은 1963년 9월 5일의 연설에서 다음과 같이 술회하고 있다.

우리는 자금도 부족하였고 기술도 미약했기 때문에 현대적인 경공업에만 의 거해 가지고서는 소비품에 대한 인민들의 수요를 도저히 보장할 수 없었습니다. …… 출로는 일정한 자금으로 현대적인 경공업을 발전시키면서 동시에 자금이 덜 들고 생산을 빨리 낼 수 있는 수공업을 복구하는 데 있었습니다. …… 우리는 있는 예비를 동원하여 수공업을 복구 발전시킴으로써 자금을 덜 들이고도 소비 품을 대대적으로 생산하여 인민생활을 보장할 수 있었고 많은 자금을 중공업의 발전에 돌릴 수 있었습니다. 그리하여 비록 상품의 질은 높지 못하지만 어쨌든 인민의 입고 먹고 쓰고 사는 모든 것을 다 우리의 것으로 충족시킬 수 있게 되었 습니다. …… 많은 자금을 축적에 돌릴 수 있었습니다(김일성, 1982: 379~380).

이러한 방식으로 지방공장을 건설·발전시키는 것이 정말 불가피한 선택 이었는지에 대한 평가는 차후로 미루기로 한다. 어쨌든 상품의 질이라는 문제는 남지만 양적으로 보면 주민들의 기본 수요를 충족시키는 데 기여한 것은 부인할 수 없는 사실일 것 같다. 예컨대 1960년 7월 평안북도 내 상품유통 가운데 지방공업제품이 차지하는 비율은 51.9%에 달했다(≪로동신문≫, 1960. 7. 31). 또한 1980년대 초 지방공장 제품들은 북한주민들의 소비품 수요량의 절반 이상을 충족시키는 한편 일부는 외국에 수출까지 되었다(북한연구소, 1983: 833).

반면, 이러한 자립적 지방경제 추진은 적지 않은 파급효과를 가져왔다. 대표적인 것이 시장경제적 요소를 담고 있는 비공식적·불법적 거래의 발생 및 확산이다. 그리고 이는 북한에서 장마당으로 불리는 암시장 활동을 유발하는 요인으로 작용했다.

1985~1986년에 건재공장 노동자로 일한 탈북자 K20 씨의 경험은 지방산업공장에서의 자력갱생의 실상을 잘 보여준다.

예를 들어, 지배인이나 작업반장이 회의 때 '누가 내일 용접봉이나 휘발유 얻어올 사람 없냐'고 물어본다. 만약 내가 그것을 하겠다 하면 나에게 2~3일의 휴식시간을 준다. 그동안은 회사에서 일하지 않아도 일한 것으로 처리해준다.

이런 경우 대개 친척이나 친구들로부터 자재를 얻는다. K20 씨의 경우 친구가 함흥철도 객화차대에서 일했고 그는 자기 회사에서 용접봉을 훔쳐다가 K20 씨에게 넘겨주었다. 물론 K20 씨로부터 대가를 받았다.[17] K20 씨는

---

17) 그리고 K20 씨는 2~3일 간의 휴가를 이용해서 뙈기밭(불법 경작지)을 일군다. 콩, 고추 등을 심어서 암시장에 내다 판다. 이 수입의 일부는 친구에게 제공하는 대가 (대개는 암시장에서 담배를 사다 주었다)로 쓰고 나머지는 생활비로 쓴다. 따라서 노동자 입장에서는 이런 식으로 회사에다 자재를 구해다줄 경제적 유인이 충분히 있는 것이다.

"당시 내가 일하던 그 공장에는 그런 식으로 자재를 얻어오는 사람이 전체 종업원 100여 명 가운데 40~50명 정도 있었다"라고 했다. 그리고 그때부터 기업이 노동자들에게 자재 등을 구해오라고 시키는 일이 시작되었다고 전한다.

H5 씨는 수산사업소의 예를 전하고 있다.

> 중앙에서는 수산사업소에 대해 자력갱생해서 고기를 많이 잡으라고 한다. 그러면 지방에서는 할 수 없이 고기를 예컨대 100톤 정도 잡으면 상부에는 50톤만 잡았다고 보고하고 나머지 50톤은 시장에 내다 판다. 그렇게 돈을 마련해야 그물도 살 수 있고 휘발유도 살 수 있다. 그래야만 다음에 고기를 잡으러 갈 수 있다.

지방산업공장에서 일한 적이 있는 L7 씨는 다음과 같이 밝히고 있다.

> 원래 규정에 따르면 상부기관에서 아래 단위에게 자재를 보장해주어야 한다. 그런데 실제로는 자력갱생하라고 한다. 그래서 우리 공장 자재인수원들이 들쭉술이나 당면과 같은 혜산 특산물이나 중국 담배 등을 구해서 김책제철소나 다른 기업소에 바치고 자재를 얻어온다.

3) 자립적 지방경제의 성격

자력갱생, 자체해결이란 문자 그대로 지방이나 기업 스스로 자재를 조달하는 것이다. 물론 앞에서 보았듯이 자체해결이 전혀 불가능한 것은 아니지만 한계가 있다. 사실 북한과 같이 공식적으로 시장이 허용되어 있지 않은 사회주의 집권적 계획경제에서 지방이나 기업은 과연 어디서 원자재를 구할 수 있을 것인가? 결국 다른 기업이나 개인을 통해, 즉 비공식적으로 혹은 암시장[18]을 통해 불법적으로 자재를 조달할 수밖에 없다는 것이 탈북자들의 공통된 이야기이다. 이렇듯 자립적 지방경제는 비공식거래 및 암시장의 발생 및 확대를 낳는 또 다른 요인으로 작용했다.[19]

한편, 자립적 지방경제는 2002년의 7·1 경제관리개선조치, 2003년의 종합시장 정책 등 비교적 최근의 일련의 경제개혁적 움직임과 깊은 관련이 있다. 이러한 일련의 조치의 특징은 생산과 유통의 영역에서 시장메커니즘을 도입하려 했다는 것이다. 즉, 기업 간에 자재를 사고파는 사회주의 물자교류시장을 신설했고 기업에게 시장판매를 목적으로 한 계획 외 생산, 계획 외 유통을 허용했다. 다만 기업이 계획 외 생산을 수행해 시장에 판매할 수 있는 것은 자재를 국가로부터 공급받은 것이 아니라 자체적으로 조달했을 경우에 한해서이다.

물론 시장적 조정메커니즘 도입이라 해서 전면적인 것은 아니다. 사실 북한의 경제개혁적 정책의 특징의 하나가 경제의 이중구조화이다. 즉, ① 계획 외 영역, 비공식 영역에서의 시장조정의 인정, ② 계획영역, 공식 영역에서의 시장조정의 불인정이었다. 그리고 계획 외 영역에서의 시장조정 인정의 대표적인 예가 8·3 인민소비품창조운동 및 '개인부업'이다.

8·3 인민소비품창조운동, '개인부업' 장려에서는 상당히 획기적인 시장메커니즘이 도입되었다. 직매점 등과 같은 수요와 공급의 원리에 의해 움직이는 구체적인 시장(marketplace)이 설치되었고 8·3 인민소비품 등의 생산에서는 지방과 기업에게 상당한 권한이 위임되는 분권화 조치가 취해졌다. 다만 그것은 '국가계획에 들어가 있는 제품 이외의 것'을 생산해야 하며, 또 국가계획에 들어가 있는 자재나 노동력을 사용해서도 안 되며, 중앙의 계획

---

18) 암시장에서는 소비재뿐만 아니라 생산재도 거래된다는 사실에 주목할 필요가 있다.
19) 사실 북한에서 암시장의 발생·확대는 국가공급체계의 기능 저하에 주된 요인이 있지만 자력갱생의 강화라는 국가정책도 무시하지 못할 요인이다.

경제의 범위 밖에 존재하는 경제적 활동에 한정되었다. 달리 말하면 원자재나 노동력을 자력갱생, 자체조달했을 경우에 국한되었다.

그리고 북한정부가 자립적 지방경제를 강화하면서 지방에 대해 자력갱생을 강하게 요구하게 된 것도 엄밀하게 따지면 계획 외 영역, 비공식 영역에서의 시장조정의 묵인이라고 할 수 있다. 즉, 지방공업 차원에서 자재를 자체조달하기만 하면 그 조달방식의 합법 및 불법 여부에 대해서는 심하게 따지지 않겠다고 한 것이나 다름없다. 그런데 계획경제에서 기업이 자재를 자체조달할 수 있는 길은 그다지 많지 않다. 대부분은 기업 간 비공식 거래, 나아가 암시장, 즉 시장에서 구하는 것이다.

그리고 이러한 시장조정의 인정은 필연적으로 집권적 계획경제시스템의 분권화를 수반한다. 즉, 중앙의 행정당국이 지방의 행정당국과 기업에 자원배분 등에 관한 의사결정 권한을 상당 정도 위임하는 것이다.

이 장에서 다루고 있는 자립적 지방경제는 기본적으로 지방분권화의 범주에 속한다. 그런데 일반적으로 지방분권화는 행정기관 내에서의 권한 이동에 불과하다. 중앙행정당국에 권한이 집중되어 있든 지방행정당국에 권한이 일부 위임되어 있든 관료적 조정이라는 범주에서 벗어나지 못한다. 하지만 기업분권화를 수반하는 지방분권화는 사정이 판이하게 다르다. 기업분권화는 시장화, 즉 시장조정의 확대와 함께 추진되는 것이 일반적이기 때문이다.

북한의 경우 자립적 지방경제라는 지방분권화는 앞에서도 보았듯이 기업분권화를 수반하는 것이었다. 따라서 북한의 경우 자립적 지방경제는 시장화와 함께 추진되었다. 다만 시장화는 계획 외 영역, 비공식 영역에 한정되었다. 이것이 자립적 지방경제를 통해 본 북한 지방분권화의 특징이다.

한편, 앞서 보았듯이 북한정부는 자립적 지방경제시스템을 강화하는 과정에서 한편으로는 시장조정메커니즘의 확산을 유발하고 또 한편으로는 시장조정메커니즘의 확대를 인정했다. 물론 북한정부가 이러한 사실을 얼마나 인식하고 있었는지는 알려지지 않고 있다. 그런데 북한정부의 인식 여부에 상관없이 자립적 지방경제의 강화 움직임은 본격적인 경제개혁만큼은 회피하고 싶었던 북한정부에게 개혁에 대한 강력한 압력이 형성되는 중요한 하나의 계기를 제공했다. 요컨대 북한정부의 자립적 지방경제 강화 움직임은 계획경제에서 시장경제로의 이행을 촉진하는 결과를 낳았던 것이다. 그리고 이는 북한정부가 전혀 의도하지 않았던 결과였다.

7. 요약 및 결론

북한의 자립적 지방경제는 애초에 전쟁에 대비하기 위한 방안으로 추진되었다는 측면도 있다. 하지만 지역주민들의 생활에 대한 중앙의 경제적 부담을 덜어준다는 측면이 더 강하다고 할 수 있다. 즉, 경제개발 전략의 차원에서 이해해야 한다. 중앙은 보다 많은 국가자금을 중공업건설에 투자하고 지역주민의 생활과 직접 관련이 있는 경공업부문 생활필수품의 상당 부분은 중앙의 지원 없이 지방이 자체적으로 자력갱생, 자급자족하게 했다.

이러한 경향은 북한의 전반적인 경제사정이 나빠지면서, 즉 중앙이 지방에 대해 보장·지원해줄 수 있는 능력이 줄어들면서 강화되었다. 역사적으로 보더라도 1950·1960년대에 북한의 지역별 자급자족체제는 제대로 틀을 갖추지 못하고 있었다. 1950년대 말에 대중운동방식으로 지방산업공장을 다수 건설하기는 했으나 제대로 작동하지 않았다고 할 수 있다. 그러던 것이 1970년대에 들어와 제도화과정을 통해 한층 진전되기 시작했다. 중앙은 1970년에 2차 지방공장 건설 드라이브 정책을 펼치면서 지방공장에 대해 시·군뿐 아니라 도 차원에서 적극 개입할 것을 요구했다. 거기에다 1973년에 지방예산제도를 도입함으로써 자립적 지방경제의 재정적 토대를 구축했고 1980년대 초에는 무역의 부분적 분권화 과정을 통해 자립적 지방경제의 물적 토대를 강화하려 노력했다. 나아가 1984년에는 8 · 3 인민소비품창조운동까지 등장하면서 중앙공업도 자립적 지방경제의 구성요소로 편입되었다. 이러한 일련의 제도적 조치들과 함께 중앙은 지방에 대해 중앙에 의존하지 말고 자체적으로 해결하라고 강도 높게 요구했다.

자립적 지방경제 구축 노력은 나름대로의 성과도 있었다. 질(質)의 문제는 남았지만 양적으로는 주민들의 '먹고 입는 문제'를 어느 정도 해결할 수 있었다. 동시에 적지 않은 한계도 노정했다. 중앙공업에 대한 의존도는 여전히 높았다. 지방경제는 자립성의 면에서 뚜렷한 진전을 보이지 못했다. 게다가 예상치 못했던 파급효과도 나타났다. 자립적 지방경제는 기업들의 비공식적 · 불법적인 자재 조달, 즉 북한에서 장마당으로 불리는 암시장 활동을 유발하는 요인으로 작용했다.

따지고 보면 북한에서 자립적 지방경제라는 측면에서의 지방분권화는 기업분권화를 수반하는 것이었고, 따라서 그것은 시장화와 함께 추진되었다. 다만 시장화는 계획 외 영역, 비공식 영역에 한정되었다. 이것이 1990년대 경제위기 이전의 자립적 지방경제를 통해 본 북한 지방분권화의 특징이다.

아울러 북한정부는 자립적 지방경제시스템을 구축 · 강화하는 과정에서 한편으로는 시장메커니즘의 확산을 유발하고 또 한편으로는 그것의 확대를 인정했는데, 이는 북한정부의 인식 여부에 상관없이 계획경제에서 시장경제로의 이행을 촉진했다. 이것이 자립적 지방경제가 최근 북한의 경제개혁 움직임과 관련하여 가지는 의미이자 자립적 지방경제의 체제이행론적 함의이다.

이 장에서는 지방경제라는 창(窓)을 통해 1990년대 북한경제의 움직임을
정리 · 평가해보고자 한다.1) 초점은 이른바 북한의 '변화'에 맞추어진다. 다
만 변화란 그 기준을 명확하게 설정하지 않으면 논의의 혼란과 불필요한 오
해를 초래하기 마련이다. 따라서 여기서는 변화를 평가 · 해석하는 기준으
로 시장화 · 분권화라는 개념을 설정하기로 한다.

이러한 시도는 이른바 경제위기의 시대로 규정되는 북한의 1990년대에
대한 이해의 지평을 넓히기 위해서 보다 다면적인 접근이 필요하다는 인식
에 기초를 두고 있다. 게다가 2002년 7 · 1 경제관리개선조치로 대표되는 북
한의 경제개혁적 조치가 취해지기 직전 시기인 1990년대에 대한 재고찰을
통해 북한의 2000년대에 대한 이해를 심화시킨다는 목적도 담고 있다.

북한에서 지방경제는 중앙경제에 대비되는 범주로서 "지방의 국가경제기
관들에 의하여 관리 · 운용되며 주로 지방의 원료원천과 지방적 수요를 대

---

1) 7 · 1 경제관리조치 실시 이후의 상황은 이 장의 연구범위를 벗어난다.

상으로 하여 발전하는 경제"로 정의된다.[2] 지방경제에는 지방공업과 농촌경리, 수산업, 지방적인 건설과 상업 등의 경제부문이 속한다.

북한정부가 지방경제의 운용에서 내세우고 있는 것은 '지방경제의 종합적 발전'이다.[3] 지방주민들의 생활과 지방 살림살이에 필요한 여러 가지 생산부문들을 기본적으로 갖추는 방향에서 지방경제를 종합적으로 발전시켜야 한다는 것이다. 여기에서 중요한 것은 지역적 단위와 거점을 제대로 설정하는 것인데 북한에서 이 단위와 거점은 군(郡)으로 되어 있다. 즉, 군을 주민들의 소비수요를 보장하는 경제 단위, 살림살이 단위로 설정해서 지방경제를 종합적으로 발전시킨다는 것이다.

그리고 이러한 지방경제의 종합적 발전의 지향점은 다름 아니라 지방경제의 자립성 제고이다. 달리 말하면 중앙에 대한 의존도 축소이다. 북한정부가 즐겨 쓰는 용어를 빌면 '자력갱생'이며 보다 구체적으로는 '군의 살림살이를 자체로 꾸려나가는 것'이다. 공식문헌들은 지방의 원료원천과 노력원천에 의거하여 지방경제를 운용해야 하며, 지방에 있는 온갖 생산적 예비와 가능성을 최대한 동원하여 지방경제를 발전시켜야 한다고 주장하고 있다. 그리고 이렇게 지방경제를 종합적으로 발전시켜야만 "인민생활 문제를 모든 지역들에서 다 자체적으로 해결할 수 있는 경제적 토대가 마련된다"라고 강조[4]하고 있다.[5]

그런데 1990년대 초 사회주의권의 붕괴에 의해 촉발된 북한의 경제위기로 북한의 계획경제시스템은 사실상 와해되었다. 그리고 주민생활에도 엄

---

2) 『조선대백과사전 19』(평양: 백과사전출판사, 2000), 637쪽.

3) 같은 책, 638쪽.

4) 같은 책, 638쪽; 리수일(1990: 43) 참조.

5) 장마당이 북한주민생활의 비공식적 측면이라고 한다면 지방경제는 주민생활의 공식적 측면이라 할 수 있다. 물론 양자는 1990년대에 들어와서 연관성이 높아졌다.

청난 변화가 생겼다. 대표적인 것이 소비품에 대한 중앙공급체계(배급제)의 기능이 사실상 마비되었다는 사실이다. 중앙은 이제 지방에 대해 식량을 비롯한 '먹는 문제'와 '입는 문제'를 자체적으로 해결하라고 요구하기에 이르렀다.

이러한 배경하에서 북한의 지방경제는 종전과는 상이한 차원에서 전개되었다. 지방의 당정기관, 기업소, 그리고 개인들은 새로운 환경 하에서 새로운 행동양식을 모색하지 않을 수 없었다. 북한의 지방경제 운용체계는 1990년대에 변화가 불가피해졌다. 이 장은 이러한 문제의식에서 출발한다.

연구사적으로 볼 때 북한의 지방경제를 직접적인 대상으로 한 연구는 매우 적었고 그나마도 대개는 구체성이 결여된 것이었다. 개별 시·군을 대상으로 한 지방경제에 대한 연구는 전혀 없었다고 할 수 있다.[6] 이처럼 지방경제에 대한 선행연구가 빈약한 것은 무엇보다도 지방 차원의 움직임에 대한 자료 확보가 어려웠다는 사실에서 기인한다. 결국 개별 시·군의 지방경제에 대한 연구는 탈북자 인터뷰에 의해 자료를 확보하는 것이 무엇보다도 중요하다. 따라서 여기서는 필자 및 다른 연구자의 탈북자 인터뷰 결과를 이용하기로 한다(〈표 10-1〉 참조).[7]

또한 이 장에서는 탈북자 인터뷰 결과와 함께 북한의 공식문헌도 자료로서 활용한다. ≪로동신문≫, ≪민주조선≫을 비롯해 ≪경제연구≫ 등 북한 측의 문헌에도 개별 지역의 지방경제에 대해 단편적이나마 언급된 것이 있으므로 이러한 측면에서도 자료를 수집·활용할 수 있다.

---

6) 선행연구에 대한 소개 및 검토는 9장을 참조.
7) 면담은 1998년 3월, 2002년 9월~2004년 5월 사이에 각각 실시했다.

〈표 10-1〉 면담조사 탈북자의 인적사항

면담자	출생연도	탈북연도	주된 거주지역	주요 경력
탈북자 C3 씨	1975	2003	함북 온성	탄광 사무직
탈북자 C7 씨	1954	1994	평북 신의주	공장 생산직
탈북자 C8 씨	1965	1997	양강 혜산	전문직
탈북자 C9 씨	1967	1996	개성	공장 사무직
탈북자 D1 씨	1944	1996	함남 북청	광산 생산직
탈북자 H5 씨	1953	1999	평북 신의주	공장 생산직
탈북자 H6 씨	1972	1997	함남 함흥	공장 생산직, 개인상업
탈북자 J7 씨	1964	2000	평북 신의주	국가기관 생산직
탈북자 K3 씨	1942	1999	양강 혜산	무역회사 관리직
탈북자 K5 씨	1963	2003	함북 청진, 남포	국가기관 중간관리직
탈북자 K7 씨	1952	2002	평양	합영회사 관리직
탈북자 K11 씨	1967	1996	평남 양덕	공장 중간관리직, 지방기관 중간관리직
탈북자 K18 씨	1951	1998	평북 구장	국가기관 사무직
탈북자 K19 씨	1954	1998	함남 덕성	국가기관 관리직
탈북자 K21 씨	1957	2002	함북 회령	공장 노동자
탈북자 K22 씨	1945	2002	함북 청진	공장 중간관리직
탈북자 K23 씨	1956	1991	함북 청진	공장 생산직
탈북자 K24 씨	1965	1999	양강 혜산	국가기관 중간관리직
탈북자 K25 씨	1970	1997	평북 신의주	전문직
탈북자 K26 씨	1962	1994	평남 성천	공장 생산직
탈북자 K27 씨	1952	1994	강원 원산, 평양	무역회사 중간관리직
탈북자 L6 씨	1934	1997	양강 혜산	국가기관 생산직
탈북자 L7 씨	1966	1997	양강 혜산	공장 생산직
탈북자 L8 씨	1960	2003	함북 무산	광산 노동자
탈북자 L9 씨	1963	2000	함북 청진	공장 생산직
탈북자 L10 씨	1966	1996	함북 청진	합영회사 생산직
탈북자 N2 씨	1958	1996	함북 온성	공장 관리직
탈북자 O1 씨	1934	1995	평북 신의주	공장 중간관리자
탈북자 P5 씨	1962	1995	남포	공장 생산직
탈북자 Y2 씨	1961	1997	평남 순천	지방기관 중간관리직

1. 개념적 틀: 시장화와 분권화

코르나이(J. Kornai)는 개혁이라고 불릴 수 있는 변화의 조건으로 첫째, ① 공식적 지배 이데올로기 또는 공산당 지배에 의한 권력구조, ② 국가소유권, ③ 관료적 조정메커니즘(bureaucratic coordination mechanism) 등의 세 가지 요소 가운데 하나 이상에 변화가 발생하고, 둘째, 그 변화가 적어도 '적당히 급진적(moderately radical)'이지만 시스템의 완전한 변혁까지는 이르지 않을 것을 들고 있다(Kornai, 1992: 361, 388).

그런데 경제개혁의 초기 단계에서 주목되는 것은 관료적 조정메커니즘의 변화이다. 달리 보면 시장조정메커니즘의 도입 여부 및 그 수준이다. 코르나이는 시장조정메커니즘을 판매자와 구매자 사이가 법적으로 대등한, 즉 수평적 연계를 가진 것으로 보고 있다. 그리고 양자 간 거래는 다양한 커뮤니케이션을 수반하는데 대표적인 것은 가격이다(Kornai, 1992: 92).

시장조정메커니즘의 도입은 시장화라고 할 수 있다. 그리고 시장화는 수요와 공급의 상호작용에 의해 가격이 결정되고 이 가격이 발신하는 정보의 시그널에 의해 소비·투자 등 상이한 의사결정단위(가계, 기업 등)의 경제적 행동, 나아가 거시경제 전체의 자원배분이 조정되는 것으로 파악할 수 있다.

시장이라 할 때는 구체적인 시장도 가리킨다. 자본주의 경제에서 시장은 크게 보아 생산물시장과 생산요소시장으로 구분할 수 있으며, 더 세분해보면 생산재시장, 소비재시장, 자본·금융시장, 노동시장으로 구분할 수 있다.

그리고 현존 사회주의 경제의 경험이 보여주는 것은 이러한 시장화는 대개 분권화를 수반한다는 것이다. 사회주의 경제제도의 대폭적인 변경으로 정의되는 경제개혁은 의사결정구조 측면에서의 변화, 즉 집권적 의사결정구조에서 분권적 의사결정구조로의 변화를 내포하고 있다. 또한 코르나이의 정식화에서도 시사받을 수 있다. 개인 및 조직 간 지배·종속관계, 즉 수직적 연계를 특징으로 하는 관료적 조정에서, 개인 및 조직 간 대등한 관계,

즉 수평적 연계를 특징으로 하는 시장조정으로의 변화는 집권화에서 분권화로의 변화와 맥을 같이한다.

아울러 앞에서 보았듯이, 분권화는 기업분권화와 지방분권화로 나누어진다. 전자는 중앙에서 위계제의 말단 생산단위인 기업으로 의사결정 권한을 이양하는 것이고, 후자는 중앙에서 지방정부 내지는 지역적 기관이라는 하급 행정단위로 의사결정 권한을 이양하는 것이다.

2. 1990년대 이전의 지방경제 운용체계[8)]

북한정부가 지방경제의 운용에서 역점을 두고 있는 것은 지방적 차원에서의 자력갱생이다. 물론 자력갱생이라 하여 모든 것을 지방 스스로 하라는 것은 분명 아니다. 지방주민들의 생활에 필요한 것을 가능한 한 많이 자체 해결하라는 것이다. 각 지방의 경제적 자립도를 최대한 높이라는 의미라고 볼 수도 있다. 특히 1970년대 이후의 자력갱생은 이전까지 중앙이 공급해주던 것을 일부 또는 전부 공급중단하고 지방이나 기업이 자체적으로 해결하라고 요구했다는 점에서 주목할 만하다.

그리고 북한에서 지방경제의 기본 단위는 시·군이다. 물론 도 단위에서도 느슨한 형태로 지방경제가 운용되고 있다. 하지만 도는 경제운용에서 중앙과 시·군의 관계를 조정하고 지방경제가 제대로 기능할 수 있도록 지원하는 가교 역할을 수행한다.

북한의 지방경제는 북한의 전반적인 경제사정이 나빠지면서 자급자족적 성격이 강화되어왔다. 역사적으로 보더라도 1950·1960년대에 북한의 지

---

8) 1990년대 이전의 지방경제 운용체계에 대해서는 9장에서 자세히 살펴보았기 때문에 여기서는 간단히 언급하는 선에서 그치기로 한다.

방경제는 제대로 틀을 갖추지 못하고 있었다. 말이 지방의 자립이지 실제로는 중앙이 지방을 먹여 살리는 형국이었다. 그러던 것이 1970년대에 들어와 하나의 제도로서 자리 잡기 시작했다. 게다가 경제의 장기침체가 본격화된 1980년대에 들어와서는 중앙이 지방에 대해 지원해줄 수 있는 능력이 줄어들면서 중앙은 지방에 대해 주민들의 소비생활 문제를 자체적으로 해결하라고 종전보다 강도 높게 요구했다. 그리고 이러한 경향은 1990년대에 들어서면서 정점에 달했다.

3. 1990년대 경제위기와 지방주민생활의 변화

1) 중앙공급체계의 와해

1990년대 초 사회주의권의 붕괴에 의해 촉발된 북한의 경제위기로 북한의 계획경제시스템은 크게 휘청거렸다. 이는 주민생활에도 엄청난 파장을 몰고 왔다. 무엇보다도 식량을 비롯해 소비품에 대한 중앙공급체계(배급제)의 기능이 사실상 마비되었다.

1980년대 말, 1990년대 초부터 식량배급체계는 흔들리기 시작했다. 먼저 배급지연현상이 나타났고 곧이어 배급량이 줄어들기 시작했다. 결국 1994~1995년부터는 배급이 사실상 중단되기에 이르렀다. 이때부터를 북한주민들은 '미공급기'라고 부르고 있다. 그리고 북한주민들이 기억하고 싶지 않은 '고난의 행군'도 이때부터 막이 올랐다. 식량이 이 정도였으니 일반소비품의 공급은 말할 것도 없다.

1988 · 1989년부터 문을 닫는 국영상점이 하나 둘씩 나오기 시작했다. 옷가
지나 내의류 등 팔 수 있는 상품이 없었다. 된장, 간장은 물론 치약, 칫솔 등 간

단한 생활필수품도 모자랐다(함북 무산 출신 탈북자 L8 씨).

이전에는 어느 정도 물건이 있었다. 돈만 있으면 물건을 살 수 있었다. 군(郡)에 없는 것은 도(道)에 가면 있었다. 도에 없으면 평양에 가면 있었다(신의주 출신 탈북자 O1 씨).

1990년대에는 평양이라도 일반서민이 국영상점에서 얻는 것은 된장, 간장 정도였다(평양 출신 탈북자 K27 씨).

북한에서는 1992년도가 고난의 행군의 첫 시작이다. 그때부터 실질적으로 생활에서 식량배급이 점진적으로 줄어들었다. 북한의 전력도 1992년도 말부터 고갈되기 시작했고, 모든 것이 1992년도 말부터 고갈되기 시작했다. 김일성이 죽기 직전부터 경제가 쪼들리기 시작했던 것이다(국가기관 관리자 출신 탈북자 K19 씨).

2) 지방산업공장의 가동 중단

그런데 지방의 주민들은 평양 주민들보다도 타격이 더 컸다. 전반적인 경제난 및 원자재난 속에서도 지방공업은 중앙공업보다 자재 부족이 더 심각했기 때문이다. 지방공업은 자재공급의 면에서 중앙공업에 밀리게 되었고 따라서 지방공업의 생산은 중앙공업의 생산보다 훨씬 큰 폭으로 감소했다. 그리고 이것은 지방주민들에 대한 상품공급의 격감으로 이어졌다.

1993~1994년에 평남 순천에서 지방공업 관련 일을 했던 탈북자 Y2 씨는 당시 상황을 다음과 같이 술회했다.

당시 내가 직접 담당했던 지방산업공장은 순천식료공장, 순천독공장, 순천공

구공장 등 7개 공장이었다. 그리고 당시 이들 공장의 공식적인 자재공급계획 달성률은 10~20% 정도였다.

또한 함남 덕성에서 지방산업공장 관련 일을 했던 K19 씨는 "특히 1995년부터가 엉망이었다. 중앙에서 공급받아야 하는 것의 10%라도 공급받으면 잘 받은 것이었다"라고 밝히고 있다.

한편, 1990년대 초·중반에 함경북도에서 지방공업 관련 일을 했던 K5 씨는 자신이 담당했던 66개 공장 가운데 청진시에 소재한 17개 공장(피복 및 옷 공장 9개, 직조공장 5개, 모피공장 3개)의 가동상황을 다음과 같이 전하고 있다.

제일 먼저 가동을 중단한 것은 직조공장이었다. 직조공장들은 1992년부터 거의 움직이지 못했다. 그다음에 피복공장이 휘청거렸다. 1992년도부터 가동률이 40% 정도로 떨어졌다가 1995년부터는 공장이 거의 다 서버렸다. 이는 원자재 공급상황과 밀접한 관련이 있다. 원자재 측면에서 직조공장이나 피복공장들은 중앙에 대한 의존도가 매우 높다. 그런데 직조공장은 1차 가공이고 피복공장은 2차 가공이다. 직조공장은 솜으로 천을 짜고 피복공장은 이 천으로 옷을 만든다. 그리고 지방공업에 대한 솜의 공급은 끊겼어도[9] 중앙공업에 대한 공급은 완전 중단되지 않아 중앙공업의 직조공장은 천을 생산할 수 있었고 이를 비공식적 차원에서 지방공업의 피복공장이 확보할 수 있었다. 아울러 북중 간 변경무역을 통해 솜을 수입하기는 어려워도 천을 수입하기는 용이했다. 따라서 1990년대에 지방공업에서 직조공장이 먼저 서버렸고 그다음에 피복공장이 가동을 중단했다.

---

9) K5 씨는 "정무원의 지방공업부 산하에 있는 지방공업부 자재상사가 솜을 공급해주어야 하는데 1990년대 초에 공급이 끊겼다"라고 밝히고 있다.

청진 시내의 지방산업공장에서 15년 넘게 근무한 K22 씨도 자신의 공장의 가동상황을 다음과 같이 전하고 있다.

이 공장에서 생산하는 유리의 주된 원료는 탄산소다이다. 그런데 이는 그동안 일본, 중국으로부터의 수입에 의해 확보되었다. 그러던 것이 1989년 말 이후 공급이 중단되었다. 판유리를 생산하던 로는 가동이 중단되었다. 이때부터 이 공장의 기본 생산품목인 판유리를 생산하지 못했다. 1995년에는 새로운 지배인이 왔다. 파유리를 수집하고 이를 이용해 판유리를 생산해보려고 시도했다. 성과가 없지는 않았다. 그런데 전기를 많이 소모할 수밖에 없었다. 전기 사정이 갈수록 빠듯해지면서 결국 이 시도는 중단되었다. 결국 1996년에는 공장이 완전히 서버렸다. 종업원들은 뿔뿔이 흩어져서 자기 살길을 찾기 시작했다.

청진 시내의 철제일용품공장에서 노동자 및 지도원 생활을 했던 K23 씨의 경우, 1993년에 이 공장에 입사했는데 공장의 가동률이 갈수록 떨어지더니 결국 1997년에는 생산이 중단되면서 공장이 해산되었고, K23 씨는 일자리마저 잃고 말았다.

3) 지방에 대한 자력갱생 요구 강화

북한에서 중앙이 지방에 대해 주민들의 소비생활 문제를 자체적으로 해결하라고 요구한 것은 어제오늘의 일이 아니다. 1990년대 이전에도 그랬다. 하지만 1990년대의 그것이 종전의 것과 확연히 구분되는 것이 있다. 다름이 아니라 식량문제를 지방의 차원에서 자력갱생하라고 요구한 것이다. 종전에는 식량문제만은 중앙이 책임지고 해결해주었는데 이제는 중앙이 지방에 책임을 떠넘기기 시작한 것이다. 식량이 이럴 정도라면 일반소비품, 원자재는 말할 것도 없다.

내가 살고 있던 평남 양덕군은 1990년대 초부터 기업(지방기업)뿐만 아니라 군(郡)도 독립채산제로 되었다. 이전에는 국가가 1년 12개월분의 식량배급을 보장해주었지만 그때부터는 국가가 1년에 10개월의 배급만 보장해주고 나머지 2개월분은 군이 외화벌이 등을 통해 '자체해결'하라고 김일성이 지시했다. 배급이 이 정도였으니 자재의 경우는 말할 것도 없다(탈북자 K11 씨).

1992년 말, 1993년 초에 위에서 지시가 내려왔다. 중앙공급이 밀어주지 못하니까 시·군이 자체로 살라는 것이었다. 무역까지도 시·군이 자체로 알아서 해서 식량 같은 것을 해결하라는 것이었다. 중앙에서 다 도와줄 수 없으니 시·군 자체로 시·군의 살림살이를 꾸리라는 것이었다(탈북자 K19 씨).

더욱이 이른바 미공급기인 1995~1996년에 들어가면 공장·기업소 차원에서 식량문제를 해결하라는 지시가 내려오기에 이르렀다.

1995년경에 기관, 공장·기업소가 자체적으로 식량을 해결해서 종업원들을 먹여 살리라는 지시가 내려왔다(양강도 혜산 출신 탈북자 L6 씨).

1995년 11월, 각 기업소마다 식량을 자체해결하라는 공문이 당에서 공식적으로 내려왔다(평안북도 신의주 출신 탈북자 J7 씨).[10]

중앙이 지방에게 자체적으로 해결하라고 요구한 것은 식량, 생필품만은

---

10) 최봉대·구갑우는 신의주, 청진, 혜산 등 3개 지역주민들에 대한 인터뷰 결과를 종합해보면 1995년부터 1997년에 걸쳐 당 중앙위원회 명의의 이러한 지시문이 각 지역과 기관·기업소에 하달된 것으로 보인다고 주장했다(최봉대·구갑우, 2004: 41, 50 참조).

아니었다. 특히 대외무역을 통해 농장 및 공장(지방산업공장)을 운영하는 데 필요한 원자재도 해결, 즉 자력갱생할 것을 요구했다.

　지방경제는 지방주민들의 생활상 수요와 지방적 의의를 가지는 건설에 필요
한 물질적 수요를 충족시키기 위하여 …… 움직이는 경제이다(리수일, 1990: 43).

　소비수요의 품종구성 면에서 볼 때 지방무역은 농업생산과 지방산업공장들
에서 생산을 정상화하는 데 필요한 원자재와 지방주민들의 생활물자를 보장하
는 것을 기본으로 하며 ……(리춘원, 1997: 11).

국가가 지방에 대해 자력갱생을 강하게 요구하면서 그 수단으로 강조했 던 것은 이른바 지방예비이다. 즉, 지방에는 아직 생산활동에 동원되지 않 은 유휴자원들이 충분히 있으니 이를 적극 발굴·동원해서 자원문제를 자 체적으로 해결하라는 논리이다.

　지방예비는 지방에 잠재하고 있는 생산요소들을 생산에 인입하여 지방경제
를 발전시키고 인민소비품생산을 늘릴 수 있는 생산장성의 가능성이다. ……
아직은 주로 생산 밖에 있는 생산요소들을 생산에 새로 인입하게 됨으로써 얻
게 되는 예비이다. 이것은 지방예비의 중요한 특징이며 바로 여기에 지방예비
가 가지는 경제적 의의가 있다. 지방예비는 내용에서 주로 유휴자재, 유휴설비,
유휴노력으로 이루어져 있다(강영원, 1991: 20~22).

그런데 지방 차원에서 새롭게 동원한 자원이라고 해서 모두 지방에서 사 용할 수 있는 것은 아니다. 국가적으로, 즉 중앙의 차원에서 필요로 하는 것 은 중앙에 제공해야 한다. 요컨대 북한정부가 지방에 대해 자력갱생을 요구 할 때 중앙에 대한 의무 강화가 수반되었다는 점이다. 즉, 지방은 종전보다

더 열심히 예비와 잠재력을 동원해서 중앙에 대해 더 많이 바치고 나머지를 가지고 지방의 살림살이에 활용하라는 취지이다.

지방예비가 지방인민들의 생활상 수요를 더 잘 충족시키기 위한 예비라고 하여 모든 지방예비가 지방적인 수요에만 국한되어 이용되게 된다는 것을 의미하지 않는다. 지역적 단위로 동원되기는 하지만 전국적인 의의를 가지는 자연부원, 중요한 중앙공업의 폐설물, 파철과 같은 것들은 전국적인 수요에 맞게 이용되지 않으면 안 된다(강영원, 1991: 21).

2000년대 들어서는 지방예산 체계에도 수정이 가해졌다. 종전에는 지방에서 자체의 수입으로 지출을 보상하고 남은 돈의 일부를 중앙에 납부하는 방식이었는데 이제는 중앙에 납부하는 몫을 먼저 정하고, 납부의 의무를 법적으로 의무화한 것이다. 이 역시 중앙에 대해 보다 강화된 의무를 우선시하는 전제하에서의 지방의 자력갱생인 것이다.[11]

새로운 지방예산편성방법에서는 국가에 바칠 몫을 새롭게 규정하고 거기에 선차적인 의의를 부여하였다. 이것은 종전의 중앙예산 납부금과는 본질적으로 다른 것이다. 종전의 중앙예산납부금이 지방의 살림살이를 우선시한 데로부터 수입에서 지출을 보장한 나머지의 일부로 규정하였다면 새로운 예산편성방법에서는 중앙 납부몫을 선차시하고 법적으로 고착시킴으로써 …… 중앙예산납부금을 법화의 내용으로 규정하는가 안 하는가 하는 문제는 본질에 있어서 국가가 지방에 예산자금의 법적납부의무성을 지우는가 아니면 도의적인 의무성을 지우는가 하는 문제이다(오선희, 2002: 42~43).

---

11) 대표적인 것이 사회보험 및 사회보장사업비 지출자금을 종전에는 중앙예산에서 보장했으나 앞으로는 지방예산에서 보장하도록 했다는 점이다.

이렇듯 북한정부는 경제위기 이후 주민생활에 대한 책임을 지방에 떠넘기면서 지방 정권기관, 특히 지방 당위원회를 인민생활을 직접 책임진 호주(戶主)로 규정하게 되었다. 공식문헌에서 "지방 정권기관은 인민생활을 직접 책임진 호주로서의 책무를 다해야 한다"(리춘원, 1997: 10; 오선희, 2002: 44)라는 표현이 자주 등장해 눈길을 끈다.

4. 지방에서의 식량 및 소비품 공급체계의 변화

1) 새로운 무역체계의 등장[12]

1990년대 경제위기에 따른 중앙공급체계의 와해 속에서 중앙이 지방에 대해 아무런 조건도 만들어주지 않고 자력갱생을 강요한 것은 아니다. 무역이라는 공간을 열어주었던 것이다. 1991년에 등장한 '새로운 무역체계'가 바로 그것이다. 새로운 무역체계는 한마디로 말해 무역의 분권화이다. 무역의 국가독점 원칙이 폐지되면서 생산을 담당하는 내각 산하의 부(部)·위원회, 그리고 지역의 행정단위인 도(道)에 대외무역권한이 위임되었다. 도 입장에서는 자기 지역의 실정에 맞게 독자적으로 수출입계획을 수립·수행할 수 있게 된 것이다. 따라서 각 시·군은 도와 긴밀한 협력하에 수출원천을 스스로 찾아 외화를 벌어들여 지역주민들의 '먹는 문제'와 '입는 문제'를 자체적으로 해결하도록 요구받았다.

이렇게 새롭게 등장한 무역은 지방무역으로 명명되었다. 즉, 중앙의 부·위원회가 수행하는 무역은 국가무역, 지방의 도가 행하는 무역은 지방무역

---

12) 새로운 무역체계에 대해서는 3장에서 자세히 다루었기 때문에 여기서는 간단히 언급하는 선에서 그친다.

으로 불렀다.

지방무역의 특징은 다음과 같다. 첫째, 대규모 국가무역과 구별되는 중소규모 무역이다. 둘째, 지방의 수출예비를 동원한다. 셋째, 지방주민의 생활상 수요, 즉 지방산업공장용 원자재 및 주민용 식량, 소비품을 보장한다. 넷째, 관리운용을 지역단위로 진행한다는 것이다.

2) 지방 차원에서의 식량 수입 · 공급

중앙이 식량을 제대로 공급해주지 못함에 따라 각 시·군 및 도가 그 책임을 떠안게 되었다. 여기서 중요한 역할을 수행한 것이 대외무역이다. 수출의 경우 기본적인 관리체계는 도 무역관리국-시·군 무역과-시·군 외화벌이사업소로 되어 있다. 여기서 시·군 무역과는 특별한 역할을 하지 않는다. 핵심은 도 무역관리국과 시·군 외화벌이사업소이다. 즉, 시·군 외화벌이사업소가 수출원천을 동원해오면 도 무역관리국이 이를 한데 모아 직접 중국 등지로 수출을 하고 그 대가로 식량, 소비품 등을 수입해 각 시·군에 나누어주는 형태이다.

북한에서 외화벌이는 크게 보아 군중외화벌이와 충성외화벌이로 나뉘는데, 전자는 시·군 주민들이 수출할 수 있는 품목을 모아서 인민반과 공장·기업소에 넘겨주고 이들은 이를 한데 모아 시·군 외화벌이사업소에 건네주는 것이다. 그러면 주민들은 물질적 대가를 받는다. 예컨대 송이 1kg을 모아주었다고 하면 설탕 10kg 혹은 식용유 30kg을 받는 식이다. 반면 충성외화벌이는 별다른 반대급부를 받지 않는다. 이는 주민으로서의 의무로 규정되어 있기 때문이다. 충성외화벌이는 기본적으로 당 자금 마련을 위한 것이다(탈북자 K18 · K24 씨).

주민들의 식량문제 해결과 직접 연관이 있는 것은 군중외화벌이이다. 양강도에서는 1980년대에는 주로 염장 고사리, 마른 고사리, 잣, 줄단콩, 호박

씨 등 농토산물을 수출했는데 1990년대에 들어와서는 통나무(원목)가 추가 되었다. 수입에서는 1980년대에 주로 양복, 단복 등 의류와 천류, 신발 등이 많았는데 1990년대에는 옥수수, 옥수수가루, 밀가루의 수입이 크게 늘었다. 도는 우선 각 시·군으로부터 수출품을 취합한다. 예컨대 고사리의 경우, 보천군에서 온 것이 3톤, 운흥군 2톤, 갑산군 4톤, 삼수군 6톤 해서 모두 15 톤이라고 하자. 그러면 이것과 교환해서 중국에서 옥수수가 넘어온다고 하면 각 시·군마다 수출한 양에 비례해서 수입품을 나누어준다.

혜산시의 경우, 산채류와 관련해 외화를 벌어들이는 길은 세 가지가 있었다(탈북자 K3 씨). 첫째, 혜산 시내에서 직접 호박씨 등 농토산물을 수집하는 것이다. 하지만 이는 지리적 여건으로 인해 한계가 있었다. 둘째, 혜산시 외화벌이사업소 수매원들이 양강도 내 타 지역(예컨대 삼수군)에 가서 그 지역주민들로부터 고사리 등을 사들이는 것이다. 그런데 이 경우 혜산시 수매원이 삼수군 주민에게 제공하는 상품(예컨대 체육복)은 삼수군 수매원이 삼수군 주민에게 제공하는 체육복보다 단가가 조금 높거나 질이 조금 좋아야 한다.[13] 셋째, 각 군에서 가져온 고사리의 선별작업을 해주고 그 대가를 받는 것이다. 예컨대 양강도 내 각 11개 군에서 들여온 고사리가 수출기준(합격)에 맞는다는 보장이 없다. 그런데 보천군이나 삼수군이 고사리 10톤을 큰 차로 두 대분 보냈는데 30명 정도를 데리고 내려가서 숙식하면서 선별하여 합격시키려면 엄청난 시일이 소요된다. 이때는 부득불 혜산시 외화벌이사업소에 선별작업을 위탁하는 것이다. 그런데 이 벌이가 상당하다고 한다. 혜산시의 경우, 이러한 방식으로 벌어들인 외화를 통해 식량 등을 수입하곤 했다.

---

13) "군 외화벌이사업소와 시 외화벌이사업소는 동급이지만 시 외화벌이를 조금 높이 봐준다. 평양시 주민과 지방주민이 차이가 있듯이 도 안에서도 시 주민과 군 주민 간에 차이가 있다"(탈북자 K3 씨). 또 K5 씨도 유사한 이야기를 하고 있다.

이상의 경우는 지방의 당정기관이 적극적인 역할을 수행하는 경우였다. 이와는 달리 공장·기업소가 적극 나서고 지방의 당정기관은 보조적인 역할을 수행하는 사례도 있다. 혜산시에서 고등중학교 교사생활을 한 바 있는 C8 씨의 경험을 살펴보기로 하자.

1995, 1996년에 식량배급이 사실상 중단되면서 학교 차원에서 식량문제를 자체해결하라는 지시가 내려왔다. 그래서 학교에서는 양강도 내 운홍군, 백암군 등 나무가 많이 있는 지역에 가서 통나무를 사왔다. 그곳에서는 농장에서 개인들이 산에 있는 나무들을 베어다가 마치 개인자산인 양 도시 사람에게 팔았다. 학교에서는 이 나무를 사서 시 무역과, 도 무역관리국을 거쳐 중국에 판매했다. 그리고 쌀을 수입했다. 그런데 이 쌀은 시 양정과를 통해 공급되었다. 실질적으로 돈을 주고 사서 먹는 셈인데 배급을 받은 것으로 처리되었다. 그 양만큼 배급표에서 삭제가 되었다. 물론 장마당에서 사서 먹는 것보다는 싼 것이었지만 일반 배급보다는 훨씬 비쌌다.

당정기관의 도움 없이 공장·기업소가 직접 노동자들의 식량문제를 일부 해결해주는 경우도 종종 눈에 띈다. 청진의 대규모 공장에서 일한 적이 있는 L9 씨는 다음과 같은 상황을 전하고 있다.

매 직장에서 8·3 인민소비품을 만든다. 종류가 꽤 많다. 유모차, 인견반바지, 세수수건, 부풀사담요, 변압기, 전기풍구 등이다. 직장들은 이런 것을 가지고 협동농장과 거래(비공식적 매매)한다. 이런 제품들을 팔고 식량을 사는 것이다. 어떤 직장은 강냉이도 한 사람들에게 5~6이삭씩 주었다. 그리고 공장 내에 부업지를 만들었다. 공장이 돌아가지 못하니까. 공장의 면적이 크다. 공장에 공지가 많다. 남한은 공장 내부가 아스팔트인데 북한은 길만 아스팔트이고 나머지는 맨땅 그대로 있다. 거기에다 강냉이, 수수 등을 많이 심었다.

그리고 수출 가능한 제품을 생산하는 기업, 특히 대규모 기업은 자사 제품 일부를 수출하고 그 돈으로 식량을 수입하는 경우도 종종 있었다고 한다.[14]

3) 지방산업공장 작동체계의 변화

(1) 지방무역을 통한 원자재 확보

1990년대 경제위기로 지방산업공장에 대한 원자재 공급이 크게 줄어들자 지방의 당정기관들은 지방공장의 자재 확보에 종전보다 훨씬 깊숙하게 개입하지 않을 수 없었다. 여기에서도 1991년의 새로운 무역체계 이후 대외무역이 중요한 역할을 수행하게 되었다.

구체적으로는 도 행정경제위원회 지방공업총국 수출처 및 시·군 행정경제위원회 지방공업부 수출과가 이 일을 맡게 되었다. 이들은 아래로는 각 시·군의 지방산업공장들로부터 수출원천을 동원해서 위로는 도 행정경제위원회 무역관리국의 승인을 얻어 중국 등지와 무역을 수행하여 각 지방공장의 가동을 위해 필요한 원자재를 수입·배분했다.

혜산시의 경우, 주된 수출품목은 고사리 등 농토산물과 통나무(원목)였다 (탈북자 K24 씨).

자재가 없으니까 지방산업공장에 노동력이 남아돌아간다. 신발공장의 경우 고무깔판을 나라에서 주지 않으면 돌아갈 수 없다. 그런데 그곳의 인력이 50명 이라 하면 할 일이 없다. 이때는 고사리철에 너희들 가서 외화라도 벌어라. 고 사리철에 고사리라도 뜯어 와라. 그래서 이것을 도 무역국에 넣어주면, 무역국

---

14) 무산광산 출신의 어느 탈북자는 1995년 이후 무산광산에서 철광석을 중국에 수출하고 그 대가로 옥수수를 수입해 종업원들에게 나누어주기도 했다고 밝히고 있다(이석기, 2003: 132 참조).

이 그것을 팔아 공장에 필요한 것을 사줄 수 있다. 피복공장이 돌아가지 못하는데 가만히 앉아 있으면 무엇 하느냐. 노동자들이 산채라도 뜯어 와라. 그럼 그 산채를 뜯어 무역국에 바치면 천은 들어온다. 이렇게 해서 자력갱생하는 것이다. 어떻게 돌려 맞추든 맞춰서 공장을 운영하라는 것이다(탈북자 K3 씨).

그런데 원목 같은 경우는 사정이 좀 다르다. 이 원목들은 종전에 임업총국 산하 지방공장에 원자재로 공급되던 것이었다. 목재공장에서 가구를 만들거나 사무실 의자 및 교실 책상, 걸상을 만들 때 쓰이던 것이었다. 이 원목들이 베어져서 중국에 수출되다 보니 이러한 목재제품들이 영향을 받지 않을 수 없었다. 물론 양강도는 나무가 워낙 많다 보니 큰 타격은 받지 않았다(탈북자 K24 씨).

혜산시에서는 이런 방식으로 고사리, 통나무 등을 수출하고 그 대신 자동차 및 부품을 많이 수입해주었다. 초기에는 동방호라는 5톤 트럭을 중국에서 많이 수입해 이를 지방산업공장에 나누어주었다. 나중에는 타이어, 스프링 등 트럭 부속품과 휘발유를 수입해주었다. 피복공장에는 천도 공급해주었다. 게다가 지방산업공장들은 자신들의 종업원의 식량문제가 심각해지자 밀가루를 요구하기도 해 이를 수입해주기도 했다(탈북자 K24 씨).

한편, 함경북도 및 청진은 다소 상이한 면이 있다. 함경북도 행정경제위원회 지방공업총국은 무역회사(칠보산무역회사)를 가지고 있었다.[15] 평양시 지방공업총국과 함북도 지방공업총국 두 군데만이 전국의 지방공업총국 가운데 유일하게 독자적인 무역권한을 가지고 있었다(탈북자 K5 씨).[16] 이와

---

15) 즉, 지방공업총국 수출처가 대외적으로 무역회사의 지위를 부여받은 것이다. 그리고 이는 도 무역관리국과는 별개의 것이다. 따라서 함북도는 다른 도와는 달리 도 행정경제위원회 내에 두 개의 무역회사를 가지고 있었던 것이다.

16) 새로운 무역체계가 나오기 전에 이미 1989년도에 김일성이 함북도 현지지도를 하면

함께 인원이 확대되었다. 그리고 산하에 전문 수출공장까지 가지게 되었다. 청진시 청암구역 쪽에 원료기지사업소(지방공업총국 원료동원처)가 하나 있었는데 이걸 모태로 해서 수출기지사업소를 하나 꾸렸다. 초기에는 해산물을 다루었으나 이후 초물제품, 즉 강냉이섶으로 만든 방석류, 모자류, 부채류 등도 만들게 되었다. 그리고 중국에 식당도 운영하게 되었다. 이 칠보산무역회사를 통해 각 지방공장을 돌리는 데 필요한 가장 중요한 것을 수입했다. 식료공장을 위해서는 소금류와 설탕을, 종이화학공장을 위해서는 제지모포를, 직조공장 및 피복공장을 위해서는 솜과 실 등 부속자재를 수입·공급했다.

또 하나 주목할 만한 사실은 도 차원에서 수입이 이루어졌다 해도 모든 시·군에 균등하게 배분되지는 않았다는 것이다. 솜의 경우 주로 청진 시내에 있는 직조공장에 공급되었고 여타 지역(군)에는 거의 공급되지 않았다. 소금류, 설탕도 청진 시내에서 많이 돌았다. 제지모포 같은 경우만 어느 정도 군까지 공급되었다(탈북자 K5 씨).

(2) 선물생산

1990년대 북한의 지방산업공장의 작동체계의 변화와 관련해서 빼놓을 수 없는 것이 선물생산이다. 즉, 김일성 주석, 김정일 위원장의 생일 및 신학기 초에 학생 및 주민들에게 '선물'이라는 명목으로 공급되는 제품을 생산하는 것이다.

우선 3년에 한 번씩 학생복을 모두 공급한다. 대개 4·15 시기에 준다. 인민학교에서부터 대학생까지 모두 다 제공한다. 또한 과자류가 있는데 매년 2·16

서 그 권한을 주었다. 함북 사람들이 혁명성이 강하다 해서 무역권한을 주었다고 한다(탈북자 K5 씨).

과 4 · 15에 사탕이 500g, 과자가 100g, 껌 몇 개, 엿 등으로 해서 몇 가지를 꾸러미로 준다. 이는 유치원, 인민학교 2학년까지 준다. 반면 어른들에게는 매년 2 · 16과 4 · 15에 각 세대별로 술 1병씩 제공된다. 또한 9월 1일 신학기에는 학생들에게 학습장, 자, 지우개, 책가방, 색종이 등이 공급된다(탈북자 K5 씨).

1980년대까지만 해도 북한의 지방산업공장은 일반적인 소비품 생산과 선물생산의 두 가지 기능을 동시에 가지고 있었는데 1990년대 경제위기 속에서 전자의 기능은 사실상 소멸되고 후자의 기능만 존속되었다.[17] 지방공업은 인민생활 소비품보다도 중앙의 정책과제 집행에 초점을 맞춰서 운용되었다는 것이다(탈북자 K5 씨).

덕성군에 지방공장이 25개 있었는데 자재상사의 임무는 이 공장들의 원자재를 보장하는 것이다. 그런데 일을 해보니까 일반 공장의 자재 문제는 신경도 못 썼다. 북한은 특별하게 4 · 15 선물품목이라는 게 있다. 학생교복, 책가방, 노트, 연필, 사탕, 과자 등 선물품목을 생산하는 데 필요한 각종 자재들이 기본이다. 다른 공장 자재는 전혀 신경을 쓰지 못하고 선물생산을 위주로 자재 보장을 해주었다(탈북자 K19 씨).

대개 공장들은 1년 내내 서 있다. 그런데 학생선물 생산, 학생교복 생산을 위해 2월 16일, 4월 15일 제품완성을 위해 그전에 며칠 동안 집중적으로 확 돈다(탈북자 K24 씨).[18]

---

17) 일반 소비품에 대한 원자재 공급은 거의 중단되었다. 반면 선물용 제품에 대한 원자재 공급은 중앙의 차원에서 일정 정도 공급되었다. 물론 100% 공급된 것은 아니었으므로 지방 당정기관은 부족분을 메우기 위해 동분서주하지 않을 수 없었다.
18) 그런데 이러한 선물생산마저도 고난의 행군 시기에 들어서는 대부분 끊겼다. 그러

(3) 자재의 비공식적 조달

중앙이 지방산업공장에 대해 자재를 자력갱생, 자체조달할 것을 강력하게 요구함에 따라 지방공장들은 다양한 방식의 비공식적 거래를 통해 자재를 조달했다. 우선 지적할 수 있는 것이 기업 간 자재의 비공식적인 거래이다. 여기에는 기업 간에 서로 남아도는 원자재를 서로 교환하는 것도 있고 제품을 주고 필요한 자재를 받는 것도 있다. 2개 기업 간에 직접 교환이 이루어지기도 하고 3개 기업 사이에 3각 교환이 이루어지기도 한다.

> 기본적으로 물물교환관계이다. …… 예컨대 내가 이번 달의 계획을 달성하려고 마음먹고 있는데 베어링이 없다고 하자. 그러면 예비 베어링이 있음직한 공장 지배인에게 전화를 한다. 베어링 몇 번 몇 번을 달라. 공장장끼리는 통한다. 물론 베어링을 받았으면 우리 공장의 제품을 주지 않으면 안 된다(탈북자 N2 씨).

> 우리 공장에서 남는 자재는 다른 공장과 교환한다. 우리 공장에서는 남는 자재가 다른 공장에서는 모자랄 수 있기 때문이다. 물론 그 역도 성립한다. 우리 공장에 남는 자재를 어느 공장이 필요로 하고 있는가, 또 우리 공장이 필요로 하는 자재를 어느 공장이 가지고 있는가 하는 것은 자재인수원이 여기저기 돌아다니면서 알아본다(탈북자 O1 씨).

기업의 자재조달은 개인과의 비공식적 거래를 통해서도 이루어진다. 암시장을 통한 조달이다. 여기에서는 전문적으로 자재를 조달하는 개인, 즉 일종의 자재브로커[19]가 중요한 역할을 수행했다. 이 브로커는 자신의 기업

다가 2000년대에 들어와서 조금 살아났다.

19) 구소련에서는 자재조달 전문가를 톨카치(tolkach)라고 불렀다. 북한 기업 내에서 자재인수원이라고 불리는 사람은, 모두는 아니지만 상당수는 톨카치로 봐도 무방하다.

에서 자재를 절취한 종업원 또는 그 종업원에게서 자재를 건네받은 전문중개인으로부터 자재를 공급받는다.

자전거공장이 있다고 하자. 자재인수원이 그 공장의 종업원을 부추긴다. 그러면 종업원은 자기 공장의 타이어, 스포크, 베어링을 훔쳐 나와 그에게 팔아넘긴다(탈북자 Y2 씨).

피대(벨트)나 베어링 같은 자재는 장마당에서 구입했다. 장마당에는 원자재, 부품도 나온다. 장마당에 가면 이런 것들을 전문적으로 판매하는 사람들이 있다. 물론 장마당에 직접 내다놓고 팔지는 못한다. 단속이 심하기 때문이다. 자기 집에 쌓아놓고 판다. 내가 무엇이 필요하다고 말을 하면 자기 집으로 데리고 가서 자재를 준다. 베어링도 있고 피대(벨트)도 있다. 지역에 따라서는 자동차 부품, 트랙터 부품도 있다(탈북자 K21 씨).

나의 기본 임무는 배터리, 전선, 벽지 등의 자재를 조달하는 것이다. 이 가운데 전선은 특정 개인으로부터 공급받았다. 이 사람은 전선, 전지, 드라이버 등 각종 공구 등을 집에 쌓아두고 기업이나 개인에게 판매했다(탄광 자재인수원 출신 탈북자 C3 씨).

자기네끼리 가격(교환비율)이 정해져 있다. 차 부속품 하나 구하는 데 대가로 치르는 물건 값이다. 추리닝이든, 술이든, 담배든, 쌀이든. 예를 들면 차 수리하는 데 필요한 스프링 한 짝 구하려면 추리닝 하의만 있으면 되는 식이다(차 부속품공장 노동자 출신 탈북자 K26 씨).

이렇듯 암시장에서 이루어지는 자재의 매매는 당연히 시장가격으로 이루어지며 국정가격과는 전혀 상관이 없다.

한편, 기업은 국가계획에 의해 지정된 공급처 이외의 대상에 대해 제품을 비공식적으로 판매하게 되었다. 여기서 제품의 판매처는 그 제품을 필요로 하는 다른 기업인 경우도 있고 개인이 중심이 되는 암시장인 경우도 있다.[20] 그리고 이 경우에는 대개 국정가격이 아니라 수요와 공급에 의해 결정되는 시장가격이 적용된다. 이러한 사실상의 시장판매가 반복되면 기업 입장에서는 국가계획에 의한 공급 목적의 생산 이외에 시장에서의 판매 혹은 시장적 거래방식에 의한 판매를 목적으로 하는 생산을 하게 되는 것이다. 왜냐하면 국가가 자재를 제대로 공급해주지 않고 게다가 식량배급도 줄어들면 기업 입장에서는 스스로의 힘으로 자재 및 식량을 조달해야 하기 때문이다. 이 경우 기업이 가진 유일한 자원인 생산물을 비공식적인 방법으로 처분해야 하고 이는 기본적으로 구매와 판매의 형태로 이루어진다(이석기, 2003: 196~197).

4) 지방상업부문의 작동체계 변화

경제위기는 상업관리소 등 상업부문에도 변화를 강요했다. 중앙공급체계가 마비되면서 국영상점에 상품이 바닥나게 됨에 따라 상업부문에서는 종전과는 상이한 방식으로 주민들의 소비품공급을 지원하지 않을 수 없었다.

기본적인 것은 '정춘실운동'이라 해서 시·군 상업관리소가 자체적으로 원료기지를 꾸려가는 것이다. 물론 지방산업공장들도 원료기지를 가지고 있으나 이와는 별도로 상업기업소가 새로운 땅을 개간해서 자체적으로 원

---

20) 종이공장 책임기사 출신의 탈북자는 "정해진 대로 국정가격을 받고 공급하는 것은 전체 생산량 100 중에서 30 정도이다. 나머지 70 중 40은 물자조달을 위해서 기업 등에 처분하고 나머지 30은 생활비 등을 위해서 암시장에서 판매한다"라고 밝혔다(이석기, 2003: 133 참조).

료기지(밭)를 꾸리는 것이다. 한편으로는 옥수수, 콩 등을 재배해 지방산업 식료공장에 원료로 공급한다. 또 한편으로는 해리서(海狸鼠)를 키우든지 누에고치를 키워서 외화 원천을 만들어 중국에 수출해 주민들에게 필요한 신발, 비누, 식용유 등을 공급하는 것이다.[21]

우선 야산을 개간해서 뽕나무를 심는다. 군에서도 '너네가 개간해서 뽕나무 심어서 누에꼬치를 생산할 수 있으면 얼마든지 하라'면서 허락해준다. 그곳은 노력만 있으면 얼마든지 기지를 조성할 수 있으니까. 그러니까 상업부문에서 상품공급은 못 하고 매일 나가서 농사일 하고, 뽕나무 심어서 누에 키우고, 해리서 키우고 한다(상업관리소 인수원 출신 탈북자 K18 씨).

상업일꾼은 농사꾼이다. 김정일이 그렇게 만들었다. 상업일꾼은 자체로 부업기지를 일궈서 원료기지를 조성해 거기서 나온 콩과 옥수수를 가지고 식료공장에 공급해준다. 상업일꾼들이 판매하는 것은 둘째고, 4월부터 10월까지는 농사일을 한다. 다 농사꾼이 되는 것이다. 다음해 4월 15일 선물생산을 위해 두부, 콩 공급해주는 것 모두 다 상업에서 하는 것이다(탈북자 K3 씨).[22]

1990년대 초중반 평북 구장군의 경우, 군 상업관리소 직원이 판매원까지 150~170명 정도였는데 이 가운데 70명 정도가 원료기지에 매달렸다. 구장군은 군내에 네 군데에 원료기지를 보유하고 있었다. 신의주시도 상업관리

---

21) 공식문헌에서 상업기업소 원료기지는 "상업기업소들이 주민봉사에 필요한 식료품 원료의 생산과 외화벌이 원천을 마련하기 위한 단위들의 총체"로 정의된다(리동현, 1995: 40 참조).

22) "정춘실운동이 시작되기 전에는 상업관리소 직원들이 농사일을 하지 않았다. 주민들은 직업을 선택함에 있어서 상업관리소를 선호했다. 공장간부보다 더 괜찮다고 했으니까. 그런데 1990년대부터는 사정이 크게 달라졌다"(탈북자 K18 씨).

소가 원료기지를 가지고 있었다.

하지만 신의주에서는 누에고치는 많이 하지 못했다. 뽕은 야산이 많아야 하
는데 신의주는 산이 없고 거의 벌판이라서 뽕나무 자라는 데 조금 불안하다. 그
래서 뽕누에고치는 많이 안 한 것 같았다. 또 해리서 사육은 평안북도에서는 불
가능하다(탈북자 K18 씨).

한편, 1990년대 경제위기 이후 새롭게 등장한, 상업기업소의 원료기지 및
이를 이용한 생산활동은 국가계획 밖에서 운영되는 경제범주이다. 즉, 계획
의 작성과 이행은 기업소의 자율성에 입각해서 행하며, 운영에 필요한 노동
력, 설비, 자재는 기업소가 자체적으로, 즉 자력갱생의 원칙하에 해결하게
되어 있다. 사실상 시장경제 방식으로 운영되는 것을 허용한 셈이다.

상업기업소 원료기지의 특성은 무엇보다 먼저 그것이 국가적 계획화에 의해
서가 아니라 상업기업소 자체계획에 따라 관리운영하는 데 있다. …… 상업기
업소 원료기지는 국가적인 노동력을 쓰지 않고 상업봉사 노력과 유휴노력을 합
리적으로 이용하여 …… 상업기업소 원료기지 조성과 운영에 필요한 설비와 자
재는 자체로 보장하며 자금도 자체자금으로 충당하고 모자라는 경우 은행대부
금을 이용하는 것을 원칙으로 하고 있다. 상업기업소 원료기지 조성의 중요한
목적의 하나가 국가에 부담을 주지 않고 자력갱생하여 내부예비를 최대한 동원
이용하는 것이다(리동현, 1995: 41~42).

5. 1990년대 지방경제에 대한 평가

주민의 입장에서 보면 1980년대까지만 해도 중앙으로부터 공급받는 것과

지방으로부터 공급받는 것이 비교적 명확하게 구분되어 있었다. 중앙으로부터는 식량과 의류 등 공산품을 공급받았고 지방으로부터는 채소 등 식료품과 비누 등 공산품을 공급받았다. 중앙은 지방에 대해 자력갱생을 요구했고 또 실제로 지방의 자력갱생은 조금씩 진전되었지만 분명 한계는 존재했다.

그러던 것이 1990년대의 경제위기 속에서 크게 바뀌었다. 무엇보다도 식량, 의류 등과 같은 중앙공급품목의 공급이 사실상 중단된 것이다. 그러면서 식량 등은 지방의 몫으로 떠넘겨졌다. 상업관리소 출신의 탈북자 K18 씨는 "상업관리소가 취급한 물건만 놓고 보면 1980년대까지는 중앙에서 온 것과 지방에서 온 것의 비율이 5:5 정도였는데 1990년대에는 중앙에서 온 것이 1이라면 지방에서 온 것이 9 정도 된다"라고 밝히고 있다.

1990년대 경제위기를 배경으로 북한의 지방경제 운용체계는 재편되었다. 자력갱생적 요소가 강화되었고 대외무역이 중심축으로 새롭게 자리 잡았다. 물론 지방산업공장의 제품, 농수산물, 원료기지로부터의 원자재 등도 여전히 중요한 지위를 점하고 있었지만 공식적인 영역에서는 대외무역이 절대적인 중요성을 띠게 되었다. 대외무역은 직접적으로는 주민들을 위해 식량을 수입하여 공급해주었다. 그리고 지방산업공장의 가동에 필요한 원자재를 공급해줌으로써 주민들의 소비품 공급에 기여했다. 사실 국내 자원이 고갈된 북한으로서는 지방경제뿐만 아니라 국가경제도 대외무역 없이는 생존 자체가 불가능한 상태였다.

그런데 1990년대 지방경제에서의 자력갱생 강화와 관련해서 간과해서는 안 될 사실이 하나 있다. 지방의 자원에 대한 중앙 차원의 동원·흡수도 동시에 존재했다는 것이다. 즉, 지방이 자력갱생할 수 있는 여지를 남겨둔 것이 아니라 중앙이 가져갈 수 있는 것은 다 가져간 상태에서 지방에 대해 자력갱생할 것을 요구했다는 것이다. 즉, 지방의 자원에 대한 중앙 차원의 동원을 전제로 한 지방 차원의 자력갱생이라고 할 수 있다.

지방산업공장인 압연공장 노동자 출신인 C7 씨는 "원자재가 없어 공장이 돌아가지 못할 때가 많다. 실제로 압연을 생산하는 것은 일 년에 한두 달 정도이다. 일감이 없어 놀 때는 주로 노력동원 나가거나 파철 수집하러 간다. 아마 대부분의 지방산업공장이 그러할 것이다"라고 한다. "파철 수집은 각 노동자별로 수시로 과제가 떨어진다. 예컨대 한 달에 50kg, 100kg 하는 식이다." 즉, 지방공업의 노동자들이 파철을 수집해 중앙공업을 지원하는 것이다. 이러한 파철 수집은 군중운동방식으로 이루어지는 것이 보통이다.[23]

어린이식료공장 노동자 출신인 H5 씨의 체험도 같은 맥락에서 이해될 수 있다. 당초 지방산업공장의 원료로 쓰기 위해 조성했던 원료기지에서 생산된 옥수수를 언제부터인가 국가가 수취해갔다. "전국적으로 식량사정이 곤란해졌던 1995년부터였다. 국가는 원료기지에 대해 비료 같은 것을 다 자체적으로 해결하라면서 지원은 전혀 해주지 않았지만 막상 옥수수가 생산되고 나니까 그것을 빼앗아갔다"라는 것이다.

공식문헌은 "지방예비가 지방인민들의 생활상 수요를 더 잘 충족시키기 위한 예비라 하여 모든 지방예비가 지방적인 수요에만 국한되어 이용되게 된다는 것을 의미하지는 않는다"라며 "지역적 단위로 동원되기는 하지만 전국적인 의의를 가지는 자연부원, 중요한 중앙공업의 폐설물, 파철과 같은 것은 전국적인 수요에 맞게 이용되지 않으면 안 된다"(강영원, 1991: 21)라고 서술하고 있다.

그렇다면 1990년대 북한의 지방경제는 어느 정도 성과를 거두었을까? 특히 무역을 중심축으로 해서 재편된 지방경제가 성과가 전혀 없었다고 말하기는 어렵지만 명백한 한계가 있었다고 평가하는 것이 적절할 것이다. 1990

---

23) 예컨대 ≪민주조선≫ 1998년 9월 22일자는 남포시 안의 근로자들이 파철 수집사업을 전 군중적 운동으로 힘차게 전개하고 있다고 전하고 있으며 신의주 안의 도급·시급기관과 공장·기업소에서 최근 며칠 동안에만도 450여 톤의 파철을 수집해 (중앙공업인) 제철, 제강소에 보내주었다고 밝히고 있다.

년대 개인사업 관계상 양강도의 무역 사정을 잘 알게 된 K3 씨의 증언을 통해 살펴보기로 하자. 무엇보다도 1990년대에 양강도가 수출한 것이 1980년대에 수출한 것보다 양적으로 적다고 한다. 물론 이는 공식적인 영역에서의 일이다. 무역을 분권화하고 전 주민이 외화벌이사업에 매달리다시피 했는데도 수출물량이 1990년대 들어 오히려 감소했다는 것이다. 이유는 크게 보아 다음의 세 가지로 압축된다.

첫째, 수출원천이 점점 고갈되었다. 외화벌이의 물적 원천이 없어진 것이다. 이는 1990년대 경제난의 원인이자 결과이기도 한 극심한 원자재난에 기인한다.

둘째, 특히 1990년대 중반에 주민들의 직장이탈이 줄을 이었다. 이에 따라 외화벌이의 인적 원천도 고갈되었다.

인민들이 살기가 어려워졌으니까 다 자기가 살기 위해 공장을 빠져나갔다. 그러니 공장 안에도 비생산노력이라는 게 없어졌다. 신발공장이다 하면 그전에 좀 살 만할 때 30명 있었다면, 식량이 없을 때는 다 달아났다. 공장이 텅 비었다. 그때는 아무리 불러서 일 시키려 해도 안 나온다. 기본적으로 사람이 없는데 무슨 일이 되나. 그러니까 자연적으로 이런 게 줄어들었다.

셋째, 외화원천은 제한되어 있는 상태에서 밀수가 성행해 공식적 무역이 피해를 입었다.

식량난이 심각해지면서 인민들은 수출원천을 야매(암거래)로 돌리는 데 혈안이었다. 내가 만약 고사리 10kg를 채취했다고 하자. 그러면 나라에 외화벌이 사업 시키는 것보다 밀수 쪽으로 넘기는 것이 더 이익이 될 수 있다. 예를 들어 마른 고사리 1kg를 무역국에다 바치면 설탕을 5kg 받는다고 하자. 그러면 그 5kg를 장마당에 갖다 팔면 100원 정도를 받을 수 있다. 그런데 이 고사리를 혜산에서 밀수하는 사람에게 가져가 팔면 예컨대 350원을 받는 것이다. 돈 더 많이 주는 데 바치는 것은 당연하지 않은가? 어차피 수출원천들은 다 인민들이 만드는 것이다. 밀수 같은 것 하지 말라고 연설을 아무리 많이 해도 돈을 더 많이 주는 데 가지, 적게 주는 데 안 간다.

이렇다 보니 무역을 통해 주민들의 '먹는 문제'를 해결하는 데도 한계가 있었다. 양강도의 경우 1990년대에 도 차원의 무역을 통해 식량을 수입한다 해도 1년이면 한 달분 정도밖에 들여오지 못했다고 한다. "종전에 나라가 담당하던 것을 나라가 못한다고 해서 어떻게 한 개 도가 감당하겠느냐"라는 것이다. 그렇다고 시·군의 차원이나 직장 차원에서 해결하는 데도 뚜렷한 한계가 있었다. 결국 주민들의 '먹는 문제' 해결은 개인의 차원으로까지 내려가지 않을 수 없었다. 그런데 사회주의 계획경제에서 개인의 식량문제 해결은 공식적인 영역에서 결코 이루어질 수가 없다. 사적이고 비공식적인 개인의 경제활동, 이른바 '장마당(암시장)'을 통한 경제활동의 발생·확대의 필연성은 바로 여기에서 도출된다.

그리고 개인의 식량문제 해결 차원과는 별개로 기업의 과제 달성을 위해서도 비공식적인 경제활동이 성행했다. 앞에서 보았듯이 기업들이 계획을 달성하기 위해 자재를 비공식적으로 조달하는 것은 일상 다반사였다.

게다가 여기에는 합법과 불법이 뒤엉키게 된다. 특히 무역부문이 개입되면 그러하다. 청진유리공장의 경우 1994~1995년경에 자개상을 만들어 밀수형태로 중국에 팔았다. 상 하나에 2만 5,000~3만 원 정도를 받았다. 그리고 그 금액은 기업의 공식적인 실적으로 기록되었다. 직매점에 손거울 등 다른 제품들을 넘겨주면서 수량을 부풀리는 방식으로 해서 그 금액만큼을 얻었다. 물론 직매점과 사전협의를 거쳤다.

도 무역관리국이 직접 밀수를 하는 경우도 있다. 함경북도 행정경제위원회 근무경력이 있는 K5 씨는 다음과 같이 전하고 있다.

북한에서는 한때 남포, 원산, 청진항을 통해 일본의 자동차가 다량으로 밀수 입되어 중국으로 넘어가곤 했다. 중국에서는 이것에 대해 문제 제기를 했다. 북한정부로서는 중국으로 넘어가는 건 환영했지만 중국에서는 막았다. 특히 북한정부는 밀수하는 걸 뻔히 알면서도 놔뒀다. 그렇게 해서라도 국가에 돈을 많이 바치라는 것이었다. 특히 도 무역관리국 등과 같은 국가기관을 통해서 외화가 들어오는 것을 북한정부는 선호했다. 다른 데도 아니고 도 무역관리국이 나가서 하면 돈이 옆으로 샐 염려가 없다. 국가 돈이 빠질 데가 없다.

결국 북한정부 입장에서는 1990년대의 경제위기에 대응해서 지방경제의 운용체계 변화를 시도했지만 성과보다는 부작용이 더 많았다고 할 수 있다.

6. 요약 및 결론

우리는 흔히 1990년대 하면 경제위기의 시대로 이해하곤 한다. 물론 그러한 인식이 잘못된 것은 아니다. 다만 1990년대의 현재적 의미를 제대로 이해하기 위해서는 경제위기가 초래한, 아니 강제한 변화에 주목해야 할 것이다. 지방경제라는 창(窓)이 1990년대 북한의 변화에 대해 우리에게 시사하는 바는 지방경제 그 자체의 변화보다도 지방경제 운용체계 변화가 몰고 온 파급효과이다.

1990년대 경제위기에 의해 촉발된 지방경제 운용체계의 재편은 적지 않은 파급효과를 가져왔다. 무엇보다도 경제운용에서 지방의 당조직, 행정기관의 상대적 자율성이 높아졌다. 동시에 지방산업공장의 의사결정 권한도 종전보다는 많아졌다. 즉, 중앙집권적 계획경제가 경제위기 속에서 제한적이나마 분권화된 것이다. 따라서 지방분권화와 기업분권화가 동시에 진전된 셈이다. 물론 이러한 분권화는 구소련, 중국 등 다른 사회주의 국가들의 경험에 비추어본다면 '경제개혁'이라고 부를 수 있는 수준의 변화는 분명 아니었다. 그렇다고 해도 변화의 방향은 부정할 수 없다.

다만 이러한 지방분권화, 기업분권화는 중앙당국의 의도적인 권한의 이양이라기보다는 중앙의 힘의 약화에 따른 사실상의 분권화라는 성격이 강했다. 중앙집권적 계획경제의 핵심 토대인 중앙집권적 자재공급체계가 와해되면서 말단의 경제단위인 지방산업공장(기업)의 자율성은 크게 신장되었다. 일종의 방임적 분권화가 진행된 셈이다. 1990년대 이후의 경제위기 속에서 중앙정부는 국민경제에 대한 장악력, 통제력을 상당 정도 상실하면서 주민들의 생활 등에 대한 국가의 책임을 지방과 기업, 개인에게 사실상 떠넘겼다.

물론 주민생활과 관련된 모든 부분에 대해 국가가 책임을 방기한 것은 아니다. 동시에 국가가 지방경제의 모든 영역에서 자율성을 부여한 것은 아니다. 1990년대에 지방산업공장의 역할이 김일성·김정일의 선물생산공장으로 규정되었다는 사실, 그리고 지방의 외화벌이에서 군중외화벌이와 함께 충성외화벌이가 공존한다는, 아니 후자가 우위에 있다는 사실, 그리고 지방의 자원에 대한 중앙의 동원을 전제로 한 지방 자력갱생 정책은 시사하는 바가 적지 않다.

북한의 전통적인 경제운용방식인 '우선순위를 전면에 내세운 정책'이 1990년대에 더욱 강화된 것으로 보인다. 국가(중앙)가 책임을 지는 영역, 국가가 챙기는 영역과 그렇지 않은 영역의 구분을 명확히 한 것이다. 국가가 포기 내지 방임하는 영역은 오히려 조금씩 더 늘어난 반면 국가가 포기하지 않고 계속 장악, 통제하고 있는 영역도 줄어들기는 하나 일정 수준 이하로는 떨어지지 않은 것으로 보인다.[24]

---

24) 이러한 인식은 시야를 지방경제뿐만 아니라 중앙경제, 국민경제 차원으로 확대하면 보다 명료해질 것으로 보인다.

또 하나 지적해야 할 것은 지방 및 기업에 대해서만 분권화가 이루어진 것이 아니라는 점이다. 사실상 개인의 차원에서까지 분권화가 이루어진 것이다. 개인의 소비생활, 특히 무엇보다도 중요한 식량문제에 대해 중앙, 지방의 당정기관, 그리고 소속 기관·기업소 어디에서도 제대로 해결해주지 못하자 개인이 스스로 해결에 나서지 않을 수 없었다. 그리고 이러한 개인의 경제활동에 대해 중앙, 지방의 당정기관, 그리고 소속 기관·기업소가 제약을 가하는 데도 한계가 있었다. 즉, 개인은 자신의 경제활동에 대한 의사결정 권한을 사실상 일정 정도 획득한 것이다.[25)]

한편, 이러한 분권화는 당연히 시장화를 수반하는 것이었다. 물론 이 경우의 시장화는 공식적인 영역에서가 아니라 비공식적인 영역에서의 시장화를 가리킨다.

사실 현존 사회주의 경제는 그 속성상 필연적으로 비공식적 영역에서의 시장화를 발생시키게 되어 있다. 북한의 경우, 여기에다 정책 차원에서 자력갱생, 자체해결이 지속적으로 강조되었다. 자력갱생, 자체해결이란 문자 그대로 지방이나 기업 스스로 자재를 조달하는 것이다. 물론 앞에서 보았듯이 자체해결이 전혀 불가능한 것은 아니지만 한계가 있다. 사실 북한과 같이 공식적으로 시장이 허용되어 있지 않은 사회주의 집권적 계획경제에서 지방이나 기업은 과연 어디서 원자재를 구할까? 결국 다른 기업이나 개인을 통해 비공식적으로, 즉 포괄적인 의미에서의 '시장'을 통해 자재를 조달할 수밖에 없다는 것이 탈북자들의 공통된 지적이다.

여기에다 북한정부는 1990년대에 경제위기를 배경으로 주민들에게 무역이라는 공간을 열어주었다. 여기에는 시장경제적 요소가 보다 용이하게 침

---

25) 달리 보면 지방경제는 하나의 시스템으로서 더 이상 존재하기 어려웠다고 보아야 할 것이다. 지방경제를 포함해 국민경제가 전체적으로 분절화, 파편화되었다고 볼 수 있다.

투될 수밖에 없다. 자립적 지방경제의 재편과정에서 개별 경제주체들은 종전보다 확대된 공간에서 이전보다 다양한 방식으로 시장을 학습하기 시작했다.[26]

결국 1990년대의 경제위기 속에서 북한의 지방경제 운용체계는 변화가 불가피했고 이 과정에서 분권화와 시장화가 제한적이나마 진전되었다. 그리고 이는 북한정부가 의도하지도 바라지도 않던 것이었다. 동시에 이는 2002년부터 시작된 경제개혁에 대한 내적 압력으로서 작용했다. 즉, 2002년부터의 경제개혁은 이미 1990년대부터 그 싹이 자라기 시작했던 것이다. 2002년부터의 경제개혁이 기존의 현실세계에서 진행되었던 시장화, 분권화를 공식 제도의 차원에서 일정 정도 수용한 것[27]이라고 해석한다면 1990년대 북한 '변화'의 역사적 의미가 보다 명료해질 것이다.

---

26) 결국 북한정부의 입장에서 보면 무역이라는 것은 1990년대 지방경제 운용의 기본축으로 되면서 경제난의 숨통을 약간이나마 터주게 하는 순기능을 수행하지만 동시에 밑으로부터의 시장화를 촉진시켜서 경제개혁에 대한 압력을 가중시키는 역기능도 동시에 수행하는 그러한 존재로 자리 잡게 되었다.

27) 7·1 경제관리개선조치의 핵심적 요소의 하나가 기업(특히 지방산업공장)의 자율성 확대 및 지방행정기관의 자율성 확대라는 점을 상기할 필요가 있다. 예컨대 2001년 10월 3일 김정일 위원장이 당과 내각의 경제일꾼에게 내린 지시문건 "강성대국 건설의 요구에 맞게 사회주의 경제관리를 개선강화할 데 대하여"를 보자. 여기서 그는 계획 작성에서 인민경제의 선행부문과 기초공업부문을 비롯한 전략적 지표, 국가적으로 중요한 지표에 대해서는 국가계획위원회가 계획화를 하고, 소소한 지표들과 세부규격지표들은 해당 기관, 기업소에서 계획화하도록 했다. 특히 지방경제부문은 도별 공업총생산액, 기본건설투자액 등 중요한 지표 이외에 세부지표들을 도·시·군 자체 실정에 맞추어 계획화하도록 했다. 또한 지방공업은 시·군의 책임성과 창발성을 높이도록 권한을 주도록 했다. 가격제정과 관련해서 지방공업에서 생산한 소비재에 대해서는 국가가 제정원칙과 기준을 정해주고 상급기관 감독하에 공장 자체로 제정해 생산·판매하도록 했다.

참고문헌

1. 북한 문헌

『경제사전 1』. 1985. 평양: 사회과학출판사.
『경제사전 2』. 1985. 평양: 사회과학출판사.
『재정금융사전』. 1995. 평양: 사회과학출판사.
『조선대백과사전 19』. 2000. 평양: 백과사전출판사.
『조선대백과사전 21』. 2001. 평양: 백과사전출판사.

강경희. 2008. 「화폐의 구매력에 영향을 주는 요인」. ≪경제연구≫, 2008년 제4호.
강영원. 1991. 「지방예비의 본질적 특징」. ≪경제연구≫, 1991년 제2호.
강웅철. 2002. 「주체적인 계획경제관리원칙을 철저히 관철하는 것은 우리 제도제일주의를 구
    현해 나가기 위한 확고한 담보」. ≪경제연구≫, 2002년 제4호.
고재환. 1991. 「화폐류통을 공고화하는 데서 나서는 중요요구」. ≪경제연구≫, 1991년 제2호.
김영수. 2004. 「국가기업리득금과 그 합리적동원에서 제기되는 몇 가지 문제」. ≪경제연구≫,
    2004년 제1호.
김일성. 1970. 『사회주의 경제관리 문제에 대하여 3』. 평양: 조선로동당출판사.
_____. 1982. 『김일성 저작집 17』. 평양: 조선로동당출판사.
_____. 1983. 『사회주의 경제관리 문제에 대하여 5』 평양: 조선로동당출판사.
_____. 1985. 『김일성 저작집 30』. 평양: 조선로동당출판사.
_____. 1986. 『김일성 저작집 31』. 평양: 조선로동당출판사.
_____. 1987. 『김일성 저작집 35』. 평양: 조선로동당출판사.
김재서. 1988. 「사회주의적 생산의 효과성 타산문제」. ≪경제연구≫, 1988년 제3호.
리기성. 2003. 「위대한 령도자 김정일 동지께서 새롭게 정립하신 선군시대 사회주의 경제건
    설로선」. ≪경제연구≫, 2003년 제2호.
_____. 2007. 「새 세기 우리 식의 사회주의 경제리론을 연구하는 데서 나서는 중요문제」. ≪경
    제연구≫, 2007년 제2호.
리동현. 1995. 「상업기업소에서의 원료기지 조성과 그 중요특성」. ≪경제연구≫, 1995년 제2호.
리명호. 1998. 「경제관리와 경제제도의 련관을 부인하는 기회주의적 견해의 반동성」. ≪경제
    연구≫, 1998년 제1호.

리상우. 1999.「상업의 최량성 규준과 그 리용」. ≪경제연구≫, 1999년 제4호.

리수일. 1990.「지방경제를 종합적으로 발전시키는 것은 사회주의, 공산주의 건설의 합법칙적 요구」. ≪경제연구≫, 1990년 제3호.

리신효. 1992.「새로운 무역체계의 본질적 특성과 우월성」. ≪경제연구≫, 1992년 제4호.

리원경. 1986.「사회주의 하에서의 화폐류통 법칙과 화폐류통」. ≪경제연구≫, 1986년 제1호(온라인 자료).

_____. 2006.「현 시기 나라의 통화조절분야에서 제기되는 몇 가지 원칙적 문제에 대하여」. ≪경제연구≫, 2006년 제2호.

리장희. 2002.「사회주의사회에서 생산수단 류통령역에 대한 주체적 견해」. ≪경제연구≫, 2002년 제1호.

리춘원. 1997.「위대한 수령 김일성 동지께서 밝히신 지방무역의 본질적 특성」. ≪경제연구≫, 1997년 제3호.

박경옥. 1996.「이윤본위를 배격하고 경제관리에 가치법칙을 옳게 리용하는 데서 나서는 중요한 문제」. ≪경제연구≫, 1996년 제2호.

박명혁. 2003.「사회주의 기본경제법칙과 선군시대 경제건설에서 그의 구현」. ≪경제연구≫, 2003년 제3호.

서재영 외. 2005.『우리 당의 선군시대 경제사상 해설』. 평양: 조선로동당출판사.

선우련희. 2008.「사회주의적 상품공급질서를 확립하는 것은 인민생활향상의 중요방도」. ≪경제연구≫, 2008년 제4호.

손철준. 1992.「지방공업을 발전시키는 것은 사회주의, 공산주의 건설을 위한 우리 당의 일관한 방침」. ≪경제연구≫, 1992년 제4호.

심동명. 2004.「지방자체자원에 의거하는 것은 지방공업발전의 중요방도」. ≪경제연구≫, 2004년 제1호.

양선희. 1995.「사회주의사회에서 은행권의 발행과 그 규모규정방법론」. ≪경제연구≫, 1995년 제1호.

오선희. 2002.「지방예산편성을 개선하는 데서 나서는 몇 가지 문제」. ≪경제연구≫, 2002년 제2호.

_____. 2003.「실리를 나타내는 지표의 합리적 리용」. ≪경제연구≫, 2003년 제3호.

_____. 2004.「유휴화폐자금과 그 은행자금화」. ≪경제연구≫, 2004년 제4호.

장성은. 2002.「공장·기업소에서 번 수입의 본질과 그 분배에서 나서는 원칙적 요구」. ≪경제연구≫, 2002년 제4호.

정명남. 2006.「집단주의 경제관리의 중요특징과 그 우월성을 높이 발양시키는 데서 나서는 기본요구」. ≪경제연구≫, 2006년 제2호.

정영범. 2007a.「경제실리를 정확히 타산하는 것은 계획사업개선의 중요요구」, ≪경제연구≫, 2007년 제2호.

_____. 2007b.「계획지표의 합리적 분담」. ≪경제연구≫, 2007년 제3호.

주현. 2005. 「올해 인민생활향상에서 결정적인 전환을 가져오는 것은 선군시대의 필수적 요구」. ≪경제연구≫, 2005년 제4호.

최경희. 1993. 「사회주의사회에서 화폐류통 공고화의 기본방도」. ≪경제연구≫, 1993년 제3호.

최송렬. 2008. 「사회순소득은 공업생산계획의 중요지표」. ≪경제연구≫, 2008년 제1호.

최영옥. 2003. 「대외무역에서 실리를 보장하기 위한 방도」. ≪경제연구≫, 2003년 제2호.

한득보. 1992. 「사회주의적 생산의 집약적 발전에서 생산의 효과성 범주」. ≪경제연구≫, 1992년 제2호.

홍영의. 「화폐자금을 은행에 집중시키는 것은 화폐류통을 원활히 하기 위한 중요담보」. ≪경제연구≫, 2006년 제4호.

≪로동신문≫.
≪민주조선≫.
≪조선신보≫.

2. 한국 문헌

강일천. 2003. 「7·1 경제관리개선조치 1년의 평가와 재해석」. 고려대학교 북한학연구소. 『7·1 경제관리개선조치의 평가와 향후 전망』.

고일동. 2004. 『북한의 재정위기와 재정안정화를 위한 과제』. 서울: 한국개발연구원.

_____. 2009. 「북한 화폐교환 및 액면단위 변경의 파급효과와 향후 전망」. ≪KDI 북한경제리뷰≫, 2009년 12월호.

김광진. 2007. 「북한의 외화관리시스템 변화 연구」. 북한대학원대학교 석사학위 논문.

김래은. 2007. 「북한 부동산사용료 제정 현황과 의미」. ≪통일과 국토≫, 2007년 가을·겨울호.

김병로. 1999. 『북한의 지역자립체제』. 서울: 통일연구원.

김병연. 2009. 「북한경제의 시장화: 비공식화 가설의 평가를 중심으로」. 윤영관·양운철 엮음. 『7·1 경제관리개선조치 이후 북한경제와 사회』. 파주: 한울.

김석진. 2007. 『무역통계로 본 북한의 산업재건 실태』. 서울: 산업연구원.

김연철. 2002. 「북한 경제관리개혁의 성격과 전망」. 김연철·박순성 엮음. 『북한 경제개혁연구』. 서울: 후마니타스.

김영수 외. 2006. 『최근 북한주민의 생활상 변화와 체제의 작동원리 분석』. 통일부 용역보고서(2006. 11).

나카가네 카츠지(中兼和津次). 2001. 이일영·양문수 옮김. 『중국경제발전론』. 서울: 나남출판.

남성욱·문성민. 2000. 「북한의 시장경제부문 추정에 관한 연구: 1998년을 중심으로」. ≪현대북한연구≫, 3권 1호.

문성민. 2004. 『북한 재정 제도의 현황과 변화 추이』. 서울: 한국은행.

박문우. 2009. 「북한식 정보화에 관한 연구: 정보격차 문제를 중심으로」. 북한대학원대학교 박사학위 논문.

박석삼. 2002. 『북한의 사경제부문 연구: 사경제 규모, 유통현금 및 민간보유 외화규모 추정』. 서울: 한국은행.

박일수. 2006. 「고난의 행군 이후 개인소유권 변화에 관한 연구」. 경남대학교 북한대학원 석사학위 논문.

법륜스님. 2006. 「북한 식량 상황과 인도적 위기」. 좋은벗들 주최 전문가 토론회. "북한의 대량아사, 다시 오는가?"(2006. 12).

북한연구소. 1983. 『북한총람』. 서울: 북한연구소.

성채기 외. 2003. 『북한 경제위기 10년과 군비증강 능력』. 서울: 한국국방연구원.

신석호. 2004. 「북한의 경제개혁에 관한 연구」. 경남대학교 북한대학원 석사학위 논문.

양문수. 2001a. 「북한 경제관리제도의 역사적 변천과 경제개혁」. 《동북아경제연구》, 제13권 제1호.

_____. 2001b. 『북한 경제의 구조: 경제개발과 침체의 메커니즘』. 서울: 서울대학교출판부.

_____. 2003a. 「북한 기존 기업관리제도와 인센티브 구조」. 전병유 외. 『북한의 시장·기업 개혁과 노동 인센티브 제도 설계에 관한 연구』. 서울: 한국노동연구원.

_____. 2003b. 「북한의 자립적 지방경제의 형성과 발전: 1950~80년대」. 《북한연구학회보》, 제7권 제2호.

_____. 2004a. 「지방경제를 통해 본 북한의 변화: 1990년대를 중심으로」. 《비교경제연구》, 제11권 제2호.

_____. 2004b. 「북한 기업 관리·운영 현황 및 발전방안」, 《수은북한경제》, 2004년 겨울호.

_____. 2005a. 「북한에서의 시장의 형성과 발전: 생산물 시장을 중심으로」. 《비교경제연구》, 제12권 제2호.

_____. 2005b. 「북한 내부에서 본 대중 경제적 의존 실태」. 조명철 외. 『북한경제의 대중국 의존도 심화와 한국의 대응방안』. 서울: 대외경제정책연구원.

_____. 2006a. 「1990년대 이후 북한의 기업지배구조 변화: 제도경제학적 접근」. 《통일정책연구》, 제15권 1호.

_____. 2006b. 「북한의 시장화 수준에 관한 연구」. 《현대북한연구》, 9권 3호.

_____. 2007. 「2000년대 북한경제의 구조적 변화」. 《KDI 북한경제리뷰》, 2007년 5월호.

_____. 2008. 「북한 무역의 제도와 실태」(연구자료 2008-01). 서울: 한국개발연구원.

_____. 2009a. 「북한의 경제체제 전망」. 김연철 외. 『북한, 어디로 가는가?』. 서울: 플래닛미디어.

_____. 2009b. 「북한문헌 어떻게 읽을 것인가: 《경제연구》의 사례」. 《현대북한연구》, 12권 2호.

양문수 외. 2008. 『북한의 거시경제 운용체계 연구』. 통일부 연구용역보고서.

오승렬. 1999. 『북한 경제의 변화와 인센티브 구조: 비공식부문의 확산에 따른 개혁전망』. 서

울: 통일연구원.

유동운. 1999. 『신제도주의 경제학』. 서울: 선학사.

윤덕룡·이형근. 2002. 「북한의 물가인상 및 배급제 폐지의 의미와 시사점」. ≪KIEP 오늘의 세계경제≫.

이경수. 2008. 「시장에 대한 북한의 정책 연구」. 북한대학원대학교 석사학위 논문.

이석. 2005. 『북한의 경제개혁과 이행』. 서울: 통일연구원.

_____. 2009. 『북한의 시장: 규모 추정과 구조 분석』. 서울: 한국개발연구원.

이석기. 1998. 『북한의 지방공업 현황과 발전전망』. 서울: 산업연구원.

_____. 2003. 「북한의 1990년대 경제위기와 기업행태의 변화」. 서울대학교 대학원 경제학 박사학위 논문.

_____. 2009. 「북한 기업관리 체계의 변화」. 윤영관·양운철 엮음. 『7·1 경제관리개선조치 이후 북한경제와 사회』. 파주: 한울.

이영훈. 2008. 「북한경제의 현황과 전망: 빈곤의 늪에서의 Big Push?」. 『북한경제의 현황 평가 및 향후 전망』(아시아 재단·경남대 극동문제연구소 공동주최 국제워크숍 발표 논문).

임강택. 2009. 『북한경제의 시장화 실태에 관한 연구』. 서울: 통일연구원.

임수호. 2008. 『계획과 시장의 공존: 북한의 경제개혁과 체제변화 전망』. 서울: 삼성경제연구소.

조동호 외. 2002. 『북한 경제 발전전략의 모색』. 서울: 한국개발연구원.

최봉대. 2008. 「1990년대 말 이후 북한 비공식경제 활성화의 이행론적 함의」. 윤대규 엮음. 『북한 체제전환의 전개과정과 발전조건』. 파주: 한울.

최봉대·구갑우. 2004. 「도시 장마당 활성화의 동학」. 『변화하는 북한, 변화하지 않는 북한』(북한연구학회 2004년 춘계학술대회 발표 논문).

최수영·정영태. 2009. 『북한 최고인민회의 제12기 제1차 회의 결과 분석』. 서울: 통일연구원.

최신림. 1998. 「북한의 지방공업: 발전과정과 관리제도」. ≪통일문제연구≫, 제10권 2호.

통일부·통일연구원. 2005. 『북한의 경제개혁 동향』.

폴라니(K. Polanyi). 1983. 박현수 옮김. 『인간의 경제 I』. 서울: 풀빛.

한기범. 2009. 「북한 정책결정과정의 조직행태와 관료정치: 경제개혁 확대 및 후퇴를 중심으로(2000~2009)」. 경남대학교 대학원 박사학위 논문.

홍성국. 1996. 『북한의 상업·유통』. 서울: 공보처.

KOTRA. 2005. 『2004년도 북한의 대외무역 동향』.

KOTRA 따리엔 무역관. 2003. 「7·1 경제개선조치 이후 1년의 북한 경제」(2003. 6. 23).

데일리 NK.

≪동아일보≫.

NK 지식인연대.

연합뉴스.

열린 북한방송.

≪조선일보≫.
좋은벗들. ≪오늘의 북한소식≫.
≪한겨레신문≫.

3. 외국 문헌

Berliner, Joseph S. 1957. *Factory and Management in the USSR*. Cambridge, Mass: Harvard University Press.

Brus, W. and K. Laski. 1989. *From Marx To the Market*. Oxford: Oxford University Press.

Calvo, G. A. 1996. *Money, Exchange Rates, and Output*. MIT Press.

Chavance, B. 1994. *The Transformation of Communist Systems: Economic Reform Since the 1950s*. Boulder: Westview Press.

EBRD. *Transition Report*, various issues.

Furubotn, E. G. and R. Richter. 2000. *Institution and Economic Theory*. Michigan: The University of Michigan Press.

Granick, D. 1983. "Institutional Innovation and Economic Management: The Soviet Incentive System, 1921 to the Present." in G. Guroff and F. V. Carstensen(eds.). *Entrepreneurship in Imperial Russia and the Soviet Union*. Princeton: Princeton University Press.

_____. 1990. *Chinese State Enterprises*. Chicago and London: The University of Chicago Press.

Gregory, P. R. and R. C. Stuart. 2004. *Comparing Economic Systems in the Twenty-First Century*. 7th edition. Boston, New York: Houghton Mifflin.

Haggard, S. and M. Noland. 2007. *Famine in North Korea: Markets, Aid, and Reform*. New York: Columbia University Press.

Kornai, J. 1992. *The Socialist System: The Political Economy of Communism*. Princeton: Princeton University Press.

_____. 1994. "Transformational Recession: The Main Causes." *Journal of Comparative Economics*, Vol. 19.

Lavigne, M. 1999. *The Economics of Transition: From Socialist Economy To Market Economy*. 2nd edition. New York: St. Martin's Press.

Lee, Keun. 1991. *Chinese Firms and the State in Transition and Agency Problems in the Reform China*. New York: M. E. Shape, Inc.

Montias, J. M. 1976. *The Structure of Economic Systems*. New Heaven: Yale University Press.

Murrell, P. 1992. "Evolutionary and Radical Approaches to Economic Reform." *Economics of Planning*, Vol. 25.

Naughton, B. 1995. *Growing out of the Plan: Chinese Economic Reform, 1978~1993*. New York: Cambridge University Press.

Nolan, P. 1995. *China's Rise and Russia's Fall: Politics, Economics and Planning in the Transformation from Socialism*. St. Martin's Press.

Noland, M. 2000. *Avoiding the Apocalypse: the Future of Two Koreas*. Washington: Institute of International Economics.

Nove, A. 1968. *The Soviet Economy, An Introduction*. 3rd edition. London: George Allen and Unwin.

Qian, Yingyi. 1996. "Enterprise Reform in China: Agency Problems and Political Control." *Economics of Transition* (June).

Sachs, J. and W. T. Woo. 1994. "Structural Factors in the Economic Reforms of China, Eastern Europe and the Former Soviet Union." *Economic Policy* (Summer).

Walder, A.(ed.). 1996. *China's Transitional Economy*. New York: Oxford University Press.

World Bank. 1996. *World Development Report 1996: From Plan to Market*. Oxford: Oxford University Press.

_____. 2002. *Transition-The First Ten years: Analysis and Lessons for Eastern Europe and the Former Soviet Union*.

加藤弘之. 1997. 『中國の經濟發展と市場化 — 改革・開放時代の檢證』. 名古屋: 名古屋大學出版會.

金己大ほか. 1983. 「朝鮮民主主義人民共和國の農業」. ≪農業構造問題研究≫, 1983年 2號.

北京師範大學經濟與資源管理研究所. 2003. 『2003 中國市場經濟發展報告』. 北京: 中國對外經濟貿易出版社.

山口重克 編. 1997. 『市場經濟: 歷史, 思想, 現在(增補版)』. 名古屋: 名古屋大學出版會.

石原享一 編. 1991. 『中國經濟の多重構造』. 東京: アジア經濟研究所.

盛田常夫. 1994. 『體制轉換の經濟學』. 東京: 新世社.

日本朝鮮研究所 編. 1967. 『最近の朝鮮の協同農場』. 東京: 日本朝鮮研究所.

中兼和津次. 1977. 『人民公社制度研究の視覺と方法: 試論』. 東京: アジア經濟研究所.

黃磷. 1997. 「中國の流通と商業」. 佐佐木信彰 編 『現代中國經濟の分析』. 東京: 世界思想社.

≪月刊朝鮮資料≫, 1990年 4月號.

W. Brus. 1971. 鶴岡重成 譯. 『社會主義經濟の機能モデル』. 東京: 合同出版.

사회주의 물자교류시장 239~241, 318, 321,
  406
산업구조 27~28, 60~61
상인계층 224, 258, 268
상품수출조건부 금융 213
상품화 85, 98, 223, 260, 267~268
상품화폐관계 70, 75
새로운 무역체계 131, 133~134, 423, 427
생산재시장 69, 83~84, 223~224, 239, 242,
  267
서비차 259, 262
선군시대 경제건설노선 47
세금 232
세외부담 86, 91~92
소규모 사유화 277, 288, 290, 296, 298~299
소매상 166, 225
소매시장 258
소비재시장 69, 83~85, 99, 223, 239, 267
소상품 생산자 224
소유권 85, 265, 278, 288, 342
소유제 101
수매상점 40, 75, 112, 198, 200~202, 233,
  236, 238, 248
수요독점 157
수입물자교류시장 243
시장 66, 68~70, 76, 79~80, 97, 107~108,
  116, 122, 180, 219, 226, 235, 284, 309,
  319, 339, 344, 442
시장가격 235, 242, 283, 285, 309, 432
시장경제 46, 54, 64, 67~69, 79, 88, 95,
  99~100, 107, 124, 160, 162~164, 166, 247,
  266, 292
시장메커니즘 222, 229, 235, 268, 342, 406
시장사용료 39, 41, 90, 231
시장판매 한도가격 118
시장화 22, 56, 71, 83, 85~86, 88, 93, 96~
  99, 101, 109, 161, 214, 222, 267~268, 272,
  274, 296, 299, 310, 323, 407, 442~443

실리주의 48, 72, 327

암시장 23, 30~31, 71, 74, 76, 78, 93~94,
  116, 226, 234, 272, 308~309, 314, 316,
  336, 404, 406, 432
연합기업소 306
와크 141~142, 146~148, 161~163, 167,
  170~171, 174~175
와크 단위 142, 147, 164, 166
외화벌이 51, 91, 120, 208, 210, 213, 425,
  438
외화벌이 기지 140, 148, 150
우선순위체계 46~49, 54, 67, 167
원료기지 387, 392, 399, 400, 437
위안화 33~34, 113
유인체계 368
유일적 외화관리시스템 172, 175
이윤 325~329
이중경제구조 46, 66, 68, 83, 100
이중구조화 전략 46, 54, 66
인민경제 50
인센티브 304, 310~311, 312, 315~316, 330,
  333, 340~359, 366
인센티브 구조 159, 174, 304~305, 310,
  314~316, 342
인플레이션 29~30, 34, 38, 52, 62, 64, 106,
  112, 314, 317, 341
일반경제 46, 51, 88, 131, 139, 148, 161,
  170, 174
일반상점 338

자력갱생 50, 67, 91, 93, 98, 127, 134,
  135~136, 144, 173, 208, 251, 269, 362,
  366, 373, 377~378, 384, 393, 398, 400~
  402, 404, 407~408, 411, 415, 419, 421,
  436, 442

지은이 **양 문 수**

서울대학교 경제학과(경제학사)
일본 도쿄대 대학원 경제학연구과(경제학 박사)
≪매일경제신문≫, ≪문화일보≫ 기자
LG경제연구원 부연구위원
현재 북한대학원대학교 교수

주요 저서 및 논문
『북한 경제의 구조: 개발과 침체의 메커니즘』,
「북한과 중국의 계획화시스템의 비교」,
「북한경제 연구방법론: 시각, 자료, 분석틀을 중심으로」,
「북한의 시장화 수준에 관한 연구」,
「북한에 대한 인도적 지원의 경제·사회적 효과」 외 다수

한울아카데미 1252

북한경제의 시장화 양태·성격·메커니즘·함의

ⓒ 양문수, 2010

지은이 | 양문수
펴낸이 | 김종수
펴낸곳 | 도서출판 한울
편집책임 | 박록희

초판 1쇄 인쇄 | 2010년 4월 26일
초판 1쇄 발행 | 2010년 5월 14일

주소 | 413-832 파주시 교하읍 문발리 507-2(본사)
        121-801 서울시 마포구 공덕동 105-90 서울빌딩 3층(서울 사무소)
전화 | 영업 02-326-0095, 편집 02-336-6183
팩스 | 02-333-7543
홈페이지 | www.hanulbooks.co.kr
등록 | 1980년 3월 13일, 제406-2003-051호

Printed in Korea.
ISBN 양 장 978-89-460-5252-9 93340
      학생판 978-89-460-4272-8 93340

* 이 도서는 강의를 위한 학생판 교재를 따로 준비하였습니다.
  강의 교재로 사용하실 때에는 본사로 연락 주십시오.
* 가격은 겉표지에 표시되어 있습니다.